인공지능 서비스 기획 가이드북

인공지능 서비스기획 가이드북

인공지능 서비스 기획 가이드북

저자 최준삼 **펴낸곳** 청송미디어 **주소** 서울시 서대문구 연세로 50 **전화** 02) 2123-3380~2
팩스 02) 2123-8673 **등록** 2016년 5월 9일 (제25100-2016-37호) **인쇄** 네오프린텍 (주)
발행 2024년 2월 15일 1판 1쇄
ISBN 979-11-89042-15-8(93560)
값 27,000원

http://press.yonsei.ac.kr ysup@yonsei.ac.kr

청송미디어는 연세대학교 출판문화원의 패밀리브랜드입니다.

머리말

요즈음 인공지능 앱들이 지속적으로 쏟아져 나오고 있습니다. 기존 서비스에 AI 기능을 탑재하는 방식으로 업그레이드 하는 앱 뿐만 아니라 서비스 기획단계에서부터 인공지능 기반으로 준비되어 출시되는 앱도 늘고 있는 추세입니다. 이에 따라 인공지능 서비스 기획 인재에 대한 수요도 함께 증가하고 있습니다.

이 책은 기획자의 역할, 기획자로서의 4차산업시대 커리어 전망에 대해 설명하면서, 기획자로 진로를 준비하는 독자들이 가이드서로 삼을 수 있도록 서비스 기획 전반에 대해 A부터 Z까지 상세히 다루고 있습니다. 또한 빅데이터가 서비스에 연결되는 과정을 같이 보면서 인공지능 분야로 역량을 확장하고자 하는 현업의 기획자들이 데이터 엔지니어 및 데이터 과학자들과 소통할 때 알고 있어야 할 용어들을 책을 읽는 동안 자연스럽게 습득할 수 있도록 구성하였습니다. 나아가 서비스 출시 후 시간이 흐르면서 이용자를 증가시키며 활발히 사용되는 앱이 되게 하는 서비스 활성화 방법론도 현재 앱을 준비 중이거나 신규 서비스를 계획하고 있는 독자들을 위해 정리했습니다.

모쪼록 이 책이 서비스 기획자로 진로를 모색하는 분들과 자신의 기획역량을 인공지능 분야로 확대하기를 원하는 독자들에게 길잡이가 될 수 있기를 바라며 책이 나오기까지 도움을 주신 청송미디어 관계자분들과 특히 편집에 수고해주신 전혜민 선생님께 감사를 드립니다.

끝으로, 늘 필자의 든든한 기도 후원자가 되어주시는 아버님과 어머님 그리고 주재업무로 삶의 터전을 옮겨 다니면서도 묵묵히 믿고 꾸준히 응원해 준 사랑하는 아내 정미와 딸 서현이에게 감사한 마음을 전합니다.

2023.12 연세대학교 연구실에서

차례

CHAPTER 03
프로젝트 관리

CHAPTER 04
빅데이터와 인공지능

CHAPTER 05

파이썬의 이해

CHAPTER 06

인공지능 모델링

CHAPTER 07

인공지능 신경망

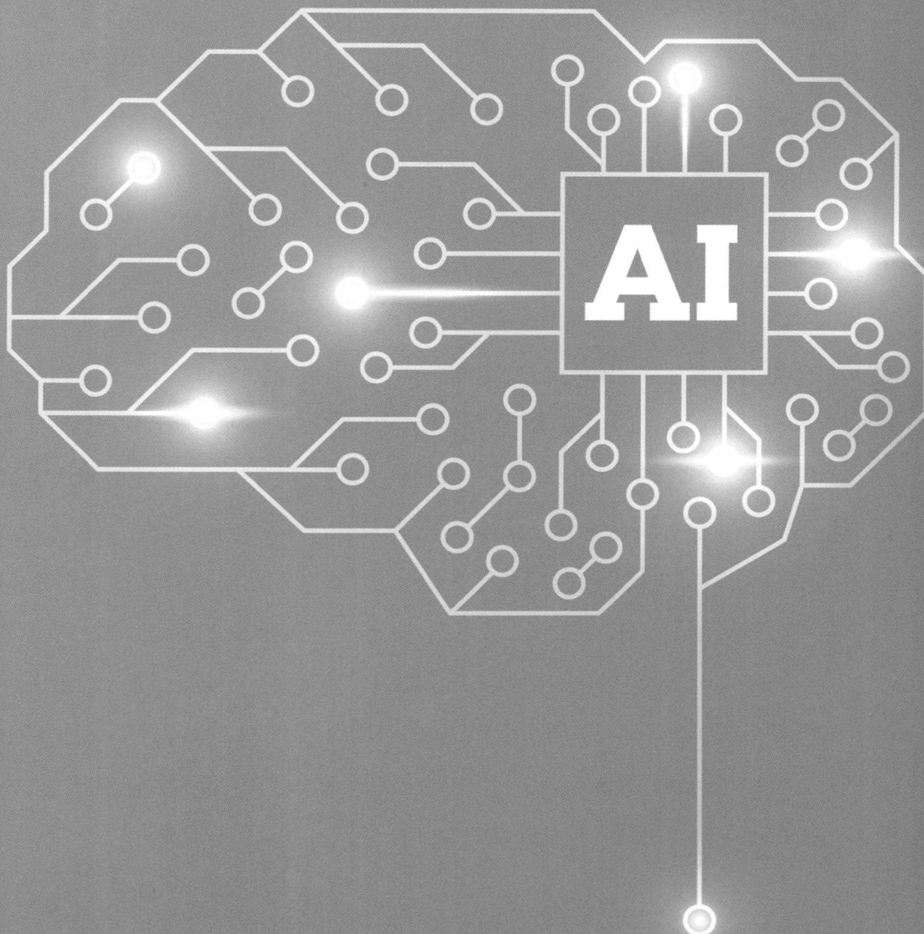

CHAPTER 01

서비스 기획

01 인터넷 개요

인터넷은 인간으로 하여금 의사를 소통하고 정보를 공유할 수 있도록 구성한 거대한 네트워크(Network)이다. 오늘날 인터넷은 사람과 사람이 소통하는 것을 넘어서서 사물과 사물이 연결되는 사물 인터넷(Interent of Things, IoT)까지 연결된 망으로 진화하고 있고 앞으로는 사람과 사물이 연결되는 사회(Hyper connected Society)로까지 진화할 것으로 전망되고 있다. 이처럼 지구를 둘러싸며 우리가 이용하고 있는 무수한 네트워크들로 구성된 거대한 망을 Inter 와 Network 의 합성어인 인터넷(Internet)으로 부르며 이 인터넷은 각 가정과 기업 및 개인을 게이트웨이(Gateway)와 라우터(Router)라는 중계기를 통해 연결시켜주고 있다. 한편 이러한 인프라를 기반으로 인터넷이 개인에게 연결되어지도록 도와주는 기업을 ISP(Internet Service Provider)라고 부른다.

과거 2차 세계 대전 당시 미국이 사용하던 군사정보 네트워크인 MINet(Military Network)과 학술망인 ARPANet(Advanced Research Project Agency Network)이 사용하던 NCP(Network Control Protocol)이 1982년 인터넷 통신 프로토콜인 TCP/IP라는 이름으로 민간에게 공개되었는데 이를 기반으로 1990년대에 들어서는 WWW(World Wide Web)이 발표되었고 이를 활용한 최초의 브라우저 모자익(Mosaic)이 출현하면서 1994년부터 인터넷이 비로소 대중에게 확산되기 시작하였다.

1.1 인터넷의 속성

인터넷은 크게 연결성, 네트워크 효과, 열린 네트워크 그리고 정보 디지털화라는 4가지 속성을 지니고 있다.

첫 번째, 연결성(Connectivity)은 인터넷의 가장 큰 특징 중 하나로, 인터넷의 중개기술(Mediating Technology)을 기반으로 정보전달과 의사소통을 자유롭게 해줌으로써 특정지역이나 국가에 국애받지 않고도 서로 연결이 용이하게 해주며 서버(Server)와 클라이언트(Client)간에 쌍방향 소통이 가능하게 함으로써 1:1 커뮤니케이션을 다대다(N:N)로 확장시키는 효과를 가져다 준다.

두 번째, 네트워크 효과(Network Effect)란 더 많은 사용자가 참여할수록 네트워크의 가치가 이용자의 수보다 빠른 속도로 증가한다는 멧칼프 법칙(Metcalfe's Law)으로 가상공간에서 다양한 정보가 교환될수록 인터넷의 활용과 웹의 진화가 촉진된다는 것을 시사한다.

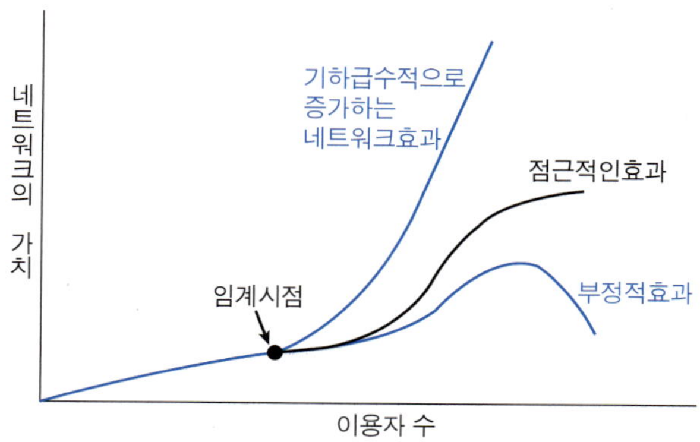

세 번째, 열린 네트워크(Open Network)라는 속성은 서비스의 급속한 확산을 용이하게 한다. 특정 표준 기술을 사용하는 경우 지적 재산권 소유자에게 비용을 지불해야 하지만 인터넷은 기술적 표준이 공개되어 있는데다가 국가가 제공하는 공공재 인프라이므로 누구나 제한 없는 접근이 가능하다. 다시 말해 오픈 네트워크이므로 서비스의 배포와 확장에 제한이 없다.

네 번째, 정보의 디지털화(Digital Transformation) 속성이다. 아날로그 시대에는 정보와 제품의 분리가 불가능했지만 인터넷의 발달로 정보를 상품으로부터 분리해 내어 독립적으로 전송할 수 있게 되었다. 이것은 효율적인 정보교환의 수단이자 무한한 가상공간을 수용할 수 있어 지리적, 시간적으로 제한을 받지 않는 가운데 정보를 신속히 전파할 수 있다.

1.2 정보의 디지털화

정보의 디지털화란 발신자와 수신자 사이에 전달되는 정보를 0과 1로 표시함으로써 정보의 저장 또는 가공을 용이하게 하는 것이다. 이렇게 디지털화 된 정보는 보다 정교한 처리가 가능해지고 반복 사용하더라도 다른 재화와 달리 원래의 정보체계가 그대로 유지된다. 다음은 정보가 디지털화 될 때 나타나는 4가지 특징을 보여준다.

첫 번째, 정보화 비용이다. 정보화 비용은 생산비용과 거래비용으로 나누어진다. 생산비용(Production Cost)은 콘텐츠를 생산하기 위하여 투입하는 수집비용, 가공비용 및 양산비용을 일컫는다. 디지털 생산은 규모의 경제(Economies of Scale) 효과가 높고 고정비용(Fixed

Cost)이 높더라도 변동비(Variable Cost)는 낮다는 특징을 보인다. 따라서 초기의 생산비용은 크지만 시장을 확장하기 용이하고 유통 규모가 크기 때문에 규모의 경제효과가 강력하게 작동하면서 네트워크 효과와 맞물릴 때는 시장을 선점할 수 있는 기회가 있어 많은 기업에서 인터넷 서비스 전략에 활용하고 있다. 또한 모듈화 된 서비스는 범위의 경제성(Economies of Scope)이라는 특징을 띄고 있어 고객의 욕구를 충족시킬 수 있는 개인화 서비스 기획의 배경이 된다. 또다른 특징인 거래비용(Transaction Cost)은 기업과 서비스 이용자 간에 발생하는 시간적 비용을 일컫는다. 구체적으로는 계약비용, 모니터링 비용 외에도 거래상대 또는 적합한 서비스를 찾을때 발생하는 탐색비용(Search Cost)도 여기에 속하고 기업 내 외부에서 의사결정 및 협의 과정에 투입되는 인력과 시간, 자본 배분에 발생하는 조정비용(Coordination Cost)도 거래비용에 포함된다.

이러한 계약 비용, 모니터링 비용, 탐색 비용 그리고 조정 비용에 있어 공통적인 비용이 있는데 바로 의사소통 비용이다. 4차산업시대인 오늘날 육체노동자와 정보 작업자의 경우 4:6 정도로 정보 작업자에게 더 많은 의사소통 비용이 투입되는데 이는 다시 말해 기업간, 부서간 그리고 소비자와의 커뮤니케이션 비용이 점차 증가하고 있다는 것을 의미한다.

정보의 디지털화에서 보이는 두 번째 특징은 정보의 도달성과 풍요도와의 관계가 상호 비례해진다는 것이다. 도달성(Reach)은 네트워크 상에서 정보가 교환되는 사람의 수를 말하고 주어진 시간동안 교환되는 정보의 양을 대역폭(Bandwidth)이라고 한다. 정보의 풍요도(Richness) 측면에서 전통적인 이론은 도달성과 대역폭은 서로 반비례 관계에 있다는 것이다. 즉, 시간과 인력의 제한으로 인해 이 둘간은 반비례 또는 교환 관계(Trade-off)가 성립할 수밖에 없다는 것인데 인터넷의 등장으로 인해 정보의 도달성과 풍요도가 점차 서로 비례해져 가는 현상을 보이고 있는 것이다.

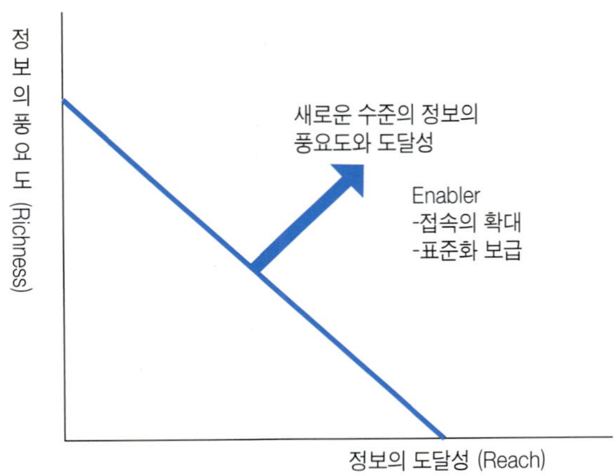

세 번째는 정보 과잉의 특성이다. 필요 이상의 정보가 제공될 때 사용자는 정보의 바다에 빠져 혼란스러운 상태에 놓이게 되며 기업도 고객의 관심을 끌기가 점점 어려워지게 된다. 이를 해결하기 위해 인터넷 서비스 기업들은 다양한 개인화 서비스를 기획하거나 많은 사람들이 모이면 이용자들이 느끼는 가치가 극대화 된다는 점에 착안하여 네트워크 효과를 극대화 시키려는 노력을 기울이는 한편 고객과 신뢰관계를 형성함으로써 고객이 느낄 수 있는 불안감을 잠재우며 친밀감과 유대감을 형성하려는 시도를 한다.

네 번째, 정보의 협상력 즉, 정보의 비대칭성(Information Asymmetry)이 완화된다는 특징을 보인다. 통상적인 거래에서는 정보가 부족하면 계약 과정을 예로 들면 협상력이 딸리거나 불리한 위치에 놓일 수밖에 없는데 인터넷의 저변 확대는 이러한 정보의 비대칭성을 낮추게 함으로써 불균형이던 힘의 밸런스를 점차 맞춰주게 되었다.

02 인터넷의 경제구조

경제란 재화를 획득하고 분배하며 소비하는 과정을 일컫는다. 이러한 경제활동이 인터넷 상에서 이루어지는 경제를 인터넷 경제 또는 디지털 경제라고 부르는데 인터넷 경제는 하부 인프라를 구성하는 하드웨어층에서부터 응용 서비스를 지원하는 상거래층까지 총 4개의 층으로 구성되어 있다.

우선, 물리적으로 네트워크가 구축되고 백본(Backbone)들이 연결되는 하부기반 구조층(Infrastructure Layer)은 통신 네트워크 기업들로 구성된다. 소프트웨어 개발 공급업자들로 구성된 층을 응용층(Application Layer)이라고 한다면 중개층(Intermediary Layer)은 인터넷 경제가 활성화 되도록 상거래가 가능하게 형성된 층으로 많은 투자가 이루어지면서 활성화가 이루어지고 있는 층이다. 한편 상거래층(Commerce Layer)은 기존과 다른 방식의 인터넷 상에서의 이커머스(e-Commerce) 거래가 형성되는 층으로 수많은 웹/앱 기반 어플리케이션들이 이 층에서 서비스를 제공하고 있다.

오늘날의 인터넷 비즈니스 기업들은 이 4개의 층들 중 한곳이나 여러 층에 걸쳐 디지털 경제활동을 하고 있다. 많은 기업들이 하부 기반 구조층과 응용층 그리고 상거래층에서 활발히 사업을 전개하고 있고 안드로이드와 iOS 기반의 어플리케이션 개발업자들은 상거래층에서 서비스를 제공하고 있다.

03 인터넷 비즈니스의 물결

인터넷 비즈니스는 크게 3차례의 물결을 거치면서 오늘에 이르렀다. 제1의 물결은 1994년 인터넷이 태동된 이후 닷컴(Dot.com) 붐을 타고 인터넷 비즈니스가 급속한 성장을 경험한 시기이다. 그러나 다른 한편으로는 2000년~2003년 사이에 닷컴 거품이 걷히면서 수익성이 저조한 수많은 인터넷 기업들이 퇴출되는 시기이기도 한 때가 제1의 물결의 시대이다.

제2의 물결은 제1의 물결을 거치는 동안 살아남은 탄탄한 서비스 모델을 갖고 있던 기업들 위주로 수익이 창출되고 비즈니스 방법이 학습되면서 인터넷 비즈니스가 본격적으로 성장한 시기이다.

제3의 물결은 사람들의 사회적 욕구를 충족시켜주는 사회관계망(Social Network) 서비스들이 등장하면서 유비쿼터스(Ubiquitous) 서비스가 등장하며 정보가 폭발적으로 증가한 시기이다. 웹이 발표되면서 서비스 공급자가 주도적으로 정보를 생성하고 배포하던 v1.0 의 웹 기반 서비스가 개인도 정보를 배포할 수 있게 된 v2.0 시대로 진화하였고 오늘날은 정보를 생성하고 배포하는 주체가 소위 인공지능에게 넘어가는 v3.0 시대를 맞이하고 있다.

04 인터넷 비즈니스 전략

인터넷 서비스 기업이 비즈니스 모델을 수립하는 것 못지않게 중요한 것은 기업들이 비즈니스를 지속적으로 영위할 수 있는 역량을 갖춰 나가는 것이다. 그러나 아이러니 하게도 인터넷 자체는 서비스를 지속할 수 없도록 하는 속성을 갖고 있는데 바로 인터넷에서는 모든 기술이 공개되어 있고 표준화 되어있기 때문이다. 기술 획득 비용이 저렴하므로 누구나 쉽게 활용할 수 있을 뿐만 아니라 심지어 경쟁사의 기술도 신속히 모방 가능하다. 이 때문에 우여곡절 끝에 인터넷에서 서비스를 성공적으로 런칭했거나 현재 탄탄한 비즈니스 모델을 갖추고 있다고 하더라도 결코 인터넷은 영원한 경쟁우위를 담보해 주지 않는다. 예를 들어 어떤 기업이 제공하는 서비스가 경쟁력을 갖춰 안정적인 운영을 하고 있다고 하더라도 오프라인에서 유사 서비스를 하고 있는 기업이 인터넷으로 진출하게 되면 어느 순간 치명적인 어려움을 겪을 수밖에 없게 된다. 바로 오프라인 기업은 기존에 확보한 브랜드 인지도와 서비스 플랫폼으로 후발 주자의 약점을 극복할 수 있는 보완적 자산을 이미 갖고 인터넷 기술을 쉽게 모방하여 빠른 시간 안에 런칭할 수 있기 때문이다.

4.1 보완적 자산 모델

인터넷 비즈니스가 지속 가능한 서비스가 되도록 하기 위해서는 어떻게 해야 할까. 이 질문에 대한 답은 지속가능한 인터넷 비즈니스 이론인 보완적 자산 모델에서 찾을 수 있다. 보완적 자산이란 기업이 보유한 기술 외에 별도로 확보하고 있는 부가적인 능력을 말한다. 예를 들면, 그 기업이 확보하고 있는 브랜드 인지도, 제조 및 생산능력, 마케팅 역량, 유통 채널 구조, 차별화된 서비스 및 고객과 파트너들과의 우호적 관계 등이다.

아래 그림에서 가로축은 기업이 보완적 자산을 보유하고 있는 정도를 나타내고 세로축은 기업이 보유한 기술의 모방 가능성 정도를 보여준다. 인터넷 서비스를 제공하고 있는 기업의 역량은 이 4가지 그룹 중의 하나에 속하게 된다.

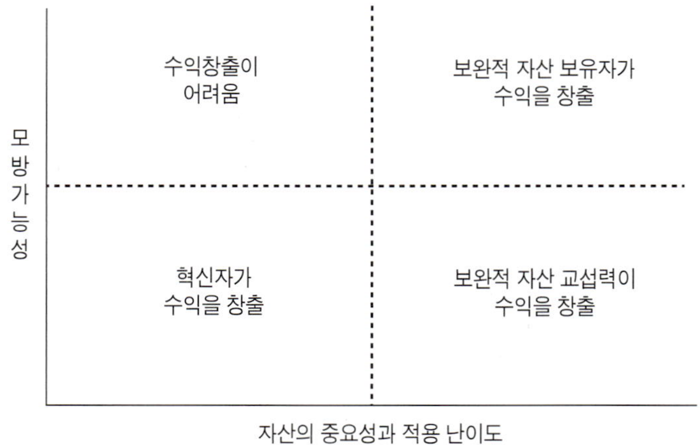

그림에서 보듯이 기업이 보완적 자산을 가지고 있으면 높은 협상력을 확보하게 되므로 수익 창출에 용이하지만 보완적 자산이 없다면 위협적인 경쟁 환경에서 고전을 거듭할 수밖에 없다. 인터넷 서비스를 제공하는 기업은 공개된 표준화 기술 및 저비용의 기술을 활용하고

있다는 점에서 기술 모방성이 높은 1사분면과 2사분면 영역에 모두 놓여 있다. 따라서 보유한 기술 외에도 반드시 차별적인 보완적 자산을 확보하려는 노력을 병행해야만 지속 가능한 비즈니스를 영위할 수가 있다.

대체로 인터넷 서비스를 시작한 기업이나 스타트업들은 2사분면의 모방 가능성이 높고 보완적 자산이 없는 위치에 있기 마련이다. 그런 경쟁환경에서 살아남은 인터넷 서비스 기업들은 보완적 자산을 확보하려는 노력을 지속적으로 기울였기에 오늘날 경쟁 위치를 2사분면에서 1사분면 영역으로 옮겨온 기업들이다.

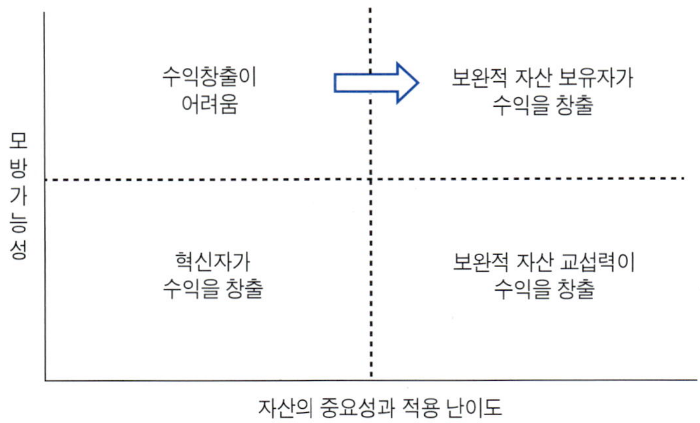

결론적으로, 인터넷 서비스를 기획하는 스타트업이나 이미 서비스를 제공하고 있는 인터넷 서비스 기업들은 반드시 기술 외적으로도 경쟁우위를 점할 수 있는 보완적 자산 확보 노력이 서비스의 성공에 직결되고 나아가 기업의 사활에도 영향을 미치고 있다는 점을 인식할 필요가 있다.

05 인터넷 서비스 전략

앞서 인터넷 서비스 기업들의 서비스 지속 가능 여부는 보유 기술 외에도 보완적 자산을 확보하고 있는지에 있음을 설명하였다. 이번에는 성공하는 인터넷 서비스를 기획하기 위해서 알고 있어야 할 전략 몇 가지를 추가적으로 더 살펴보고자 한다.

보완적 자산 모델에 비추어보면 보면 2사분면에 있는 기업은 보완적 자산 없이 모방이 쉬운 기술력 밖에 보유하고 있지 않다. 이들은 극심한 경쟁 환경 속에서 이윤 창출에 고전을 겪고 있을 가능성이 매우 높다.

한편 1사분면에 있는 보완적 자산을 확보하고 있는 기업일지라도 보유한 기술 자체만으로 보면 모방 가능하다는 점에서 언젠가는 시장에서의 리더십을 놓칠 수 있음을 간과해서는 안 된다. 오프라인에서 유사한 서비스를 제공하는 성공한 기업이 인터넷으로도 서비스를 제공하려 할 경우 브랜드 인지도라는 보완적 자산을 갖고 있어 기존 인터넷 서비스 기업에게 위협이 될 수 있기 때문이다.

3사분면이나 4사분면에 위치하고 있는 기업들은 지금 당장은 모방이 어려운 기술을 갖고 있지만 이들 역시 태생적으로 인터넷을 기반으로 한 서비스이기 때문에 언젠가는 보유기술이 모방될 수밖에 없다는 점에서 마음 놓고 있을 수만은 없다. 그러므로 서비스 전략 측면에서 초기 스타트업이나 아직까지 보완적 자산을 확보하고 있지 못한 2사분면에 위치한 기업들이 구사해야 할 전략은 도주 전략(Run Strategy)이다. 도주 전략이란 시장에 새로 진입하는 경쟁사가 따라올 수 없도록 차별화된 역량을 갖춰 나가는 것이다.

한편 서비스 런칭 이후 시간이 지남에 따라 보완적 자산을 갖추면서 차별적 경쟁우위를 확보한 1사분면에 위치한 기업이 구사해야 할 전략은 협력전략(Team–up Strategy)이다. 협력전략이란 자신이 가지지 못한 보완적 자산을 갖고 있는 다른 기업들과 서로 자원을 공유함으로써 지속적으로 경쟁우위를 확보해 나가는 전략이다. 인터넷 역사 속에서 성공한 거의 대부분의 서비스 기업들이 활용했던 검증된 전략이 바로 이 협력 전략이며 오늘날도 인터넷 기업들은 지속 가능한 경쟁우위 비즈니스를 유지하기 위해 이 전략을 서비스에 적극 활용하고 있다.

그밖에 보완적 자산을 갖고 있든 갖고 있지 않든 당장 모방하기 쉽지 않은 기술을 바탕으로 서비스 하고 있는 기업에게 필요한 전략은 봉쇄 전략(Block Strategy)이다. 봉쇄 전략이란 자신을 모방할 수 없도록 하는 전략으로 새로운 경쟁자가 시장에 진입하지 못하도록 원천적으로 차단하는 전략이다. 지적재산권 등록 및 소유가 대표적인 예일 것이다. 그러나 인터넷이라는 환경에서 제공하는 서비스이므로 3사분면과 4사분면에 있더라도 언젠가는 모방될 수밖에 없는 기술을 활용하고 있다는 측면에서 인터넷에서 서비스를 제공하는 모든 기업은 지속 가능한 경쟁우위를 유지하기 위해 현재 위치한 사분면에 상관없이 보완적 자산을 확보하려는 노력을 지속적으로 기울여야 한다.

5.1 서비스 기회의 발굴

유능한 서비스 기획자는 시대의 급격한 변화와 흐름 속에서 새로운 서비스를 발굴하는 능력을 지닌 자라고 할 수 있다. 이들은 자신이 속한 도메인(Domain)에서 벌어지는 일들에 대해 잘 알고 있으며 그곳에서 니치(Niche)마켓을 발견하는데 전문성을 보인다. 이들은 항상 경쟁업체뿐만 아니라 정부와 사회, 경제, 산업, 시장, 기술에 어떠한 변화가 일어나고 있는지 모니터링 하는 습관을 지니고 있다. 이러한 능력이 있는 기획자가 되기 위해 갖춰야 할 사항들을 하나씩 살펴보자.

5.1.1 시장변화 및 트렌드 파악

고객이 무엇을 원하는지는 시장의 트렌드를 분석함으로써 유추 가능하다. 따라서 서비스 기획자는 EXPO나 대규모 IT 박람회에 꾸준히 참석하여 정보를 놓치지 않으려는 노력을 기울일 필요가 있다. 또한 시류를 대표하는 이슈는 기사를 통해 주로 다루어지기 마련이므로 미디어는 늘 리서치 하는 습관을 길러야 한다.

5.1.2 고객의 당면문제와 니즈를 파악

서비스 기획 초기에는 고객의 니즈를 충분히 파악하기 어려운 상황일 수 있다. 그러므로 가능하면 설문이나 FGI(Focus Group Interview)를 통하여 실제적인 어려움을 확인 할 수 있도록 하고 프로젝트 과정에서는 애자일(Agile) 방법론을 활용하여 고객의 피드백을 서비스에 신속히 반영하여 시행착오를 줄일 필요가 있다.

5.1.3 인구통계, 생활방식 및 습관에 대한 조사

서비스 타겟을 세분화 할 때는 인구통계 조사 및 이용자가 속한 문화의 생활방식과 습관에 대한 리서치를 간과하지 않도록 한다. 이러한 사전 리서치를 수반하지 않는 경우 서비스 런칭 후 활성화 단계에서 어려움에 직면하는 경우가 종종 있기 때문이다. 따라서 인터넷과 각종 통계 포털 등을 활용하여 최신 데이터를 자주 접할 필요가 있다.

5.1.4 경쟁환경 분석

경쟁사에 대한 데이터 수집 및 분석은 서비스 기획자가 갖춰야 할 기본 자질 중의 하나이다. 경쟁사의 강점과 단점을 파악하고 경쟁사가 보유한 공급자와 구매자에 대한 협상력 및 시장 점유율까지 파악하고 있는 것이 좋다. 그러므로 서비스 기획자라면 연구보고서나 세미나 또는 전시회에 참여하여 최신 시장자료와 소스를 확보하려는 노력을 꾸준히 기울여야 한다.

5.1.5 인적 네트워크 개발

잘 구축한 인적 네트워크를 통하면 시장과 산업에 대한 빠른 정보를 얻기 용이하고 통찰력을 기르는데 도움을 얻을 수 있다. 소셜 인플루언서(Social Influencer)로부터 실제적인 자문을 받을 수도 있고 경우에 따라 유능한 전문가를 소개 받을 수도 있다. 이들과 교류를 넓힐수록 유익한 정보와 트렌드를 확보하기 용이하다. 이것은 단기간 안에 이루어지는 것이 아닌만큼 장기적으로 꾸준히 공을 들여야 한다.

5.2 시장 선점 전략

인터넷 서비스 기업이 시장을 선점하면서 빠르게 성장하기 위해 취하는 전략이 GBF (Get-

Big-Fast)이다. 서비스 런칭 후에는 조기에 신속히 규모를 키워야 한다는 이 전략은 규모의 경제효과가 크거나 네트워크 효과가 강할 때 그리고 고객 유치가 쉬울 때 상당히 효과를 볼 수 있는 전략이다

5.2.1 규모의 경제효과 (Economies of Scale Effect)

규모의 경제 효과가 있으면 사용자가 많아질수록 결과적으로는 고정비를 분산 시키는 효과를 볼 수 있다. 온라인 인프라는 확장성(Scalability)이라는 속성을 갖고 있기 때문에 오프라인 서비스에 비해 규모의 경제 효과를 더욱 크게 기대할 수 있다. 확장성이란 이용자들간의 상호작용과 제공하는 서비스의 성능을 떨어뜨리지 않으면서도 많은 사용자의 요구사항을 동시에 처리할 수 있는 속성을 말한다.

5.2.2 네트워크 효과(Network Effect)

네트워크 효과는 서비스에 가입한 사용자가 증가할수록 그 네트워크의 가치가 기하급수적으로 증가한다는 이론이다. 예를 들어 이용자들이 창출하는 수많은 콘텐츠들은 지속적으로 쌓이면서 서비스의 가치를 더욱 향상 시키게 되고 이로 인해 새로운 가입자의 유입을 유도하는 선순환 고리를 형성한다. 잠재 고객은 많은 콘텐츠가 모여있는 서비스와 그렇지 않은 신생 서비스 중에 후자 보다는 전자에 가입할 가능성이 높다. 따라서 서비스를 런칭한 기업은 네트워크 효과를 극대화하여 후발 서비스 업체 대비 경쟁력 우위를 신속히 점유할 수 있도록 GBF 전략을 강력하게 추진할 필요가 있다.

5.2.3 전환 비용(Switching Cost)

네트워크 효과가 강하게 나타나면 가입자는 자연스럽게 늘어나게 된다. 네트워크 효과로 인해 가입하는 신규 가입자는 앞서 가입한 가입자가 느꼈던 서비스의 질보다 더 큰 가치를 느끼게 된다. 시간이 지날수록 고객이 느끼는 가치는 증폭되므로 자연스럽게 가입자가 기하급수적으로 늘어나는 선순환이 일어난다.

또한 서비스에 가입한 고객은 활성화 된 서비스일수록 탈퇴 또는 이탈을 주저하게 된다. 바로 전환비용(Switching Cost)을 치루어야 하기 때문이다. 전환 비용은 학습비용에 비해 보

완재에 대한 만족도가 떨어지는 경우에 나타나는 현상으로 이미 학습된 사이트에서 다른 곳으로 옮기는 경우 다시 새로운 서비스에 적응해야 하는 시간과 노력을 말한다.

인터넷 서비스 비즈니스에 있어 신규시장을 선점하는데 GBF 전략은 매우 효과적인 전략이다. 다만 단순히 가입자에게만 의존할 것이 아니라 이들을 충성도 높은 고객으로 유지(Lock-in)할 수 있도록 지속적으로 서비스를 고도화 시켜 전환비용이 높은 서비스가 되도록 하여야 한다.

5.2.4 오프라인 기업의 온라인 진출

오프라인에서 서비스를 제공하던 기업이 동일한 서비스를 인터넷에서도 제공하려고 할 경우 두 가지 점에서 사전에 충분한 검토와 분석을 진행하여야 한다. 같은 고객을 바라보는 두 가지 서비스를 제공하는 것이 되기 때문에 소위 제 살 깎기 즉, 카니발라이제이션(Cannibalization)이 발생할 수 있기 때문이다.

즉, 오프라인에서 서비스를 이용하던 고객이 온라인으로 이동하게 되면서 오프라인 매장이 축소될 수도 있고 기존의 유통채널이 이탈할 위험성도 생긴다. 동시에 인터넷의 특성상 유통망의 혼재로 인한 채널 붕괴로 기업 활동에 심각한 타격이 가해 질 수도 있다. 그 뿐만 아니라 종업원의 성과와 인센티브에 변화가 발생되고 이로 인해 오프라인 사업부서와 온라인 사업부서간의 비생산적인 경쟁이 심화될 수도 있다.

물론 인터넷 서비스로 인해 신규 고객이 들어오는 순증 효과를 기대할 수도 있고 기존 오프라인 서비스에서 활용하던 검증된 인프라를 그대로 이용하거나 기업의 인지도를 재활용할 수 있어 순조로운 서비스 런칭을 기대 할 수 있다는 장점은 분명히 존재한다. 하지만 기존에 오프라인에서 하고 있던 서비스를 그대로 인터넷에서도 하려는 경우에는 기업 내외부와 유통채널을 포함한 비즈니스 상의 장단점에 대해 전략적으로 잘 대처해 둘 필요가 있다.

유통채널 전략

오프라인 기업이 온라인으로 진출할 때는 기존 유통채널의 반발을 겪을 수밖에 없기 때문에 이에 대한 대비를 먼저 해 두어야 할 필요성이 있다는 것을 알게 되었다. 왜냐하면 오프라인 서비스를 온라인에서도 한다는 것은 곧 새로운 소비자와 판매채널이 생긴다는 것을 의미하므로 기존에 오프라인 가치사슬(Value Chain)을 형성하고 있던 유통채널이 반발할 가능성이 매우 크기 때문으로 이것을 유통 채널의 갈등 현상이라고 한다.

따라서 온라인 진출시에는 기존의 유통채널들과의 갈등을 어떻게 최소화 할 것인가에 대한 전략도 같이 수립해야 한다. 만일 유통을 직접 소유하거나 운영하지 않고 제3의 판매상에게만 전적으로 의존하고 있던 기업이라면 회복 불가능한 후유증을 겪게 될 수도 있다.

유통 채널 간의 갈등을 해소하기 위한 전략적 해법은 어떻게 갈등 구조를 제로섬(Zero-sum)게임으로 만들 것인가에 달렸다 해도 과언이 아니다. 제 살 깎기(Cannibalization)가 아닌 상생(Win-win)의 관계로 발전시켜 나가는 방법을 강구하는 것이다. 몇 가지 사례를 들어 기업들이 이 문제를 어떻게 해결했는지 검토해보자.

삼성전자는 다양한 완제품(SET)을 생산하여 오프라인 매장을 통해 판매하는 회사이다. 인터넷 서비스가 활성화 되면서 많은 온라인 쇼핑몰들이 생겨나고 쿠팡이나 G-마켓 같은 곳에서는 입점 상인이 마진을 줄이면서까지 판촉을 하며 나날이 온라인 거래 규모를 키우고 있다. 이에 삼성전자는 직접 O2O(Offline-to-Online) 옴니채널 서비스를 인터넷을 통하여 제공하려고 시도하였다. 그러나 이는 곧바로 기존 오프라인 총판과 대리점들의 강력한 반발을 불러 일으켰고 결국 B2B인 기업형 폐쇄 플랫폼 기반의 온라인 서비스에 한정하는 선에서 합의를 보면서 초기에 계획했던 O2O 전략은 실천에 제대로 옮기지 못했다. 합의가 이루어지기까지 채널과의 갈등의 골이 깊어져 가는동안 총판은 유통재고를 늘리기 시작했고 이는 매출 부진으로 이어지면서 결국 삼성전자는 합의 시점까지 쌓인 시장에서의 부진재고까지 떠안을 수밖에 없었다.

리바이스는 특정 청바지를 온라인으로 판매하기로 결정하였다. 이는 곧바로 기존에 온라인에서 판매하던 의류 소매점들의 반발을 불러 일으켰고 급기야 소매상들의 집단행동에 의해 매출과 이윤이 지속적으로 감소하는 상황에까지 이르게 되었다. 결국 온라인 판매 서비스는 소매점들이 사이트를 통하여 주도하는 것으로 합의하면서 일단락 지을 수 있었다.

이처럼 오프라인 기업이 온라인으로 진출할 때는 자칫 파트너 관계에 손상을 입힐 수 있으므로 반발이 예상되는 유통채널을 어떻게 대응할 것인지에 대한 전략을 같이 수립해 두어야 한다. 가령 온라인에서 발생하는 수익은 유통채널과 공유하는(Revenue Share) 모델도 하나의 방법일 것이고 특정 서비스는 온라인 전용으로만 제공하는 차별화 전략을 수립한다면 유통채널의 반발을 사전에 잠재울 수 있을 것이다.

온라인 진출 모델

기업이 기존의 오프라인 서비스로부터 인터넷 기반의 온라인 서비스로 진출하기로 결정했다면 자사의 오프라인 비즈니스 속성과 인터넷 비즈니스 속성을 비교해 자신의 비즈니스에 맞는 진출모델을 채택해야 한다. 검토 결과 두 시장 간의 유사성이 높지만 갈등의 속성은 크다면 오프라인과 온라인 서비스를 시차를 두고 합치는 단계적 서비스 통합 모델을 선택하면 되고 반대로 양자간의 갈등이 예상되지만 시장의 유사성은 약하다면 오히려 서비스를 분리 운영하는 방식으로 서비스를 기획하는 것이 바람직하다.

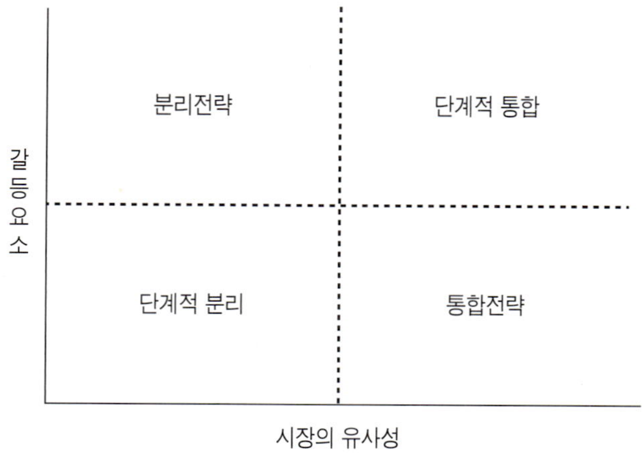

오프라인 서비스로부터 분리 운영하는 방향으로 결정하였다면 몇 가지 얻을 수 있는 유익이 생긴다. 기존 오프라인 서비스의 인프라를 활용할 수는 없게 되겠지만 오히려 시장상황에 유연하게 대처하면서 전략적 서비스 모델을 추진 할 수 있는 자유도를 얻게 된다. 즉, 모회사로부터 분리되어 독립적인 서비스 운영이 가능하고 재무적 자율성도 보장받으며 직원들 또한 문화적 독립성이 주어진 가운데 독자적인 기업활동을 할 수 있게 된다. 다만, 직원과 협력사 직원에 대한 인센티브나 위험수준은 형평성을 고려하여 기존과 같은 수준에서 유지될 필요가 있고 경영진은 모회사와 연결고리를 유지하는 전제에서 권한을 위임하는 것이 바람직하다.

반대로 시장의 유사도가 높아 대상이 중복되지만 갈등의 소지는 비교적 관리범위 안에 있다면 통합 비즈니스 모델을 선택하면 된다. 이렇게 하면 동일한 시장을 대상으로 하는 비즈니스이기에 오프라인 시장에서 사용하던 인프라를 공동 활용할 수 있게 되므로 비용절감과 운영의 효율성을 기할 수 있다. 비즈니스 모델은 신규 시장을 개척한다는 기조보다는 오히려 기존 시장을 확대하는 방향으로 수립하는 것이 바람직하며 경영활동도 사업적으로 시너지를 낼 수 있다. 기존 비즈니스에서 얻은 인지도와 브랜드 효과를 그대로 이용할 수 있어

즉각적인 수익도 기대할 수 있다. 다만 통합 비즈니스 모델 일지라도 인터넷 비즈니스 환경의 급변하는 특성을 감안할 때 서비스 모델 만큼은 차별화 될 수 있도록 기획하는 유연성을 지녀야 한다.

5.3 개인화 서비스 기획

오늘날 사람들은 자신의 취향에 맞는 개인화된 상품을 찾는 경향이 날로 커지고 있다. 이러한 현상은 제품 구매 고객 뿐만 아니라 서비스를 이용하는 유저층에서도 흔히 목격되는 현상이다. 인터넷 서비스를 제공하는 기업은 이러한 이용자의 선호와 취향을 서비스에 반영해야 하므로 서비스 기획자는 어떤 방식으로 맞춤형 서비스를 제공할 수 있을지 염두에 두어야 한다.

5.3.1 대량 맞춤생산과 개인화

전통적인 제품시장에서는 대량 맞춤생산(Mass customization) 방식으로 사람들의 개인화 욕구를 대응해 왔다. 즉, 대량생산 시스템의 강점인 효율성과 적정한 가격선에서 개인에게 맞춘 제품을 생산해 온 것이다. 오늘날은 제품 자체 또는 제품이 지닌 기능 외에도 이를 지원하는 서비스 패키지를 추가로 제공하는 데에서 제품의 성장동력을 찾는 경향을 띄고 있다. 마케팅 분야도 예외가 아니다. 개인화에 맞추기 위해 다양한 타겟 마케팅 전략을 판촉에 활용하는 추세이다.

인터넷 서비스를 제공하고 있는 기업이 고객에게 개인화 서비스를 제공할 수 있는 방법으로 Kai Riemer와 Carsten Totz는 개인화의 다양성(The Many Faces of Personalization)이라는 논문을 통해 세 가지의 대량생산과 개인화의 통합 프레임을 제시하였다.

첫 번째는, 판매 서비스인 경우 제공하는 재화의 개인화이다. 이것은 서비스와 상품을 개인에게 맞추어 공급하는 것을 말하는데 온라인 쇼핑몰의 경우 상품 추천이나 끼워팔기 및 가격맞춤 제안 등이 여기에 속한다.

두 번째는, 인터넷 서비스의 개인화이다. 콘텐츠와 유저 인터페이스를 개인의 취향에 맞춰 제공하거나 실시간 상호작용 네비게이션을 제공하는 것이 여기에 해당한다.

세 번째는, 커뮤니케이션의 개인화이다. 커뮤니케이션 내용이나 채널을 고객의 취향에 맞게 재구성하거나 고객의 커뮤니케이션 시각이나 빈도에 맞추어 서비스를 제공하는 것을 말한다.

5.3.2 개인화가 서비스 기업에게 주는 유익

인터넷 서비스를 개인화하여 제공하는 경우 기업에게 어떠한 유익을 가져다 주는지 알아보자. 아래 그림과 같이 대량 맞춤 생산과 개인화를 구현한 서비스 간의 관계 그래프는 고객의 개인화 욕구가 커질수록 제공 가치에 비해 투입비용이 더 들어가는 것을 보여준다. 반면 인터넷 서비스는 오히려 제공 가치가 커질수록 투입비용이 줄어드는 현상을 보이고 있다.

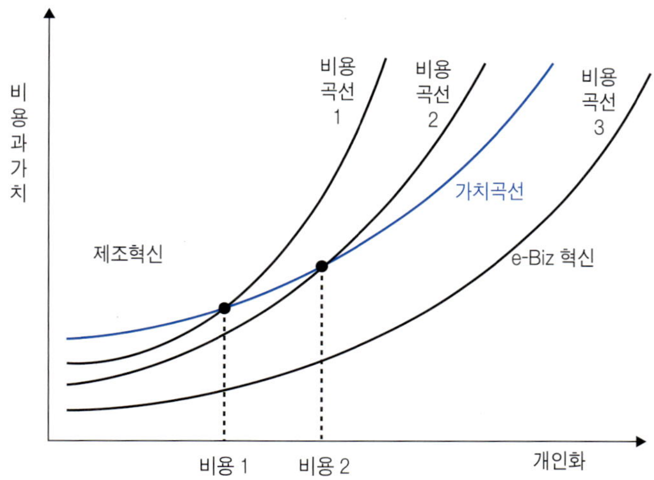

인터넷 서비스를 제공하는 기업은 고객의 개인화 욕구가 높을수록 비용 대비 가치가 높은 개인화 서비스를 제공하는 것이 유리하다는 것을 시사하는 그림이라고 할 수 있겠다.

5.3.3 개인의 선호도 조사

개인화 서비스를 제공하기 위해서는 고객별 선호 프로파일을 미리 갖춰 놓을 필요가 있다. 고객으로부터 원하는 요구를 직접 청취하는 방법과 온라인상에서 가입자들이 어떠한 행동을 보이는지 모니터링해서 프로파일을 구성하는 방법 그리고 고객의 그동안의 구매 패턴으로부터 원하는 니즈(Needs)를 유추해 내거나 직접적인 선호도 조사를 실행하는 방법 및 취합된 데이터를 기반으로 고객이 원할 것으로 추정되는 것을 추론해 내는 방법이 있다.

프로파일은 고객의 요구사항, 선호도, 이용시의 습관, 거주지역 등 필요한 항목들로 구성되며 주로 이러한 데이터는 쿠키(Cookie)나 고객이 입력한 등록 정보 또는 장바구니 분석 등을 통해 어느 정도 확인할 수가 있다. 물론 확보된 프로파일의 분석은 데이터 마이닝 기법과 머신러닝 또는 딥러닝을 활용하면 고객군별 기호나 성향 등의 특징점과 고객의 행동 패턴을 어렵지 않게 파악해낼 수 있다.

이러한 고객의 기호나 선호도 및 경향성 분석은 서비스 기획자라면 관심을 기울여야 하는 부분인데 이러한 정보는 현업의 데이터 담당자에게 요청하여 얻을 수도 있지만 실무를 겪어본 유능한 기획자일수록 파이썬 같은 분석툴을 이용해 필요할 때마다 직접 데이터를 분석하여 원하는 정보를 획득하는 데에 익숙하다.

5.3.4 개인화의 유형

고객에게 어떤 방식의 개인화 서비스를 제공할 수 있는지는 아래와 같이 네 가지로 나눌 수 있다.

첫 번째는, 적응적 개인화(Adaptive personalization)이다. 이것은 고객이 특별히 요구하는 것은 없고 서비스 자체도 별로 다변화시킬만한 것이 없는 경우에 해당한다. 이때는 표준화된 콘텐츠를 제공하면서 고객이 그때 그때 취향에 따라 선택할 수 있는 옵션을 제공하는 방식으로 기획방향을 잡으면 된다,

두 번째는, 외형적 개인화(Cosmetic personalization)이다. 이것은 고객에게는 개인화 욕구가 있는 반면 서비스에는 개인화할 만한 요소가 없는 경우이다. 이때에는 서비스의 다양성을 기획하는 방법을 쓰면 된다. 일반적인 무기명 메일이 아닌 고객의 이름이 들어간 메일을 보낸다던가, 로그인 시 환영문구에 고객의 이름을 같이 띄워주는 간단하지만 효과적인 방법 등을 예로 들 수 있다.

세 번째는, 배후 개인화(Transparent personalization)이다. 이것은 개인에게 특별한 개인화 욕구는 없지만 서비스 자체에 개인화가 가능한 요소가 있는 경우에 쓸 수 있는 방법이다. 즉 고객의 니즈를 확인할 필요없이 수집된 데이터 분석결과를 기반으로 개인화 서비스를 기획하는 것으로 유튜브나 넷플릭스의 맞춤형 콘텐츠 큐레이션이 여기에 해당한다고 할 수 있다.

네 번째는, 협력적 개인화(Collaborative personalization)이다. 이것은 개인에게도 개인화 욕구가 있고 서비스에도 개인화할 수 있는 요소들이 있는 경우로 개인의 환경설정(Configuration)에 따라 서비스를 다변화시키는 방식으로 기획하면 된다.

5.3.5 개인화 서비스의 기획

이렇게 개인별 프로파일 구성과 개인화 서비스 유형이 결정되었으면 서비스는 다음과 같은 네 가지 방법 중 하나를 선택하여 기획하면 된다.

첫 번째는, 규칙 기반(Rule-based)기획이다. 고객이 제공하는 정보를 활용하여 서비스를 기획하는 경우이다.

두 번째는, CASE(Computer Assisted Self Explication)기반 기획이다. 고객의 피드백이나 리뷰를 담고 있는 데이터베이스로부터 개개인의 니즈를 찾아내어 기획하는 경우이다.

셋 번째는, 협업 필터링(Collaborative Filtering)기반 기획이다. 고객과 성향이 비슷한 다른 사람의 선호를 기반으로 개인화 서비스를 기획하는 것을 말한다.

네 번째는, 양도(Endorsement)기반 기획이다. 고객이 선호하는 서비스 공급자에게 연결시켜주는 방식의 기획이다.

06 인터넷 비즈니스 모델

수많은 학자들이 현존하는 인터넷 서비스 기업들의 비즈니스 모델을 분류하고자 노력하였는데 그 과정에서 대체적으로 다음과 같은 몇 가지 인터넷 비즈니스의 특징을 파악할 수 있었다. 첫 번째, 기업이 고객에게 어떠한 가치를 제공하는지를 설명하는 가치정의(Value definition)를 가지고 있으며 두 번째, 어떻게 가치를 창출하고 어떤 방식으로 고객에게 그것을 전달하는지를 설명하는 가치 창출 과정과 전달 과정(Creation and Delivery)을 포함하고 있는데 여기에는 관련 기업 및 파트너들과의 관계를 포함한 네트워크 구조도 포함된다. 세 번째, 인터넷 비즈니스 모델은 지속적인 이윤창출 목표를 달성하는 방법을 설명하는 수익과 지속(Profit and Sustainability) 속성을 갖고 있다.

Alexander Osterwalder는 이것을 핵심요소 9가지로 분류한 BMC(Business Model Canvas) 모델로 정리하였다. 즉 가치제안, 고객, 유통채널, 관계, 핵심활동, 핵심능력, 파트너 네트워크, 비용구조 그리고 수익모델인데 이는 오늘날 인터넷 서비스 기업들과 신생 스타트업들에 의해 활발히 활용되고 있는 비즈니스 모델인 린 캔버스(Lean Canvas)의 토대가 되었다. 즉, 비즈니스 모델은 단순히 기업이 무엇을 거래하는지에 대해서만 설명하는 것이 아니라 기업이 비즈니스를 어떻게 수행하는지에 대한 로직을 담은 것으로 각각에 대한 내용은 다음과 같다.

첫 번째는 가치제안(Value Proposition)이다. 이 부분에는 기업이 고객에게 어떠한 가치를 제공할 것인가에 대한 내용이 기술되어야 한다. 두 번째는 고객(Target Customer)이다. 기업이 생산한 가치를 누구에게 제공할 것인가와 그 가치가 도달하는 세분화된 고객에 대한 내용을 포함한다. 세 번째는 유통채널(Distribution Channel)이다. 여기에서는 타겟 고객에게까지 도달할 수 있는 다양한 유통채널을 설명한다. 네 번째는 관계(Relationship)이다. 즉, 세분화된 고객과의 관계 형성을 어떻게 할 것이고 맺은 관계를 어떻게 지속적으로 유지할 것인가를 표현한다. 다섯 번째는 핵심활동(Key Activities)이다. 가치를 제공하기 위해 기업의 활동과 자원을 어떻게 구성할 것인가에 대한 내용을 포함하면 된다. 여섯 번째는 핵심능력(Core Competency)이다. 기업이 비즈니스 모델을 실행하기 위해 확보하고 있는 핵심능력을 정의하는 부분이다. 일곱 번째는 파트너 네트워크 (Partner Network)이다. 기업 내부에서 충족되지 못하는 요소가 있다면 어떤 파트너를 통해 확보할 것이며 그들과의 관계는 어떻게 형성할 것인가에 대한 내용을 포함하면 된다. 여덟 번째는 비용구조(Cost Structure)이다. 비즈니스 모델의 비용발생 구조를 설명하는 부분이다. 아홉 번째는 수익모델(Revenue Model)이다. 서비스를 통해 얻는 수입의 원천과 흐름을 명확히 설명할 수 있어야 한다.

어떤 기업이 아무리 가치제안을 잘 준비했다고 하더라도 위의 아홉 가지 구성요소 중 하나라도 충분히 고려되지 못한 상황이라면 그 비즈니스 모델은 성공하기 어렵다. 다음은 요즈음 헬쓰케어 고관여층과 실버층을 대상으로 한 단백질음료 기업인 (주)이안홈케어누트리션의 프로틴기프트 제품기획에 활용된 Lean Canvas 사례이다.

실버용 단백질 음료

Problem
- 마케팅 자원 부족
  - 소극적인 마케팅 활동
  - 광고, 홍보 등
- 낮은 제품 이해도 (TPO)
  - 단백질 음료의 장점
- 소비자 가격 부담
  - 3천원/병 초반 예상
- 미흡한 역량
  - 브랜드 파워
  - 유통 장악력
  - 팀구성 등

Solution
- 브랜드 제휴
  - Collaboration 추진
  - 식품 대기업 등
- 마켓 포지셔닝
  - 네임 벨류 및 가격
- 매스 채널 입점
  - 올리브영 등
- TPO 영상 확보
  - 실버 단백질
- 자원 확보
  - 신규 인력 채용
  - 마케팅 자원 등

Key Resources
- 원천기술
  - 단백질 원료 소싱원 확보 및 유지
  - 단백질 음료 교반 기술
  - 맛과 당분 성분의 균형
  - R&D 및 제조 기술 인력
  - 제품 기능성 확대 기술(운동 관련)
- 판매영업
  - 판매 유통 인력 확대
  - 해외 시장 개척 인재 영업등

Value Propositions
- 믿을 수 있는 국내 유일 제품
  - 특허확보
- 최상급 원료
  - 고단위 아미노산 함유
  - 정직한 천연 원료, 건강한 당
  - 신속한 근손실 회복력
- 편리한 단백질 섭취
  - 닭고기의 2배, 계란의 1.6배 높은
- 단백질 흡수율
  - 떫은 맛 제거 및 3가지 맛 구현
  - 일 부족량 15g의 간편한 섭취
  - Time Poor, Money Rich 편의성
- 노인건강
  - 음료 통한 단백질 보충'
  - 꼿꼿하고 활기찬 노년 생활
  - 일 권장량 통한 노년병 예방
  - 혈당 상승 억제 특수 과당 함유
- 제품 및 경쟁사 차별화
  - 식물성 단백질 음료 차별성
  - 쉐이크 타입과 목넘김 차별성
  - 편리하고 활동적인 Life Style
  - 골든타임에 편리한 단백질 보충
- 건강기능식품 출시
  - 실버 단백질음료 최초제품

Unfair Advantage
- 분리유청단백질 제조 특허
- 단백질음료 제품 확대
  - 맛, 함량 등 다양화 기술
- 스포츠 채널 확보(실버)
- 근 손실방지 커뮤니티 구성

Channels
- 온라인
  - 자사 인터넷 쇼핑몰
  - 시니어 전문 온라인몰
- 오프라인
  - 스포츠 채널(실버 회원)
  - 고급 요양시설(클래식 500)
  - 백화점 식품관
  - Health & Beauty 스토어
- 오픈마켓지 커뮤니티 구성

Customer Segments
- 실버층
  - 건강이상 세대
  - 급격한 근소실, 만성당뇨, 대사질환 등 건강이상
- 장년층
  - 노년층 봉양 세대
  - 건강 관심 고조
- 고기능 단백질 수요층
  - 고단백 수요자 (헬스 및 다이어트)
  - 활동적인 30~60대 (요가, 필라테스 이용자)

Cost Structure
- 고정비 절감 (생산 외주화, 영업사원 총판 전배)
  - 외주처와 공동 라인 운영
  - 자체 공장설립은 생산량 확대단계시 검토
  - 비핵심 및 단회성 업무 외주화 (디자인, 제품용기 및 포장 박스 제작)
- 원료비 및 물류/창고비 절감
  - 유통재고, 부진 재고 관리로 운송비용 효율화
  - 손익 목표 유지 위한 분기별 물동분석 및 원료 대량 매입

Revenue Streams
- 가격정책 수립
  - 수요예측 적확성 고도화로 가격 경쟁력 확보
- 고정매출 증대
  - B2B 활로 개척 통한 Run-rate 비중 확대
- 확판 촉진
  - 판촉원 인센티브 및 시즌별 프로모션

전투에 전략과 전술이 반드시 있어야 하듯 비즈니스를 수행하는 데에도 전략과 전술이 필요하다. 특정한 기업으로 하여금 차별화된 경쟁력을 기반으로 전반적 경영 활동을 체계적으로 수행하기 위한 방향이 비즈니스 전략이라면 비즈니스 모델은 그 전략을 잘 실행하기 위해 수립한 구체적인 실행방안이고 그 대표적인 모델이 BMC(Business Model Canvas) 모델이다.

6.1 인터넷 비즈니스 모델의 유형

오늘날 인터넷 상에서 이루어지는 비즈니스 모델은 거래관계로 분류하거나 수입원을 기준으로 분류해 볼 수 있다.

6.1.1 거래관계를 기준으로 본 비즈니스 모델의 유형

비즈니스 모델을 분류하는 가장 일반적인 방법은 거래관계에 따른 분류이다. 거래당사자가 누구냐에 따라 크게 B2B, B2C, B2G, C2C 이렇게 네 가지로 나누어 볼 수 있다.

첫 번째, B2B(Business-to-Business)는 공급자와 구매자가 모두 기업인 유형이다. 과거에는 폐쇄적이고 정형화된 형태로 거래가 이루어졌지만 오늘날은 인터넷을 활용하면서 다양한 형태의 기업간 거래가 형성되고 있다. 예를 들어 마켓 플레이스(Market place) 서비스는 구매자와 판매자가 플랫폼상에서 직거래를 할 수 있도록 해줌으로써 구매 비용을 줄일 수 있게 하는 비즈니스 모델로 주요 수익은 거래 수수료를 통해 얻는다. 온라인 총판 서비스는 특정 제품을 기업에게 제공하는 비즈니스 모델로 재화의 거래가 수익 창출의 기반이다.

기업대상 서비스는 인터넷을 통해 기업고객에게 특정 서비스를 제공하는 유형의 비즈니스이다. 기업 고객이 원하는 서비스를 제공하고 수익을 창출하는데 대표적인 예로 ASP(Application Service Provider)를 들 수 있다

두 번째, B2C(Business-to-Customer)는 인터넷에서 가장 보편적으로 목격할 수 있는 서비스 모델로 서비스 공급자가 기업이고 구매자가 일반 소비자인 유형의 비즈니스 모델이다. 대표적인 유형인 포털(Portal)은 검색, 뉴스, 채팅, 음악, 동영상, 일정 관리 등과 같은 서비스와 콘텐츠를 통합된 패키지 형태로 소비자에게 제공하는 비즈니스이고 일반적으로 광고나 가입비 및 거래 수수료로 수익을 창출한다. 반면 온라인 쇼핑몰은 오프라인 판매상이 운

영하는 온라인 비즈니스 모델로 고객들이 언제 어디에서나 제품 구매가 가능한 서비스를 제공하며 수익은 제품 판매로부터 얻는다.

콘텐츠 제공(Content Provider) 형태의 비즈니스 모델은 뉴스나 스포츠, 엔터테인먼트 등의 최신정보를 사용자에게 제공하는 형태로 주로 광고비나 가입비 또는 제휴 추천 수수료로 수익을 얻는다.

거래 중개자(Transaction Broker) 비즈니스 모델은 전문적인 온라인 거래 서비스로서 여행사나 증권 거래소와 같은 거래 대행 서비스가 대표적이다. 주로 거래 수수료를 통해 수익을 창출하며 소비자에게 저렴하면서도 빠르게 제품을 구입할 수 있다는 가치를 제공한다.

시장 조성자(Market Broker) 모델은 인터넷 상에 구매자와 판매자가 만나는 시장을 형성해주고 거래 수수료를 통해 수익을 얻는데 대표적으로 배달의 민족을 예로 들 수 있다.

서비스 제공자(Service Provider) 모델은 소비자를 대상으로 특정 서비스를 제공함으로써 수익을 내는 유형의 비즈니스이다.

커뮤니티 제공자(Community Provider) 모델은 공통의 관심사를 가진 사람들이 모일 수 있는 온라인 공간을 제공하는 형태의 비즈니스 모델로 주된 수입원은 광고비, 가입비, 제휴 추천비 등이다.

세 번째, B2G(Business-to-Government)는 기업과 정부기관과의 거래 관계를 의미하는데 오늘날 정부기관은 거래의 공정성과 투명성 확보 및 거래 비용감소를 통한 조달 행정의 효율성 극대화를 위해 주로 인터넷을 통해 거래를 추진하고 있다.

네 번째, C2C(Customer-to-Customer)는 개인과 개인간에 1:1로 거래가 이루어지도록 돕는 비즈니스 모델이다. 고객이 공급의 주체이기도 하고 동시에 소비의 주체가 되는데 당근마켓이 대표적인 예이다. 이들은 소비자들이 직거래를 할 수 있는 장을 마련해 주고 이들 간의 거래를 통해 수수료를 얻는다.

6.1.2 수입원에 따른 비즈니스 모델의 유형

비즈니스 모델을 분류하는 또다른 방법은 수익원에 따라 분류하는 것이다. 수익원에 따른 분류는 크게 수수료 기반, 광고 기반, 이윤 기반, 제품 생산 기반, 추천 기반 그리고 정액제, 종량제 등 총 7가지로 나눌 수 있다.

대부분의 인터넷 비즈니스 모델들은 이들 7가지 비즈니스 모델들 중 하나만으로 서비스를 하지 않고 서비스 목적에 따라 몇 가지 모델들을 조합하여 제공하고 있다. 예를 들어 구글은 광고비를 통해서 주로 수익을 창출하지만 동시에 제휴 추천을 통한 부가적인 수익 모델도 운영하고 있으며 온라인 쇼핑몰도 판매 수수료뿐만 아니라 광고를 통해서도 수익을 실현하고 있다. 이처럼 수익원에 따른 비즈니스 모델의 특징은 일곱 가지 중 하나에만 해당하는 것이 아니라 복수개의 유형을 복합적으로 비즈니스 모델로 구성하여 서비스 하고 있다는 특징을 보인다.

첫 번째, 수수료 기반(Commission based) 비즈니스 모델

수수료 기반(Commission based) 비즈니스 모델은 수수료를 기반으로 하는 비즈니스 모델이다. 이 모델은 거래에 따라 수익이 창출되기 때문에 거래가 자주 일어나도록 하거나 가격을 높게 유지할수록 좋다. 중개인이 연관된 모델이기 때문에 중개자 모델(Intermediary model 또는 Brokerage model)이라고 불리기도 한다.

구체적으로는 쇼핑 인터페이스를 통해 여러 상인들과의 연결을 제공하는 모델이 있을 수 있으며 개인에게 서비스를 판매 홍보할 수 있게 하는 모델 등 다양한 형태의 비즈니스 모델을 구성할 수 있다.

두 번째, 광고 기반(Advertising-based) 비즈니스 모델

인터넷 서비스 기업이 광고를 주 수익원으로 하는 비즈니스 모델이다. 최대한 많은 사용자들을 확보해서 광고를 보는 사람의 규모를 극대화(Volume-based approach)시키는 방법과 특정 타겟 소비자(Targeted and specialized audiences)만을 대상으로 광고를 노출시키는 방법이 있다.

주요 사례로는 할인가로 상품을 판매하는 경우와 가입자의 이용 패턴을 파악하기 위한 목적으로 가입을 해야만 서비스를 무료로 이용할 수 있게 하는 경우도 있다. 또한 커뮤니티 서비스인 경우에는 멤버들 간의 관계 강화를 위해 가입자가 자주 방문하도록 함으로써 광고노출을 극대화 시킬 수 있다.

세 번째, 이윤 기반(Markup-based) 비즈니스 모델

판매를 통해 이윤(Markup)을 얻는 비즈니스 모델이다. 이윤의 크기가 비즈니스 모델의 지속여부를 결정짓는 핵심 요소가 된다.

네 번째, 제품 생산 기반(Production-based) 비즈니스 모델

제조업 모델(Manufacturing model)이라고도 불리며, 인터넷을 통해 직접 고객 또는 최종 사용자와 거래하는 비즈니스 모델이다. 이 모델은 제품을 생산하고 판매함으로써 수익을 얻는 전형적인 제조업자나 생산자 및 조립업체의 사업모델과 맥을 같이한다. 다시 말해 오

프라인의 수익모델을 인터넷에서도 그대로 운영하는 것으로 생산 규모에 따라 제조 비용이 증가하거나 감소하는 규모의 시장경제 원리가 작동하므로 온라인 비즈니스의 수익에도 중요한 영향을 끼친다.

다섯 번째, 추천 기반(Referral-based) 비즈니스 모델

방문자를 다른 기업의 서비스로 연결시켜 줌으로써 수수료를 받는 비즈니스 모델이다. 이러한 수수료는 주문 체결시(Pay-per-order)나 웹사이트 클릭시(Pay-per-click) 또는 영업기회 확보시(Pay-per-lead)에 발생하며 제휴사를 통한(Click-through) 사이트 연결이 이루어지는 서비스 형태이기 때문에 제휴모델(Affiliate model)로 불리기도 한다.

여섯 번째, 정액제(Subscription-based) 비즈니스 모델

일정기간 동안 사용자에게 받는 일정액을 주수입원으로 하는 비즈니스 모델이다. 가치 있는 콘텐츠를 지속적으로 제공하여야 수익 창출이 가능한 비즈니스 모델이다.

일곱 번째, 종량제(Fee-per-service based) 비즈니스 모델

전기세, 수도세와 같다고 하여 유틸리티(Utility) 모델이라고도 불린다. 서비스를 사용한 만큼만 지불하는 비즈니스 모델로 사용자들이 서비스를 더 많이 쓰도록 유도하거나 사용자를 더 확보하는 것 또는 두 가지 방법을 동시에 활용해야 한다.

대표적으로 AWS와 같이 서버를 통해 소프트웨어나 인프라 또는 인공지능 서비스를 임대해서 사용하게 하는 모델이 있다.

6.2 비즈니스 모델의 진화

비즈니스 모델은 시간의 흐름과 환경변화 및 경험의 누적에 따라 비즈니스의 생존과 경쟁력 강화를 위해 지속적으로 보완해야 한다. 일반적으로 비즈니스 모델의 진화는 개선, 확장, 확대 그리고 퇴출의 네 가지 방향으로 이루어진다.

개선(Enhancement)은 현재 제공하고 있는 서비스에 새로운 기능과 특징을 더하여 부족한 점을 보완함으로써 비즈니스 모델의 성과를 향상시키는 방향으로 진화하는 경우이다. 확장(Extension)은 새로운 사업 영역이나 비즈니스 모델을 도입하는 경우를 일컫는다. 확대(Expansion)는 사업영역과 비즈니스 모델은 유지하되 새로운 종류의 서비스를 제공하거나 새로운 지역이나 국가로 비즈니스 모델을 확대해 나가는 경우이다. 퇴출(Exit)은 비즈니스 모델이나 서비스를 중단하거나 특정 지역에서 철수하는 경우이다. 이와 같이 모든 인터

넷 비즈니스 모델들은 정도와 범위의 차이는 있지만 앞서 소개한 네 가지 방향으로 끊임없이 진화하고 있다.

07 인터넷 서비스 기획

하나의 서비스가 런칭되기까지 개입되는 서비스의 기획요소는 다양하다. 대기업뿐만 아니라 중소기업 그리고 벤처기업(Venture)과 스타트업(Start-up)에 이르기까지 서비스의 성공은 그 규모에 따라 사업의 존립 자체에까지 영향을 미치기도 한다. 하나의 서비스를 기획할때는 사업계획과 비즈니스 모델 그리고 고객경험(UX) 기획 및 사용자 인터페이스(UI) 기획 등 다양한 고려해야 할 요소들이 있다. 중요한 것은 출시한 서비스가 시장에서 외면 받지 않고 잘 수용되도록 만드는 것이다. 프로젝트 오너(Owner)인 기획자에게 거는 기대가 큰 이유이다.

인공지능 앱은 빅데이터 분석을 기반으로 특정한 패턴과 특징점을 파악하도록 학습된 예측 알고리즘을 적용시켜 출시한 어플리케이션이다. 사용자는 안드로이드 앱이나 iOS 앱 같은 네이티브앱 또는 하이브리드 앱으로 구현된 어플리케이션을 다운로드 하는 형태로 이용한다. 서비스 출시 이전에 주요 기능만을 탑재하여 시장반응을 살피기 위한 목적으로 만드는 어플리케이션을 최소기능제품(Minimum Viable Product, MVP)이라고 하는데 MVP는 주로 웹앱(WebApp)으로 구현하며 백앤드(Backend)인 빅데이터 분석과 인공지능 부분을 제외하면 3단계(3-Tier)로 구성된 웹 서비스 구조(Architecture)를 일반적으로 그대로 활용한다.

7.1 서비스 기획의 중요성

인터넷 기반으로만 비즈니스를 하는 기업에게 있어 서비스는 기업의 존폐에 영향을 미치는 매우 중요한 요소이다. 특히 온라인에서의 기업활동이 점차 많아지고 오프라인의 비즈니스 모델도 인터넷으로 확장되는 4차산업시대에 성공적인 서비스를 확보하고 있는가 하는 것은 기업에게 사활적인 문제이기도 하다. 2021년도 통계청 자료에 의하면 우리나라에 있는 중소기업은 총 705만개이고 전체 노동인구의 82%가 중소기업에 고용되어 있으며 이들이 창출하는 전체 GDP 비중은 60%에 육박한다. 그렇다면 이렇듯 큰 경제의 축을 형성하는 우리나라 중소기업의 생존율은 얼마나 될까. 2020년 통계청 자료에 의하면 신생기업들 중에서 1년 안에 사라진 기업은 64.8%에 이르고 5년 생존율은 32.1%에 불과하다. 조금 더 범위를 좁혀 정부가 육성한 기술 스타트업의 생존확률은 어떻게 되는지 들여다 보자. 최근 3년간 국립대학을 통한 정부지원 스타트업의 기술사업화 성공 확률을 보면 결코 장미빛이지만은 않다. 정부 지원사업에 응모한 서비스 기획 아이디어 중 10%만이 실현 가능성이 있는 것으로 평가되었고 이중 42%만 과제로 선정되었으며 그 과정에서 프로젝트 단계로까지 발전된 기획 아이디어는 9%에 불과했다. 이 프로젝트들 중에서도 상용화에 도달한 기획안은 22%에 불과했고 실제 시장에서 생존한 서비스는 최종적으로 그 절반에 불과했다.

정부지원 스타트업의 서비스 기획 아이디어 중에서 살아남은 서비스가 결과적으로 0.3%에 불과했다는 것이 서비스 기획자에게 시사하는 바는 꽤나 의미심장하다. 프로젝트 선정단계 이후만 보더라도 정부의 각종 지원 즉, 비즈니스 모델 검증과 시장조사 지원 및 사업 멘토링을 겸하였어도 성공한 서비스가 11%에 불과한 것이다. 이와 같이 공들여 런칭한 서비스가 시장에서 외면받고 마는 데에는 다양한 원인이 있는데 집계된 총 20가지 원인 중에서 실패한 가장 큰 원인으로 꼽히는 첫 번째 원인은 바로 고객에 대한 이해 부족이었다. 고객에 대한 분석이 제대로 되지 않았다는 것이다. 두 번째는 시장의 니즈(Needs)가 제대로 분석되지 않았다는 것이다. 서비스의 사활은 반짝이는 아이디어가 아니라 시장이 요구하는 서비스이어야 한다는 점을 간과해서는 안된다는 것을 시사하는 대목이다. 세 번째는 비즈니스 모델이 제대로 수립되지 않았다는 것이다. 특히 4차 산업 시대는 인터넷 기반의 서비스 시대라고 해도 과언이 아닌데도 불구하고 인터넷 서비스 환경에서의 경쟁구도와 시장 세분화 전략이 미흡했음을 보여준다.

그런 점에서 서비스 기획자들이 간과하지 않아야 할 중요한 것들 중에 고객에 대한 철저한 이해와 상세한 시장조사는 아무리 강조해도 지나침이 없다. 둘 중에 어느 하나라도 부족하면 시장의 니즈가 기획에 반영되지 않을 수 있고 충분히 검증되지 않은 채 런칭한 서비스는 앞서 보았던 것처럼 기업의 흥망에 직접적인 악영향을 끼치고 아무리 공을 들인 서비스라도 시장에서 외면 받을 수밖에 없다는 것을 인식해야 한다.

7.2 서비스 유망 산업

서비스 성패에 가장 큰 영향을 미치는 요인이 고객에 대한 이해와 정밀한 시장 분석이었다라는 점에 착안하면 오늘날 우리나라 정부와 전세계가 공통적으로 집중 육성하는 4차 산업 시대의 유망 분야를 파악하고 있을때 상대적으로 성공 확률이 높은 서비스를 기획할 수 있다고 할 수 있을 것이다. 그런 점에서 전세계적으로 그리고 우리나라 정부가 어떠한 직종에 현재 지원을 강화하고 있고 때로는 규제를 완화해 가면서까지 사업을 육성 장려하고 있는지 알아보는 것이 유익할 것이다.

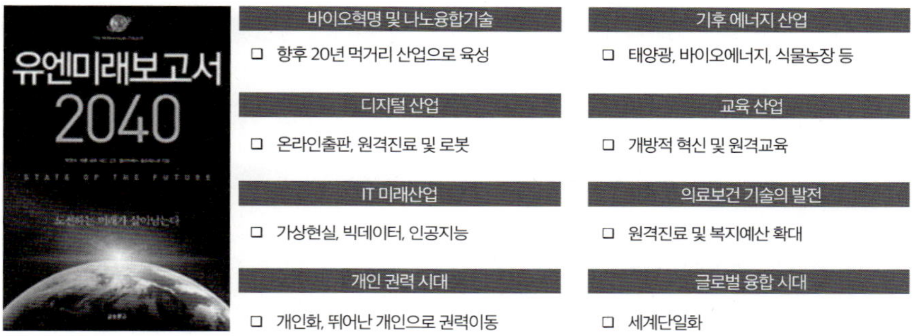

유엔이 발간한 유엔 미래 보고서 2040이라는 보고서에 따르면 전세계는 4차 산업 시대에 크게 8가지 사업부문 육성에 박차를 가할 것으로 전망하고 있다.

첫 번째, 바이오 혁명 및 나노융합기술 산업이다. 이것은 향후 20년 동안 인류의 먹거리 산업으로 집중 육성하게 될 것으로 평가되고 있다.

두 번째, 기후 에너지 산업이다. 태양광이나 바이오(Bio), 에너지 및 식물농장 같은 인류 번영에 직결된 지속 가능한 산업부문이다.

세 번째, 디지털 산업이다. 온라인 출판이나 원격 진료 및 로봇 산업이 여기에 해당된다.

네 번째, 교육 산업이다. 개방적 혁신을 통한 원격 교육 서비스를 앞으로 매우 유망한 직종으로 분류하고 있다는 점은 포스트 코로나 시대에 눈여겨 보아야 할 대목이다.

다섯 번째, IT 산업이다. 가상현실과 빅데이터 및 인공지능 나아가 메타버스(Metaverse 즉 Meta와 Universe의 결합어) 기술을 각광 받을 미래 서비스로 전망하고 있다.

여섯 번째, 의료보건 기술 산업의 발전이다. 원격 진료에 대한 규제가 완화되고 복지 예산 편성이 확대될 것으로 보고 있으며 이에 따라 다양한 헬스케어 서비스들이 출연할 것으로 전망하고 있다.

일곱 번째, 개인 권력 시대로의 이행이 가속화 될 것으로 전망한다. 즉 뛰어난 개인에게 권력이 이동하면서 창의적인 플랫폼 및 서비스가 출현할 것으로 전망하고 있다.

여덟 번째, 글로벌 융합 산업이다. 산업간의 크로스 오버(Crossover)가 유행하면서 새로운 형태의 융합형 서비스가 지속적으로 창출될 것으로 전망하고 있다.

그렇다면 우리나라 정부에서는 어떠한 산업을 육성하고 있고 앞으로 유망한 산업분야에는 무엇이 있을지 알아보자. 국제미래학회에서 발간한 4차 산업 혁명 마스터 플랜(Master plan)에 따르면 우리나라도 UN의 전망과 크게 다르지 않게 미래를 전망하고 있음을 알 수 있다.

핵심 기술

- □ 빅데이터, AI, IOT, 지능형 유기반도체
- □ 인공지능으로 성장과 생산성의 극대화

사회 기반 산업

- □ 에너지, BIO, 정보보호, 서비스 디자인
- □ 교육 : 성장의 동력으로서, 각종 기술 공개를 통한 개방형 혁신시대로 진입

응용 산업

- □ 드론, 지능형 협업로봇, 3D프린팅 미래자동차, 헬스케어, 블록체인 첨단콘텐츠 및 스마트 가전
- □ 성장동력인 빅데이터는 시장규모를 향후 비약적으로 확대시킬 수 있는 신 재생자원이 될 것임

정부 현황

- □ 신생 비지니스와 신규 일자리를 창출하는 방향으로 4차산업 드라이브
- □ 창의적 비지니스의 생태계를 활성화 시키고, 창조적인 아이디어가 보상 받도록 하게 하는 창업 및 벤처 육성 정책을 수립하고 전개

첫 번째, 핵심 기술 산업이다. 빅데이터와 인공지능, 사물 인터넷(IoT), 지능형 유기 반도체 산업 특히 인공지능을 이용한 성장과 생산성이 극대화된 서비스가 각광 받을 것으로 전망하고 있다.

두 번째, 사회 기반 산업이다. 에너지, 바이오(Bio), 정보 보호 서비스, 디자인 산업이 여기에 분류되는데 특히 교육은 성장동력으로써 각종 기술을 민간에 공개하면서 개방형 혁신시대로 진입할 것을 전망하고 있어 공공 데이터를 활용한 다양한 서비스가 출현할 것으로 전망하고 있다.

세 번째, 응용 산업 측면에서는 드론, 지능형 협업 로봇, 3D 프린팅, 미래 자동차, 헬스케어, 블록체인(Blockchain), 첨단 콘텐츠 및 스마트 가전 산업을 중점 육성 분야로 전망하고 있으며 특히 성장 동력인 빅데이터는 시장의 규모를 비약적으로 확대시킬 수 있는 신 재생자원으로 분류하고 있다.

넷째, 융합 서비스 산업이다. 과거에 존재하지 않았던 신생 비즈니스를 더욱 지원하는 방향으로 정부지원이 가속화 될 것으로 전망하고 있다. 즉, 창의적인 비즈니스 생태계를 활성화 시키고 창조적인 아이디어가 보상받는 신규 서비스 육성 정책이 발표되고 그에 따른 지원이 늘어날 것으로 전망한다.

이상 살펴 본 것처럼 서비스 기획자는 UN과 우리나라 정부가 전망하는 4차 산업 시대의 육성 분야를 주의 깊게 살펴보고 그에 걸맞는 트렌드(Trend)를 서비스에 반영할 때 구상하고 있거나 기획하고 있는 서비스의 성공확률을 높이고 시장에서의 서비스 수용도도 올릴 수 있을 것이다. 특히 디지털 정보기술의 컨버전스(Convergence) 서비스가 주를 이루는 시대로 진입하고 있다는 점과 각종 사물들과 인간이 연결되는 초연결(Cross connectivity) 사회로 진입하는 것이 새로운 트렌드로 자리 잡아갈 것이라는 점, 그리고 인공지능을 이용한 초지능(Super intelligence) 시대가 펼쳐질 것이라는 점과 함께 파괴적인 혁신이 국가와 사회 전반에 걸쳐 불러 일으켜지는 시대로 진입하고 있음을 눈여겨 볼 필요가 있다.

08 고객 중심의 서비스

산업혁명 이전의 생산은 수공업 생산으로 고객의 요구에 따른 맞춤 생산이었다. 그러나 고비용 생산원가로 인해 주된 수요층은 부유층에 국한될 수밖에 없었다. 이후 표준화 된 제품의 대량생산(Mass Production)이 가능해지면서 고객층은 자연스럽게 확장되었고 산업혁명 시대를 통과하며 기업은 생산원가의 절감을 통해 수요를 더욱 확대하여 생산 효율을 극대화 할 수 있었다.

그러나 대량생산은 증가하는 개인의 욕구를 충족시키기에 점차 한계를 맞게 되었고 증대하는 이용자의 고객맞춤(Customizaion)에 대한 욕구는 기업으로 하여금 고비용과 생산 원가의 상승으로 인해 다시금 어려움을 겪게 하였다. 이때 해결책으로 나온 것이 대량 맞춤형 생산(Mass Customization)이었지만 기업간 경쟁이 격화되면서 핵심 가치는 생산 효율화에서 점차 서비스 차별화로 옮겨가게 되었다.

8.1 고객 중심으로의 패러다임 전환

서비스를 이용할때 고객이 느끼는 총체적인 감정을 고객가치(Customer value)라고 한다.

고객만족을 극대화 한다는 측면에서 생산자는 개인맞춤(Customization) 서비스를 제공하기 시작하였고 효율적 구매가 강조되면서 소비자의 구매 시간 절약을 위한 신속한 응대(Time-based competition)가 핵심가치로 부각되었다. 고객중심 서비스가 고객 만족의 척도가 되면서 고객가치에 대한 관심은 점점 커져만 갔다.

개인의 욕구는 소유 및 소비에서 오는 물질적 만족으로 해소되지 않고 오히려 구매 단계에서 시작해서 소비하는 전과정에서 느끼는 총체적 경험적 가치로 충족된다는 것이 확인되면서 개인선호 콘텐츠 제공 및 개인화(Personalization) 서비스가 인터넷에 출현하기 시작하였다.

고객에게 최상의 경험을 제공하기 위한 사용자 경험(UX) 연구가 광범위하게 이루어지면서 기업들은 다양한 채널을 통해 고객을 이해하려는 노력을 기울이게 되었고 그 일환으로 선택 옵션을 제공하는 방향으로 서비스에 유연성을 가미하였다. 나아가서는 고객이 스스로 제품의 사양을 결정하여 주문할 수 있도록 하는 다양성을 서비스에 추가하였는데 이는 개인화 경험을 제공하려는 노력과 인터넷 서비스의 모듈화를 통한 개인화 서비스라는 계기가 되었다.

8.2 고객중심 솔루션

고객중심이라는 것은 모든 것을 고객관점에서 바라보는 것을 의미한다. 금융기관을 예로 들면, 과거에는 고객이 직접 은행, 증권, 투자 신탁과 부동산 및 보험 업무 등을 하나씩 일일이 찾아가 해결했어야 했는데 오늘날은 PB(Private Banking) 창구로의 단일화로 총체적인 고객만족 및 고객니즈(Needs)에 대응하고 있다. 고객이 직접 서비스를 찾지 않고 서비스 공급자가 원스톱(Onestop) 서비스를 제공함으로써 고객의 경험과 기대를 충족시키고 있는 것이다.

인터넷을 기반으로 하는 서비스는 잘 세분화된 타겟고객을 대상으로 고객이 느끼는 경험적 가치를 극대화할 수 있도록 기획해야 고객에게 만족을 주고 상대적으로 시장에서 받아들여질 수 있는 서비스로 자리매김 될 수 있다.

8.3 일관성 있는 차별화 전략의 중요성

서비스 전략이란 기업의 가치사슬과 일관성 그리고 차별적인 능력으로 경쟁우위를 견지해 가는 것이다. 기업이 차별화된 가치 제공을 통해 지속 가능한 포지션을 유지하기 위해서는 고객이 원하는 가치를 발견하여 그것을 기업이 기획하는 서비스에 차별적 가치로 제공할 수 있어야 한다. 또한 선택한 활동들에 대하여 일관성을 유지할 때 안정적인 지속가능한 경쟁우위를 담보할 수 있다.

사우스 웨스트 항공(SWA)은 고객에게 단거리 운항과 저렴한 항공권을 제공하는 것을 고객가치로 하여 항공시장에 진입하였다. 비록 기내식을 제공하지 않고 좌석배정을 하지 않았으며 항공편 연결 서비스도 하지 않았지만 이 덕분에 원가 경쟁력을 확보할 수 있었고 보잉 737 기종 하나만을 운영하였기에 초저가 항공권을 지속적으로 공급함으로써 차별적 가격경쟁력을 갖출 수 있었다.

사우스 웨스트 항공이 시장에 진입하자 대형 항공사인 컨티넨탈 항공은 사우스 웨스트 항공과 경쟁하기 위해 Continental Lite라는 저가 상품을 출시하였다. 그러나 컨티넨탈 항공은 궁극적으로 사우스 웨스트 항공이 확보한 가격경쟁력에 도저히 원가구조를 맞출 수가 없었다. 사우스 웨스트 항공이 운항하는 소형 공항을 이용할 수 없었을 뿐만 아니라 사우스 웨스트 항공의 저비용 운영 경쟁력에 밀릴 수밖에 없어 결과적으로 참담한 실적으로 시장에서 철수하였다.

사우스 웨스트 항공의 성공 배경은 차별화된 경쟁력이었으며 반면 컨티넨탈 항공의 실패는 일관적인 서비스 전략 부재가 얼마나 치명적인지를 보여주고 있다.

09 마케팅

마케팅이란 무엇일까. 특히 인터넷 서비스 기업에게 마케팅이란 무엇일까. 서비스 기획자는 마케팅 활동에 어느 정도 관여해야 하고 기업의 마케팅 활동을 어느 정도까지 모니터링해야 할까. Russel Winer는 마케팅을 “All activities that affect the choice.” 즉, 고객이 선택을 하는데 영향을 주는 기업의 모든 활동이라고 정의하였다.

마케팅을 설명하기 위해 마케팅 전략이 어디에서 비롯되는지 먼저 살펴보자. 서비스 기업이 특정 서비스를 기획하여 사업화 하기 위해서는 사업계획서를 먼저 작성하게 된다. 이것은 기획자가 작성하는 서비스 기획서와는 다르다. 그러나 서비스 기획은 사업 계획과 마케팅 전략 사이에 위치하고 있으므로 서비스 기획자와 마케터(Marketer)는 속한 조직의 사업계획서에 대하여 일정 정도 이상 이해를 하고 있는 것이 좋다.

서비스 기획자가 사업계획서에서 확인해야 할 것은 과연 타겟으로 하는 고객은 누구이며 그들 중에서도 세분화하여 포커싱해야 하는 타겟시장은 어디인가 하는 것이다. 다시 말해 목표로 하는 시장은 어디이며 특정된 고객은 누구인지는 사업계획서를 통하여 알 수 있다.

또한 고객은 우리 서비스를 어디서, 언제, 왜, 어떻게 소비하고 있는지 고객에게 우리가 서비스를 통하여 제공해야 하는 가치는 무엇인지 그리고 우리의 고객은 시장을 세분화 할 때 어떠한 특성을 띈 그룹을 형성하고 있으며 어떤 서비스 유형을 선호하고 타겟팅 하는 고객의 규모와 행동양태 및 심리적 특징은 어떠한지 등을 사업계획서를 통해 면밀히 확인해야 한다.

특히 세분한 시장을 확인해야 하는 이유는 효율적이고 효과적인 서비스 기획을 하기 위하여 시장을 정확히 숙지하기 위함이다.

9.1 마이클 포터의 5-Force 모델

마이클 포터(Michael E. Porter)의 다섯 가지 세력(Force)모델은 기업이 수익을 내는 것을 방해하는 다섯 가지 힘이 시장에 존재한다는 이론을 모델화한 것이다. 마이클 포터가 제시하는 기업에게 위협이 되는 다섯 가지 힘은 공급자의 협상력, 구매자의 협상력, 현존하는 경쟁자들간의 경쟁구도 그리고 낮은 진입장벽과 대체제의 위협이다. 각각에 대하여 알아보자.

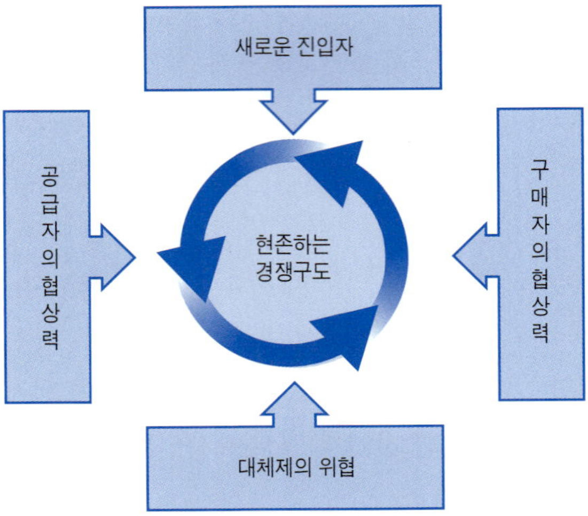

첫 번째, 공급자의 협상력이다. 인터넷은 정보의 불균형을 완화시키는 특징이 있다는 것은 이미 앞에서 설명했다. 이러한 특징은 공급자가 기업과의 협상 과정에서 기업과 평등한 위치까지 올라올 수 있는 있다는 것을 시사한다. 즉, 공급자는 다른 구매자에게도 접근이 용이하고 심지어 소비자와의 직거래도 가능하기 때문에 협상 테이블에서도 평등한 위치에 있을 수 있다는 것을 의미한다. 따라서 서비스 기획자는 인터넷 구매 기능으로 공급자에 대한 협상력을 보강한다거나 다양한 마켓플레이스를 활용하여 공급채널을 다변화시켜 서비스를 통해 경쟁력을 갖출 수 있는 방법을 강구할 수 있어야 한다.

두 번째, 구매자의 협상력이다. 공급자와 마찬가지로 고객도 인터넷의 특성인 정보의 불균형 완화로 인해 서비스 제공자에 대한 협상력을 높일 수 있게 되었다. 특히 이용하는 서비스의 전환비용(Switching Cost)이 낮아졌다는 점도 위협요인이 된다. 따라서 서비스 기획자는 서비스의 경쟁력을 고도화할 수 있는 방안을 강구하면서 협상력을 높일 수 있는 전략적 기획을 수립할 수 있어야 한다.

세 번째, 현존하는 경쟁 구도이다. 서비스를 출시하면 인터넷이 갖는 속성으로 인해 유사서비스로 무장한 경쟁자가 생기기 마련이다. 지역적 한계를 넘어 점차 경쟁자 간의 차별성이 감소하게 되면서 변동비는 최저치까지 내려갔음에도 치열한 가격 경쟁력으로 인해 서비스 제공자는 할인 압박에 점점 더 시달리게 되는 시점이 오고야 만다. 이에 대해서 서비스 기획자는 다변화된 시장 확대 전략 등으로 경쟁 강도를 줄일 수 있는 노력을 병행할 수 있어야 한다.

네 번째, 진입장벽이다. 진입장벽이 낮으면 새로운 경쟁자들의 시장 진입이 용이해지면서 결과적으로 제공하고 있는 서비스가 위협받을 수 있다. 인터넷은 많은 정보가 공유되는 곳이므로 그만큼 시장진입이 용이할 수밖에 없고 이는 기존 서비스 제공자들에게 이윤이 감소되는 방향으로 영향을 주게 된다. 새로운 기술로 무장한 많은 스타트업이 인터넷으로 몰려들고 있고 강력한 서비스를 갖춘 벤처기업들이 어플리케이션을 활용해 같은 시장에 진입하고 있다는 점은 서비스 기획자에게 간과해서는 안될 잠재적 위협이라는 점을 기억해 둘 필요가 있다.

다섯 번째, 대체제의 위협이다. 고객은 제공되는 다양한 대체제를 인터넷에서 쉽게 찾을 수 있다. 이는 기존 서비스 제공자에게 위협요소로 작용한다. 이에 대해 서비스 기획자는 효율성을 개선하는 노력을 기울임으로써 오히려 시장 규모를 키우는 방향으로 서비스 전략을 강화할 필요가 있다.

결론적으로 서비스 기획자는 서비스에 경쟁력을 불어넣기 위하여 마이클 포터가 제시한 다섯 가지 위협을 염두에 두고 이것을 서비스 기획에 반영할 수 있어야 한다. 예를 들면 서비스가 출시된 후에 경쟁 정도를 어떻게 완화시킬 수 있을 것인가, 대체제로부터 어떻게 서비스의 생존력을 지킬 수 있는가, 어떻게 진입장벽을 높여서 서비스 우위를 지속적으로 유지할 수 있을 것인가 아울러 구매자와 공급자 사이에서 어떻게 협상의 우위를 견지할 수 있을것인가 등에 대한 통찰을 바탕으로 서비스가 견실하게 제공 및 유지 될 수 있도록 해야 하며 신규 서비스 기획의 경우에는 위의 다섯 가지 힘을 활용하여 경쟁 시장 진입에 성공하는 서비스가 될 필요가 있다.

9.2 시장기회 분석 모델

고객을 확보하기 위한 시장 세분화와 포지셔닝 전략을 세우기 위해서는 타겟 시장에 대한 이해가 필요하다. 가장 먼저는 속해 있는 산업군의 트렌드(Trend)와 산업의 구조 및 특징에 대한 이해이다. 이후에 고객이 있는 시장의 규모나 성장성 그리고 어떤 사업적 기회가 있는지와 시장을 세분화 하면서 시장의 특징을 파악해 나가는 시장 분석을 진행할 필요가 있다. 이때는 3C분석을 병행하게 되는데 3C는 Customer(고객)과 Competitor(경쟁사) 그리고 Company(자사)를 의미한다.

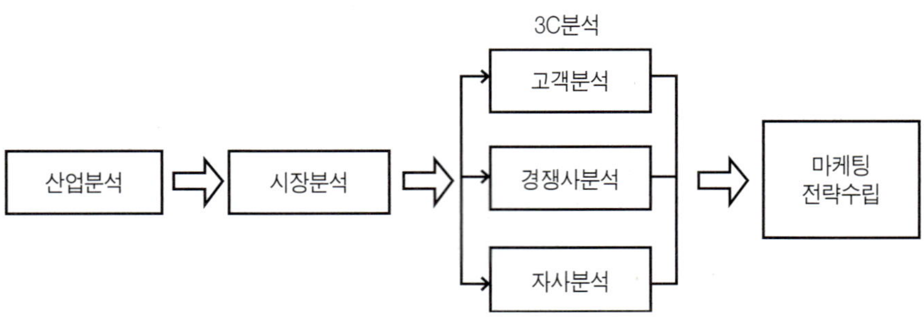

고객의 니즈는 무엇이고 시장 세분화의 결과는 무엇이며 고객이 우리 서비스를 이용하는 결정적 요인은 무엇인지 분석하는 것이 고객 분석에 해당하고, 경쟁사와 그들의 시장 점유율 및 그들이 확보하고 있는 차별화된 경쟁우위는 무엇인지와 그들의 전략적 특징을 파악하는 것이 바로 경쟁사 분석이다.

아울러 자사의 핵심 경쟁력은 무엇이고 취약한 약점은 무엇이며 수익구조와 핵심 전략은 무엇인지 진단하는 것을 자사 분석이라고 하는데 산업분석과 시장분석을 거쳐 3C 분석까지 하고 난 결과를 가지고 비로소 마케팅 믹스(Marketing mix) 즉 다양한 마케팅 활동 계획을 수립하게 된다.

자사분석과 다르게 산업분석과 시장분석 및 경쟁사 분석은 주로 2차 자료(Secondary Data)를 통해서 구하는데 필요하면 1차 자료를 통해서도 더 확보할 수 있다. 1차 자료는 조사 비용과 소요 시간이 들어가므로 흔히 활용하는 조사방법은 아니다.

서비스 기획자와 마케터들은 최소한 2차 자료를 통해서 시장이 변화하고 있는 상황을 파악할 수 있어야 한다. 2차 자료의 예는 방송 및 미디어나 전문잡지, 전시회나 세미나 그리고 각종 정부의 통계 자료와 협회를 통해 확보한 경쟁사 동향 정보 등이다.

9.3 경쟁력 분석

시장에서의 자사 경쟁력을 분석하기 위해서는 경쟁분석 매트릭스(Competitive Analysis Matrix)를 활용하면 편리하다. 매트릭트를 채워가면서 다시한번 명확히 우리기업의 직접적인 경쟁자는 누구이며 간접 경쟁자는 누구인지 알 수 있고 심지어 가격과 품질, 차별화 포인트와 유통방식, 마케팅 전략과 자사의 강점과 약점을 객관적으로 들여다 볼 수 있게 된다. 이때 주로 사용하는 분석기법이 SWOT 분석과 STP 분석이다.

9.4 SWOT 분석

SWOT 분석은 가로축에는 S(Strength)인 강점과 W(Weakness)인 약점을 두고 세로축에는 O(Opportunity)인 기회와 T(Threat)인 위협을 두어 기업의 환경을 분석하는 기법이다.

내부환경 / 외부환경	Strength	Weakness
Opportunity	자사의 강점을 활용하여 외부의 기회포착	외부의 기회를 활용하기 위해 자사의 약점을 보완
Threat	자사의 강점으로 외부의 위협요인을 최소화	자사의 약점을 극복하여 외부의 위협에 대처

자사의 강점은 무엇이며 동시에 시장에는 어떤 기회가 있는지와 자사에게는 강점이지만 시장에서 위협이 되는 것에는 어떤 것이 있는지 반대로 자사의 약점은 무엇이지만 시장에 어떤 기회적 요인이 있는지와 우리가 가진 약점 때문에 시장에서 직면할 위협은 어떤 것이 있는지를 매트릭스를 이용해 들여다 볼 수 있게 하는 효과적인 분석툴이다.

9.5 STP 분석

STP는 S(Segmentation), 즉 시장 세분화를 하고 난 후 T(Targeting), 즉 타겟시장을 정한 다음 P(Positioning), 즉 제공하려는 가치를 고객에게 어떻게 인식시킬 것인가 하는 전략수립 모델이다.

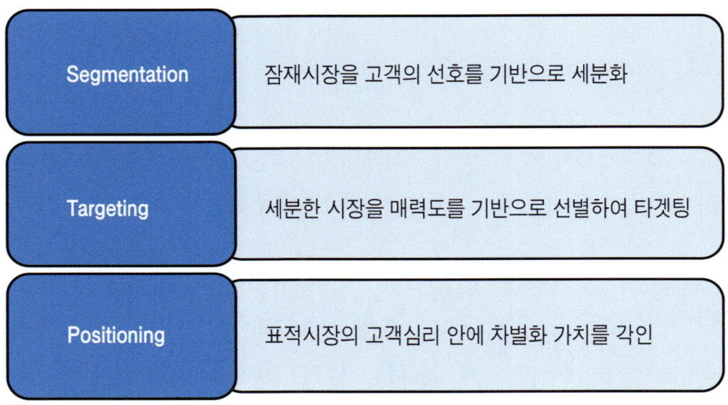

시장세분화(Segmentation)란 인구통계학적인 세분화, 지정학적인 세분화, 심리적인 세분화 및 행동학적 세분화를 통해 타겟시장을 명확히 하는 것을 말한다. 또한 서비스 이용자들이 속한 그룹들의 매력도를 평가하여 시장에 진입하기 위해 타겟 그룹을 확정하는 것을 시장 타켓팅 즉 목표시장 설정(Targeting)이라고 한다. 또한 타겟팅 대상인 고객의 마음속에 경쟁사의 서비스와 비교하여 자사 서비스에 대한 명백하고 바람직한 인상을 갖도록 하는 것을 포지셔닝(Positioning)이라고 한다.

이처럼 STP는 시장을 세분화하여 목표를 설정하고 자사 서비스가 경쟁할 위치를 설정하는 전략으로 주로 서비스 출시전에 우리 서비스가 집중할 곳을 찾는 목적으로 널리 사용하는 기법이다.

9.6 고객 분석

고객분석은 인구통계학적 분석과 심리분석, 구매행동 분석을 통해 고객이 서비스를 언제 사용하는지와 추구하는 이익은 무엇이며 얻게 되는 효익은 무엇일지를 분석하는 것이다. 인구 통계학적 분석에서 포함하는 주된 분석대상은 연령, 성별, 지역, 가족 구성단위, 가족 생활주기, 개인이나 가족의 수입, 직업, 학력, 종교 등이며 심리 분석은 고객이 속한 사회 계층, 라이프 스타일 및 서비스 사용 경험 등을 대상으로 한다.

9.7 시장 세분화 및 타겟마켓 선정

SWOT 분석이 이루어지고 시장세분화가 진행되었으면 본격적으로 타겟 시장을 선정할 차례이다. 3C 분석을 마치면 3가지 C 즉 Customer, Competitor, Company 별로 평가요소를 두고 각각의 기준을 수립하여 시장을 세분화 하도록 한다. 이후 세분화된 타겟시장에서 구사할 차별화 전략(Differentiated Market Strategy)을 수립한다.

시장세분화(Segmentation)는 기업이 집중해야 할 시장을 선정하는 작업이고 타겟시장 선정(Targeting)은 세분화된 시장을 평가하고 그 중에서 공략해야 할 목표시장을 확정하는 것이며 포지셔닝(Positioning)은 고객에게 우리는 누구인가라는 물음에 답하는 과정에서 경쟁 브랜드를 재확인하고 가능한 한 경쟁우위 요소를 파악하며 독창적인 판매 소구 포인트(Unique Selling Proposition, USP)를 제시하는 과정이다. 여기서 USP는 우리 서비스를 이용해야만 하는 주된 이유가 무엇인지, 차별화는 되어있는지, 과연 우월한지, 설명이 가능한지, 선점한 것인지, 구매에 적당한 가격인지, 이익이 날 수 있는지를 찾아나가는 과정에서 얻을 수 있다.

9.8 고객 확보

고객을 확보하기 위해서는 다음의 몇 가지 과정이 마케팅에 반영되어야 한다. 우선 우리 서비스가 고객에게 주는 이득은 무엇인가와 우리 서비스가 고객에게 제공하는 핵심이 되는 가치 제안은 무엇이며 초기 고객 확보를 위한 서비스의 기능은 무엇인가를 확인해야 한다. 이어 고객의 피드백을 대상으로 서비스를 발전시킬 수 있어야 하며 동시에 효과적인 유통

판매 채널을 구축해야만 한다. 기억할 것은 고객은 늘 현장에 있다는 사실이다. 따라서 현장에 나가 고객을 만나서 대화를 해보는 것은 아무리 강조해도 지나침이 없다. 이는 고객과의 접촉을 통해 보다 선명한 고객 니즈에 대한 통찰을 얻을 수 있기 때문이다. 즉, 적절한 고객군을 특정 지을 수 있게 되며 각 고객군에게 제시할 가치제안을 개발할 수 있게 되고 적합한 서비스가 갖추어야 할 특징이 무엇인지를 알게 되며 고객의 서비스 이용 행태에 대한 이해의 폭을 넓힐 수 있다. 이것은 서비스 기획 시에 고객에게 도달할 수 있는 방법을 결정하는데에 도움이 되는 것은 물론이고 전달해야 할 핵심 메시지를 고안해 내는데에도 도움이 된다.

9.9 문제의 확인

고객 확보를 위한 마케팅 전략이 수립되었으면 이제는 고객이 가지고 있는 문제를 확인할 차례이다. 우선 타겟 고객이 가진 핵심 문제를 나열해본다. 이것은 내가 알고 있는 우리 서비스의 문제가 아니라 고객이 마주하게 될 우리 서비스의 문제를 찾기 위함이다.

9.10 MVP 개발

문제를 해결하는 최소 기능의 제품으로써 고객에게 입증된 서비스를 보여주기 위해 최소 기능만으로 구현한 서비스를 MVP(Minimum Viable Product)라고 한다. 이것을 활용하면 개발하고 있는 솔루션이 고객이 원하는 것인지를 빠르게 검증할 수 있게 되고 이러한 반복적인 과정을 진행하면서 문제점이 해소됐을 때 비로소 서비스를 런칭하게 된다.

10 사업 계획서

사업계획서의 종류에는 사업 운영이나 투자 검토를 위한 비정형 사업계획서가 있고 대외적인 사업 제안이나 전략적 제휴 또는 M&A를 위한 사업계획서도 있다. 그밖에 공공기관에 입찰하거나 또는 채널을 모집하기 위한 대외 업무용 사업계획서도 있으며 특히 스타트업이나 벤처의 경우에는 정부나 지자체의 창업 경진대회에 참가하기 위해 사용하는 정형화 된 사업계획서도 있다.

사업계획서는 작성하는 과정을 통해 단순한 아이디어나 경험에 의한 사업 추진을 방지 할 수 있게 해주며, 사업 수행 전에 기업의 경영 활동 전반에 대해 미리 점검할 수 있는 기회도 제공한다. 또한 사업 수행시의 시행착오를 방지해 줌으로써 비용의 낭비요인을 미리 막을 수 있다. 이처럼 사업 계획서 작성은 기업의 성공 가능성을 높이기 위한 중요한 과정이다.

사업계획서는 투자자나 각종 정부 및 지자체들의 관심을 유도할 수 있는 핵심 문서이자 사업에 대한 이해 당사자들의 신뢰를 증진시키는 도구가 되어 사업 자금 조달이나 각종 서비스를 기획하고 개발하는데 드는 비용을 지원받을 때 긴요한 자료로도 활용된다. 그밖에 기업간의 사업제휴나 유통채널의 모집 및 각종 프로젝트의 입찰과 기술 인증을 진행할 때 기업을 소개하는 자료로도 활용할 수 있다.

10.1 사업계획서의 완성도 평가

펜실베니아의 와튼스쿨에서는 사업계획서의 완성도를 크게 세 가지 측면에서 평가할 수 있다고 주장한다. 사업계획서의 완성도가 사업 성공의 바로미터라고 보기 때문인데 평가요소는 다음과 같다.

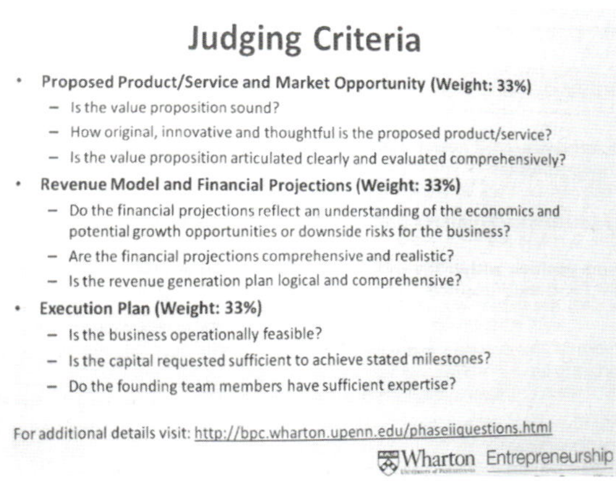

첫 번째는, 제공하려는 서비스의 시장성이다. 사업계획서에 표현된 가치 제안이 현실적인지, 서비스가 충분히 검토되어 있고 혁신적인지 그리고 가치제안이 전체적으로 잘 정의 되어있는가를 평가한다.

두 번째는, 수익 모델과 재무 예측이다. 재무 전망에 경제에 대한 이해와 사업 기회의 잠재적 성장성 그리고 사업이 직면하게 될 각종 위험을 현실적으로 잘 반영하고 있는지와 수익 창출 계획이 충분히 논리적이고 설득력이 있는지를 평가한다.

세 번째는, 실행 계획이다. 사업 기회가 충분히 실현 가능성이 있는지와 지정한 기간내에 기술된 비용이 충분히 목표에 도달할 수 있게 하는지 그리고 조직의 구성원들이 충분한 경험들을 갖고 있는지를 평가한다.

이처럼 전문적인 자문단을 통해 검증된 사업계획서는 사업의 실패 가능성을 줄이고 성공의 가능성을 높여주는 척도가 된다.

10.2 사업계획서의 논리성 검증

펜실베니아 와튼스쿨 외에도 사업계획서 평가기관들이 검증하는 항목도 공통적으로 다음의 네 가지를 포함하고 있다.

첫 번째는, 왜 고객에게 우리 서비스가 필요한가에 대한 설명이 있는가이다.

두 번째는, 왜 이 시장에 진입하여야 하는가에 대한 설명 부분이다. 누가 우리의 고객이며 그 고객은 어떤 시장 세분화 과정을 거쳐 선정되었고 그들 중 우리가 목표로 하는 타겟 고객은 누구이며 이들에 대한 우리의 제안은 무엇인가에 대한 부분이다.

세 번째는, 고객에 대한 가치 제안이다. 네 번째는, 매출과 손익 전망이다.

평가자들은 충분한 시간을 가지고 사업계획서를 면밀히 검토할 수 있는 상황이 아니기 때문에 최대한 쉬운 용어를 쓰는 것이 좋다. 또한 해당 기업이 자신이 가지고 있는 자원과 능력을 스스로 잘 파악하고 있는지에 관심이 많기 때문에 자신의 단점과 그것을 극복할 수 있는 대안이 분명하게 제시되는 것이 좋다.

10.3 사업계획서 작성 방법

다음에 소개할 다섯 가지는 사업계획서의 완성도를 높이는데 도움이 될 만한 내용이다.

첫 번째는, 비즈니스 모델에 대하여 명확히 설명하고 그것을 실현하기 위해 보유하고 있는 인적 자원의 강점을 설명한다.

두 번째는, 수익모델과 마케팅 전략을 명확히 밝힌다. 이를 위해 이 사업이 대상으로 하는 고객은 누구이며 고객은 서비스 이용결정을 어떤 경로로 내리는지를 포함해야 한다. 또한 서비스로 고객의 관심을 어떻게 끌 것인지와 고객에게는 어떤 경로로 접근할 것인지를 설명해야 한다. 그밖에 서비스 가격은 어떻게 결정할 것이며 서비스를 확보하기 위한 비용 즉 시간과 자원은 얼마나 필요하고 특히 서비스의 생산과 유통에 드는 비용은 얼마인지 언급하도록 한다.

세 번째는, 경쟁환경에 대한 설명이다. 사업의 경쟁자는 누구이고 그들이 가지고 있는 자원은 무엇이며 그들의 강점과 약점은 무엇인지에 대한 내용을 포함한다면 사업계획서의 신뢰도를 높여줄 것이다. 나아가 서비스 진출시 경쟁사들이 어떤 반응을 보일것이며 이때 어떻게 대응할 것인지를 담고 있으면 좋다. 네 번째는, 외부 환경에 대한 통찰력이고 다섯 번째는, 위기 관리 대책과 투자자 보상책이다.

10.4 사업계획서 작성시 흔히 범하는 실수

많은 기업과 벤처 및 스타트업들이 작성하는 사업계획서에서 공통적으로 발견되는 오류들은 다음과 같다. 사업계획서 작성시 피할 수 있도록 알아둘 필요가 있는 중요한 사항들이다.

우선, 독창적인 시장기회를 명확히 설명하지 못한다. 장황하게 언급하여 요점을 흐리고 모든 내용을 다 포함하려고 애쓴다. 체계 없이 혼란스러운 문장으로 설명하고 있으며 사업에 대한 핵심사항 외의 불필요한 정보를 포함하고 있다. 부족한 사업 경험이 드러나고 사업목표 또한 모호하게 표현되어 있는 한편 중요한 사업내용이나 특수한 법적사항이 누락되어 있다. 또한, 경쟁자를 제대로 규정하지 못하거나 경쟁자의 경쟁력과 그들이 지닌 강점을 과소평가하고 있다. 경쟁자가 없다라고 표현함으로써 스스로 사업 경험이 없거나 시장 상황을 제대로 파악하고 있지 못하고 있다는 것을 드러낸다. 시장에서 자사의 입지와 강점 그리고 틈새시장을 명확하게 정의내리지 못하고 보유하고 있는 자신의 경쟁력 우위를 누락시키고 있다.

다른 하나는 연구조사나 구체적 자료 없이 목표 시장에 대해 가정한다. 타겟 시장을 너무 넓게 정의하거나 모호하게 정의하고 있으며 타겟 고객에게 언제 어디서 어떻게 왜 접근하는지에 대한 내용이 누락되어 있다. 틈새시장 대신 전체 시장을 공략하려고 한다거나 과거 틈새 시장에서 성공한 경험을 마치 크게 성공한 것처럼 묘사한다. 미래의 변화가 타겟 시장에 어떠한 영향을 줄지에 대한 설명이 누락되어 있고 서비스 가격을 낮추면 매출이 증가한다는 안일한 논리를 편다. 한편 전문적이고 기술적인 용어를 활용하여 어렵게 작성하였으며 서비스를 지나치게 광범위하게 설명하고 있다. 기존 서비스보다 향상된 서비스이므로 당연히 주목을 받을 것이라고 가정하고 있다. 서비스 특성만을 강조하고 서비스가 주는 효익을 설명하지 않는다. 자사 서비스에 대한 제3자의 객관적인 평가나 분석이 포함되어 있지 않고 자사 서비스에 대한 법률적 보호에 대하여 과소평가하고 있다. 서비스가 지닌 중요한 문제를 언급하면서도 그에 대한 해결방법은 찾아볼 수 없다. 향후 미래에 대한 계획이 빈약하게 표현되어있고 미래의 경쟁은 마치 방치하고 있는 듯한 인상을 남긴다.

그밖에도 타겟 고객에 대한 특성을 명확하게 정의하지 못하고 있고 모든 사람이 서비스를 이용할 것이라고 과장되게 표현하고 있다. 목표 시장에서의 고객 욕구를 어떻게 충족시킬 것인가를 설명하지 않고 고객에게 자사의 서비스가 왜 필요한지에 대해서는 생략한 채 결론을 성급하게 내린다. 투자자가 거대한 목표 시장을 자신에게 걸 것이라고 착각하고 있을 뿐 속한 산업에 대하여 확실히 이해하고 있음을 나타내지 못한다. 같은 산업군에 있는 기업들에 대하여 잘 모르고 있는 듯한 인상을 주며 속한 산업에서의 유통경로 중에 우리 사업이 어디에 위치해 있는지에 대한 이해부족을 드러낸다. 해당 산업군의 성장 추세와 시장규모 및 중요한 통계 자료가 누락되어 있다.

이외에도 서비스의 생산에서 제공까지의 프로세스를 명확하게 설명하지 못한다. 생산원가 즉 직접비와 간접비를 제대로 설명하지 못하고 적정한 재고관리 및 품질경영 지침을 설명하지 못한다. 적절한 인력관리와 일정계획 및 고용 훈련 계획을 설명하지 못하며 인력 변화에 대한 적절한 계획이 수립되어 있지 않다. 게다가 지분이 전혀 없는 최고 경영층이 영입되어 있고 자문을 해줄 전문 자문단이 부재하다. 중요 지위에 자질이 부족한 지인이나 가족이 위촉되어 있고 타사업에서 성공했기 때문에 이 사업에서도 성공할 것이라고 가정하고 있다.

끝으로 주요 재무제표의 과거 및 예측 자료가 누락되어 있고 일반적인 표준 재무제표 양식이 아닌 독창적인 양식을 사용하고 있다. 회계사 등 전문가를 통하지 않거나 충분히 검토되지 않은 재무제표가 제시되어 있으며 예측 자료의 계산과 작성에 사용한 재무 과정이 누락되어 있다. 현실성이 결여된 매출액과 수익 예측 자료가 제시되어 있을 뿐만 아니라 산업의 평균 투자 수익률에 못 미치는 투자수익률을 제시하고 있다. 최악의 시나리오에 대한 상황 인식이나 예측력 부재를 드러내며 사업 초기에 급여와 임차료가 지나치게 높게 책정되어 있다. 비용을 과소평가하거나 예상 밖의 비용에 대한 예산 부재가 엿보인다.

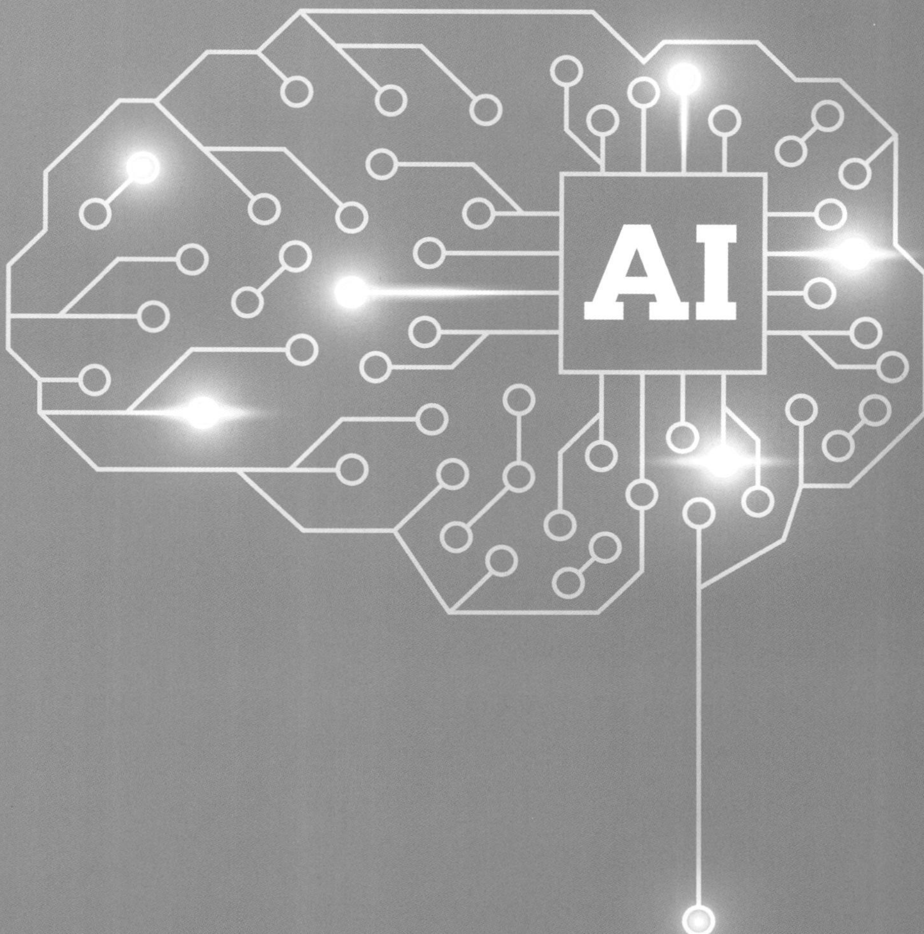

CHAPTER 02

서비스 기획자의 역할

01 인터넷 서비스 개요

인터넷을 통하여 서비스를 제공하는 기업들이 늘고 있다. 인터넷 비즈니스 기업에게 있어 인터넷 서비스는 이익창출의 원천이며 서비스 자체가 인터넷 비즈니스 기업에게는 기업가치를 측정하는 수단이 된다. 그런 점에서 시장의 니즈와 고객의 정확한 요구사항 파악은 서비스 기업에게 있어 비즈니스의 성공을 가늠할 수 있게 하는 중요한 요소가 된다.

1.1 인터넷 서비스의 본질

성공하는 인터넷 서비스 기획은 인터넷 비즈니스의 속성을 제대로 이해하는 데에서 출발한다. 무엇보다 수익 뿐만 아니라 비용구조에 대한 검토도 중요한데 비용에 대한 면밀한 조사가 사전에 충분히 이루어지지 못했다는 것은 서비스 기업들이 실패하는 다섯 가지 큰 원인 중 하나로 꼽힐 정도이다.

인터넷 서비스로 수익을 창출하기 위해서 먼저 알아두어야 할 것은 네트워크 효과와 차별적 경쟁력 확보이다. 네트워크 효과란 First mover advantage 즉, 시장에 먼저 진입한 기업이 서비스에서 크게 실수하지 않는다면 시장의 리더십을 빼앗기지 않는다는 인터넷 비즈니스 전략 이론이다. 후발주자는 그간에 높아진 진입장벽으로 인해 같은 서비스 모델로는 쉽게 성과를 내기 어렵기 때문이다. 그런 점에서 경쟁력을 갖출 수 있는 니치(Niche)마켓을 찾아내서 차별화 서비스를 기획할 줄 아는 기획자는 기업에게 매우 중요한 자산이 아닐 수가 없다.

차별화 된 콘텐츠의 확보는 그 자체가 서비스의 경쟁력이라고 해도 과언이 아니다. 특허가 대표적인 예이고 그 외에도 독창적인 서비스 모델 그리고 인공지능 서비스의 경우라면 양질의 데이터 확보나 데이터 처리 프로세스 또는 인공지능 모델링도 그 대상이 될 수 있다.

1.2 서비스의 핵심

서비스를 구성하는 핵심요소는 콘텐츠와 가격 그리고 적합한 서비스 방식 세 가지로 요약된다. 첫 번째, 콘텐츠이다. 인터넷 서비스를 통해 제공하는 콘텐츠는 경험재라는 특징을 띈다. 고객의 경험치를 극대화할 수 있을때 구매 수요를 끌어올릴 수 있게 된다. 그런 점에서 무료 체험판을 배포하거나 T&P(Try and Purchase) 전략을 균형있게 구사할 필요가 있다. 동시에 불법복제를 해결할 수 있는 DRM 등의 검토도 필요하다. 서비스 기획 단계에서는 콘텐츠의 초기 생산비용도 검토해야 할 대상이다. 변동비는 네트워크 효과가 나타나면서 자연스럽게 분산이 되지만 생산비는 초기부터 절감하기 어려운 부분이다. 또한 재화의 거래를 포함하는 서비스 모델이라면 오프라인(Offline)과 동일하게 물류와 유통채널 등 파이프라인 구축도 같이 검토하여야 한다.

두 번째, 제공하는 콘텐츠의 가격이다. 콘텐츠 가격은 기업에게 수익의 원천이 된다. 사업 특성에 따라 적절한 가격정책을 수립해야 하며 자칫 현재 거래중인 오프라인 채널이 있다면 제 살 깎기(Cannibalization)를 최소화 시킬 방안도 가격전략에 반영시킬 수 있어야 한다. 구매시점을 놓고 볼 때 고객이 구매 프로세스 상에서 불편을 겪지 않도록 인터페이스 편의성에 신경을 써야 하고 고객DB를 활용하여 맞춤형 개인화 서비스를 제공하면서 구매 매력도를 높여주어야 한다.

세 번째, 기업이 제공하려는 서비스의 대상 즉, B2C, B2B, B2G 등에 따라 적절한 서비스 방식을 선택한다. 정보 서비스인 경우에는 검색 기능을 더하면 편의성을 높여줄 수 있다. 커뮤니티 서비스라면 포털이나 특정분야의 전문 커뮤니티를 벤치마킹하고 그 결과를 기획요소에 반영할 수 있어야 한다. 중개 서비스는 당근마켓이나 배달의 민족 같은 생산과 수요를 연결시켜주는 플랫폼 서비스 모델이 적합하다. 마케팅 대행 서비스라면 광고 마케팅이나 시장조사로 차별화 시킬 수 있고 판매 대행 서비스는 G-마켓 같은 몰(Mall)형식 또는 API를 통하여 구매와 연결시켜 주는 중개형 서비스 방식을 검토할 수 있다.

02 서비스 기획자의 자질

서비스 기획자는 기업이 속한 산업과 제공하려는 서비스가 속하는 서비스 생태계 그리고 마케팅과 유통에 대한 기본적인 지식을 갖추고 있어야 한다. 나아가 서비스의 기획 요소로써 정보구조(Informatioin Architecture, IA)와 활성화 요소인 3C+1P(Contents, Community, Commerce, Personalization)인 콘텐츠, 커뮤니티, 커머스 및 개인화 서비스에 대한 지식을 갖추면 어느 정도 인터넷 서비스 기획에 자신감이 생기게 될 것이다.

2.1 인터넷 기술의 이해

서비스 기획자가 개발은 개발자들만의 몫이라는 인식을 갖고 있다면 근시안적 생각에서 비롯된 것이라고 할 수 있다. 서비스 개발을 포함한 전체 프로젝트를 이끌어 가는 것은 기획자의 역할이기 때문에 개발과정에도 기획자의 역할은 존재한다. 그런 점에서 기획자는 서비스에 적용되는 기술에 대해 어느 정도 지식을 갖추고 있어야 팀을 원만히 이끌어 갈 수 있다.

인터넷 서비스는 인터넷 기술을 이용하여 제공하는 서비스이다. 즉, 서버와 클라이언트의 개념과 OpenAPI 에 대해 알고 있어야 하고, 웹서비스 구조에 대해서도 설명할 수 있어야 한다. 아울러 3-Tier 구조 즉, 웹서버와 어플리케이션 서버 그리고 데이터베이스에 이르기까지 3개 계층에서의 시스템 구성에 대한 어느 정도의 지식을 갖추고 있어야 원만히 개발자가 포함된 팀을 리드해 갈 수 있다. 요즈음 업계는 비용과 성능상의 장점으로 호스팅(Hosting) 대비 클라우드(Cloud)를 이용하려는 경향이 짙어지고 있다. 따라서 PaaS와 IaaS 및 SaaS 그리고 요즈음 생기고 있는 AIaaS에 대한 개념도 잘 알고 있을 필요가 있다.

무엇보다 인공지능 서비스 기획자라면 4차산업의 핵심기술인 빅데이터, 머신러닝, 딥러닝 그리고 인공지능을 구현하는 주요 알고리즘에 대한 어느 정도의 지식을 갖고 있어야 한다. 더 나아가 앞으로 티핑포인트로 다가올 메타버스(Metaverse)의 트렌드를 보며 가상의 세계를 실현하는 D.N.A + XR 기술에 대해 이해하고 있다면 최상의 고객경험을 제공하는 차원 높은 인공지능 서비스를 기획하는데 필요한 기술적 이해는 대부분 갖추었다고 할 수 있다.

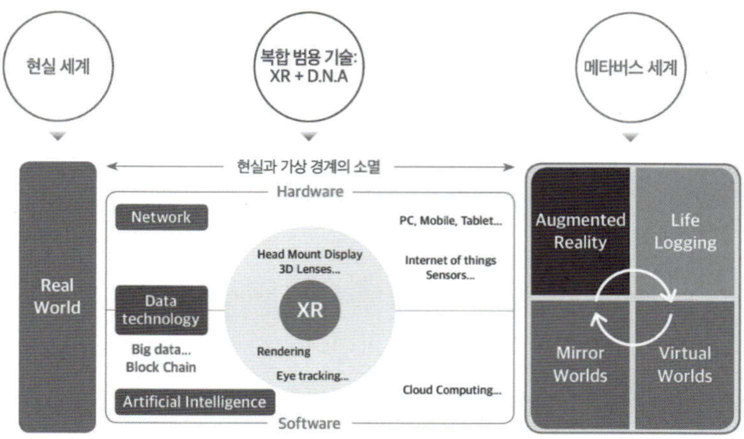

[메타버스 기술, 출처 SPRi]

2.2 사용자 경험에 대한 이해

고객이 서비스에서 총체적으로 느끼는 감성을 고객경험(User Experience, UX)이라고 하고 그러한 느낌을 고객이 경험할 수 있도록 제공하는 접점을 UI(User Interface)라고 한다. 기획된 서비스가 디자인과 개발을 거쳐 고객에게 전달되는 통로에 UX/UI가 있으므로 서비스 기획자는 사용자 경험과 인터페이스에 대한 지식 및 국내외 최신 트렌드를 항상 업데이트 하려는 노력을 기울일 필요가 있다.

한편 기획자는 디자인을 온전히 디자이너만의 몫이라고 치부할 수만도 없다. 심미적 디자인을 완성하는 것은 디자이너의 몫이 맞다. 그러나 디자인 요소를 활용한 기획능력과 리치 콘텐츠(Rich Content)에 대한 이해는 서비스의 품질을 위해 기획자가 갖추고 있어야 할 자질 중 하나이다.

2.3 리더십

기획자는 프로젝트 전반을 관리하고 팀에서 원활한 소통이 이루어지게 해야 하는 만큼 리더십 자질도 갖추고 있어야 한다. PM(Project Manager)역할의 책임있는 수행을 위해서 프로젝트 관리, 위기 관리, 일정 관리 그리고 자원 관리 같은 프로젝트 방법론 전반에 대해 숙지하고 익숙하게 다룰 수 있어야 한다.

팀 내에서의 원활한 커뮤니케이션을 위해 이해심과 배려심은 기획자가 갖추어야 할 가장 중요한 덕목이라고 할 수 있다. 팀 밖에서도 이해관계자와의 소통은 기획자가 늘 관여해야 하는 주요 업무 중 하나이다. 경영자와는 경영의 언어로 대화할 수 있어야 하고, 개발자와는 과학의 언어로 그리고 마케터와는 시장의 언어로 소통할 수 있다면 기획자로서 주어진 권위를 재확인하고 팀원들로부터는 존경을 한몸에 받는 경험을 하게 될 것이다. 능력있는 기획자가 되기 위해 기술 뿐만 아니라 평소에 경영과 마케팅에도 관심을 기울여야 하는 이유이다.

2.4 기타

프로젝트를 진행하다 보면 한두 차례는 법령 문제에 부딪히는 경험을 하게 된다. 따라서 관련법규와 개인정보보호법, 지적재산권 및 소비자보호법 등을 이해 하고 있을 필요가 있다. 굳이 여기에 많은 시간을 들일 필요는 없지만 서비스가 어떠한 법적 제한에 걸릴 수 있는지 사전에 파악하고 있는 것이 좋다. 서비스 기획자는 오케스트라에 비유하자면 지휘자에 해당하는 지위에 있다. 관중과 연주자들 사이에서 악기들의 특성을 활용하여 최상의 화음을 이끌어 내는 것이 지휘자의 역량이듯이 개개의 디자이너들과 개발자들이 다루는 기법과 기술 요소들에 대한 이해를 바탕으로 고객과 이해관계자 사이에서 프로젝트를 성공적으로 이끌어 가는 것이 기획자가 갖추어야 할 역량인 것이다.

03 서비스 출시 프로세스

새로운 사업을 위해 비즈니스 모델을 수립한 기업은 그 모델을 실현하기 위해 서비스 구축팀 또는 임시조직(T/F)을 만들게 된다. 팀 안에서 서비스 기획자는 프로젝트의 규모에 따라 PM(Project Manager)과 함께 일하기도 하고 아예 PM의 역할(Role)을 수행하기도 한다. 주어진 기간과 가용 예산 범위 내에서 목표하는 품질의 결과물을 만들어 내기 위해 자원을 안배하며 프로젝트를 진행하는 것이 PM의 역할인 점에서 서비스를 킥오프(Kick off)하여 런칭(Launching)하기까지의 다음과 같은 일반적인 수행 절차를 잘 알고 있어야 한다.

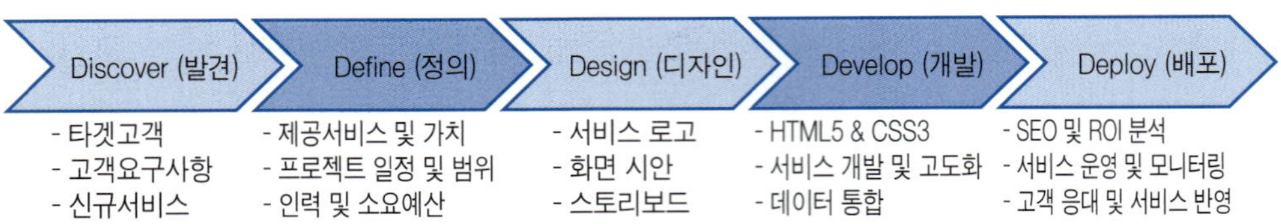

첫 번째, 서비스 기획 단계에서는 시장분석을 수행하고 제공할 콘텐츠를 화면에 어떻게 배치할지에 대한 정보구조(Information Architecture, IA)를 설계한다. 시장을 분석하고 고객을 특정한 후 제공할 가치를 담은 콘텐츠를 어디에 배치할 것인가에 대한 전반적인 정보 배치를 설계하는 것이다.

시장분석은 앞에서 설명한 것처럼 SWOT 분석을 통해 경쟁사 대비 자사의 강점과 약점을 객관적으로 파악하고 난 후 STP 분석을 통해 시장 세분화 과정을 거쳐 자사가 어느 시장에 포지셔닝 할 것인지 결정하게 된다. 이 과정에서 타겟고객의 윤곽이 드러난다. 시장과 고객에 대한 정보를 얻기 위해 각종 통계 데이터 등을 2차 자료(공개자료)를 통해 입수하기도 하고 추가로 1차 자료(개별조사) 수집을 병행 하기도 한다. 이미 운영중인 서비스가 있으면 비교 우위의 경험을 제공하기 위해 서버에 기록된 로그를 분석하여 인사이트(Insight)를 얻고 별도의 사용성 테스트(Userbility Test)를 진행하기도 한다.

두 번째, 콘텐츠 기획 단계에는 전단계에서 파악된 고객의 니즈에 따라 어떤 콘텐츠를 확보할 것인지와 어떤 방식과 경로를 통해 딜리버리(Delivery)할 것인지를 기획한다.

세 번째, 정보구조(IA) 단계에는 서비스 화면을 기획한다. 콘텐츠(Information)를 화면에 어떻게 구성할 것인지(Architecture)를 기획하는 것으로 구체적으로는 서비스 인터페이스 구조, 화면 레이아웃과 UI를 포함한 페이지 기획, 네비게이션 기획 그리고 시선을 끌어 들일 수 있는 레이블링 작업을 포함한다. 이 과정에서 스타일 가이드(Style Guide)와 공통 레이아웃(Common Layout)이 나오는데 스타일 가이드는 팀원들이 공유하는 문서로 프로젝트 전반에 걸쳐 메인 페이지(Main Page)와 서브 페이지(Sub Page)들 간의 디자인에 일관성이 유지되게 하는데 중요한 지침이 된다.

네 번째, 디자인 단계에는 기획한 산출물을 기반으로 디자인을 진행한다. 디자이너들이 메인 역할을 하는 단계이지만 기획자로서 HTML5와 CSS3 및 Figma 등을 어느 정도는 다룰 수 있어야 통합개발(Waterfall) 방법론이 아닐 경우 애자일(Agile) 측면에서 프로토타이핑 및 최소기능제품(MVP) 제작을 주도적으로 전개해 갈 수 있다.

다섯 번째, 개발 단계에는 디자인 된 화면 템플릿을 가지고 개발자들이 전단(Front-end)에 필요한 페이지들과 후단(Back-end)을 구성하는 시스템을 개발한다.

여섯 번째, 테스트 단계에는 단위테스트, 통합테스트를 수행하고 그 과정에서 발견된 버그(Bug)를 보완하며 결과물의 완성도를 높이는 작업을 수행한다.

일곱 번째, 런칭(Launching)단계에는 최종 산출물을 전용서버 또는 클라우드에 배포하여 최종적으로 고객들에게 서비스를 제공한다.

04 서비스 유형 결정

인터넷 서비스는 기업의 니즈와 고객의 니즈가 만나는 공간이다. 기업은 서비스를 통해 매출증대와 광고효과 및 비용절감 효과를 기대하는 반면에 고객은 저비용, 개인화된 콘텐츠 그리고 차원 높은 사용자 경험을 누리고 싶어한다. 이들 사이에서 상충하는 이해를 조절하는 노력을 기울이면서 수익을 창출하는 것이 인터넷 서비스이다. 서비스는 크게 상업적 서비스, 비상업적 서비스로 나눌 수 있고 기능과 역할 측면에서도 여러가지 유형들로 나눌 수 있다. 각 서비스 유형별로 기획단계에서 어떤 부분들을 고려해야 하는지 살펴보도록 하자.

4.1 서비스의 상업성 여부

상업적 서비스는 기업이 수익을 창출하고 비용을 절감하기 위해 제공하는 서비스로 일반적으로 일상에서 접하는 대부분의 서비스가 여기에 속한다. 수익 창출이 목적인 대표적인 상업적 서비스에는 G-마켓 같은 쇼핑몰 서비스 모델이 있고, 고객의 방문을 늘려 광고 수익을 목표로 하는 유튜브 같은 광고수익 서비스 모델이 있으며 각종 거래 수수료를 기반으로 수익을 창출하는 거래 중개 서비스 모델 등이 있다. 비상업적 서비스는 커뮤니티나 공공의 유익을 위한 것으로 공익 서비스, 공공데이터 서비스 등을 예로 들 수 있다. 그밖에 비용절감을 위한 서비스에는 홍보대행 서비스 모델과 비대면 서비스 모델 그리고 요즈음 많이 활용되고 있는 챗봇이나 챗GPT를 활용한 고객 서비스 모델 등이 있다.

4.2 기능과 역할에 따른 서비스 모델

서비스 모델은 제공하는 기능과 역할 측면에서도 서비스의 유형을 나눌 수 있다. 크게는 엔터테인먼트 서비스, 정보 서비스, 비대면 서비스, 전자상거래 서비스 그리고 커뮤니티 서비스 등이다.

첫 번째, 엔터테인먼트(Entertainment)서비스는 고객의 재방문 요소가 무엇인지 파악하여 고객의 다양한 니즈(Needs)에 맞춘 핵심 콘텐츠(Killer Contents) 확보가 핵심인 서비스이며 안정적인 서비스 운영을 담보 할 수 있어야 한다.

두 번째, 정보 서비스 모델에서 중요한 것은 강력한 정보구조(IA) 설계이다. 정보구조란 고객에게 전달할 각각의 정보성 콘텐츠를 전체 서비스 구조 안에서 어디에 배치했을 때 최적의 사용자 경험을 제공할 것인가에 대한 정보설계이다. 주로 뉴스, 포털 등의 전문 정보 서비스 등이 여기에 해당하며 서비스의 특징에 따라 풍부하고 효과적인 콘텐츠 분류와 탐색 및 검색이 효율적으로 이루어지도록 하는 인터페이스를 제공할 필요가 있다. 특히, 맞춤형 개인화 기능을 구현하여 유저의 편의성을 높여 주려는 노력이 중요하고 지속적인 콘텐츠 소싱으로 최신의 정보가 신속히 유통될 수 있도록 해야 한다.

세 번째, 비대면 서비스 모델은 면대면 서비스가 아니므로 어디서나 접근이 용이한 콘텐츠의 편재성이 기획단계에서부터 고려되어야 한다. 사람이 관여하지 않으므로 피드백 등의 쌍방향 소통이 잘 이루어 지도록 메뉴연결, 클릭 반응 등 인터페이스 작동에 특히 신경을 써야 한다.

네 번째, e-Biz 서비스 모델은 흔히 접하는 온라인쇼핑몰 서비스이다. 개인 맞춤형 상품 추천 알고리즘 확보가 서비스의 활성화에 중요한 요소가 되며 재구매율을 높이도록 하는 마일리지나 포인트 적립 등을 기획요소에 반영하고 꾸준한 프로모션과 타겟 마케팅을 병행할 수 있어야 한다. 특히 시장 적시성 마케팅이 매우 중요한 모델이다.

다섯 번째, 커뮤니티 서비스 모델에서는 네트워크 효과(Network Effect)와 네트워크 외부효과(Network Externality Effect)가 활성화의 핵심인 만큼 지속적인 가입자 유입전략을 갖고 있어야 한다. 고객이 유입되면 순증효과를 기대할 수 있으므로 빠르게 사용자 기반(User base)를 확보하여 서비스 규모를 키울 필요가 있다.

05 웹/앱 서비스 기획

이제 인터넷 서비스의 기초가 되는 웹서비스 기획 방법론을 살펴보자. 본 서에서 말하는 웹서비스는 모바일의 앱서비스를 포함하는 개념이다. 다시 말해 웹서비스 기획 방법론은 모바일, 태블릿 등 N-스크린 서비스 기획에도 동일하게 적용되므로 서비스 기획자에게는 매우 중요한 기본지식이라 할 수 있다. 오늘날 애자일(Agile) 개발방법론과 피봇팅(Pivoting)에 있어 중요한 요소로 보는 것이 최소기능 제품(Minimum Viable Product, MVP)의 개발인데 대개의 MVP는 모두 웹 서비스 구조에서 작동한다는 점에서 웹서비스 기획에 대한 이해는 인공지능 서비스 기획을 하는데 있어서도 필요한 지식이 된다.

5.1 분석

분석 대상에는 시장분석, 고객분석, 웹로그 분석, 경쟁사 분석 등이 있다.

5.1.1 시장분석

웹서비스 기획에 착수하기 전에 반드시 점검해 두어야 할 부분이 몇 가지 있다. 아래의 세 가지 질문에 충분한 답변이 어렵다면 아직 기획단계에 들어갈 준비가 되지 않았다는 뜻이므로 충분한 사전 리서치가 선행될 필요가 있다.

첫 번째 질문은 도메인 니즈(Domain Needs)를 파악하고 있는가이다. 속한 산업과 제공 하려는 서비스가 시장에서 어떤 니즈를 갖고 있는가에 대한 답변을 할 수 있어야 한다.

두 번째 질문은 고객을 충분히 이해하고 있는가이다. 정확히는 자사의 강점과 단점을 기반으로 시장을 세분화 했는가이며 공략 가능한 고객에 대한 타겟팅이 되어 있는가를 묻는 질문이다. 타겟고객을 명확히 특정하고 있어야 시장의 니즈에 맞춘(Aligned) 서비스를 기획할 수 있기 때문이다. 고객의 니즈에 맞추지 못한 서비스는 결과적으로 기대하는 사용자 경험을 제공하지 못하므로 런칭을 하더라도 머잖아 시장에서 고전하다가 사라지게 될 수밖에 없다. 고객은 데모그라피(신상명세)를 통해 타겟고객의 행동패턴과 특이점을 파악하는 과정에서 이해할 수 있다.

마지막 질문은 수익모델이 무엇인가이다. 정확히는 고객이 기꺼이 지불할 만한 가격이 결정되어 있는가이다. 서비스가 성공하는데 가장 큰 걸림돌 중 하나가 잘못된 가격결정이라는 분석결과가 있음을 기억해두자. 비용을 지불할 만한 가치있는 사용자경험(UX) 기획은 제대로 된 수익모델 위에서 가능하다.

5.1.2 웹로그 분석

이미 운영하고 있는 서비스의 경우 그동안 누적된 로그를 분석함으로써 서비스 개선 방향을 정립할 수 있다. 웹서버에 남겨진 유저의 이동경로를 빅데이터 마이닝 기법으로 추적하면 유저의 기호와 성향 및 특징점을 발견할 수 있을뿐만 아니라 서비스 전체적으로 일정한 이용 패턴이 있음을 확인할 수 있다. 또한 PV(PageView)와 CV(ClickView) 그리고 접속지역 및 시간대별 접속율도 웹로그에서 확인할 수 있는데 시계열 및 분류 측면에서 어느 부분을 고도화 시켜야 하는지에 대한 통찰(Insight)을 얻을 수가 있게 된다. 고객을 이해하는 또 다른 방법은 CRM(Customer Relationship Management)과 연계한 고객 프로파일 분석이다. 고객정보와 고객의 구매이력 및 장바구니 연관 분석을 해보면 고객의 니즈가 무엇인지 쉽게 알 수 있다.

5.1.3 고객 분석

지피지기이면 백전백승이란 말은 고객을 모르면 서비스에서 성공할 수 없다는 명제를 반증한다. 서비스에 방문하는 유저가 어떠한 페르소나(Persona)를 가지고 있다는 것을 명쾌히 확정할 수 있다면 이에 맞는 유저 시나리오를 기획하여 고객이 원하는 서비스를 구현할 수 있게 된다. 페르소나는 마케팅 용어로 핵심적인 고객을 대표하는 가상의 인물로서 서비스를 이용하는 고객의 대표적인 특징을 말한다. 페르소나를 이해하는 방법은 유저 프로파일 만들기, 유저 시나리오 수립하기 그리고 유저빌리티(Usability) 사용성 테스트를 통하여 가능하다.

유저 프로파일링

유저 프로파일(User Profile)은 유저의 행동이나 니즈를 이해하기 위해 작성하는 고객정보 파일이다. 일종의 유저 신상명세(Demography)라고 할 수 있으며 이 유저 프로파일링을 통해 과연 우리의 진정한 유저가 누구인가를 확인할 수 있게 된다. 예를 들어, 고객이 어떠한 인터넷 환경과 접속환경 가운데 있는가를 알 수 있으므로 그에 대한 적절한 방식을 서비스 기획에 반영할 수 있게 되고 고객이 중요시 하는 가치가 가격인지, 편리성인지 아니면 정보성인지 다양성인지 혹은 응답속도인지 등을 확인할 수 있다. 또한 유저의 생활패턴은 어떠하고 우리 서비스와 어떤 부분에서 접점을 갖고 있는지 그리고 어떤 서비스와 콘텐츠를 필요로 하고 있고 무엇에서 가치를 느끼며 어떤 방식으로 콘텐츠를 제공받기 원하는지와 유저가 기대하는 것이 무엇인지 등 서비스의 성공에 영향을 미치는 구체적 단서를 얻을 수 있는 도구가 프로파일링이다.

최서현 (23세)

음악은 제 삶의 일부입니다. 어떤 일을 겪고 있더라도 제게는 항상 완벽히 어울리는 노래가 있습니다.

음악은 제가 스트레스를 풀고 일상으로의 재충전을 빠르게 해 주는 묘약과도 같습니다.

성 별 : 여

직 업 : 회사원

결 혼 : 미혼

거 주 : 서울

PERSONA BIO

어려서부터 서현이는 스트레스 해소를 위해 항상 음악을 들어왔습니다. 스트레스를 풀기위해 근무시간에는 1시간 동안 자신의 일일 플레이 리스트를 듣습니다. 서현이에게는 기분이 좋을 때나 슬플 때, 항상 기분에 맞는 특별히 고른 플레이리스트가 있습니다.

서현이는 음악을 친구들로부터 추천받습니다. 좋아하는 아티스트들의 최신 음악 발매 소식은 소셜 미디어를 통해 업데이트 받고 있습니다. 아티스트들의 개인 생활에는 관심이 없지만, 앞으로의 음악과 이벤트에 관한 내용을 게시할 경우를 대비해 몇몇 아티스트의 인스타그램은 팔로우하고 있습니다.

목표

- 듣고 싶은 음악을 빠르게 찾을 수 있었으면 한다.
- 기분과 취향에 맞는 음악을 찾고 있다.
- 좋아하는 아티스트들의 ㅏ 최신 앨범과 콘서트 업데이트에 대한 정보를 얻으면 좋겠다.
- 친구들이 무엇을 듣고 있는지 알 수 있습니다.

불만

- 콘텐츠가 배치가 직관적이지 않아 찾기 힘들때
- 콘텐츠와 스트리밍 품질이 낮을때
- 대중교통에서 스트리밍 서비스에 접근이 안될때

요구사항

- 자신의 음악 활동이 소셜 네트워크와 얼마나 공유되는지 알고 싶다.
- 좋아하는 아티스트에 대한 최신정보를 얻고싶다.
- 개인의 취향에 맞춘 특별히 선별된 음악 경험을 하고 싶다.

동기

- 나를 누군가 알고 있다는 느낌을 받고 싶을때
- 업무일의 단조로움을 깨고 싶을때
- 소셜 네트워크와 연결되고 싶을때

유저 시나리오

유저 시나리오(User Scenario)는 유저의 행동패턴을 관찰하기 위해 만드는 문서이다. 유저 시나리오를 작성해 봄으로써 서비스에 접속하는 이유와 구매결정을 내릴 때까지의 동선까지 확인해 볼 수 있다. 특히 선호하는 메뉴와 기능은 무엇이며 특정 메뉴에 도달하는 경로를 논리적으로 살펴볼 수 있다. 유저 시나리오는 유저가 어떤 부분에서 만족을 느끼는지 또는 불만족을 느끼는지 점검할 수 있는 기회를 제공해 준다.

유저빌리티

유저빌리티 테스트란 실제로 유저를 모아놓고 모니터링함으로써 서비스의 개선항목을 도출하는 사용성 테스트를 말한다. 테스트는 유저가 문제를 해결하는 과정을 생생히 관찰하기 위해 주로 거울 유리가 갖춰진 실내나 CCTV가 있는 공간에서 진행한다. 유도질문은 삼가하도록 하고 모니터링 자체에 주안점을 두어야 한다. 모니터링 된 결과는 유저 프로파일과 유저 시니라오 작성에 반영 또는 보완한다. 유저빌리티 테스트는 가능한 빨리 진행되게 함으로써 직관적인 행동 중심으로 관찰하도록 하며 유저빌리티 테스트를 반복적으로 많이 할 필요는 없지만 몇차례 반복하는 정도는 수용할만 하다. 유저빌리티 테스트의 실험대상 인원은 무조건 많다고 효과적이지는 않다. 보통 3명을 대상으로 하면 문제의 50% 정도를 발견해 낼 수 있고 6명이면 문제의 80%가 드러나게 된다.

유저빌리티 테스트를 하면서 도움이 되는 질문은 유저에게 안내자 역할이 된다. 이것은 유도질문과는 다르다. 가령, 레이블링이 어떤 의미인 것 같은지를 물어보는 것은 링크를 클릭하면 어떻게 변할 것 같은가와 같은 질문처럼 브라우징을 하는데 보조적인 역할을 해준다. 그리고 실제로 클릭했을 때 기대했던 것과 일치했는지 추가로 확인을 더 함으로써 정보구조와 레이블링이 직관적으로 잘 설계되었는지도 점검할 수 있다.

유저빌리티 테스트에서 쓰는 또 다른 기법은 일정한 미션을 제공하고 그것을 해결하는 동선을 관찰하는 것이다. 잘 해결하지 못하거나 어려움을 겪는 것이 목격된다면 그 부분이 정보구조의 보완이 필요한 지점임을 알 수 있다. 또한 서비스를 자유롭게 이용하도록 하면서 관찰하는 방법도 있다. 또한 유저가 아주 짧은 시간 안에 브라우징을 마치면 서비스 구조가 고객에게 충분히 어필하지 못한다는 것을 의미할 수 있다. 이 경우는 해당 부분의 네비게이션 설계를 재검토 해 보아야 한다.

끝으로 유저빌리티 테스트를 마친 후 주관자 단독으로 개선방향을 결정하는 것은 지양해야 한다. 관찰자들이 발견한 문제점들을 취합하여 개선항목으로 목록화 해서 유저에게 보다 직관적이며 편리한 서비스가 되도록 개선하는데 활용할 수 있어야 한다.

5.2 웹2.0 과 3.0 적용

웹2.0은 서비스에서 콘텐츠를 공급자만 제공하는 것이 아니라 사용자도 생성할 수 있게 하는 웹1.0의 단방향에서 진화한 기술이자 사상이다. 즉, 웹1.0에 비해 웹2.0은 유저의 참여(Participation)와 공유(Sharing)가 확장되고 서비스가 개방(Opening)되는 방향으로 발전하도록 하였으며 오늘날은 콘텐츠 생성 조차도 자동적으로 이루어지는 웹3.0으로 이행중에 있다. 한편, 성공한 닷컴 기업의 성공요소로 웹2.0을 꼽을 수 있을 만큼 웹2.0 기술을 적극 활용하는 것은 유저와 소통의 폭을 넓히는 길이다.

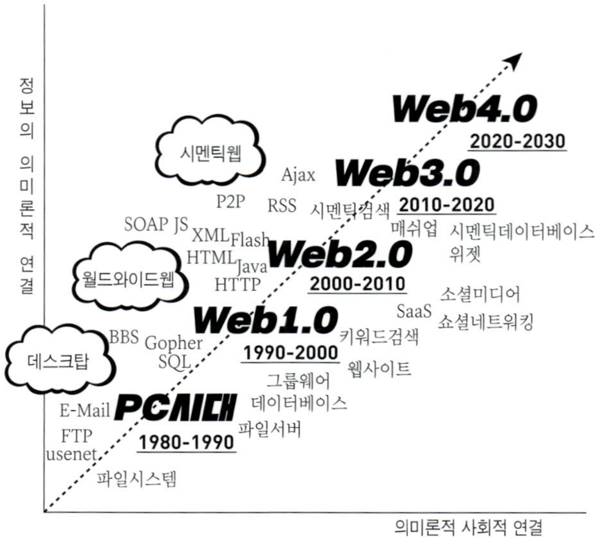

첫 번째, The Web as Platform 즉 웹2.0은 플랫폼으로서의 웹이라는 개념이다. 이를 이용한 대표적인 성공 기업이 구글이었고, Tag 분류를 공급자가 하는 것이 아닌 집단지성이 하도록 한다. 구현기술로는 RSS, OpenAPI가 있으며 정적인 화면보다 Mashup 즉, 공개 API 를 이용할때 더욱 다이내믹한 웹을 구현할 수 있다. 특히 사용자의 생산자로서의 참여가 확대되면서 롱테일(Long tail) 비즈니스가 태동되기 시작하였다. 두 번째, 웹2.0에는 Collective Intelligence 즉 집단지성 자체가 중요한 개념으로 자리잡고 있다. 이것은 UCC를 통한 네트워크 외부(Network Externality) 효과를 누리며 Wikipedia, YouTube, Flickr 같은 서비스 등장의 배경이 되었다. 세 번째, Data is Next 즉 데이터가 웹서비스의 핵심요소로 자리잡게 하였다. 네 번째, End of the software release cycle 즉 소프트웨어는 완성품이 아닌 지속적으로 개선이 이루어지는 대상(Perpetual Beta)이라는 것으로 대중의 인식을 바꾸었다. 다섯 번째, Lightweight Programming Model 즉 정교하고 완벽한 프로그래밍보다 가볍고 단순한 프로그래밍 기법이 부각되면서 Ajax와 REST 기술들이 널리 활용되기 시작하였다.

5.3 활성화된 서비스

성공적인 서비스들에는 공통적인 특징이 몇 가지가 있다.

첫 번째는, 시선을 어디에 둘지 모르는 방문유저에게 명쾌하게 특정 포인트로 시선을 유도한다는 것이다. 두 번째, 트리거를 효과적으로 사용한다. 트리거(Trigger)란 클릭을 유도하는 요인으로서 대표적으로 예가 워딩(Wording)이다. 즉, 단순히 '할인' 이라는 용어보다 '창고대방출' 이라는 단어가 시선 측면에서는 주목도가 높다. 트리거에 적합한 단어는 트랜디(Trendy)한 최빈 검색어나 관련 검색어에서 힌트를 찾을 수 있다. 워딩 자체에 트랜디한 시장의 니즈가 반영되어 있기 때문이다. 참고로 클릭이 되는 곳은 클릭될 수 있다는 것을 이미지를 활용하여 암시함으로써 시선이 직관적으로 따라오게 할 수 있다. 세 번째, 중요 콘텐츠 20%에 전체 화면 공간의 80%를 할당한다. 네 번째, 서비스 전체적으로 일관성이 있도록 사전에 기획된 CSS의 틀 안에서 화면이 기획되어 있다.

5.3.1 서비스 구조

서비스 구조를 설계할 때는 보통 탑다운과 버텀업 두 가지 방식을 혼합하여 사용한다.

첫 번째, 탑다운(Top-down) 방식은 전략적 관점에서 거시적으로 서비스 구조를 설계하는 것으로 비즈니스 관점과 유저 관점 두 가지 측면에서 구성하는 것이다. 버텀업(Buttom-up) 방식은 개별 콘텐츠들 간의 관계를 파악함으로써 상위 구조를 결정하는 것으로 예를 들면 콘텐츠 목록을 만들고 그 안의 관계성을 파악하여 상위구조를 구성하는 방식이다.

두 번째, 깊이와 폭(Depth & Width)을 기준으로 설계한다. 인간이 한번에 기억할 수 있는 수량은 평균 7개 내외이다. 이말은 메뉴의 적정수량은 5개에서 9개 사이가 적당하다는 것이다. 이 매직넘버(Magic number)를 메뉴설계시 참고하도록 하자. 한편 얕고 넓은 서비스 구조인 경우는 깊이가 낮은만큼 메뉴를 차별화 시킬 필요가 있다. 메뉴의 중요도에 따라 여백과 색상 등의 디자인 요소를 활용하여 중요한 메뉴를 강조할 필요가 있다.

세 번째, 구조설계의 종착지는 메뉴기획이다. 메뉴의 종류에는 대메뉴, 유틸리티 메뉴 그리고 텍스트 네이게이션 등이 있다. 대메뉴는 상위, 하위 모든 페이지에 사용하는 메뉴로 다른 말로는 GNB(Global Navigation Bar) 메뉴라고 부른다. 유틸리티 메뉴는 기본 메뉴로는 분류되지 않지만 필요한 때 쓸 수 있어야 하는 메뉴로 대표적인 예가 로그인, 회원가입, 고객센터 등이다. 텍스트 네비게이션은 페이지의 가장 하단에 위치시키는 메뉴이다. 일반 유저들에게는 관심 밖에 있지만 간혹 필요한 사람에게는 긴요한 링크 메뉴로서 회사소개, 제휴문의, 오시는 길, 개인정보 보호정책 등이 여기에 속한다.

5.3.2 네비게이션 기획

유저가 클릭하는 과정을 모니터링 해보면 알 수 있는 세가지 특징이 있다. 대개의 유저는 전체적인 서비스 분석을 끝낸 후 메뉴를 선택하지 않는다는 것과 대충 둘러보고 마음에 드는 것을 선택한다는 것 그리고 클릭하는 것도 선택해서 하기 보다는 되는대로 눌러 본다는 것이다.

길안내

기획자는 유저가 서비스를 이용하면서 길을 잃지 않도록 일종의 길안내 역할을 해 주어야 한다. 그 방법은 다음과 같다. 첫 번째, 유저 자신이 현재 어디에 있는지를 페이지 타이틀을 통해서 알려준다. 두 번째, 유저가 길을 잃을 염려없이 안심하고 다닐 수 있도록 유저가 거쳐온 경로를 표시해 준다. 세 번째, 유저가 어디로 갈 수 있는지를 링크를 통해 알려준다.

시각적 차별화

중요한 것은 눈에 쉽게 뜨이게 한다. 연관성이 있는 것들끼리는 시각적으로 일관성을 유지시켜 주고 클릭요소는 클릭할 수 있는 곳이라는 것을 적극적으로 알려준다.

메뉴

메뉴는 크게 GNB와 로컬 네비게이션, 보조 네비게이션 그리고 라인 네비게이션으로 분류한다. GNB는 서비스 로고와 대메뉴 그리고 유틸리티 메뉴로 구성하며 로컬 네비게이션 메뉴는 하위 페이지로 들어갈 수 있게 하는 메뉴로서 일반적으로 좌측에 배치한다. 보조 네비게이션 메뉴는 로컬 네비게이션의 하위 메뉴이다. 보조 네비게이션 메뉴는 로컬 네비게이션과 차별화 되지 않으면 혼선을 유발할 수 있다는 점에 주의하도록 한다. 라인 네비게이션(Breadcrumb)은 유저가 있는 현재 위치를 알려주는 메뉴이다.

메뉴는 정보구조(IA)를 기반으로 구성된다. 다시 말해 정보구조가 설계되면 그 형태가 곧 메뉴구조로 표현된다는 점에서 일반적으로 메뉴구조는 곧 정보구조를 시각화한 결과물로 이해 할 수 있다.

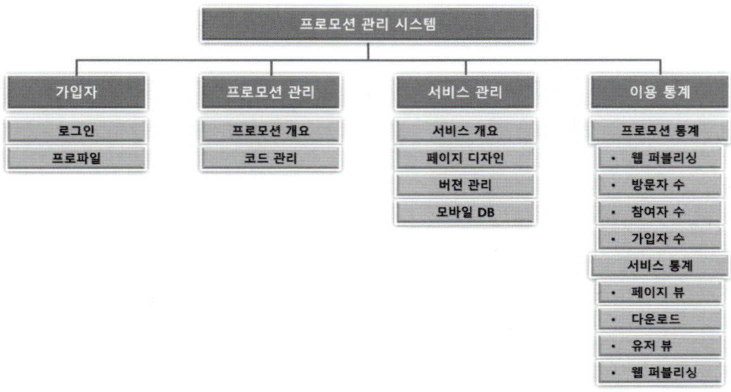

인터페이스

서비스 기획의 기본은 중요한 것일수록 돋보이게 하는 것이다. 더 많이 쓰이기 원하는 것은 크고 잘보이게 한다. 중요할수록 나열식보다 디자인 요소로 부각시키는 방향으로 기획하고 논리적으로 연관성이 있는 부류는 일관성이 유지될 수 있도록 한다.

유저가 스스로 해야 하는 태스크(Task)에는 기획자의 특별한 관심이 요구된다. 회원가입, 구매, 검색, 예약과 같은 것을 태스크라고 하며 유저가 시행착오를 겪지 않도록 어떤 작업이 일어날지 미리 명확하게 알려줄 수 있도록 기획해야 한다. 다시 말해 유저가 어떤 결과가 나올지 미리 알고 태스크를 수행 할 수 있도록 해 주는 것이다. 또한 유저가 직면할 수 있는 오류는 유저가 해결하도록 내버려 두지 말고 서비스가 적극적으로 처리해 줄 수 있도록 기획한다. 동시에 유저에게는 현재 처리중인 단계와 처리 상황 등을 친절히 알려주고 태스크가 완료되면 완료되었음을 알리는 인터페이스까지 기획한다.

와이어프레임

와이어프레임(Wireframe)은 서비스를 단순하게 선과 도형만으로 그린 화면이다. 정보설계(IA)를 마친후 정보가 배치된 화면을 보는 것이 1차적인 목적이고 사용자와의 접점인 인터페이스(UI)점검이 2차적인 목적이다. 심미적인 완성도는 전혀 고려대상이 아니므로 소위 정성껏 작성하면서 시간을 낭비하지 않도록 주의하여 간단히 선(Wire)과 프레임(Frame)만으로 그려보도록 한다. 와이어프레임을 그려봄으로써 실제 개발에 착수하기에 앞서 사용자경험(UX)을 미리 체험해 보고 개발번복을 미연에 방지하는 효과를 볼 수 있다.

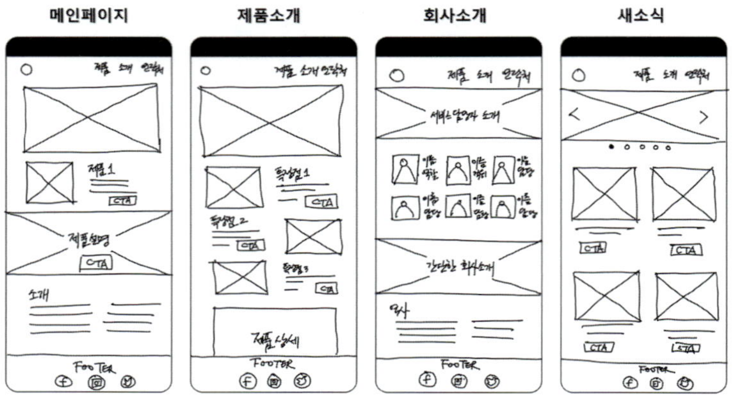

스토리보드

스토리보드(Storyboard)는 서비스를 구성하는 화면의 청사진을 말한다. 화면구성과 네비게이션 및 레이블링과 인터페이스를 포함하는 산출물이다. 스토리보드는 아래와 같이 중앙에 와이어프레임을 배치하고 각 인터페이스마다 번호를 부여하여 측면에 상세한 설명(Description)을 포함한다. 디스크립션은 최대한 상세히 작성할 필요가 있다. 스토리보드는 기획자와 디자이너 그리고 개발자들이 같은 컨셉을 견지하기 위해 공유하는 문서이니만큼 때로는 지나칠 정도로 상세히 기술해 두는 것이 팀원 간의 원활한 커뮤니케이션에 도움이 된다.

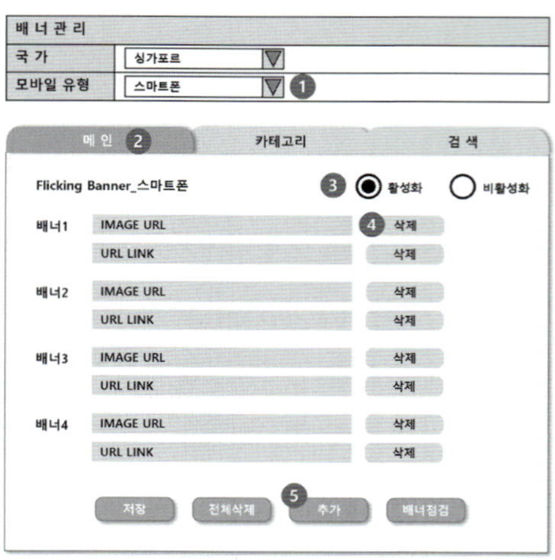

번호	디스크립션
1	• 모바일 유형별 광고 설정. 모바일 유형에는 스마트폰, 피쳐폰, 태블릿 등이 있음.
2	• 메인, 카테고리, 검색별로 각각 달리 광고를 설정할 수 있음. 네 탭 모두 화면은 같음.
3	• 모든 광고는 활성화, 비활성화를 선택하여 보여줄 수 도 있고 안보여 줄 수 도 있음.
4	• Flicking Banner 는 개수에 제한이 없으며 저장하는 개수만큼 보여 줄 수 있음. • Banner 는 화면에 들어가는 순서가 있으므로 Banner 자리는 고정이므로 삭제를 누르면 해당 파일만 없어짐.
5	• 추가를 누르면 라인이 늘어남.

플로우차트

플로우차트(Flowchart)는 서비스의 흐름과 순서를 기호를 사용해 도식적으로 나타낸 다이어그램이다.

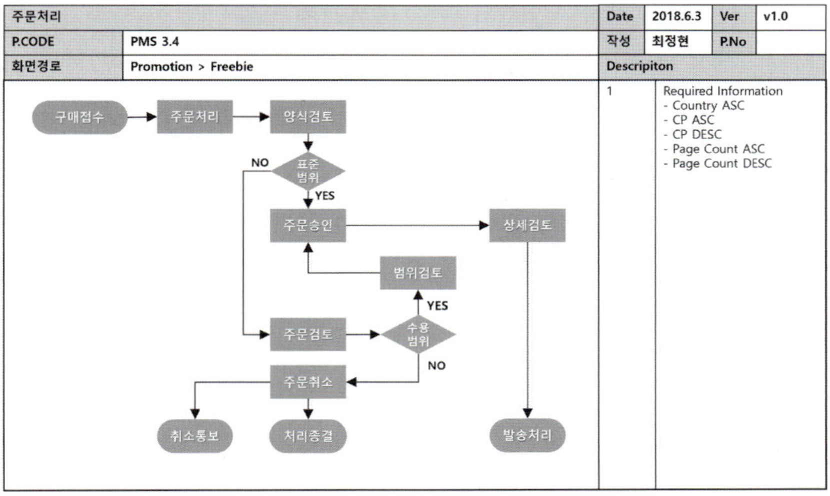

포고스티킹

유저가 두 메뉴 사이에서 왕복하는 것을 포고스티킹(Pogo sticking)이라고 한다. 대체로 상품 리스트와 상품상세 페이지 사이에서 번갈아 왕래하는 현상으로 리스트 페이지에서 충분한 정보를 제공하지 못했기 때문에 발생하는 현상인 만큼 포고스티킹이 발생하는 곳은 네비게이션 기획이 보강되어야 한다.

06 경쟁 서비스 분석

서비스 기획이 되었으면 다음은 유사한 아이템으로 비즈니스를 하고 있는 경쟁업체의 서비스를 분석할 차례인데 그중의 대표적인 것이 벤치마킹이다.

6.1 벤치마킹

벤치마킹(Benchmarking)이란 서비스의 품질을 향상시키기 위하여 유사 서비스를 비교 분석하면서 자사 서비스에 보완할 점이 무엇이 있는지를 찾아내는데 목적이 있으며 타 서비스를 분석한다는 자세보다 자사 서비스에 무엇을 보완해야 할 것인지 비교하여 알아내는 방향으로 진행하는 것이 바람직하다. 예를 들면 타사 서비스와 비교했을때 자사 서비스의 사용성과 편리성에 보완할 점은 무엇이 있는지, 제대로 고객에게 유용한 정보를 제공하고 있는지, 개인화 서비스는 최적화 되어 있다고 볼 수 있는지, 사용자 참여를 촉진하는 인터페이스 구성이 잘 되어있는지 그밖에 현재 자사의 마켓 포지셔닝은 적절히 되어 있는지 등을 비교평가하는 것이다. 이렇게 벤치마킹의 방향을 수립하고 난 후에는 자사와 타 서비스 간의 비교평가 기준을 세운 후 리스트를 기반으로 정성적 데이터를 확보하는 방향으로 벤치마킹을 수행하면 된다.

6.2 평가 리스트

통상 아래와 같은 내용을 파악할 수 있도록 평가 리스트를 만들면 된다.

첫 번째, 서비스가 전반적으로 고객에게 신뢰감을 주는지와 어떤 요인들에 의해서 그러한 인상을 받게 되는지를 파악한다. 두 번째, 메인 페이지에서 짧은 시간동안 서비스의 목적 파악이 가능한지 분석한다. 세 번째, 사이트의 목적은 무엇인지와 어떤 서비스 유형의 사이트이고 서비스의 목적이 선명히 드러나는지 그밖에 도메인의 성격을 잘 보여주고 있는지를 살펴본다. 네 번째, 사용자는 누구이며 현재의 사용자는 누구이고 미래에는 어떠한 사용자가 늘어날 것 같은지 그리고 사용자가 접속하는 이유는 무엇인지 파악해 본다. 다섯 번째, 어떠한 콘텐츠를 제공하고 있는지와 나열된 콘텐츠가 사이트 성격에 부합하는지 그리고 콘텐츠 배치 구조는 어떻게 되어있는지와 고객참여를 유도하는 게시판이 있는지 만약 있다면 어떤 목적의 게시판인지 분석한다. 여섯 번째, 정보구조는 어떻게 설계되어 있는지와 화면구성은 어떠한지 그리고 네비게이션은 어떠한지와 레이블링은 직관적이며 검색은 효율적으로 동작하는지 살펴본다. 일곱 번째, 그래픽은 사이트의 성격을 잘 반영하고 있는지와 콘텐츠 전달은 잘 되는지 그리고 로딩속도는 괜찮은지를 파악한다.

이상과 같이 평가 리스트가 준비되었다면 이제 유사 서비스나 분야별 Top10 서비스 또는 자사 서비스와 타겟층이 겹치는 타 서비스나 전문 미디어에서 추천하는 서비스들을 대상으로 벤치마킹을 수행한다.

07 정보구조(IA)설계

정보구조(Information Architecture)란 정보를 분류하고 체계화하는 이론적 체계이며 콘텐츠를 효과적으로 그룹핑하고 레이블링하여 사용자들이 쉽게 정보에 접근할 수 있도록 하는 설계 작업이다. IA 설계과정은 콘텐츠 확정, 정보분류 체계화, 레이블링 및 메타데이터 구성 등 총 네 가지로 나뉜다.

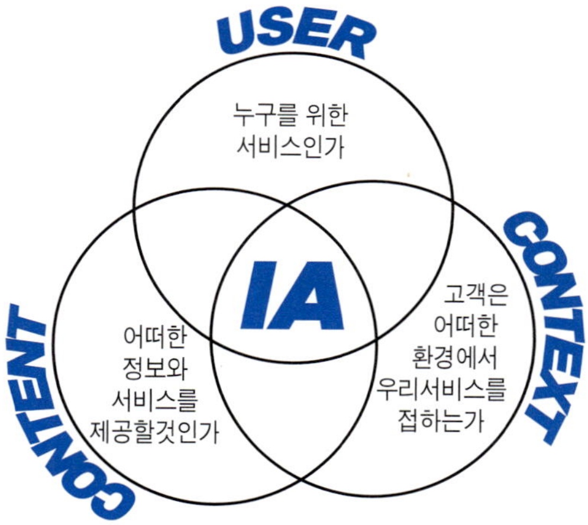

첫 번째, 콘텐츠 확정이다. 목록화 한 콘텐츠 전체 목록에서 사용 가능한 것과 사용 불가능한 것을 분류해내는 것을 말하며 서비스 제공 대상으로 확정한 콘텐츠 목록에 대해서는 콘텐츠ID, 타이틀, 설명, 포맷, 위치, 스케쥴, 업데이트 주기, 담당자 등을 부여하여 내용을 구체화한다.

두 번째, 정보 분류 체계화이다. 콘텐츠를 효과적으로 분류하는 것으로 제공하는 콘텐츠에 대하여 유저의 이해도가 높다면 가나다순이나 연대기순 또는 지역별 분류가 효과적일 수 있다. 반대로 이해도가 낮거나 생소한 콘텐츠를 다루는 서비스라면 주제별, 사용자별로 분류하도록 한다. 일반적으로 이 두 가지 분류 방법들을 섞어서 서비스에 적합한 체계를 확정한다.

콘텐츠 분류는 오프라인에서 통용되는 분류체계가 있다면 그것을 따르는 것이 무리가 없다. 경쟁사는 어떻게 분류하였는지 등을 벤치마킹 해보는 것은 유익하고 카드 소팅이라는 방법을 활용하여 분류하는 것도 고려해 본다. 카드 소팅(Card sorting)이란 유저가 분류과정에 참여하도록 하는 것으로 닫힌 소팅과 열린 소팅 두 가지 방식이 있다. 닫힌 소팅(Closed sorting)이란 카테고리 정보를 유저에게 제공한 후 콘텐츠를 분류하도록 하는 분류방법이고 열린 소팅(Open sorting)은 아무런 가이드 없이 유저들이 콘텐츠들의 연관성을 관찰하며 스스로 분류하도록 하는 것이다.

세 번째, 레이블링은 개개의 메뉴에 이름을 짓는 것을 말한다. 레이블링(Labeling)을 어떻게 하느냐에 따라 유저 클릭을 유도하는 효과가 달라지므로 의미가 잘 전달될 수 있는 레이블링을 할 수 있도록 한다. 주된 대상은 메뉴, 링크, 버튼 등이다. 직관적이고 어떤 메뉴인지 쉽게 인식할 수 있는 레이블링이 되어야 한다는 점에서는 유저가 사용하는 언어를 가급적 그대로 쓰는것이 무난하고 관습적으로 쓰는 용어도 특별한 목적이 아니라면 그대로 쓰는것이 좋다. 예를 들어 의미적으로는 '공지방'이라는 레이블이 잘 통하지만 관습적으로는 '게시판'이라는 레이블이 보다 일반적이다. 아이콘을 쓰는 경우 아이콘 자체만으로는 혼선을 유발할 가능성이 있으므로 필요한 경우 아이콘에 적절한 레이블을 포함하는 편이 낫다. 레이블링은 서비스의 전체적인 인상이 유저에게 전달되는 통로인만큼 레이블링 자체가 곧 브랜딩이라고 할 수 있고 이를 통해 서비스 제공자의 고객에 대한 태도가 드러나게 된다는 점을 기억하자.

네 번째, 메타데이터(Metadata)이다. 일종의 용어사전으로 서비스 전체적으로 일관된 용어가 사용되도록 하는데 용어사전 구축의 목적이 있다. 예를 들어, 어떤 페이지에서는 자동차라는 단어를 쓰고 다른 페이지에서는 차량이라는 단어를 쓰는 등 용어의 혼재가 이곳 저곳에서 발견된다면 자칫 유저에게 정돈되지 않은 서비스라는 인상을 줄 수 있다. 따라서 메타데이터 구축시에는 동의어 중 어느 것을 쓸 것인지, 동음이의어인 경우에도 과일인 사과와 정중하게 유감을 표하는 사과 같은 동음이의어는 어떻게 할 것이지 그리고 Smartphone과 Smart Phone 같이 영어식 표기법은 어느 것을 채택할지 그밖에 콘텐츠와 컨텐츠와 같은 맞춤법 통일과 영문 대소문자의 경우 MVP와 mvp 중에서 어느 것으로 할 지 등 서비스 안에 전체적으로 통일된 용어와 약어가 사용될 수 있도록 일목요연하게 메타데이터를 관리하여야 한다.

08 콘텐츠 기획

콘텐츠는 서비스의 가치를 결정짓는 요소이자 가입자 확보에 가장 관련이 깊은 요소이다. 다시 말해 무분별하게 그때 그때 보강해야 할 대상이 아니라 서비스에 어떤 콘텐츠가 필요한지 미리 파악하여 그에 따른 체계적인 소싱(Sourcing)방안과 분류작업을 미리 해두어야 한다. 콘텐츠를 기획할 때는 콘텐츠가 갖는 특성을 모두 고려하여 그 효과를 최대화 할 수 있는 방법을 찾아야 하는데 고려 해야 할 콘텐츠의 특성은 다음과 같이 여덟 가지로 요약된다.

첫 번째, 시간성이다. 콘텐츠는 유저에게 신속히 전달될 수 있도록 기획되어야 한다. 두 번째, 편재성이다. 언제 어디서나 콘텐츠 이용이 가능해야 한다. 세 번째, 연결성이다. 콘텐츠는 항상 최신정보로 업데이트 되어 있어야 가치가 있다. 네 번째, 경험성이다. 고객경험을 최대로 끌어올리기 위해 가급적 콘텐츠에서 증강된 경험까지 할 수 있도록 혁신적인 기술을 이용할 수 있으면 좋다. 다섯 번째, 접근성이다. 콘텐츠는 간편하게 접속하고 쉽게 이용할 수 있어야 한다. 여섯 번째, 참여성이다. 생산자 뿐만 아니라 소비자도 콘텐츠 생산에 참여할 수 있도록 한다. 일곱 번째, 상호 작용성이다. 개인과 콘텐츠 간의 상호작용이 가능하도록 한다. 여덟 번째, 개인화이다. 개인의 성향과 기호에 맞춘 맞춤형 콘텐츠가 제공될 수 있도록 한다.

이와 같은 여덟 가지 콘텐츠의 특성을 고려하여 서비스에 맞는 콘텐츠를 확보할 수 있도록 하는 것이 콘텐츠 기획단계에서 해야 할 내용이다.

8.1 트렌드

시대가 변함에 따라 콘텐츠를 소비하는 트렌드도 변하고 있다. 다음은 콘텐츠 기획시에 고려해야 할 콘텐츠 생태계에서 일어나고 있는 변화의 단면이다.

첫 번째, 리치 콘텐츠이다. 다양하고 혁신적인 기술을 활용하여 리얼한 비주얼 효과를 제공함으로써 유저와 쌍방향 소통이 가능하게 하는 콘텐츠를 리치 콘텐츠(Rich content)라고 한다. 참고할 만한 리치 콘텐츠 기술에는 AR(Augmented Reality)와 VR (Virtual Reality)이 있다. 두 번째, 사용자 경험과 정보의 통합이다. 사용자의 음성을 인식하여 유저의 욕구를 읽어내는 기술을 이용한 서비스들이 조금씩 늘어나고 있다. 유저의 눈동자를 관찰함으로서 니즈를 파악하여 적합한 콘텐츠를 제공하거나 심지어 뇌파를 감지함으로써 유저의 상태를 파악하여 콘텐츠 큐레이션에 활용하는 기술도 등장하고 있다. 이러한 기술들을 메타버스(Metaverse)기술이라고 하며 DNA+XR (Data, Network, AI, VR, AR)로 통칭된다. 세 번째, 무료 또는 TnP(Try & Purchase)콘텐츠이다. 수익은 유료 콘텐츠에서 창출하고 고객 확보는 무료 콘텐츠나 TnP 콘텐츠를 제공함으로써 궁극적으로 네트워크 효과를 유도한다. 네 번째, 소비자의 참여이다. 생산자만 콘텐츠를 공급하는 것이 아니라 소비자도 생산에 참여하게 하는 것이다. 다섯 번째, 유저의 선호에 따른 맞춤형 콘텐츠 큐레이션(Curation)이다.

8.2 콘텐츠 기획

서비스 기획과정에서의 콘텐츠 기획이란 서비스 목적에 맞는 콘텐츠를 지속적으로 소싱하고 관리하기 위한 기획이다. 소싱을 위한 고려사항과 어떤 콘텐츠를 소싱할 것인가에 대해 알아보자.

8.2.1 콘텐츠 기획시의 고려사항

콘텐츠 소싱은 공급자와 소비자 두 가지 관점에서 고려해야 한다. 고객을 확보하기 위하여 어떠한 콘텐츠를 소싱할 것인가 하는 것는 공급자 관점에서의 기획이며, 고객은 어떤 콘텐츠를 원하며 어떤 방식으로 접하기를 원하고 어떻게 이용하기를 원하는지를 파악하는 것은 소비자 관점의 기획이다. 또한 고객의 욕구 충족 방안도 기획단계에서 고려해야 할 부분이다. 예를 들어 소유를 원하는 콘텐츠인 경우에는 다운로드가 가능하도록 서비스를 기획해야 하고 공유가 적합한 콘텐츠라면 추천 또는 선물하기 기능을 기획에 반영하는 것이 좋다. 그밖에 고객의 재방문율을 높이기 위한 콘텐츠 기획은 고객에게 보상을 제공하는 방법으로 해결할 수 있다. 등급이나 랭킹을 부여하거나 댓글에 평점을 부여함으로써 콘텐츠의 품질을 높이는 방법도 있다.

8.2.2 콘텐츠 유형

콘텐츠에는 네 가지 유형이 있다. 첫 번째, 제작(정규)콘텐츠(Producer Contents)는 서비스 제공자가 직접 구현하거나 소싱한 콘텐츠이다. 두 번째, 유저 메이킹 콘텐츠(Consumer Contents)는 유저가 만든 콘텐츠이다. 게시판의 댓글도 일종의 토크백(유저의 피드백)으로서 콘텐츠로 분류될 수 있다. 세 번째, 유저 액티비티 콘텐츠(Consumer Acitivity Contents)는 유저들이 상호작용을 하면서 만들어낸 자동적으로 축적된 콘텐츠들이다. 네 번째, 외부소스로의 링크이다. 링크이지만 링크도 고객에게는 콘텐츠로 보이기 마련이다.

한편 콘텐츠는 시간이 지남에 따라 가치가 떨어지고 폐기되는 수순을 밟지만 무조건 폐기하는 것보다는 재분류하여 고객에게 제공할 수 있는 콘텐츠는 재활용하는 것도 기획의 한 요소이다. 수명이 다하거나 파묻혀 있는 콘텐츠들 중에서 쓸만한 것을 선별하여 서비스에 재활용하는 것을 콘텐츠 리사이클링(Contents recycling)이라고 한다. 단기적으로는 오늘의 콘텐츠(Highlight Contents)로 제공하거나 장기적으로는 재활용 콘텐츠만 따로 모아서 주제별로 분류 제공하는 롱테일(Long Tail)서비스에 활용할 수도 있다.

8.3 콘텐츠 체계 수립

콘텐츠의 분류를 마쳤으면 이제는 콘텐츠 관리체계를 수립하도록 한다. 관리 체계를 갖추어 놓아야 앞으로 콘텐츠가 점점 더 쌓이더라도 중복되거나 분산되지 않도록 하는 효율적 관리가 가능해진다. 특히 콘텐츠들은 일정기간 모이게 되면 서비스 리뉴얼(Renewal)이나 레노베이션(Renovation) 시점에 서비스 구조의 변경 요인으로 작용한다.

콘텐츠 분류는 유저가 익숙한 콘텐츠라면 유형별이나 날짜순, 지역별로 분류하면 크게 무리가 없다. 유형별은 쇼핑몰에서 주로 사용하는 분류기법이고 날짜순은 공지사항 같은 게시판 서비스에 활용되며 지역별 분류는 날씨 서비스에서 주로 활용하는 분류 기법이다. 반면 유저가 익숙하지 않고 아직 콘텐츠에 생소하다면 주제별로 분류하거나 태스크(Task)별로 분류하면 된다. 그밖에 이용자의 등급에 따라 차등을 두는 유저 구분형으로 콘텐츠를 분류할 수도 있으며 유저별로 사용빈도와 중요도에 따라 유저의 MY페이지에 배치하는 방법 또는 가격대의 조정에 따라 콘텐츠가 필터링되도록 하는 동적 콘텐츠 분류 등 기법은 다양하다. 이렇게 분류된 콘텐츠 기획은 문서화하여 팀원 사이에 공유될 수 있도록 한다.

09 서비스 활성화 기획

서비스를 활성화 하는 데는 3C+1P 기법이 많이 활용된다. 3C는 커뮤니케이션(Communication)과 커뮤니티(Community) 그리고 커머스(Commerce)를 의미하고 1P는 퍼스널라이제이션(Personalization)을 일컫는다. 이 네 가지를 잘 활용하면 서비스 활성화에 도움이 된다.

9.1 커뮤니케이션

유저와의 소통(Communication)이 과거에는 서비스 제공자로부터 유저로 단방향으로 진행되었다. 이후 점차 UCC(User Created Contents)나 피드백을 통하여 쌍방향 소통이 가능하게 되었고 오늘날은 서비스 안에서 유저간에 제한 없는 소통이 가능할 정도로 커뮤니케이션 기반이 잘 조성되어 있다. 커뮤니케이션을 통해 서비스를 활성화 하려면 기획자는 커뮤니케이션의 장을 마련해 놓고 아래의 네 가지 인터페이스를 활용하여 유저가 유입될 수 있는 통로를 제공해야 한다.

첫 번째, 게시판이나 포럼 등을 만들어 유저들이 모일 공간을 제공한다. 두 번째, 방문자수, 접속자수, 회원수, 실시간 접속자를 보여줌으로써 이곳에 유저들이 모이고 있음을 알린다. 세 번째, 회원에게 등급을 부여하고 추천수를 보여주거나 별점을 부여함으로써 유저가 커뮤니케이션할 만한 사람을 찾기에 용이하게 한다. 네 번째, 동일한 관심사를 갖거나 같은 문제의식을 느끼는 유저들끼리 성향을 매칭시켜 줌으로써 서로 교류할 수 있는 인터페이스를 제공한다.

9.2 커뮤니티

소위 킬러 콘텐츠(Killer Contents)는 유저 확보에는 좋지만 실효성 측면에서 단기적 효과에 그치는 경우가 많다. 반면 잘 조직된 커뮤니티(Community)는 지속적인 유저의 유입으로 서비스 활성화를 촉진시킨다. 그런점에서 게시판 또는 포럼을 통해 유저들이 인플루언서(Influencer)를 중심으로 모이도록 커뮤니티의 장을 마련해 주는 것이 좋다.

서비스 활성화에 도움이 되는 영향력 있는 인플루언서는 필요시 나중에 확보할 수도 있지만 유저들이 참여할 수 있는 공간과 인터페이스를 제공함으로써 점진적으로 리더를 그루밍(Grooming)하는 방식이 장기적으로 효과가 크다. 후자 쪽이 소속이나 연대감에 의해 충성도 높은 유저층으로 형성될 가능성이 높기 때문이다. 기획자가 그루밍 요소로 검토할 만한 대상은 다음과 같다.

첫 번째, 유저가 참여할 수 있는 폴링(Polling)을 통해 일반유저가 쉽게 가입할 수 있도록 하는 인터페이스를 제공한다. 두 번째, 웰컴메시지를 발송하고 신입유저들만의 공간을 제공함으로써 친밀한 환경과 관심 속에 커뮤니티에 안착할 수 있도록 돕는다. 세 번째, 참여에 따른 보상을 제공함으로써 참여자의 관심을 증폭시키고 활동에 따라 등급을 상향조정해 줌으로써 더욱 활발하게 참여할 수 있는 권한을 부여한다. 넷째, 메슬로우의 5단계 욕구 이론(Maslow's hierarchy of needs)에 따라 자아실현의 기회를 제공함으로써 커뮤니티 안에서 명예와 혜택을 누리고 일정한 관리권한도 부여하여 인플루언서 또는 리더의 역할을 할 수 있도록 돕는다.

커뮤니티를 서비스 활성화에 적극적으로 활용하는 대표적인 곳이 전자상거래 서비스이다. 커뮤니티 구성이 가능한 게시판 기능을 제공함으로써 소비자의 충성도를 끌어 올리고 구매과정에서 서로 정보를 문의하고 교환할 수 있게 해줌으로써 커뮤니케이션을 활성화 시킬 수 있다. 유저 또한 구매 후에 자발적으로 구매평가나 신용도 평가를 하면서 재화의 품질을 향상시키도록 하는 역할을 수행한다. 또한 서비스 공급자는 온라인 포커스 그룹이라는 테스트 제품에 대한 소비자 토의 그룹을 운영함으로써 구매 만족도와 상품에 대한 평가를 광고와 마케팅에 재활용할 수 있고 이를 통해 보다 더 고객이 원하는 상품을 제공할 수 있게 된다.

9.3 커머스

커머스(Commerce) 서비스의 활성화를 위해서는 상품노출과 검색, 유저의 실수를 만회하기 및 구매유도 이 네 가지 방법을 기획요소에 반영할 수 있다.

9.3.1 상품노출

상품 노출이란 고객의 관심을 유발하고 다양한 진입경로를 제공함으로써 상품의 접근성을 높이는 것을 말한다. 고객의 관심을 유발하는 방법으로는 온라인 마케팅의 랜딩페이지

(Landing page)를 활용하거나 푸시 알림(Push notification) 기법 등이 있다. 진입경로는 상품을 카테고리에 단순히 배치하는 것보다 해당 상품에 도달하는 복수개의 경로를 구성하고 상품도 복수개의 카테고리에 속하도록 하는 방법이 효과적이다. 이때는 관련 상품들도 함께 노출되게 함으로써 지속적으로 타상품으로 유저의 관심을 확장시키는 계기로 삼을 수 있다.

고객이 최종적인 상품페이지에 도달했을 때 보여지는 상품정보는 매우 중요하다. 오프라인이 아닌 온라인에서의 구매이므로 구매후기와 전문가 리뷰 및 사용자 리뷰를 통해 고객의 구매욕구를 불러일으킬 수 있도록 기획할 필요가 있다.

9.3.2 효과적인 검색

최적화된 검색환경은 유저에게 선택의 폭을 좁혀주고 구매 가능성을 높여준다. 오늘의 상품을 추천해주거나 베스트 상품 또는 할인상품 같은 상품 차별화 검색, 상품평이나 추천수 등 상품특징에 따른 검색 나아가 검색결과를 카테고리별로 분류해주는 효율적인 검색 기능이 필요하며 제품 페이지 도달시에는 관련된 다른 카테고리로의 이동경로를 같이 노출시켜주는 인터페이스 기획도 중요하다.

9.3.3 유저의 실수를 보완

유저가 저지르는 실수는 적극적으로 대처할 필요가 있다. 고객이 '공기정정기'라고 검색했을때는 트라이(Trie)같은 자료구조 알고리즘이나 내부 메타데이터 DB 를 참조하여 '공기청정기'로 변환검색 되도록 하는 입력 키워드 보정기능을 예로 들 수 있다. 이것은 유저의 실수라기 보다 서비스 관점에서 볼 때 서비스 기획자의 부족한 이해가 초래한 불편이라고 보는 편이 더 타당하다. 그밖에도 고객의 실수를 안내문구로 해결하려 하지말고 적극적으로 반영해야 하는 것들 중 하나가 Page Not Found 화면이다.

9.3.4 구매유도

고객이 구매를 결정하기 쉽도록 고객의 구매과정에 기획적으로 개입하는 것이 가능하다. 단순히 한정판매, 종료임박 같은 자극적인 문구로 지금 당장 구매할 필요가 있다는 시각적 급박성을 알리는 것도 효과가 있지만 기술적으로 구현할 수 있는 효과적인 방법들이 있다. 예를 들어 로그인하지 않은 유저의 장바구니에 저절로 물건이 담기게 하는 기능은 세션

(Session)기술을 활용하면 구현 가능하다.

또한 끼워팔기 같은 할인행사(Cross Selling)로 매출을 증대 시킬 수 있는 인터페이스를 기획할 수 있으며 자주 방문하는 상품은 북마크에 자동 반영해 주거나 배송정보의 경우 자동 저장되게 함으로써 다음 구매시의 편의성을 제고해 줄 수 있고 고객의 취향에 맞는 맞춤 큐레이션을 제공하는 것 등 모두 고객의 구매결정에 도움을 주는 것으로 기획시 반영할 만한 요소들이다.

특히 장바구니에는 수량이 자동 업데이트 되게 한다던가 최종 합산금액을 자동계산해서 표시해 주고 나아가 단순한 상품명만으로만 목록을 보여주는 것을 넘어서서 썸네일도 같이 표시해 주는 것은 구현이 어렵지 않으면서도 포고스티킹으로 인한 판매 기회를 놓치지 않게 하는 일종의 고객 락인(Lock-in) 기법이라고 할 수 있다.

9.4 퍼스널라이제이션

퍼스널라이제이션(Personalization)은 고객이 자신의 화면을 구성하게 해주는 커스터마이징(Customization)과는 다른 개념인 고객 맞춤 서비스이다. 다시 말해 서비스가 고객의 성향을 파악하여 화면을 자동적으로 구성해 주는 것으로 이는 빅데이터 개념인 협업필터링(Collaborative Filtering)을 활용하면 구현 가능하다. 즉, 군집 집단의 행통패턴을 기반으로 유저의 선호도를 예측하는 데이터 마이닝 기법을 활용함으로써 전자상거래 서비스에서 교차판매(Cross-Selling)와 고사양 모델 구매(Upselling)를 유도하는데 유용하다.

또한 나의 정보 페이지를 예로 들면, MY페이지를 Look & Feel이 다르도록 화면을 차별화 되게 함으로써 고객의 만족도를 높여줄 수 있고 그동안 보관된 질문과 답변 히스토리를 제공한다던가 챗봇이나 챗GPT를 통한 빠른 질의 응답 그리고 자주 방문하는 카테고리는 GNB에 자동 포함하여 이동경로를 단축시켜 주는 기법 등이 있다.

비상업적 목적의 서비스인 경우에는 나의 정보 페이지를 다른 차원의 서비스 개념으로 확장시킬 수 있다. 즉, 다른 유저의 방문대상이 되게 함으로써 커뮤니케이션을 활성화시켜 사이트에 활력을 불어 넣을 수 있는 기재로 활용할 수 있는데 각종 꾸미기 툴이나 통계로 정보성 있는 개인화 페이지 구성이 가능하게 하고 유저에게 공개 레벨을 설정하는 기능을 제공함으로써 사적인 노출에서 오는 재미를 느끼게 해줄 수 있다. 특히, 인공지능 학습모델(Learning Agent)을 구현하면 유저의 행동을 모니터링하면서 오래 머문 페이지로 유저의 기호를 파악해 내고 유저가 클릭한 페이지의 특징점을 찾아내 유저에게 적합한 부가 서비스나 콘텐츠로 연결 시킬 수 있다.

10 웹/앱 디자인 기획

서비스 기획은 비즈니스 모델과 불가분의 관계이므로 단순히 심미적인 아름다움을 추구하는 것이 아닌 고객경험을 극대화 시킬 수 있는 UX/UI 측면에서 설계되어야 한다. 그런 점에서 웹디자인시 고려해야 할 요소와 디자인 원리에 대해 살펴보도록 하자.

10.1 웹디자인 고려요소

웹디자인은 기획자와 디자이너의 합작품이라고 할 수 있다. 기획자는 고객에게 최고의 경험을 제공할 수 있도록 기획하고 디자이너는 심미적인 부분에서 완성도를 높이는 작업을 맡는다. 여기에서 웹 디자인 시에 기획자가 고려할 요소는 UX/UI, 가시성, 화면이 주는 인상, 심미적 요소, 사용 편의성 및 인터페이스 등으로 각각에 대해서는 다음과 같다.

첫 번째, 서비스 기획자가 관여해야 하는 부분은 UX와 UI이다. UX(User Experience)는 유저가 서비스에서 느끼는 총체적인 경험을 말하고 UI(User Interface)는 이러한 UX를 경험하는 동안 유저가 서비스와 만나는 접점을 말한다. 엄밀히 말해 서비스 화면에서 유저가 받는 느낌은 사실상 공급자가 관여할 수 있는 영역이 아니다. 그러나 서비스 제공자가 원하는 메시지를 디자인 요소에 담아 제공하는 것은 서비스 기획단계에서 얼마든지 가능하다. 한편 요즈음 웹이나 모바일 또는 태블릿에서 UX/UI를 강조하는 배경은 서비스가 공급자 중심에서 소비자 중심으로, 콘텐츠도 소유에서 접속으로 옮겨가면서 연결접점에 대한 중요성이 점점 커지고 있기 때문이다.

두 번째, 가시성이다. 유저가 중요한 정보를 빠르게 인식하도록 가시성 높은 화면이 기획되어야 한다. 예를 들어 항공사의 좌석예약 화면의 경우 지정 가능한 빈좌석은 다른 색깔로 구분해 줌으로써 유저에게 시각적인 편리성을 제공해 줄 수 있다.

세 번째, 긍정적 인상이다. 웹서비스에서 느끼는 UX는 서비스 제공 기업의 브랜딩과 연결되어 있다. 따라서 기업에 대한 긍정적인 인상을 심어줄 수 있도록 디자인 요소가 고려되어야 한다. 예를 들어 나이키는 운동화만이 아닌 AR을 이용한 피팅(Fitting) 등을 측정해주는 메타버스 기업이라는 브랜드 이미지를 메인페이지에서 강조하고 있다.

네 번째, 시각적 즐거움이다. 심미적으로 경쟁사와 차별화 시키려는 전략이 필요하다.

다섯 번째, 사용 편의성이다. 화면 디자인은 유저 중심이 되도록 하고 유저가 직관적으로 알 수 있도록 디자인 될 필요가 있다. 만일 유저가 서비스를 원활히 이용하기 위해서 추가적인 학습을 해야 한다면 그 자체가 화면에 개선여지가 있다는 것을 반증하는 것이다.

여섯 번째, 인터페이스의 노출이다. 웹은 양방향 소통 채널이므로 사용자를 끌어들일 수 있어야 한다. 따라서 사용자 참여가 필요한 기능은 가급적 페이지 상단에 노출시킴으로써 접근성을 높여 줄 필요가 있다.

10.2 웹 디자인의 원리

웹 디자인에 서비스 기획자가 관여해야 할 네 가지 기획 원리는 일관성, 조직성, 그룹핑 그리고 가시성이다.

첫 번째, 일관성은 내부적 일관성과 외부적 일관성으로 나눌 수 있다. 내부적 일관성은 버튼, 그리드, 글자, 그래픽, 레이아웃, 레이블링, 위치 등이 서비스 전반에 걸쳐 일관성이 유지되어야 한다는 것이고 외부적 일관성은 다른 사이트들이 모두 지키는 룰(Rule)은 맞춰주는 것이 좋다는 것을 의미한다.

두 번째, 조직성은 화면을 구성하는 원리이다. 모바일이 보편화 되면서 오늘날은 반응형 그리드(Grid) 시스템을 많이 사용한다. 그리드 시스템은 격자 형태로 화면 구획을 나눔으로써 하나의 디자인으로 다양한 사이즈의 디바이스에 대응할 수 있게 해주는 디자인 기법이다. 그리드 구획이 결정되면 메인 페이지 뿐만 아니라 하위 페이지에도 동일한 그리드를 적용함으로써 사이트 전체적으로 통일성을 유지하도록 해 주어야 한다.

세 번째, 그룹핑은 동종의 콘텐츠는 묶어주어야 한다는 디자인 원리이다. 그룹핑(Grouping)에는 연속성(근접성)과 유사성 그리고 폐쇄성 세가지 특성이 있다. 연속성이란 동종의 콘텐츠끼리는 모으고 공간적으로도 가깝게 배치하는 것을 말한다. 유사성은 동일 그룹의 콘텐츠들은 아이콘 모양이나 그룹 내의 컬러를 유사하게 가져가라는 것이다. 폐쇄성은 그룹을 다른 그룹과 차별화 시키라는 것으로 그룹 외곽에 구분선을 이용하여 분리효과를 주는 것을 예로 들 수 있다.

네 번째, 가시성은 강조할 부분을 시각적으로 차별화 하는 것을 의미한다. 중요한 단어에 볼드체를 적용하는 것이 그 한 예이다.

11 화면 디자인

반응형 웹(Responsive Web)은 콘텐츠 레이아웃이 다양한 디바이스나 화면에 맞게 자동적으로 조정 되는 웹문서이다. 따라서 화면은 심미적인 디자인만이 아닌 박스 구조 안에서 유저의 요구에 반응하는 레이아웃으로 설계되어야 한다. 다음은 기획자가 알고 있어야 할 최신 디자인 기법들이다.

11.1 반응형 웹

화면 안에 콘텐츠를 배치하는 기획을 레이아웃(Layout)이라고 한다. 과거에는 레이아웃 설계시 가로사이즈를 고정하고 배치하였지만 최근의 트렌드는 모바일의 대중화로 인해 다양한 사이즈(N-스크린)에 대응하기 위해 반응형 웹으로 디자인 하는 것이 추세이다.

반응형 웹은 사이트의 내용을 그대로 유지하면서 다양한 화면 크기에 맞게 웹 사이트를 변화시키는 웹문서이다. 다양한 화면 크기의 모바일 기기들이 계속 출시되는데 그때마다 단말의 크기에 맞춘 사이트를 별도로 제작하는 것은 비효율적이다. 반응형 웹으로 레이아웃을 구현하면 모든 스마트 기기에서 접속 가능하고 사이트의 유지 보수 등 관리가 용이해진다.

한편 모바일 앱을 iOS나 Android에 맞게 개발할 경우는 네이티브(Native)앱으로 개발해야 하므로 적지않은 비용이 발생한다. 이때 사용자 인터페이스는 제한적으로 네이티브(Native)앱으로 구현하고 실제 콘텐츠 영역은 HTML5와 CSS3 기반의 웹(Web)으로 구현하여 네이티브와 웹을 하나의 앱으로 통합(Integration)시킬 수 있다. 이러한 어플리케이션을 하이브리드(Hybrid)앱이라고 하며 상대적으로 저비용으로 높은 성능과 사용자경험(UX)을 제공할 수 있다는 이점이 있다. 따라서 웹서비스 기획은 곧 앱서비스 기획으로 연결되며, 웹서비스의 기획요소를 그대로 앱설계에도 적용할 수 있다.

11.2 화면설계

화면설계서는 모든 화면 구성요소들을 망라한 계획서이다. 이중에 화면 레이아웃과 화면 구성안 및 플로우차트(Flowchart)는 기획자가 생성하는 산출물이고 스토리보드는 디자이너가 완성하게 된다. 플로우차트는 서비스의 전체적인 흐름도를 도식으로 표현한 것이다. 플로우차트는 가능한 한 상세하게 도식화해야 하며 스토리보드와 장수를 동일하게 가져가도록 한다.

11.3 그리드 시스템

그리드(Grid)란 반응형 웹을 구현하기 위해 구획을 나누는 디자인 기법이다. 콘텐츠를 그리드에 배치할 때는 일반적으로 큰 콘텐츠에서 작은 콘텐츠 순서로 배열한다. 예를 들어 뉴스 화면의 경우 주요 뉴스는 크게 상단에 배치함으로써 중요도가 상대적으로 낮은 뉴스들로부터 시각적 분리효과를 끌어낼 수 있다.

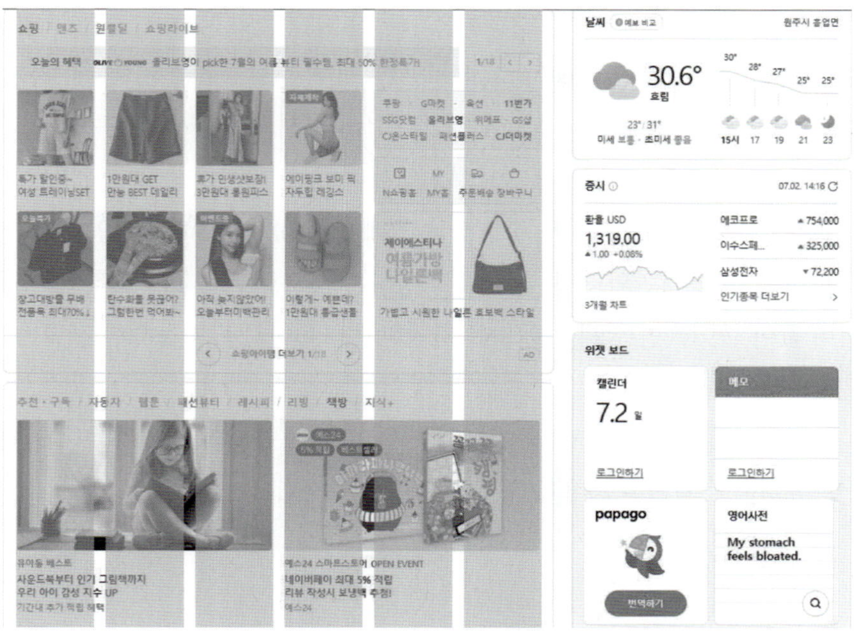

그리드로 디자인된 화면은 유저에게 시각적인 질서와 일관성을 느끼게 해주므로 가독성과 사용성이 뛰어나다. 특히 반응형 웹 디자인에 각광받는 디자인 모델이 그리드 시스템인데 오늘날 거의 모든 웹사이트나 모바일 앱은 그리드를 이용해 설계된다고 해도 과언이 아니다.

콘텐츠를 그리드에 배치할 때에 고려할 몇 가지 법칙이 있다. F법칙은 가장 비중있는 요소가 먼저 배치되게 하는 것이다. 이것을 아이 트래킹(Eye Tracking) 법칙이라고도 한다. Z법칙은 콘텐츠를 시선의 이동을 고려하여 배치하는 설계기법이다.

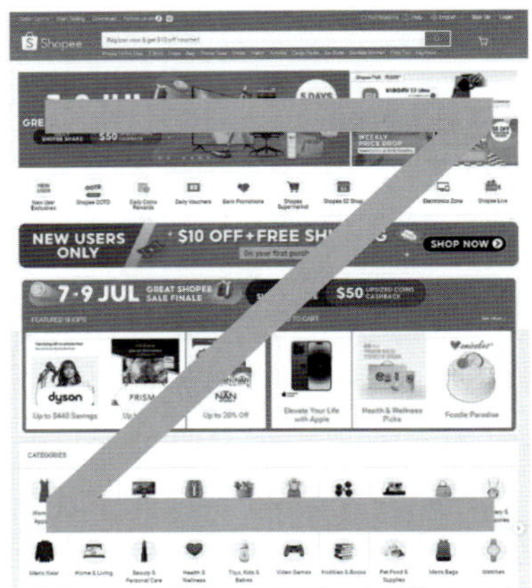

반응형 웹은 화면을 여러 칼럼(column)으로 나누어두고 칼럼들을 묶어 배치하는 방법을 쓰는데 화면 너비 따라 960 그리드 시스템, 1200 그리드 시스템 등으로 나누며 960 픽셀 12 칼럼의 그리드 시스템으로 설계하는 것이 보편적이다.

고정 그리드는 화면 너비를 일정하게 고정하고 레이아웃을 설계하는 것인 반면 가변 그리드는 화면 너비를 비율 기반의 가변 값으로 지정하는 것으로 가변 그리드 레이아웃을 사용할 경우 너비 값이 줄어들면 실제 콘텐츠를 확인하기 불편하므로 가능하면 간결한 디자인을 사용하는 것이 좋다.

스타일 가이드(Style guide)는 UI의 기초가 되는 디자인 규칙의 집합이다. 스타일 가이드를 준수하면 유저에게 일관된 사용자 경험(UX)을 제공하기 용이하다.

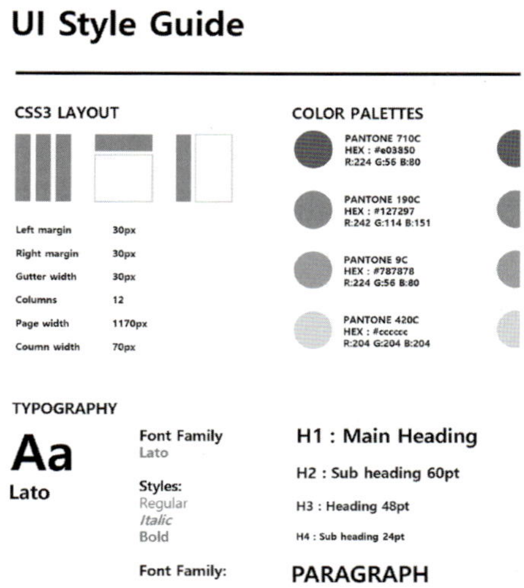

12 인공지능 서비스 기획

오늘날 인공지능을 활용한 서비스가 나날이 증가하고 있다. 특히 4차산업시대의 핵심기술인 빅데이터와 인공지능은 각 산업분야에 폭넓게 활용되면서 어느새 보편적인 기술로까지 받아들여질 만큼 인공지능 기술에 대한 산업현장에서의 수용 속도에 가속이 붙고 있다. 오늘날 인공지능이 서비스에 활용되는 유형을 보면 다음과 같은 형태로 분류된다.

첫 번째, 인공지능 무인 서비스이다. 이것은 인간을 대신하여 인공지능이 하는 서비스인데 사람과 소통하며 고객의 필요를 충족시켜주는 서비스이다. 이 경우 사람은 2선에 배치하고 인공지능이 1선에서 고객을 응대하게 함으로써 감정노동자를 보호할 수 있다는 유익이 있다. 두 번째, 실시간 서비스이다. 인터넷에 연결만 되어 있으면 실시간으로 사용자의 니즈를 분석하여 처리해주는 특징을 갖는 인공지능 서비스이다. 세 번째, 융합 서비스이다. 4차산업의 핵심기술인 DNA+XR 즉, Data, Network, AI, VR(Virtual Reality), AR(Augmented Reality)기술을 활용한 메타버스(Metaverse)등의 융합 서비스이다.

12.1 산업별 AI 서비스

산업별로 인공지능 서비스가 활용되는 현황을 분석해 보면 다음과 같은 곳이 AI를 필요로 하는 곳임을 볼 수 있다.

첫 번째, 리테일 산업에서는 매장 안내나 상품추천, 이미지 검색 및 시즈널리티(Seasonality)에 따른 분석 기반의 수요예측 그리고 매장의 재고 분석을 통한 안전재고 유지에 인공지능을 활용하고 있다.

두 번째, 교육분야는 학생의 성적을 진단함으로써 개인 맞춤형 학습지도에 인공지능을 활용하고 있고 교재의 주제 단락을 파악하고 학생들에게 일목요연한 요약문을 제공하는 데에도 인공지능 기술을 이용하고 있다. 또한 주관식 문제를 채점하는 챗봇 서비스, 학생의 학습 진도 및 습득한 지식을 식별하여 전문가의 질의응답으로 연결시켜 주는 AI 서비스 등이 있다. 그밖에 챗GPT의 경우 문법의 완성도를 분석하여 교정 문장을 제시하거나 유아의 발음을 인식함으로써 보호자에게 유아의 니즈(Needs)를 통역(Interpreting)해주는 데에 까지도 인공지능이 널리 이용되고 있다.

세 번째, 의료와 헬스케어 분야에서도 다양한 인공지능 기술을 활용한 서비스를 선보이고 있다. 혈액진단을 통한 질병 예측, 구급차에서의 실시간 대화를 분석하여 의료진에게 신속히 응급정보를 전송하는 서비스, 상담내역을 분석함으로써 자해 위험도를 식별하는 서비스, 엑스레이 판독 및 유전자 지도 분석을 통한 질병 예방 서비스 그리고 응급실의 밀집도를 분석하여 이동경로를 실시간 배정하는 등의 인공지능을 활용한 서비스 등이 속속 등장하고 있다.

넷째, 금융권은 인공지능을 가장 활발하게 사용하는 산업군 중 하나이다. 예를 들어 금융거래 분석을 통한 재무 컨설팅 뿐만 아니라 위성의 지형분석을 토대로 한 화재보험 마케팅, 주가분석을 통한 인공지능 주가예측 서비스 등이 있다. 예를 들어 주식의 수익율을 분석함으로써 투자 포트폴리오를 추천하는데 이용되는 등 금융권에서의 인공지능 활용분야는 앞으로도 더욱 다양해질 것으로 전망된다.

다섯 번째, 제조분야 역시 제품의 포장 상태 불량을 감지한다던가 선적과정에서의 파손 감지 및 인쇄된 문자를 판독하는데 인공지능을 활용하고 있다. 특히 오늘날은 사물인터넷(IoT)의 센서로부터 수집된 빅데이터를 분석함으로써 제조공정의 효율화를 도모하는 데에도 인공지능이 활발히 활용되고 있다. 심지어 무인 커피숍에 바리스타 로봇을 배치하는 등 로보틱스 산업에도 응용되고 있고 자율주행차의 경우 거리와 주변의 사물 인식을 통한 경로 추천에도 활발히 이용되고 있다.

여섯 번째, 공공영역에서도 인공지능의 사용이 활발히 이루어지고 있다. 대표적인 예로 빅데이터 분석을 통한 범죄 예측 시스템이 운용되고 있어 취약한 밤거리 가로등 확충사업을 통한 우범지대의 최소화와 교통정체를 방지하기 위한 신호 통제에도 인공지능의 도움을 받고 있다. 또한 CCTV로 범죄자 인상착의를 파악하고 차량 표지판을 인식하여 범죄를 예방한다던가 빅데이터 분석을 기반으로 강우량을 예측하여 재난을 방지하는데에도 인공지능이 널리 활용되고 있다.

12.2 인공지능 구동환경에 대한 이해

인공지능을 서비스에 구동시키는 방법은 웹서비스로 운영하는 방법과 응용 어플리케이션으로 배포하는 방법 그리고 IoT 기기나 안드로이드 및 iOS 스마트폰 앱으로 배포하는 방법 등이 있다.

상용 OpenAPI를 활용하여 구현하는 경우는 자신의 데이터가 아니므로 학습 범위에 제한을 받을 수 있지만 별도의 구동환경을 구성할 필요가 없다는 이점이 있다. 다만 일정 횟수 이상의 OpenAPI를 사용할 경우에는 비용이 발생한다는 점은 염두에 두어야 하고 빠르게 서비스를 시작하고자 할 때에 선택할 수 있는 옵션이다. 상용 기계학습 서비스를 이용하여 서비스를 기획하는 경우는 머신러닝 환경을 구성할 필요는 없지만 인공지능용 학습데이터를 업로드할 스토리지 비용과 컴퓨팅 자원 사용 비용이 발생한다. 클라우드에서 학습하고 전용서버에서 서비스 하는 경우 서버 운영비, 학습데이터 업로드를 위한 스토리지 비용 그리고 학습에 필요한 컴퓨팅 자원 사용에 따르는 비용이 발생한다. 따라서 재학습 빈도가 낮을 때 선택할 수 있는 방법이고 상용 클라우드에서 학습한 모델을 오프라인에서 사용 가능하다는 점이 장점인 서비스 모델이다. 전용서버에서 학습하고 클라우드에서 서비스 하는 경우는 학습비용은 발생하지 않으나 서버 운영 비용은 발생한다는 점에서 재학습 빈도가 높을 때 선택할 수 있는 운영 방식이다. 전용서버에서 학습도 하고 운영도 하는 방식은 모델링을 위한 환경설정을 직접 해주어야 하고 전용서버 비용이 발생하지만 학습데이터의 외부 유출 방지가 가능하다는 장점이 있다.

12.3 요구사항 확인

본격적으로 개발에 착수하기 전에 기획안대로 제대로 구현하기 위해 작성하는 것이 요구사항 정의서인데 이는 프로젝트 이해관계자들 간의 의사소통의 근간이 되는 중요한 문서가 된다. 요구사항 정의서는 보통 프로젝트 기획자가 이해 당사자들과 협의 후 작성하게 되며 성공적인 프로젝트를 완수하기 위한 핵심 문서이고 프로젝트 기간 동안 발생하는 모든 소통은 이 문서를 기준으로 하게 된다.

요구사항 정의서가 명확하지 않을 경우 프로젝트 중간에 설계가 변경되고 그로 인해 개발범위가 넓어지면서 추가 인력 투입이라던가 일정 차질에 따른 추가 비용이 발생하게 된다. 요구사항 정의서가 제대로 도출되지 않아 기획에서 벗어난 결과가 나오거나 최종 결과물의 질이 떨어지면 자칫 이해 당사자들간에 분쟁의 빌미가 될 수 있다는 점은 서비스 기획자로서 반드시 인지하고 있어야 한다. 그러므로 요구사항 정의 단계에 있을때는 반드시 이해관계자들과 충분히 협의하며 서비스 구현범위를 명확히 할 필요가 있다.

요구사항은 단순히 주요업무나 업무단위까지만이 아니라 세부적인 구현레벨까지 상세화하여야 하는데 이는 요구사항 정의서가 전체적인 프로젝트 비용을 추정하는 근거가 되기 때문이기도 하다. 요구사항 정의서는 다음과 같이 세 단계에 걸쳐 작성한다.

첫 번째, 고객의 요구사항 확보 단계이다. 서비스를 개발하고 구현하기 위해서 실제 현업에서 서비스를 사용하게 될 사용자와 관련부서 및 이해 당사자들과의 업무협의를 통해 구현범위와 주요 개발기능 항목들을 도출한다. 두 번째, 요구사항 명세 상세화 단계에서는 도출된 전체 기능 목록에서 중복되거나 누락된 항목을 분석하고 이를 기반으로 구현범위가 될 최종 구현기능 리스트를 만든다. 세 번째, 기능점수(Function Point) 산출 단계이다. 요구사항 기능 목록별로 구현에 필요한 비용을 기능점수 산정법을 활용하여 도출한다.

이렇게 요구사항 정의서가 완성되면 이를 기반으로 PM(Project Manager)으로서의 서비스 기획자는 개발자와 전문가의 의견을 토대로 제안서와 요구사항 목록, 업무 흐름도, 단위업무 시나리오 및 데이터 파일 정의서 등 파생 산출물을 개발 착수 전후에 준비하게 된다.

12.4 정부의 AI 서비스 개발 플랫폼

정부에서는 정보사회와 인공지능 산업 생태계를 조성하는 일환으로 중소벤처기업과 연구소 또는 개인 등이 높은 비용과 투입시간으로 인해 자체적으로 확보하기 어려운 양질의 대용량 인공지능 학습용 데이터를 AI Hub라는 인공지능 서비스 개발 플랫폼을 통해 공개하고 있다.

이곳을 통해 AI 인프라인 AI 데이터, 소프트웨어, API 및 컴퓨팅 자원을 지원하고 있으며 AI Hub의 주요 내용은 다음과 같다.

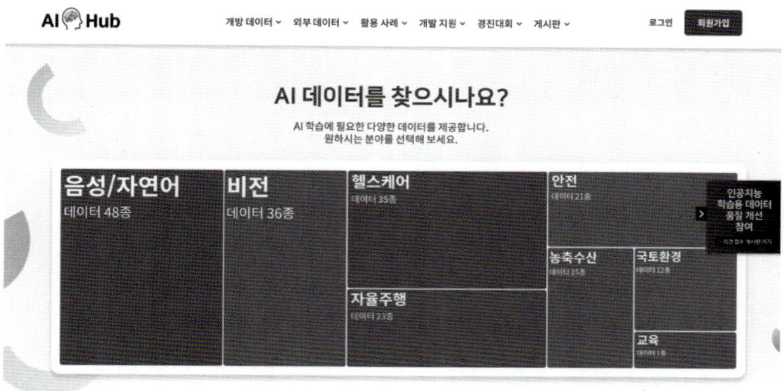

첫 번째, AI 데이터 제공이다. AI Hub는 지능정보산업 인프라 조성 사업으로 추진한 AI 학습용 데이터와 국내외 기관 및 기업에서 보유한 AI 학습용 데이터를 공개하고 있다.

두 번째, AI API 제공이다. 최첨단 인공지능 소프트웨어 기술과 함께 학습 데이터도 제공하여 국내 인공지능 개발자들이 쉽게 인공지능 개발기술을 경험하고 이를 기반으로 창의적인 서비스 개발에 전념 할 수 있도록 관련 API를 제공한다.

공개된 인공지능 소프트웨어 기술과 OpenAPI를 통해 비교적 단순한 기술 체험 및 연구활용이 가능하도록 지원하고 해당 기술에 기반한 기술 사업화에 관심이 있는 기업에게는 기술이전을 통해 사업화 추진을 돕고 있다.

세 번째, 인공지능 고성능 컴퓨팅 자원 지원이다. 고성능 컴퓨팅 환경을 필요로 하는 AI 중소벤처기업과 AI 연구 공공기관 등이 필요로 하는 인공지능 서비스 개발 및 대규모 데이터셋 처리를 위한 GPU 기반의 AI 특화 컴퓨팅 자원을 지원하고 있다.

네 번째, 적용사례 공유이다. AI Hub에 공개된 데이터를 활용한 데이터 구축 사업 예시를 직접 체험해 볼 수 있게 하고 있다. 이를 통해 AI 데이터를 활용하고자 하는 기업은 데이터의 활용 방법과 기술을 터득할 수 있고 활용 아이디어를 통해 다양한 신규 및 2차 서비스로 확대시킬 수 있다.

다섯 번째, 다양한 지원 프로그램 운영이다. 데이터 구축을 위한 데이터 바우처 지원 사업을 하고 있다. 데이터 활용을 통해 비즈니스 혁신 및 신규제품 서비스 개발을 하고자 하는 기업에게 바우처 형식의 데이터 구매, 가공 서비스를 제공하고 있다.

여섯 번째, 경진대회 개최이다. 산업부문과 사회에서 유발되는 문제들을 AI 알고리즘을 활용하여 해결할 수 있는 경진대회를 개최하고 있다. 이를 통해 참여기업이나 개인은 당면한 문제를 인공지능 기술을 활용해 해결하는 연습을 해 보거나 인공지능 개발역량을 검증 받을 수 있는 기회로 삼을 수도 있다.

12.5 각종 경진대회를 활용한 기획

인공지능의 성능은 빠르게 발전하고 있고 그 성과도 기대했던 것 이상으로 혁신적이다. 한편으로는 비록 전문가로 구성된 팀이 있더라도 최신 트렌드를 모두 따라가기가 어렵고 최적 모델링에 상당히 많은 시간이 소요되기도 한다. 더욱이 서비스에 활용할만 한 오픈소스를 구할 수는 있어도 직접적으로 사용할 만큼은 아니므로 보완을 하거나 새로운 알고리즘 개발에 참조하는 정도에 그치는 경우가 많다 보니 자체적인 개발보다 집단지성의 힘으로 문제를 해결하려는 기업도 늘고 있는 것이 사실이다.

이러한 맥락 하에서 경진대회를 개최할때 주최측으로서 누릴 수 있는 몇 가지 이점이 있다. 창의적인 접근법과 새로운 노력을 최적의 해결책을 찾는 참여팀들의 참신한 시도로 단

기간에 다양한 솔루션과 아이디어의 획득이 가능해지고 특히 최신 논문과 이론을 구현한 해법을 만나게 될 수도 있으며 인공지능 모델링에 소요되는 직접적인 인적 물적 자원의 절감 효과 역시 기대할 수가 있다.

참여자도 경진대회를 통해 누릴 수 있는 효익이 있다. 산업에서 사용되는 수치, 이미지, 문장, 음성 등 실제 데이터를 접할 수 있는 기회를 얻을 수 있고 참가자들과 상호 모델링 기법을 공유함으로써 자연스럽게 솔루션을 습득할 수 있다. 개인적으로는 대회 입상으로 자신의 실력을 객관적으로 증명할 수 있는 포트폴리오를 확보함으로써 취업으로의 연계 가능성도 생긴다.

경진대회의 과제나 유형은 주로 일곱 가지로 나누어진다. 우선 분류 및 예측 대회는 주어진 수치형 및 범주형 데이터를 높은 정확도로 분류 및 예측하는 것을 평가하는 것이고 이미지 분석 과제는 주어진 이미지를 분류하거나 객체를 특정하는 의미론적인 분할성능을 평가한다. 음성인식 대회는 입력한 음성을 텍스트화하여 정확히 분류해내는 성능을 평가하며 감성 분석 대회는 주어진 문장들에 대한 형태소 분석 등을 통해 감성을 분류해내는 기법을 평가한다. 추천 서비스 대회는 고객의 특성에 따른 상품 및 콘텐츠 등 추천성능을 평가하며 시계열 분석 대회는 센서로 집계되는 측정값이나 트랜젝션, 가격 등의 시계열 데이터를 분류 또는 예측해내는 성능을 평가한다. 그밖에 강화학습 대회에서는 제공된 상황 하에서 최적 행동을 결정하는 과정을 평가한다. 국내외 주료 경진대회 플랫폼으로는 Kaggle(www.kaggle.com), CodaLab(codalab.org), CrowdAnalytics(www.crowdanalytix.com), DrivenData(www.drivendata.org) 등이 있다.

12.6 프로토타이핑

프로토타입(Prototype)의 목적은 본격적인 개발에 앞서 이해당사자들에게 서비스 모형을 간단히 만들어 데모하는 데에 있다. 이를 통해 확인된 추가기능이나, 수정사항 등은 요구사항정의서에 반영하게 되며 이후 지속적으로 보완하며 이해 당사자들간 의견이 합의에 이를 때까지 프로토타이핑 과정을 반복한다. 프로토타이핑 유형에는 페이퍼 프로토타입, 고수준 프로토타입 그리고 베타버전 프로토타입 세 가지가 있다.

페이퍼 프로토타입은 인터페이스 구조를 파악하고 플로우차트를 확인하기 위한 목적으로 수행하는 것으로 요구사항정의서 중 기능요구사항을 중심으로 제작하는 것이며 고수준 프로토타입은 적어도 UX/UI는 실제 서비스와 기능상 유사하게 구현하는 것이다. 베타버전 프로토타입은 개발 언어를 사용하여 웹/앱 형태로 구현하여 사용자들의 반응과 피드백을 평가하는 목적의 프로토타입이다.

프로토타이핑을 하면 본격적인 개발 착수 이전에 이해당사자들의 의견을 확인함으로써 분쟁을 방지할 수 있는 장점이 있으며 이해 당사자들도 목표하는 서비스의 룩앤필(Look&Feel)을 먼저 경험해 보는 기회를 갖게 된다. 프로토타이핑의 반복을 통해 개선이 이루어지는 과정을 공동으로 지켜보며 이해 당사자간 합의를 순조롭게 이루어 낼 수 있다는 것은 최종 결과물에 대한 공통의 기대치를 가지게 된다는 것을 의미하지만 프로토타이핑이 완성된 결과물이 아니라는 점에서 다음의 몇 가지 제약과 한계에 대해 이해 당사자들은 의견의 일치(Consensus)를 보아야 한다.

프로토타입은 요구사항, 설계서 등의 문서가 없으므로 지나친 의견 및 변경을 요구하면 설계 자체의 변경 등 혼선을 유발할 소지가 있다. 또한 주요 기능에 대한 프로토타입이지만 기능적으로는 일부만 구현한 것이므로 제약된 환경에서의 프로토타입 평가와 실제 결과물의 평가에는 차이가 있을 수 있다. 또한 지난한 프로토타이핑의 반복은 요구사항 분석부터 개발, 테스트 일정수립 등 전체 프로젝트 수행에 차질요인이 될 수 있음을 주의해야 한다.

12.6.1 AI 서비스 개발의 프로토타입 필요성

인공지능 서비스 개발은 데이터셋 확보, 학습 및 컴퓨팅 자원 활용에 드는 비용과 함께 개발단가가 큰 전문가 등이 투입되는 등 전반적으로 많은 시간과 비용이 발생되는 프로젝트이다. 또한 기존의 전통적인 IT 서비스 개발은 개발자체에 대한 의존도가 높았지만 인공지능 서비스는 구현모델의 성능에 평가가 종속되므로 추가적인 데이터셋 구축에서부터 서비스에 이르는 각 단계별로 위험요소를 사전에 파악해 둘 필요성이 있다. 따라서 인공지능 프로젝트는 여타 IT 프로젝트에 비해 실현 가능성과 기대효과 검토과정이 사전에 반드시 필요하다고 할 수 있다.

12.6.2 프로토타이핑의 범위

인공지능 프로젝트의 프로토타이핑은 크게 학습자료의 확보, 데이터의 라벨링, 데이터셋 확보, 인공지능 학습, 인공지능의 성능 및 서비스 가능성 차원에서의 검토가 이루어진다.

첫 번째, 학습자료 확보 가능성 검토이다. 데이터의 확보와 함께 데이터의 일반화가 가능한지 그리고 데이터의 중복 해결 가능성 및 데이터에 효율성을 기할 수 있는지를 검토한다. 나아가 저작권이나 개인정보보호법 등 기업에 대한 보안 침해 소지가 없는지 검증한다.

두 번째, 데이터의 라벨링 가능성 검토이다. 효과적인 라벨링 솔루션이 있는지와 빅데이터를 구성할 다양한 데이터 확보가 가능한지 그리고 전문인력 확충이 가능한지를 검토한다.

세 번째, 데이터셋 구축 비용과 시간 검토이다. 데이터셋 품질검사가 가능한지와 데이터 샘플의 비용과 확보에 소요되는 시간 및 교차검증 방법과 필요한 만큼의 저장공간 확보가 가능한지를 검토한다.

네 번째, 인공지능 학습 가능성 검토이다. 학습시간이 얼마나 걸리는지 예를 들어 한 에포크(Epoch)당 학습시간과 그에 따른 성능 향상을 기준으로 전체 학습에 걸리는 비용과 시간을 예측한다. 이를 위해 가용 가능한 클라우드 또는 CPU 및 GPU 자원이 있는지와 하이퍼파라메터 튜닝(Hyper Parameter Tuning)을 위한 환경 구축이 가능한지 그리고 지속적인 학습 필요성과 시간과 장소의 변경에 따라 재학습이 필요한지, 재학습이 필요하다면 시간과 비용이 얼마나 더 드는지까지 주의깊게 검토할 필요가 있다.

다섯 번째, 인공지능 모델 성능 검토이다. 이 단계에서는 성능측정 항목이 적절한지, 성능의 객관적 측정이 가능한지, 성능 측정항목이 실제 서비스 성능지표로 적절한지 그리고 응용할 수 있는 SOTA(State-of-the-art)모델이 있는지도 검토한다. 만일 있다면 구축한 데이터셋으로 테스트해 보고 직접 구현한 모델과 성능을 비교 측정하여 본다

여섯 번째, 인공지능 서비스 가능성 검토이다. 여기서는 데이터 전처리가 가능한지와 전처리 과정에서 성능저하 요소는 없는지를 검토한다. 또한 개인 비식별화 및 보안처리가 가능한지도 반드시 점검한다. 서비스 구동을 위한 기기환경에 대해서는 서버나 클라우드 중에서 어디서 서비스할 것인지와 클라이언트는 모바일이나 IoT 기기 중 어디에서 구동시킬 것인지 그리고 특히 장애 발생시 얼마나 빨리 복구 가능한지도 중요한 검토해야 할 요소이다. 특히, 인터넷 사용이 가능한지와 인터넷이 항상 연결되어 있어야 하는지 또한 주고받는 데이터의 용량이 얼마인가와 실제로 입력되는 데이터와 학습된 데이터가 얼마나 일치하는지도 검토시 간과하지 않아야 한다. 그밖에 시간과 공간 환경을 제약시키는 요소는 없는지와 실시간성이 보장되어야 하는지에 대한 검토도 이루어져야 한다. 한편 이상 동작시에 얼마나 원인분석이 가능한지에 대해서는 적용할 수 있는 설명가능한 기법이 있는지와 미리 알고 있는 제약사항이나 오류가 있는지에 대한 부분도 검토대상으로 삼는다.

12.7 AI 서비스의 평가

인공지능 서비스를 평가할 때는 다른 IT 서비스를 평가할 때와 다른점이 있다, 인공지능 서비스의 특수성에 따라 프로그램 이외의 인공지능 성능에 대한 평가를 추가해야 하기 때문이다. 예를 들어 다른 서비스에서는 하지 않아도 되는 개인화 추천이 제대로 되고 있는지와 이미지에서 사물을 제대로 검출해 내는지 또는 분류 정확도는 어느 정도인지와 같은 항목이다.

12.7.1 성과평가 기준 수립

프로젝트 결과물을 어떻게 평가할 것인지에 대한 기준을 수립하도록 한다. 절차는 다음과 같다. 우선 성과목표를 정한다. 프로젝트 결과물이 달성하고자 하는 구체적인 목표을 정함으로써 단계별 성과목표를 수립할 수 있다. 성과지표는 달성도를 평가하기 위한 측정 가능한 객관적 지표로써 최소목표치와 기대목표치 및 국내수준과 세계수준을 반영한다. 이후에는 성과항목을 도출한다. 정량적 성과에서는 숫자로 평가 가능한 항목을 도출하여 최대값, 범위, 순위, 상대적 비율 등의 적당한 평가 기준을 적용하고 정성적 성과에서는 수치로 환산

할 수 없는 항목을 도출하며 만족도와 선호도 같은 심리적 평가 대상이더라도 평가자의 주관이 최대한 배제될 수 있는 평가 가이드라인을 제시함으로써 최대한 객관화하여 등급을 활용할 수 있는 평가 방안을 수립한다.

끝으로 성과기준을 수립한다. 현재 조직의 예산과 인력에 부응하는 성과지표가 수립될 수 있도록 주의를 기울이고 현재의 수준을 감안한 베이스라인(Baseline)을 두도록 한다. 아울러 과거의 데이터를 통해 미래의 성과를 예측할 수 있는지도 검토하고 유사 서비스에서 사용하는 기준이 있다면 참고하여 최대한 일반적이고 객관적인 기준이 수립될 수 있도록 한다. 외부환경에 영향을 받는 성과목표는 반영하지 않도록 주의하고 시장점유율 등 변동가능한 상대적 지표인 경우 상대지표를 측정할 수 있는 기준 마련도 필요하다.

이렇게 마련된 성과 평가기준은 이해관계자들로부터 의견을 수렴하고 조정하여 최종적으로 최종의사결정권자, 운영자, 개발자, 외부전문가 등이 참여한 가운데 확정하여 프로젝트 결과물에 대한 평가지표로 삼는다.

12.7.2 평가항목 수립

다음은 일반적인 인공지능 서비스의 일곱 가지 평가항목이다.

첫 번째, 다양성 평가이다. 다양한 고객의 요구사항이 반영되어 있는지와 필요한 내부 및 외부 서비스와 연계할 수 있는지를 평가한다. 두 번째, 편의성 평가이다. 서비스 이용이 편리한지와 UX가 고객에게 자연스러움을 주는지 그리고 인공지능이 환경을 인식하여 자발적으로 수행가능한지를 평가한다. 세 번째, 신뢰성 평가이다. 개인정보가 안전하게 관리되고 있는지와 오류 없이 제대로 작동하는지 그리고 어떠한 문제가 발생하였을때 적절히 대응할 수 있는지를 평가한다. 네 번째, 실시간성 평가이다. 실시간 서비스를 제공하고 있는지와 고객과 양방향 소통이 원활히 작동하고 있는지 그리고 고객의 요청을 신속히 처리할 수 있는지를 평가한다. 다섯 번째, 시공간성 평가이다. 시간과 공간의 제약 없이 언제나 서비스 가능한지를 평가한다. 여섯 번째, 전문성 평가이다. 가장 최신정보를 반영하고 있는지와 인공지능이 사람보다 높은 품질로 결과를 제공할 수 있는지 그리고 고객의 요청사항을 정확히 인지하여 제대로 대응하는지를 평가한다. 일곱 번째, 개인화 평가이다. 개인화 서비스를 제공하는지와 고객을 특성별로 정확히 분류하고 있는지 그리고 고객을 지속 모니터링 하고 있는지를 평가한다.

13 서비스 기획의 실제

본 챕터의 1장에서 11장까지는 일반적인 인터넷 서비스 기획의 전반적인 프로세스를 다루었고 12장에서는 인공지능 서비스 기획의 특수성에 대하여 알아보았다. 이번 13장에서는 실제 현업에서 서비스 기회자가 어떠한 이해관계 속에서 기획업무를 수행하고 있고 프로젝트 현장이 기획자에게 요구하고 있는 자질은 무엇이며 앞으로 인공지능 서비스 기획 전문가로 경력(Career)을 쌓아 나가기 위해서 어디에 중점을 두고 전문성을 키워가야 하는지에 대해 알아보고자 한다.

13.1 기획자의 자질

출시한 서비스의 문제가 운영 중에 발견되는 경우가 있다. 크고 작은 문제 중에서 작은 문제는 그래도 대응하기가 수월한 편이나 큰 문제라면 상황이 달라진다. 개발이 완료되고 런칭까지 되었으니 발견되는 문제는 운영팀에서 해결하리라 기대하는 것은 기획자가 경계해야 할 안일(Naive)한 자세이다. 기획안이 기획자로부터 나왔으니 문제가 해결될 때까지 끝까지 책임지는 자세가 기획자로서 가져야 할 태도이다.

발견될 문제는 출시전에 개발과정에서 발견되어도 되어야 하고 문제의 원인이 어디에 있든 문제 해결은 서비스의 안정화 전단계까지는 PM인 서비스 기획자가 주도적으로 대처해야 한다. 개발자는 주로 작업지시서를 보고 개발팀 내에서 분장된 Task대로 지정된 일정 내에 개발하면서 전체적인 서비스를 완성시켜 나간다. 개발자들은 디지털의 시선에서 기획문서를 해석한다는 점을 상기한다면 민감하고 주의가 요망되는 부분은 프로젝트 중에 충분한 설명이 전달되어야 치명적인 오류를 미연에 방지할 수 있음을 알아야 한다. 프로젝트 진행 중에 개발자와 서비스 기획자간 관계가 불편해지면 기획서를 전달만 하고 의사소통도 수동적으로 그치기 십상이다. 이렇게 되면 프로젝트는 산으로 가기 시작한다. 개발자와 디자이너 사이의 원활한 커뮤니케이션도 프로젝트를 리딩하는 서비스 기획자의 역할이다. 서비스 기획자는 PM으로서 팀원들이 비효율적이거나 비생산적인 일을 겪으면서 팀웍에 문제가 발생하는 상황을 사전에 감지하고 방지할 수 있어야 한다.

한편 개발자와 기획자간 의견이 대립되었을 때 기획자가 설득되는 것보다는 설득하는 경우가 더 많아야 하는데 사실상 상황은 녹록치가 않다. 그다지 희망적이지 않다는 의미이다. 그러나 기획자는 설득되는 것보다 설득시켜야 하는 이유가 압도적으로 많다. 원가절감이나 경영 효율을 달성하는 방향으로 프로젝트를 리딩하면서 경영진의 의지를 대변하는 위치에 있기 때문이며 사업모델의 당위성과 관련 법령 준수에 대한 제약도 개발자보다 상대적으로 더 잘 인지하고 있을 뿐만 아니라 고객과 파트너 또는 협력사 및 운영자 등 이해관계자들의 입장을 대변하는 위치에 서 있기 때문이기도 하다. 그런 점에서 기획자는 반드시 개발자를 설득할 수 있어야 하는데 녹록하지 않은 이유는 의외로 간단하다. 일반화 하기는 어렵지만 대체적으로 기획자가 개발자들이 쓰는 언어를 이해하지 못하거나 그점에서 아직 준비가 덜 되어 있기 때문이다. 그렇기에 주니어 기획자였을 때부터 제대로 하나씩 배우고 익혀야 하는 이유가 여기에 있으며 아는 만큼 설득시킬 수 있고 또 그렇게 해야만 하는 것은 자신을 위해서만이 아니다. 기획자 뒤에는 항상 경영자와 마케터 및 고객이 마땅히 그래야만 하는 당위성(Rationale)을 꾸준히 제시하고 있기 때문이다.

기획자가 전문적인 개발자와 디자이너 사이에서 실력을 기르려면 늘 귀를 열고 T자형 인재가 되려는 노력을 기울여야 한다. 해당 분야의 책을 가까이 하고 기사를 접하며 경쟁 서비스 모니터링도 부지런히 해야 한다. 그렇지 않으면 당하고 치이며 비록 출시라는 전리품은 취했을지라도 팀원들로부터의 존경은 기대하기 어렵게 된다. 서비스 기획자의 노련함은 전통적으로 도메인 지식을 늘리고 사업모델에 대한 이해의 폭을 넓히며 경영에 대한 관심을 기반으로 한 이해당사자들과의 원활한 커뮤케이션에서 길러지기 시작한다. 다방면의 지식과 경험을 쌓으면서 T자형 인간이 될수록 유능한 기획자로 성장할 수 있는 가능성이 열리지만 여기에 더하여 인공지능이 결부된 서비스를 기획하기 위해서는 무엇보다 개발자들이 쓰는 언어를 이해할 수 있어야 하고 디자인도 알아야 하며 마케팅, 시장과 고객에 대한 깊은 이해와 더불어 데이터도 직접 핸들링할 수 있는 실력도 갖출 필요가 있다.

13.2 기획자와 PM은 같은가

앞 단락에서는 서비스 기획자와 PM을 혼용하여 썼는데 현업을 조금이라도 접한 독자라면 그 부분에서 오는 혼동이 있었으리라 여겨진다. 이 질문에 답하기 위해서는 먼저 국내와 해외의 기업환경에 대한 이해가 필요하다고 생각된다. 해외는 대체로 수평적 문화이므로 어느 조직에서든 수평적 커뮤니케이션이 원활한 풍토가 어느 정도는 잘 조성되어 있다. 비단 서

구뿐만 아니라 필자가 경험해 본 10여 개국 나라들도 개인적인 경험에 근거할 때 우리나라보다 훨씬 유연한 근무 풍토가 조성되어 있다고 말 할 수 있다. 반면 우리나라는 일제로부터의 독립 이후 군사정권의 상명하복 폐쇄적 수직문화가 기업 풍토에 수십 년간 고착되어 왔다. 어느덧 1994년 인터넷이 탄생하고 기업에서도 IT 프로젝트들이 생겨났지만 IT의 필요는 경영진을 보좌하거나 전산실의 단위 업무 정도에만 머물러 있었다. 프로젝트는 태생적으로 혁신성을 띄므로 소위 스타트업처럼 운영되어졌어야 할 프로젝트가 수직적 문화 가운데 추진 되려니 화성에서 온 경영자와 금성에서 온 전산실 직원 사이에서 소통이 원활할 리가 만무했다. 심지어 회사 목표의 중심에 IT가 아닌 경영실적이 분명히 있는 상태에서 IT는 그저 전산실의 한 기능을 담당하는 정도로 어중간하게 포지셔닝 될 수밖에 없던 시절이 있었다. 한 예로 오늘날 시스템 운영자(System Administator)가 총무팀의 관리업무로 오역되기도 하면서 서비스 플랫폼을 운영하는 기술엔지니어가 총무관리팀 소속으로 워크스테이션을 책상 위에 올려놓고 시스템을 개발하는 헤프닝도 벌어졌을만큼 우리나라의 수직적 문화는 외국의 그것과는 많이 달랐다.

복잡한 조직, 부서 이기주의와 연공서열 그리고 상명하복의 분위기 속에서 프로젝트가 한 걸음이라도 전진하려면 중간관리자(Mediator)가 필요했고 중간관리자에게 가장 필요한 능력은 경영진과 각 부서 사이에서 소통하며 상호간의 입장을 원만히 조율해 줄 수 있는 커뮤니케이션 스킬이었다. 이들이 프로젝트팀에 소속되어 있다보니 자연스럽게 일정 및 개발과정을 관리하면서 PO(Project Office)라고 명명되기도 하고 때로는 PM(Project Manager)로 불리기도 하고 생산부분에서는 PM(Product Manager)로 불리면서 디자이너와 개발자들과 한 팀을 이루어 업무를 하는 오늘날의 IT 서비스 기획자 직군으로 발전하게 된 것이다.

어느덧 우리나라도 오늘날은 프로젝트 팀조직이 외국의 그것과 크게 다르지는 않는 것 같다. 그만큼 국제교류가 활발해졌고 선진 개발방법론과 조직이론이 경영현장에 반영되었기 때문이다. 인터넷에는 국경도 없고 심지어 동서를 넘나들며 24시간 교류가 가능한 시대를 살고 있는 오늘날 국내 서비스 기획자가 출장이나 해외 전시회 또는 국제 컨퍼런스 등에 참석하는 일도 점차 늘고 있다. 그런데 만나는 외국인에게 자신의 담당업무를 놓고 서로 이해하지 못하는 상황이 간혹 빚어지곤 한다. 개발자라면 자신은 무슨 부분을 설계 내지는 개발하고 있는 성춘향으로 소개하기도 하고 디자이너는 자연스럽게 스마트폰의 UI를 설계하는 디자이너 이몽룡으로 소개하면서 상호간 자연스러운 통성명이 이루어진다. 그런데 유독 서비스 기획자에게만 자신을 소개할 만한 마땅한 영문직함이 없다. IT 기획자(IT Planner)로 소개하면 외국인들은 어떤 일을 하는지 다시 되묻곤 한다. 서비스 기획자(Service Planner)라고 해도 이해하지 못하는 상황은 마찬가지이다. 우리나라에서만 있는 독특한 태생적 배경을 갖고 있는 서비스 기획자 직군이 외국에는 거의 존재하지 않기 때문이다. 그렇다면 우리나라의 서비스 기획자 업무가 다른 나라에는 없는가라고 하면 그렇지 않다라고 할 수 있다. 일반적으로 서비스 기획자의 업무가 다른 나라에는 PM(Project Manager)업무에 포함되어 있다. 그렇기에 서비스 기획자는 외국인에게 자신의 업무를 소개할 때 PM으로 소개하면 외국인들은 어떤 역할을 하는지 정확히 이해하게 되며 본서에서 서비스 기획자의 역할이나 업무를 설명할 때는 이것이 글로벌한 PM의 업무와 역할을 의미함을 염두에 둔다면 이해에 도움이 될 것이다.

13.3 서비스 기획자는 제너널리스트인가

다시 우리나라의 IT 조직으로 돌아와서 실제 현업에서 서비스 기획자는 어떤 역할을 하는지 들여다보자. 대부분의 팀은 서비스 기획자와 디자이너 그리고 개발자들로 구성된다. 조금 큰 규모라면 PM이 프로젝트를 이끌어 가고 아주 큰 규모라면 PM(Project Manger)밑에 PL(Project Leader)을 별도로 두기도 한다. 그러나 대부분의 단기 프로젝트에서는 서비스 기획자가 PM의 역할을 겸하는 것이 통상적이다. 그런 점에서 볼 때 글로벌한 시각에서 우리나라의 서비스 기획자는 PM이라고 설명하는 것이 더 타당한 측면이 있다. 그런데 실제 업무가 이루어지는 과정을 보면 디자이너는 디자인에 특화된 명확한 업무에 집중하고 개발자 역시 시스템 설계라던가 코딩을 통해 결과물을 완성해 나가는 본연의 업무에 대부분의 시간을 할애한다. 그러다보니 서비스 기획자는 상대적으로 애매한 위치에 포지셔닝 되는 감이 없지 않은 것 같다. 이것이 현업에서 비춰지는 서비스 기획자의 겉모습이자 현장에서는 제너럴리스트(Generalist)로 폄하되는 이유가 되기도 한다. 다시 말해 디자이너에게 기획자는 어떤 면에서는 분석가로 보이기도 하고 개발자로까지 비치기도 하는데 실제로는 그렇지 않으며 개발자들이 보기에도 논리는 있는 듯 한데 설득력은 떨어지는 대상으로 보는 경향이 전혀 없다고 하기 어렵다. 팀원들이 볼 때 서비스 기획자는 영업직원으로 보이기도 하고 마케팅 전문가로 보이기도 하며 사업개발 또는 신사업 기획자로도 보여지게 되는 위치가 바로 서비스 기획자의 포지션이다. 물론 프로젝트팀을 대변하는 소통 전문가로 본다는 점에는 의심의 여지가 없다.

13.4 서비스 기획자는 스페셜리스트인가

오늘날은 과거와 달리 기획자에게 디자인과 개발을 넘나들 수 있는 역량을 점점 더 요구하고 있다. 프로젝트를 리딩(Leading)한다는 측면에서 서비스 기획자는 비유컨대 오케스트라의 경우 지휘자의 위치에 있는 사람이다. 지휘자가 바이올린을 연주자보다 더 잘 다룰 것이라고는 아무도 기대하지 않는다. 비올라 연주를 멋지게 하기를 기대하지도 않고 심지어 첼로 연주법을 모른다고 한들 누구도 뭐라고 하지 않는다. 그러나 지휘자는 곡이 연주되는 동안 완성도 높은 수준을 유지해야 하고 어디선가 이탈한 음이 있다면 캐치해 낼 줄도 알아야 한다. 비단 연주는 전문적으로 할 줄 모르더라도 악기에서 소리가 화음으로 만들어져 나오는 과정을 알아야 연주자들을 제대로 지휘할 수 있게 된다. 이것이 IT산업에서 서비스 기획자에게 거는 기대와 정확히 일치한다. 서비스 기획자는 디자인을 어느 정도 알고 있어야 하고 개발의 일정 부분까지는 이해하고 있어야 PM 역할을 제대로 수행해 낼 수 있다.

오늘날은 점점 웹기획과 앱기획의 경계가 허물어지고 있고 심지어 개발자와 기획자의 경계도 일정부분 겹치는 부분이 생겨나고 있다. 시간이 지나 경력이 쌓이면 디자이너 출신이 기획자가 되기도 하고 한편으로는 개발자가 기획자의 영역으로 넘어 오기도 한다. 기업이나 속한 조직의 규모에 따라 기획자에게 요구되는 전문성에 조금씩 차이가 나긴 하지만 확실히 오늘날 서비스 기획자는 과거의 서비스 기획자에 비해 직무면에서 전문화된 것은 명확하다. 그렇다면 기획자는 스페셜리스트라고 할 수 있을까. 필자의 견해로는 오케스트라의 지휘자에게 동일한 질문을 했을 때 들려오는 답으로 그대로 답변할 수 있다고 생각한다.

서비스 기획자는 전체 프로젝트를 책임지고 리딩해 나가야 하는 위치에 설 기회가 점점 많아지고 있고 4차산업으로의 이행이 거세어질수록 사업기획, 전략기획 심지어 마케팅에도 일정부분 참여하는 방향으로 직무에 전문성이 더해질 것으로 전망된다. 그런 측면에서 필자는 서비스 기획자는 전문가 즉 스페셜리스트(Specialist)라고 말 할 수 있다고 확신한다. 프로젝트를 성공적으로 이끌 수 있는 전문가는 오케스트라의 경우 비유될 수 있는 대상이 지휘자 외에는 없기 때문이다.

13.5 조직 내에서의 기획자의 역할

기획자의 역할은 속한 조직의 규모와 도메인의 특성에 따라 달라진다. 일반적인 서비스 기획자가 하는 업무를 나열해 보면 고객분석, 시장조사, 벤치마킹, A/B테스트, 서비스 테스트, 클라이언트 인터뷰, 서비스 전략 개발, 서비스 정책 수립, 서비스 기획, 와이어프레이밍(Wireframe) 및 스토리보드, 프로토타이핑, 프로젝트 관리, 품질관리, 인수 검증 테스트(Quality Assurance, QA), 서비스 운영, 서비스 고도화 등 무척 다양하다. 개발자는 개발, 디자이너는 디자인 이렇게 단순하게 설명할 수 있는 반면에 기획자는 이렇다라고 설명하기에는 관여하지 않는 부분을 나열하는 것이 오히려 빠를 정도이니 그야말로 오케스트라의 지휘자라고 해도 과언이 아니다.

그렇다면 정말 기획자의 역할은 이 모든 것을 다 하는 것일까. 규모가 작은 스타트업의 경우에는 실제 위의 업무를 기획자가 모두 감당해야 하는 경우가 다반사이다. 중간규모의 벤처기업은 조직이 셋업되고 채용이 진행되면서 도메인의 특성에 따라 위의 업무에서 일부만 책임지기도 하지만 그렇다고 나머지 영역을 신경쓰지 않으면 프로젝트 수행에 어려움이 수반되고 그것은 곧바로 기획자의 평판으로도 이어진다. 인공지능 서비스 기획자의 역할도 크게 다르지 않다. 오히려 빅데이터를 다루는 직군이므로 파이썬 같은 툴을 활용한 데이터 핸들링까지 직접 할 수 있어야 한다. 데이터를 다루는 능력은 앞으로 더욱더 필요한 자질이 될 것이다. 스스로의 필요에 의해서도 해야 할 필요성을 느끼겠지만 파이썬은 서비스 기획자에게 더욱 비상할 수 있는 일종의 날개가 될 수 있다. 파이썬을 다룰 줄 아는 기획자에게는 개발자도 과거처럼 반론을 쉽게 제기하기 어려울 수 있고 팀원들을 리드해 갈 수 있는 역량이 여기에서부터 강화되기 시작하여 디자이너와 개발자를 포함한 팀원들의 지지를 받는 기반이 되어줄 수 있기 때문이다.

웹1.0 시대에 기획자 직군은 웹마스타(Web Master)로 불렸다. 웹2.0으로 진화하면서 포털의 특성상 많은 서비스들의 조직적인 기획과 운영, 배포, 관리가 중요해짐에 따라 서비스 기획자라는 명칭이 회자되기 시작했고 웹마스타 채용공고는 차츰 서비스 기획자로 바뀌게 되었다. 오늘날은 더이상 웹마스타 채용공고를 찾아보기 어렵다.

인터넷 비즈니스가 활성화 되고 웹3.0 기술이 부각되면서 서비스 경쟁이 점차 심화 되었는데 그에 따라 전통적인 워터폴(Waterfall) 방식의 개발방법론으로는 고객과 시장의 니즈(Needs)에 대응하는데 한계가 드러나기 시작했다. 워터폴 방식은 빠른 의사결정과 리더십에 기반한 인하우스(Inhouse) 개발에는 효과적이지만 외부고객을 상대하는 프로젝트에서는 심지어 개발 중에라도 설계를 변경해야 하는 경우가 발생하기 일쑤이므로 서구에서 활발히 사용되는 애자일(Agile) 개발방법론이 해결방안으로 각광을 받게 되었다. 이후 국내에 애자일 방법론이 도입되면서 스프린트(Sprint)를 활용한 스크럼(Scrum) 개발 방법이 널리 쓰이게 되었다. 애자일 방법론이 워터폴 방법론의 단점을 보완하고 고객과 시장의 니즈에 보다 유연하게 대응할 수 있게 되자 칸반보드(Kanban Board)를 활용해 시각적으로 프로토타이핑 검증을 보다 수월하게 할 수 있게 되었다. 이로 인해 점차 단기 개발의 순환 사이클을 돌며 요구사항 이행의 중간 점검이 가능해지자 인터넷 비즈니스도 린스타트업(Lean Startup) 방법론이 서비스 기획의 표준처럼 정착되었다.

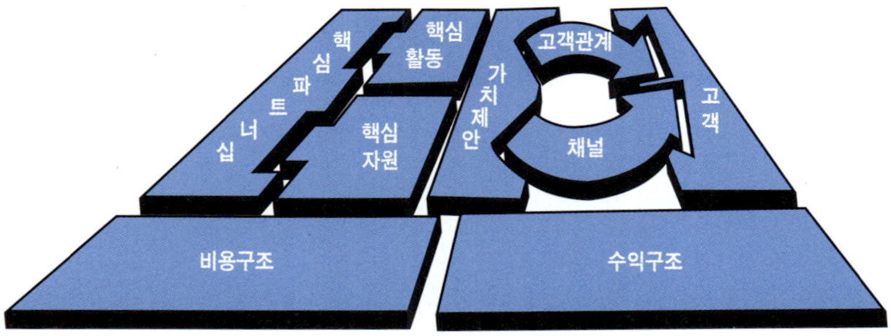

린캔버스(Lean Canvas)

이 과정에서 와이어프레임(Wireframe)과 칸반보드 중심으로 전문화된 UX와 UI 전문가 직종이 생겨나 오늘날의 UX 기획자로 불리게 되었고 린스타트업 프로세스를 관리하고 MVP(Minimum Viable Product)구현을 리드하는 기획자의 직군도 전문화 되었으며 기획자는 프로젝트의 규모에 따라 PM과 기획자 역할이 분리되기도 하고 기획자가 두 가지 역할(Role)을 모두 병행하기도 했다.

참고로, 프로젝트 오너(Project Owner)는 전체 프로젝트를 총괄하는 개념이다. PM 중심의 애자일 방법론이 작은 규모의 프로젝트에서는 효과가 있지만 일정 규모를 넘어서는 경우에는 오히려 주기적인 스크럼으로 인해 일정 지연이라는 부작용을 초래하기도 하므로 대체로 빠른 의사결정과 추진력이 필요한 큰 규모의 프로젝트는 워터폴 방법론으로 회귀되기도 하는데 이때의 프로젝트 총책임자를 프로젝트 오너라고 부른다.

13.6 유능한 서비스 기획자는 준개발자

요즈음 인공지능이 포함된 새로운 어플리케이션 출시가 늘어나고 있다. 심지어 기존에 출시된 앱에 인공지능 기능을 탑재하면서 차별화 또는 버전업시키는 추세도 감지되고 있다. 서비스를 이용하는 유저가 어느날 앱을 동작시켰더니 요즘 자신이 관심을 두고 있던 콘텐츠가 상단에 큐레이션(Curation)되어있는 것을 보게 되었다고 가정해 보자. 보여지는 콘텐츠들은 빅데이터 분석을 기반으로 한 인공지능의 분류기능이 만들어낸 화면임을 유저는 알아채지 못했을 터이지만 이러한 개인화된 서비스 경험(UX)을 하는 가운데 보다 친밀감을 느끼며 서비스를 이용하게 될 것만은 틀림없는 사실이다.

이것을 서비스 제공자 입장에서 바꾸어 말하면, 서비스 기업은 이미 그 유저를 동일한 기호를 가진 성향의 사람들과 같은 그룹에 매핑시켜 놓고 해당 그룹이 선호하는 것으로 분석된 콘텐츠를 중심으로 유저에게 화면을 구성해 보여준 것이다. 심지어는 이번주 안에 그 유저가 몇 번 이상 더 방문하면 향후 2주 안에 상품을 구매할 확률이 80%가 될 가능성이 95%이라는 통계적 예측전망까지 해두고 다양한 구매를 촉진하는 타켓 마케팅 준비까지 마친 상태이니 소위 시쳇말로 말 다 했다고도 할 만 하다. 이처럼 단순히 화면에 보여지는 콘텐츠는 하나이지만 그 이면에는 고객 프로파일링(Profiling), 분류(Classification), 유저의 그루핑(Grouping), 예측전망(Forecasting), 타켓팅(Targeting) 그리고 판촉 전략(Marketing mix) 등 다양한 인공 지능을 활용한 분석과 타겟 마케팅 전략까지 준비해 놓고 있는 것이다.

이처럼 서비스 기업들이 서비스를 고도화하는 과정에서 단순히 메뉴를 추가하는 전통적인 방식을 쓰지 않고 인공지능을 쓰는 이유는 첫 번째, 경쟁사 대비 차별적 서비스를 제공함으써 시장에서 우위를 견지하기 위함이다. 과거의 전통적인 화면의 룩앤필(Look&Feel)만을 바꾸는 정도의 리뉴얼(Renewal)로는 차별화 효과를 기대하기 어려울 만큼 인터넷 비즈니스 현장의 경쟁환경은 날로 치열해지고 있다. 두 번째, 경쟁력 있는 서비스로 시장 리더십을 유지하기 위해서는 반드시 네트워크 효과를 보아야 하는데 그런 점에서 인터넷 비즈니스 속성상 지속가능한 기술적 경쟁 우위를 인공지능이 담보해주고 있기 때문이다.

그렇다면 인공지능을 반영한 서비스가 출시되었다고 가정해보자. 그 과정에서 서비스 기획자는 어떤 역할을 했을지를 잠시 살펴보고자 한다. 먼저 아래의 단락을 읽어보자.

첫 번째, IT 서비스에서 기획자는 기획업무를 하고 개발자는 개발만 하면 되는 것이 아님은 조금만 경험을 해보면 금방 알 수 있다. 다시 말해 기획자는 기술을 잘 모르니 인공지능 개발자가 개발하면 된다는 말 자체가 성립할 수 없다는 뜻이다. 두 번째, 현실적으로 인공지능 전문가는 아직 우리나라에 충분하지 않고 기획력 있는 개발자는 더더욱 찾기보기 쉽지 않다. 세 번째, 어떻게 하면 인공지능 기술을 서비스에 적용할 수 있는지에 대해 고민하고 기획까지 해낼 수 있는 사람은 결국 기획자일 수밖에 없다. 네 번째, 일반적인 웹이나 앱기반의 서비스 기획자에 비해서 인공지능 서비스 기획자가 되기 위해서는 서비스 기획자라도 인공지능을 어느 정도는 공부해야 한다. 그리고 그 과정이 사실상 평탄하지만도 않다. 익혀야할 선행지식이 적지 않기 때문이다. 심지어 프로젝트를 리딩하기 위해서는 데이터셋의 확보, 모델생성, 유지보수 및 운영상의 파이프라인에 대한 이해까지 하고 있어야 하고 사고방식도 기존의 절차적 방식, 객체지향적 사고에서 데이터 중심으로 발상 자체를 전환해야 비로소 데이터 과학자들과의 의사소통이 가능해진다. 더구나 현실적으로는 이러한 내용을 가르쳐 줄 전문가가 주변에 흔하지도 않다.

결론적으로, 인공지능이 포함된 서비스를 출시한 기획자는 이러한 어려운 과정을 모두 거친 이들일 수밖에 없다. 서비스 출시까지 해 낸 기획자라면 거의 정도에 따라 준개발자 수준까지는 되었다라고 해도 과언이 아닐 것이다. 때문에 과정이 비록 험난하고 도전도 있겠지만 그 열매는 바야흐로 상상 이상의 급부를 기획자에게 선사해 줄 시대가 다가오고 있다.

13.7 인공지능 서비스 구현과정

인공지능 서비스 기획을 위해서는 전체적인 인공지능 개발 프로세스에 대한 이해가 있어야 한다. 개발이라고 해서 개발자가 다 결정해서 진행하는 것이라고 생각한다면 기획을 주도적으로 끌고 가기 어려워진다. 필요한 데이터를 매번 개발자에게 부탁하게 되면 원하는 시점까지 회신을 받기도 어렵지만 이것이 반복되면 주객이 전도되면서 자칫 주변인이 되어 리더십을 발휘하기 어렵게 되기 십상이다.

그러므로 기획자도 어느 정도는 전체 프로세스와 각 단계에서 진행하는 내용이 무엇인지 이해하고 있어야 중심을 잡고 프로젝트를 리드할 수 있다.

인공지능 개발은 학습을 시킨 컴퓨터가 정확한 예측을 할 수 있도록 알고리즘을 최적화하여 모델링하는 것을 말한다. 예측 정확도에 따라 모델의 지능이 결정된다. 비로소 컴퓨터가 인공지능(Artificial Intelligence, AI)을 갖추게 되는 것이다. 인공지능을 모델링 하는 과정은 시험에서 우수한 성적을 낼 수 있도록 학생이 문제집으로 공부하는 것과 프로세스가 유사하다. 학생에게 참고서와 문제지를 공급하는 것은 부모의 역할이다. 공부는 부모가 대신해 줄 수 없지만 중간중간 자녀의 건강을 챙기면서 학업에 어려움이 없도록 돌보는 것은 부모의 역할이다.

개발자가 모델링을 하기 위해 필요한 것이 데이터셋이다. 학생이 문제집을 필요로 하는 것처럼 컴퓨터는 데이터셋이 있어야 한다. 데이터셋을 어디서 어떻게 확보할 것인지는 기획자가 결정할 부분이다. 내부데이터로 할 것인지 외부데이터로 할 것인지 혹은 웹크롤링(Web Crawling)을 통해 확보 할 것인지 결정하고 확보작업에 들어가게 된다. 데이터에는 여러 종류가 있다. 사진에 라벨로 이름이 붙은 데이터를 명목데이터라고 하고 이진데이터는 0과 1로 구성된 데이터를 일컫는다. 그밖에 숫자데이터, 이산형 데이터, 연속형 데이터 등이 있다. 데이터를 분석하기 위해서 평균값, 중위값, 최빈갑, 표준편차, 사분위수 같은 통계적 의미도 알고 있어야 데이터를 해석할 수 있다.

이후 개발자는 전처리라는 과정을 거쳐 데이터의 정제작업을 시작하게 된다. 주로 결측치 제거나 대체 또는 노이즈 제거 등의 고된 작업이다. 중복된 데이터가 있을 때에는 통합하거나 복사 또는 부분적으로만 통합하기도 하고 규모가 큰 데이터라면 효율적 분석을 위해 주성분 분석 같은 방식으로 분석 대상의 크기를 줄이는 기법도 동원한다. 또한 학습의 과적합을 방지하기 위해 정규화 과정을 포함시키기도 한다. 이 전처리는 기획자가 할 수 있는 영역은 아니다. 그러나 데이터에 대한 이해는 하고 있어야 하고 유능한 기획자라면 기획에 필요한 데이터 추출 정도는 자신이 직접 할 수 있는 정도의 역량을 지니고 있어야 한다. 이후에는 개발자가 머신러닝과 딥러닝 중에서 적합한 알고리즘을 선별하여 모델링을 한 후 튜닝 과정을 거쳐 모델을 완성해 간다. 그 과정에서 전처리 작업이 반복되고 하이퍼 파라메터의 튜닝이 이루어지는 경우가 다반사다. 이후 완성된 인공지능이 예측한 값이 기대하는 수준까지 올라왔는지 평가를 하는것은 기획자도 관여할 부분이고 파이프라인을 통해서 웹서비스나 응용어플리케이션 또는 안드로이드 앱이나 iOS 앱으로의 배포방식은 기획자가 결정할 몫이다.

13.8 그로스 헤커로서의 서비스 기획자

새로운 용어인 그로스 해커가 급부상 하고 있다. 많은 인터넷 서비스 공급자들이 수익실현을 극대화 시키기 위해 웹 또는 앱에서의 고객의 이동경로를 분석하기 시작했다. 직감을 배제한 데이터 기반 분석 자체의 중요성을 점점 더 인식하고 있다는 뜻이다. 그런 점에서 데이터중심의 기획 즉 DDP(Data-driven Planning)가 서비스 기획에 있어 주요 화두가 되고 있고 현업에서는 DDP를 수행하는 전문가를 광의적으로 그로스 해커(Growth Hacker) 즉 매출증진을 위한 전문가라고 부르고 있다.

서비스 측면으로만 국한하면 그로스 해커를 배출할 수 있는 직군은 데이터 과학자와 퍼포먼스 마케터 그리고 서비스 기획자가 있다. 데이터 과학자는 서비스에서 발생한 내부 데이터 그리고 필요시 외부 데이터까지 확보하여 데이터로부터 서비스의 개선방향 또는 활성화를 위한 특징점과 패턴을 발견해 내는 노력을 기울인다. 그러나 직군 자체가 경영과 거리가 멀다. 퍼포먼스 마케터는 매출효과를 극대화하기 위하여 주로 고객의 유입경로 데이터를 참조하며 서비스의 최적화를 제안한다. 주로 AARRR(Acquision-Activation-Retention-Referral-Revenue)경로상의 데이터를 분석하여 매출(Revenue)를 최대화 할 수 있는 방안을 강구한다. 그러나 단기적인 성과에 초점을 두는 경향이 다분하다.

한편 서비스 기획자는 장기적인 마엘스톤을 두고 지속적으로 서비스의 고도화를 위해 이용자의 이동경로 또는 유입경로 상에 남긴 흔적인 로그를 분석하고 나아가 서비스를 이용하는 과정에서 발생한 트랜젝션을 SQL 등을 통해 확인하거나 A/B 테스트와 퍼널분석(Funnel Analysis)을 수행하며 Google Analytics 를 코드에 삽입해 추이를 지켜보기도 한다.

그런 점에서 그로스 해커에 가장 근접한 전문가는 서비스 기획자라고 할 수 있으며 오늘날 4차산업시대에 전문성 보유 여하에 따라 서비스 기획자의 미래전망은 매우 밝다고 할 수 있다.

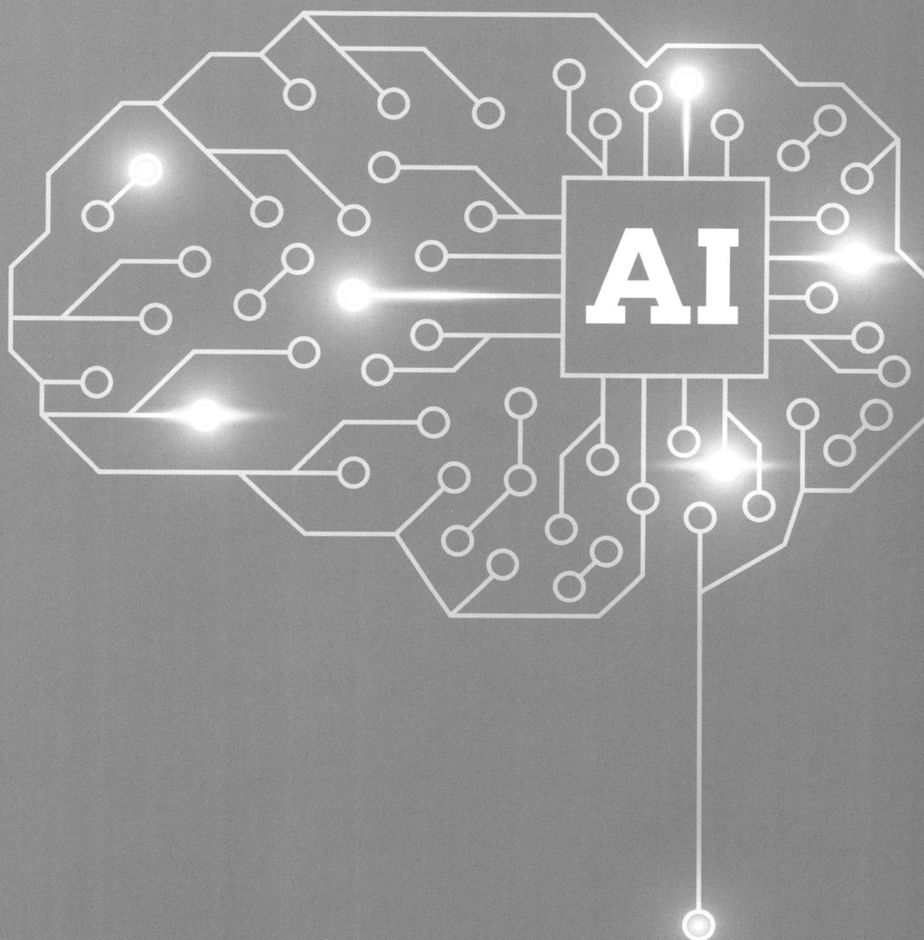

CHAPTER 03

프로젝트 관리

01 시간관리

프로젝트 관리자의 임무는 일정관리, 자원관리, 위험관리 등을 통해서 성공적으로 프로젝트를 완수하는 것이다. 그러나 프로젝트 관리자들이 한사코 힘들다고 하는 것들 중 하나는 업무관리 못지않게 자기관리이다. 프로젝트의 성공과 실패에 대한 막중한 책임감이 자기자신의 어깨에 있고 이해관계자들 사이에서 조율해야 할 사항들이 쌓여감과 동시에 프로젝트 진행중에 쏟아지는 난제들을 제 시간내에 처리해야 하는 일들이 모두 PM(Project Manager)의 몫이기 때문이다.

이것은 프로젝트의 성공을 위해 필요한 것이 프로젝트 관리기법인 일정관리, 자원관리, 위험관리 외에 자신을 컨트롤 할 수 있는 시간관리 능력도 요구된다는 점을 시사한다. 빠듯하게 주어진 시간을 자신이 지닌 가치관에 따라 중요도와 우선순위를 기준으로 통제해 나갈 수 있다면 어떠한 프로젝트라도 능히 해내는 탁월한 자질을 갖춘 프로젝트 관리자가 될 수 있을 것이다. 이 장에서는 PM이 번다웃(Burnout)되지 않으면서도 어떻게 일과 삶의 밸런스를 유지하며 프로젝트를 관리해 나갈 수 있는지를 시간관리 기법 측면에서 살펴 보고자 한다.

1.1 시간 컨트롤

프로젝트 관리자에게 중요한 것은 사건들을 컨트롤하는 능력을 증대시켜 성공적으로 프로젝트를 완수해 내는 것일 것이다. 사건들을 컨트롤 한다는 말은 시간을 적절히 배분한다는 의미이다. 즉 시간 컨트롤이라고 할 수 있다. 사실 프로젝트를 진행하면서 조직에서 경험하게 되는 온갖 사안들을 완벽하게 통제할 수 는 없지만 한 가지는 확실하게 컨트롤 할 수 있는데 바로 자기 자신이다. 다시 말해 벌어지는 사건들과 쏟아지는 과제들 자체는 컨트롤 할 수 없지만 그 사건들에 자신이 어떻게 반응할 것인지는 결정할 수 있다는 것이다.

프로젝트 관리자는 사건에 대한 자세를 분명히 할 필요가 있다. 그래야 자기 철학을 가지고 PM에게 요구되는 자질인 리더십을 발휘 해 나갈 수 있게 된다. 프로젝트 관리자라면 사건에 대한 컨트롤 정도를 높일수록 마음에 평화를 얻을 수 있으며, 발생하는 사건들을 적절하게 컨트롤 함으로써 비로소 일과 삶에서 균형과 조화를 체험할 수 있게 된다.

1.2 방향성

프로젝트의 진척은 속도가 아닌 방향에 달려있다. 방향이 분명하면 한 발자국을 가도 가치가 있지만 방향이 없거나 모호하면 진척이 빠를수록 표류하거나 결과적으로 실패할 수밖에 없다. 경영도 마찬가지이다. 많은 기업들이 조직 진단을 받아보고 나서야 경영상 당면한 어려운 일들이 결국은 관리상의 문제가 아니라 조직의 방향이 근본적으로 잘못 설정되어 있음을 뒤 늦게 알게 되곤 한다. 속도가 빠를수록 방향이 정확하지 않다면 그 빗나감은 더욱 커질 수밖에 없다.

거대한 피라미드는 튼튼한 암반 위에 세워지지 않았다는 사실을 상기하자. 연약한 모래사막 위에 세워졌음에도 불구하고 붕괴되지 않고 유구한 세월을 견뎌온 사실을 어떻게 받아들여야 할까. 어떻게 모래 위에 세운 건축물이 수천년이 지나도록 견고하게 유지 될 수 있을까. 건축 공학자들의 분석에 따르면 완벽한 균형을 이루고 있기 때문이라는 것이다. 나침반이 발명된 것 보다도 2천년이나 앞서 지어진 피라미드의 네 꼭지점이 정확히 동서남북 방향을 가리키고 있다는 것이다. 소위 정신없이 추진되는 프로젝트를 책임감을 가지고 이끌고 가야하는 프로젝트 관리자에게 피라미드가 암시하는 완벽한 균형은 시사하는 바가 큰 것 같다.

프로젝트 관리자이기 이전에 개인의 삶을 살아 가는 한 인간으로서 자신의 삶의 나침반은 어디를 가리키고 있는지 살펴볼 필요가 있다. 자신이 소중하게 여기는 가치를 발견하는 것이 “동”이라면 그에 따라 자신에게 소중한 것을 발견하는 것이 “서”이고 그것을 바탕으로 계획을 세우고 실천하는 것이 “남”이며 그 후 제대로 방향을 잡고 프로젝트를 관리해 나갈 때 그것이 “북”인 셈인 것이다. 자신이 소중하게 여기는 가치가 무엇인지를 먼저 발견하면 자신의 인생뿐만 아니라 프로젝트를 대하는 눈이 달라지고 접근하는 자세가 달라지게 된다.

1.3 계획

계획의 과정은 사건의 발생순서를 미리 정하여 적어 놓는 것이다. 적어 놓는 것이란 구상을 구체적으로 실천하겠다는 것을 의미한다. 생각만 가지고 실천하는 것은 계획이 아니다. 운전 중에 프로젝트를 구상하는 것은 계획이 아니다. 그것은 생각하는 것이고 생각은 좋은 것일 뿐 글로 쓰여지지 않으면 엄밀히 말해서는 계획한 것이 아니다. 사소한 일은 생각만 가지고도 실천하는데 문제될 것이 없다. 그러나 중요한 일일수록 계획은 섬세하고 철저해야 하며 생각만으로는 불가능하다. 중요한 계획일수록 기록으로 계획을 세워야 한다.

통계에 따르면 계획을 세우는 사람은 불과 30% 정도 밖에 되지 않는다고 한다. 많은 직장인들이 구체적인 계획을 세우지 않고 업무를 하고 있다는 말이다. 계획이 컨트롤의 열쇠임에도 불구하고 이 중요한 사실을 무시하고 왜 그토록 많은 직장인들이 계획을 세우지 않는지 그 이유를 설문결과를 통해 확인해 볼 수 있는데, 계획을 세우지 않는 가장 큰 이유가 시간이 없어서라고 한 응답이었다. 계획을 세우는 일을 사실상 유튜브나 핸드폰 같은 것들보다 중요하게 여기고 있지 않다는 것이다. 사람들은 계획에 충분한 가치를 두고 있지 않다. 계획이 인생에 가져다 주는 놀라운 결과들을 모르고 그저 지금의 상태에 만족하고 있는 것이다. 하루를 아무런 계획 없이 시작한다면 수동적인 사람이 될 수밖에 없고 그 사람이 프로젝트를 제대로 컨트롤할 수 있을 것으로 기대하기란 더더욱 어렵다.

프로젝트를 관리하다 보면 처리해야 할 다양한 일들이 쏟아져 들어오는 것을 경험하게 된다. 하던 일이 있더라도 잠시 멈추고 그것부터 해야 하는 상황들이 생긴다. 그런데 자신의 가치와 무관한 일들로 인해 나의 일을 중단한다는 것은 상당 부분 계획을 하지 않았기에 치루어야만 하는 대가에 지나지 않는다. 일의 빈번한 중단이 예상외의 상황이라기 보다는 일상적인 환경에서 반복해 나타난다면 계획을 한결 더 주의 깊게 짜야 할 필요가 있다. 과제의 수 또는 그것들을 처리하는 데 드는 시간이 이용 가능한 총시간에 비추어 더욱 적절하도록 계획을 세워야 한다. 시간이 제한되어 있다면 다른 활동들 사이에 집어 넣을 수 있도록 조금 더 작은 요소로 세분화 하는 것도 방법이다.

한편 계획을 위해 해야 할 일들의 리스트를 작성하는 것이 기분 좋은 일은 아니지만 계획을 회피하는 것도 해결책이 아니다. 그러니 시간이 없을수록 계획을 세워야 조금이라도 더 많은 자유를 확보할 수 있다는 점을 상기하자. 쏟아지는 일들이 나를 컨트롤 하는 것이 아니라, 내가 일들을 컨트롤 해야 하는 것이다. 해야 할 업무 목록은 계획 속에서 나오고 계획은 자신의 가치에 근거한 것일수록 좋다.

1.4 긴급한 업무

계획을 세우는 시간은 목표를 통해서 하루를 점검하고 내일을 계획하는 기회의 시간이다. 전통적 시간 관리 노하우는 사실 인간에게 중독을 부추기는 측면이 있다. 즉 일정 계획을 세우고 해야 할 업무목록들 중에서 우선 순위가 높은 것과 긴급한 일들을 먼저 처리하도록 한다. 그러나 긴급한 일이 많아질수록 중요한 일을 해야 하는 시간은 오히려 줄기 마련이고 긴급성 때문에 스트레스가 쌓이고 스트레스를 해소하느라 들이는 건강낭비, 물질낭비, 대인관계 낭비가 생기기 마련이다. 긴급한 일들에 쫓겼을 때 치루어야 하는 대가는 이처럼 크다.

자신의 가치와 관련된 일들은 대체로 우리의 시간을 강경하게 요구하거나 빼앗지 않는다. 그러한 중요한 일들은 긴급하지 않기에 스스로 잊지 말고 챙겨주어야 한다. 그렇다. 우선적으로는 긴급하면서도 중요한 일들에 시간을 쓸 수밖에 없다. 이러한 일들은 관리하고, 생산하고, 많은 욕구를 충족시키고 도전적인 문제점들을 해결하기 위하여 경험과 판단력을 필요로 하는 일들이기 때문에 이러한 일들을 무시한다면 조만간 어려움에 봉착하게 된다. 그러나 동시에 프로젝트 관리자는 많은 중요한 일들이 자신이 미적미적거리거나 충분한 예방과 계획을 하지 않으면 시간이 지나면서 긴급한 것이 되고 만다는 점을 알아차릴 수 있어야 한다.

중요하지만 긴급하지 않은 일들의 대부분은 질적인 활동을 요구하는 일들이다. 여기에는 장기계획을 세우고 문제를 예상함과 아울러 예방하고 다른 팀원에게 임파워먼트(Empowerment)시키고 자신의 마음을 넓히고 독서나 지속적인 전문 분야의 계발을 통해 기량을 닦아 나가며 힘겨워 고민하는 팀원들을 어떻게 도울 것인지를 구상해 본다던가 중요한 회의와 프리젠테이션을 준비하고 진솔하게 다른 사람의 말에 귀를 기울이는 등 인간관계를 돈독히 하는 일 등이 포함된다. 이 일들에 사용한 시간은 자신의 능력을 증가시키는 급부가 되어 되돌아온다. 그러나 이러한 활동을 무시하면 처리해야 할 긴급한 일들이 늘어나게 되면서 일에 치이고 스트레스를 받는 등 부작용을 경험하게 된다. 중요하지만 긴급하지 않은 일들에 시간을 투자하면 중요하지만 긴급해진 일들은 점차 줄어들게 된다. 바로 계획, 준비, 예방을 통해 많은 중요한 일들에서 긴급성을 덜어내었기 때문이다. 이러한 질적인 일들은 자신에게 조금도 강요하지 않기 때문에 스스로 시간을 할애해 주어야 한다. PM에게 필요한 리더십은 바로 이러한 일들에 시간을 쓰면서 생겨난다.

중요하지도 않고 그저 긴급할 뿐인 일들은 중요하고 긴급한 일들처럼 보이는 허상일 때가 많다. 이러한 일들은 자신을 현혹하는 속성을 띤다. 긴급하다고 외침으로써 그 일이 정말 중요하다는 착각에 빠지게 만든다. 그러나 실제로는 그것이 중요하다 해도 오직 다른 사람에게만 중요할 뿐이다. 가령 쏟아지는 카톡 문자, 회의, 불쑥 찾아오는 고객 등이 이 범주에 들어간다. 많은 사람들이 다른 사람들의 우선순위와 기대에 맞추어 주느라 이런 일들을 처리하면서도 정작 자신은 중요한 일을 처리하고 있다고 착각하고 있다.

중요하지도 않고 긴급하지도 않은 일들은 시간을 낭비하는 속성을 띠고 있다. 사실상 이러한 일들에는 시간을 쓸 필요가 전혀 없다. 긴급한 일들을 처리하느라 동분서주하며 상처를 입은 사람들이 정신적인 피난처로 탈출하고 싶어하는 곳이 바로 이러한 일들이다. 핸드폰을 늘 들여다 본다든지 머리 쓰지 않아도 되는 유튜브를 습관적으로 보고 있는다든지 하는 일들은 사실상 시간만 낭비하는 일들이라고 할 수 있다. 이러한 일들은 생존과는 무관한 일들이다. 하면 할수록 처음에는 달콤한 맛을 느낄 수 있지만 금방 무익할 뿐이라는 것을 알게 된다.

PM은 긴급한 일과 중요한 일들을 중심으로 프로젝트를 관리해야 한다. 그러나 일상적인 판단에서는 이 두 가지 가운데 하나가 다른 하나를 지배하는 경향이 있다. 늘 문제는 중요성 패러다임이 아니라 긴급성 패러다임을 따를 때 발생한다. 중요성 패러다임을 따를 때 프로젝트 관리자는 질적인 중요한 업무들을 처리하게 된다. 긴급한 일이나 사소한 일들에서 벗어나게 되며 예방, 계획, 임파워먼트에 많은 시간을 쓰면서 긴급한 불을 끄느라 보내는 시간을 점차 줄여 나갈 수 있게 된다.

프로젝트 관리자가 하는 모든 일은 긴급성과 중요성에 따라 대응이 가능하다. 중요하지만 긴급한 일들은 관리를 하면 되고 중요하지도 않고 긴급하기만 할 뿐인 일들은 피하면 되며 중요하지도 긴급하지도 않은 일들은 줄이면 된다. 그리고 긴급하지 않더라도 중요한 일들이라면 그 일에 집중하면 된다. 일반적으로 프로젝트 관리자들은 긴급한 일들에 많은 시간을 보내고 질적인 집중을 요하는 중요한 일들은 아직 긴급하지 않다는 이유로 너무 적은 시간만을 할애하는 경향이 있다. 즉각적인 주의를 요하는 위기나 즉각 해결해야 하는 문제 그리고 임박한 마감시간, 반드시 참석해야 하는 회의, 즉시 답해주어야 하는 메일 등은 우선순위로 처리해야 할 대상은 맞지만 거의 대부분의 시간을 이러한 일들을 처리하며 보내고 있다면 그것은 그렇게 효과적인 일처리 방법이라고 할 수 없을 뿐만 아니라 자신도 과도한 업무 스트레스에 시달리게 된다. 바쁘고 복잡한 현대사회에서 프로젝트를 잘 이끌어 가야 할 관리자는 자신이 긴급성 중독에 빠진 것은 아닌지 생각해 볼 필요가 있다. 계획, 예방과 같은 긴급을 요하지는 않지만 중요한 일들을 소홀히 하게 되면 실제로 급하지 않았던 일들도 시간이 지나면서 급한 일들이 되기 때문이다.

긴급한 일에 짓눌려 지내게 되면 스트레스가 많아지고 결국에는 급한 불을 끄느라 번아웃될 수 있다. 문제들이 점점 커져서 자신의 삶까지 지배해 버린다. 날마다 급한 일에 지친 사람들은 대부분의 시간을 긴급하지도 중요하지도 않은 일들로 시간을 보낼 수 있는 낭비적인 일들로 가득찬 도피처로 피난가기 일쑤이다. 결과적으로 대부분의 시간을 긴급한 일을 처리하느라 보내고 나머지는 낭비적인 일에 시간을 쓰며 정작 긴급하지는 않다는 핑계로 중요한 일들에는 거의 신경을 쓰지 못하는 악순환을 반복한다. 만약 프로젝트 관리자로서 긴급한 문제들이 몰려드는 것을 주체하지 못하고 있다면 자신의 행동을 세밀하게 되돌아 보아야 한다. 어떤 것들이 정말 피할 수 없는 것들이고 어떤 것들이 자신이 자초한 것들인지 구분해 볼 필요가 있다.

긴급성에 중독된 사람들은 끊임없이 자신을 위기의 연속선상에 놓는 경향이 있다. 중요하지만 긴급을 요하지는 않는 일 즉, 계획을 세우는 일, 준비하는 일, 예방하는 일에 충실해야 할 필요가 있다. 중요한 문제들이 긴급해지는 것을 방지하게 되면 일상적으로 부딪히는 위기의 많은 부분을 해결할 수 있게 된다. 이러한 일들에 초점을 맞추면 비전, 전망, 훈련, 통제, 성취를 이루는 삶을 살아 갈 수 있다. 점차 직장생활에서 균형을 이루며 충만함을 느끼게 되고 위기와 스트레스는 차차 줄어들게 된다. 이러한 시간관리 기술을 배우지 못한 프로젝트 관리자들은 중요하지 않지만 긴급한 일들을 처리하느라 대부분의 시간을 써버리고 넉아웃이 된 심정으로 소일거리를 하며 시간을 낭비하게 된다.

1.5 중요한 업무

긴급한 일에 매달리는 것은 시간관리를 잘하지 못하는 프로젝트 관리자들이 공통적으로 보이는 모습이다. 이러한 일들에 매인 프로젝트 관리자는 자신이 희생당하고 있으며 통제력을 상실하고 있다고 느끼게 된다. 즉, 좌절에 빠지며 자기에게는 중요한 것도 아닌데 당장 해야만 하는 것들에 사로잡혀 있다고 느낌으로써 화가 날 수도 있다. 여기에 많은 시간을 쓰는 프로젝트는 마감에 급급하게 되고 본연의 프로젝트 목표와 계획을 다가오는 현실과 타협하게 된다.

02 프로젝트 관리

직장인들이 프로젝트에 대해 갖는 일반적인 인식은 할 수만 있으면 기피하고 싶은 것이라는 사실이다. 힘들기만 하고 영양가는 없는 일이라던가 괜히 하겠다고 나서지 말자 또는 잘

해야 본전이라는 말들도 한다. 힘들기만하고 영양가 없다는 것은 소속 부서의 업무가 아니라는 것이고 늘 하던 일이 아닌 새로운 일이므로 프로젝트의 진행과정에 혼란을 느끼게 될 것이라는 의미이다. 잘해야 본전이라는 인식은 현업에서 프로젝트의 성격을 미처 파악하기도 전에 상부의 지시에 의해 세부업무 수립이나 예산, 기한 등을 속히 마무리 지어야 하는 긴급성에 쫓기는 일이기 때문이기도 하다. 때문에 어떤 난제가 있을지 파악도 하기 전에 프로젝트를 계획하고 준비하다보면 프로젝트를 진행하는 중간에 수정할 일이 발생되면서 자신의 프로젝트 수행 능력이 본의 아니게 도마 위에 오르게 된다. 그러나 프로젝트 관리기법만 잘 이해하고 그 논리를 계획과 실행에 잘 반영하여 수행한다면 프로젝트 관리자에게는 PM(Project Management)업무만큼 보람을 느끼고 성과를 인정받는 좋은 기회가 없다.

2.1 PM의 자질

2.1.1 관리능력과 리더십

프로젝트 조직은 프로젝트 후원자(Project Sponsor), 프로젝트 관리자(Project Manager) 그리고 프로젝트 팀(Project Team)으로 구성된다.

프로젝트 후원자의 역할은 프로젝트를 보호하고 프로젝트의 착수를 공식적으로 승인하며 프로젝트 관리자를 임명하는 것이다. 또한 프로젝트의 범위와 일정 등의 목표를 승인하고 자금과 여러 자원을 지원하며 프로제트 관리자의 권한을 벗어나는 사안에 대해서는 의사결정을 행사한다. 또한 프로젝트 변경을 승인하고 프로젝트의 전략적 방안을 제시하는 것도 프로젝트 후원자의 주요한 업무이다. 한편 조직 내에서 누가 프로젝트 후원자인지 식별이 어려운 경우도 있다. 특히 메트릭스 조직에서는 두 명 이상의 스폰서가 있을 수 있기 때문이다. 이 경우 프로젝트 관리자는 누가 계획을 승인하는지 누가 실행예산을 승인하는지 그리고 누구에게서 프로젝트 도움을 받을 수 있는지를 사전에 명확히 확인할 수 있어야 한다.

프로젝트 관리자의 역할은 프로젝트의 관리 프로세스를 승인하고 프로젝트의 계획을 수립하여 상위 관리자로부터 승인을 획득하며 프로젝트에 필요한 각종 자원을 획득하는 것이다. 또한 프로젝트 성과를 분석하고 보고하며 적절한 시정조치의 수행 및 위험을 식별하고 관리하는데에 주의를 기울인다. 또한 조직간 협상과 프로젝트 팀을 리딩하고 사기를 고취시키며 프로젝트 업무 등에 대한 우선순위를 정한 후 관리를 수행한다. 그밖에 관리나 기술적 의사결정 및 문제해결을 하면서 팀을 정치적 논리로부터 보호하는 책임도 지고 있다.

프로젝트 팀은 핵심팀(Core Team), 확장팀(Extended Team) 그리고 이해관계자 (Stakeholder) 들로 구성된다. 핵심팀은 프로젝트 내의 그룹을 대표해서 의사결정을 할 수 있는 인력들로 구성되며 확장팀은 그룹에서 특정한 기술을 가지고 프로젝트를 수행하는 인력들을 일컫는다. 이해관계자는 프로젝트를 둘러싼 이해당사자들이다.

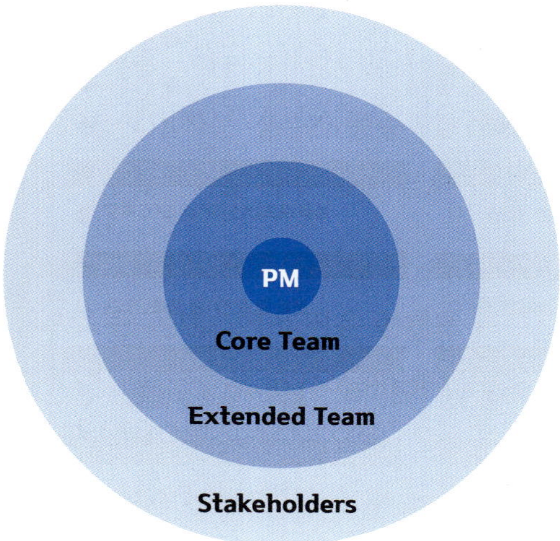

	역할	프로젝트 단계				
		착수	분석	설계	개발	구현
PM	총괄PM	●	●	●	●	●
	실무PM	●	●	●	●	●
사업관리	총괄 사업 관리자	●	●	●	●	●
	실무 사업 관리자	◑	◑	◑	◑	◑
QAO	전문 QAO	●	●	●	●	●
	일반 QAO					
협상관리	협상관리자		◑	●	●	●
PL	총괄 PL	●	●	●	●	●
	단위 PL(업무, 인프라)	●	●	●	●	
분석/설계	분석/설계자	●	●	●	●	
	빅데이터 분석가	●	●	●	●	
	데이터 과학자		◑	◑		
	프로세스 모델러		●	●	●	
	데이터 모델러			●	●	●

	역할	프로젝트 단계				
		착수	분석	설계	개발	구현
개발	프로그래머			●	●	
	툴 전문가		●	●	●	●
	컨버전스 실무자		●	●		
UX/UI	기획전문가			●	●	
	디자이너				●	●
테스트	테스터		●	●	●	●
TA	DBA	●	●	●		
	마키텍트(H/W)	●	●	●		
	아키텍트 (S/W, 응용, 보안)	●	●	●	●	
	N/W 전문가 (설계, N/W 보안)	●	●	●		
전사지원	감리	●	◑	●	◑	●
	컨설턴트	◑	◑	◑		
	시스템튜닝				●	●
	테스트(제품검사, 성능분석)				●	●
	교육 및 훈련	개별단계에 따라 프로젝트별 대응				
	법무					
	통역					

프로젝트 관리자는 유능한 직원을 팀에 참여시키도록 경영진을 설득하고 팀원들을 임파워먼트 하면서 동기를 부여할 수 있어야 한다. 리더십은 영향력을 행사하는 것이 아니라 리더를 자발적으로 따르게 하는 힘이다. 따라서 팀원과 친밀하게 지내고 팀에서 발생하는 문제는 적극 나서서 해결하는 모습을 보여야 한다.

팀원들의 배경과 성격이 각기 다르므로 프로젝트 팀이 구성되면 프로젝트 관리자는 프로젝트에 대한 브리핑을 통해 모든 팀원들이 자신이 참여하는 프로젝트에 대해 명확하게 인지할 수 있도록 해야 한다. 이때 프로젝트 설명문(Project Objective Statement, POS)을 작성하여 활용하도록 한다. 프로젝트 설명문은 분명하고 간결하게 목표가 기술되고 일정과 자원 및 범위에 대해 모호함이 없도록 한다. 같은 부서의 동료들이라면 동일한 목표를 공유하고 반복적인 업무이므로 혼선이 발행할 일이 없으나 프로젝트는 대개 여러 부서에서 차출된 팀원으로 구성된 조직이므로 이해관계가 서로 다를 수밖에 없다. 따라서 상세히 설명하고 팀원에게 기대하는 일하는 방식을 정확히 알려주어야 하며 업무 지시도 상세히 해줄 필요가 있다. 특히 프로젝트 경험이 없는 팀원이 섞여 있을 경우와 복잡한 프로젝트일수록 이 부분은 매우 중요하다. 그외 일정 관리와 위험관리 및 비용과 지출관리는 모두 프로젝트 관리자가 책임져야 하는 중요한 업무이다.

2.1.2 팀워크

서로 다른 이해관계를 갖는 직원들이 모인 팀이므로 구성원들간의 효율적 협업은 팀워크의 중요한 요소가 된다. 이를 위해서는 프로젝트 관리자의 원활한 의사 소통 능력이 매우 중요하다. 무엇보다 프로젝트 관리자의 과도한 실무 개입은 자제할 필요가 있다. 필요한 만큼만 관리하고 팀원에게 적절히 권한을 위임하고 감독하는 방향으로 프로젝트를 리딩해야 한다. 권한 위임은 맡기는 것으로 끝나는 것이 아니다. 감독할 책임은 여전히 프로젝트 관리자에게 있다. 프로젝트 관리자는 주관이 뚜렷해야 하지만 지나치게 독단적이면 어려움을 초래할 수 있다는 점을 기억하자.

2.1.3 경영진과의 관계

프로젝트의 성공과 실패의 책임은 프로젝트 관리자가 고스란히 져야 한다. 그러므로 각종 지원이나 예산 및 인력 등 필요한 사항은 경영진에게 사전에 명확히 요청할 수 있어야 한다. 주도적으로 문제를 해결해 나가는 모습을 보여야 하지만 발생하는 중요한 문제는 경영진에게 바로 보고하여야 한다. 그러나 경영진을 다른 부서에 대한 압력 행사용으로 활용하는 것은 자제할 필요가 있다.

2.1.4 소통

커뮤니케이션의 문제는 단위작업들간 연계성이 모호한 지점 즉, 한 작업이 끝나고 다음 작업으로 넘어가는 시점이나 외부와의 커뮤니케이션에서 주로 발생한다. 프로젝트의 원활한 운영에 방해가 되는 요소들임에도 이러한 것들은 눈에 쉽게 드러나지 않는다는 특징을 갖고 있다. 유일한 해결책은 끊임없는 의사소통이다.

프로젝트 관리자는 팀원들에게 서로 기다리지 말고 필요한 때에는 서로 피드백을 신속히 하도록 지시하고 잘 지켜지지 않으면 반드시 PM에게 알리도록 해야 한다. 또한 지시사항은 가능한 한 상세하고 구체적으로 전달해야 하며 지시는 명료할수록 결과물이 분명해진다.

프로젝트 관리자는 외부와의 커뮤니케이션에 상당한 주의를 기울여야 한다. 팀에는 중요한 문제가 그들에게는 직접적인 관련사항이 아니므로 제때에 협조 받기 어려울 수 있기 때문이다. 따라서 외부와의 업무에서 오는 지연은 불가피한 면이 있다고 보고 미리 감안하여 스케줄에 반영해 두어야 어려움에 처하지 않는다.

한편 경영진과는 프로젝트 관리자가 생각하는 프로젝트의 목표와 범위가 경영진의 인식과 일치하는지 확인이 필요하다. 경영진은 보고의무가 없고 오히려 보고를 받는 위치에 있으므로 경영진과는 일정과 예산 등 진행상황을 정기적으로 보고하는 것이 가장 효과적인 커뮤니케이션 방법이다.

2.2 프로젝트의 구성요소

2.2.1 계층구조

프로젝트의 계층구조는 사명(Mission), 목표(Objective), 전략(Strategy), 프로젝트 (Project)로 구성된다. 사명은 회사 또는 조직의 최상위 가치를 말하고 목표는 사명 달성을 위한 측정가능한 구체적 목표를 의미하며 전략은 목표 달성을 위해 수행하려는 일들에 대한 전략을 뜻하고 프로젝트는 전략을 이행하기 위한 일련의 계획과 실행이다.

2.2.2 프로젝트의 실패원인

조사에 따르면 실패하는 프로젝트는 대체로 다음과 같은 7대 원인에 기인한다고 분석되고 있다.

- 부정확한 요구사항 파악(13%)
- 사용자 환경에 대한 이해 부족(12%)
- 불충분한 자원(11%)
- 비현실적인 기대치(10%)
- 관리 지원의 부족(9%)
- 변동 관리의 미흡(9%)

– 불충분한 프로젝트 기획(8%)

이것은 프로젝트의 체계적 관리가 필요함을 보여주고 있고 경영 측면에서도 관리체계가 손익분기점(Break Even Point, BEP) 도달에 깊은 연관성이 있음을 보여주고 있다.

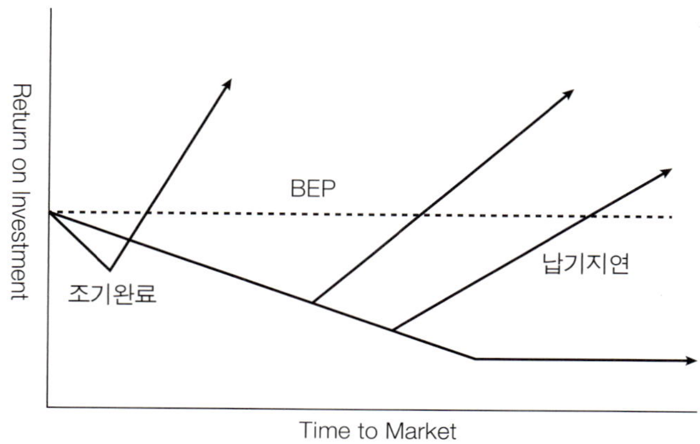

2.3 일정관리

일정관리는 자원관리, 위험관리와 함께 프로젝트 관리자의 가장 중요한 역할 중 하나이다. 어느 작업이든 한 곳에서 발생하는 지연은 나머지 일정에 영향을 준다. 따라서 발생한 지연은 다른 단계에서 흡수해야 하므로 가급적 지연이 발생하지 않도록 관리할 필요가 있다. 소위 품질이 프로젝트 관리자의 자존심이라면 납기는 프로젝트 관리자의 생명이라고 할 수 있으므로 일정을 준수하도록 팀을 잘 관리하는 것은 프로젝트 관리자가 지닌 역량의 척도가 된다.

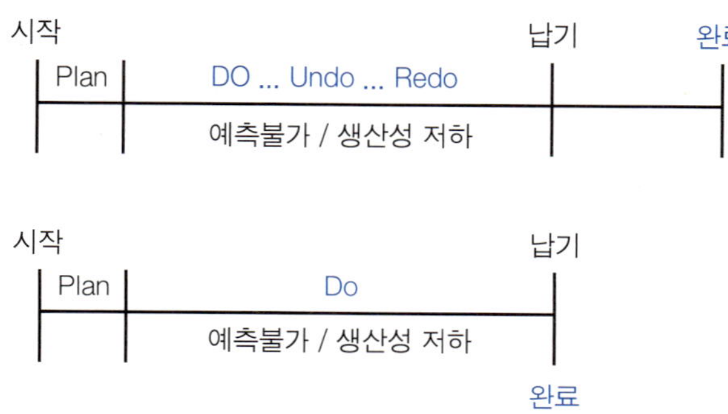

일정관리에는 두 가지 기준이 있다. 전방향 계획(Forward Scheduling)은 프로젝트 시작일을 기준으로 작업의 기간, 작업 간의 연관관계를 통해 예상 종료일을 도출하는 방식이다. 제한 조건이 없는 작업은 모두 가능한 빨리 시작(As Soon As Possible, ASAP)한다는 성격을 띈다. ASAP은 남아있는 일들은 전단계가 끝나면 바로 이어 착수하는 방식의 스케쥴링 방식을 의미한다. 반면 역방향 계획(Backward Scheduling)은 프로젝트 종료일을 기준으로 작업의 기간, 작업 간의 연관관계를 통해 시작일을 도출해 내는 방식이다. 제한조건이 없는 작업은 모두 가능한 한 늦게 시작(As Late As Possible, ALAP)하는 성격을 가진다. ALAP는 종료일 기준이므로 어떤 일이든 다음 단계가 시작하기 직전에 완료되도록 일정을 수립하는 스케쥴링 방식이다.

2.3.1 간트차트의 활용

간트차트(Gantt Chart)는 프로젝트 진행을 점검하는데 유용한 툴로 각 작업의 단계들은 세로축에 나열하고 일정은 가로축에 배치함으로써 점검시점의 작업 진척도를 초기계획 대비 비교 가능하게 한다. 이 간트차트는 PM과 팀원이 계획수립 단계에서부터 일정 관리툴로 공유하면 프로젝트를 통제하고 운영하는데에 효과적이다.

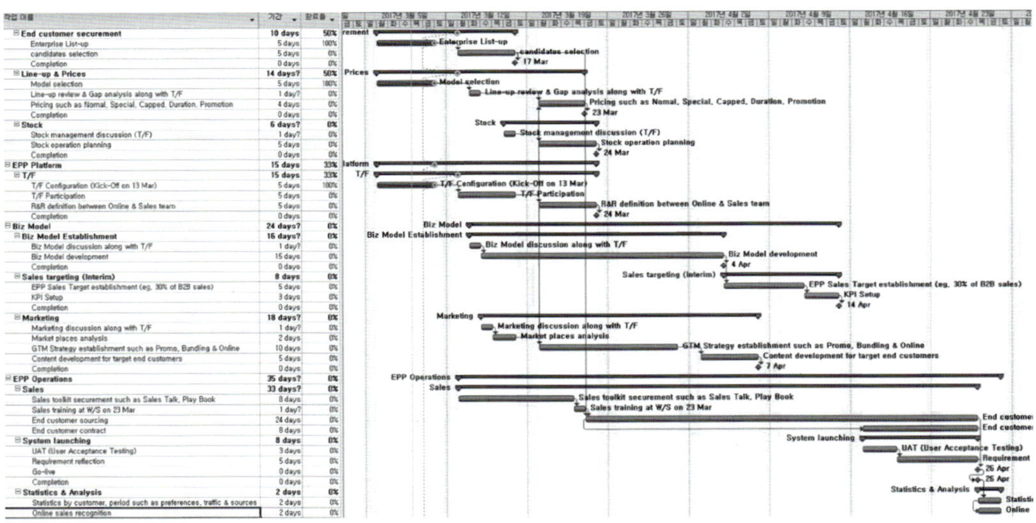

그러나 간트차트가 만능은 아니다. 도표를 활용한 관리도구이지 해결책은 아니기 때문이고 작업 사이의 연계에서 발생하는 문제는 간트차트만으로는 잘 드러나지 않는다. 또한 간트차트만으로는 예상치 못한 지연으로 발생하는 문제를 예측할 수도 없다. 따라서 프로젝트 관리자는 간트 차트를 활용하되 발생 가능한 문제는 조기 감지해 냄으로써 지연이 발행하지 않도록 주의를 기울여야 하고 정기적으로 팀원의 진행과정을 점검하며 일정 차질이 발생하지 않도록 해야 한다.

2.3.2 WBS

간트차트는 프로젝트의 전체 진척사항을 시각적으로 관리하는 데에는 유익하며 간트차트가 갖고있는 약한 연계고리에 대한 취약점은 WBS(Work Breakdown Structure)를 활용하여 해결할 수 있다. WBS는 업무를 단위항목까지 세분해 놓은 처리대상을 일컫는다. WBS는 팀원 개개인의 책임 범위를 파악 가능하게 하며 세부적인 시간관리까지 가능하도록 하기 때문이다. 특히 WBS 작성 과정을 통해 작업간 취약 지점을 발견하게 되기도 한다.

WBS는 프로젝트에서 수행할 업무 식별을 용이하게 한다. 이를 통해 프로젝트의 단위별 일정과 원가, 자원 요구사항 등의 식별이 가능하고 각 작업에 자원을 배정하기 위한 툴로도 활용된다. 동시에 프로젝트의 생산성을 통제하기 위한 기초이자 고객과 팀원 그리고 이해당사자와의 의사소통을 위한 문서로 활용할 수도 있다.

WBS 분할은 프로젝트 통제의 관점에 따라 다양하게 표현 가능하다. 보통은 주간 프로젝트 현황 보고서에 기술되는 항목 위주로 분할한다.

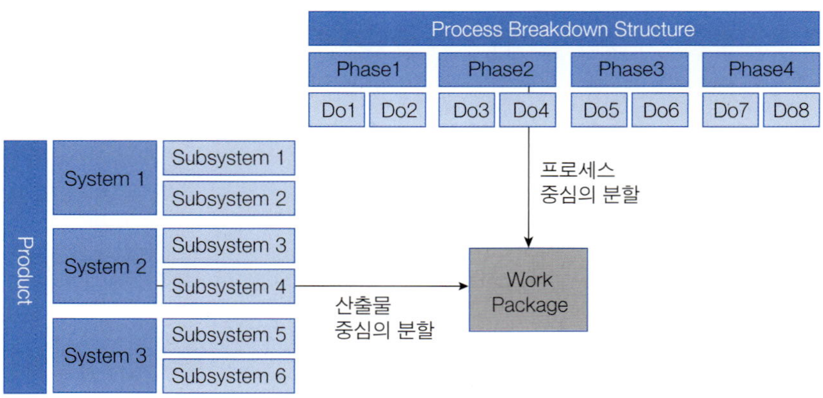

WBS는 일반적으로 다음의 조건을 만족할 때까지 분할해 들어간다.

- 1명의 담당자를 지정할 수 있는 수준

- 명확한 산출물을 정의할 수 있는 수준
- 0.5일~8일 정도의 수준
- 기간, 자원, 일정을 식별할 수 있는 수준
- 진척을 추적하고 통제할 수 있는 수준

WBS는 향후 일정, 예산의 실행품의를 위한 기준이 되므로 자원을 사용하는 모든 프로젝트 업무범위가 포함되어야 한다. 부정확한 산정보다 빠뜨린 작업들이 프로젝트 공정에 더 심각한 영향을 미치므로 누락이 없도록 해야 한다. WBS에 누락되기 쉬운 항목들은 다음과 같다.

- 프로젝트 계획수립
- 승인 절차와 과정
- 각종 회의들
- 고객, 외부와의 인터페이스
- 품질관리, 형상관리(Configuration Management)
- 프로젝트 관리 등 관리성 업무들
- 테스트 및 감리
- 교육
- 프로젝트 종료절차

WBS 에는 담당자를 배정한다. 작업 하나당 1명의 책임자를 배정한다. 책임자는 작업을 계획하고 관리하는 역할을 수행한다. 책임자가 반드시 수행자일 필요는 없다.

2.3.3 작업

작업(Task)은 WBS의 산출물을 산출하기 위한 활동단위이다. 작업간에는 작업과 작업간의 흐름과 순서가 있지만 시작일과 종료일을 고려하지는 않는다. 모든 작업은 앞으로 거슬러 올라가면 프로젝트 시작일에 연결되며 뒤로 내려가면 프로젝트 종료일과 연결되어야 한다.

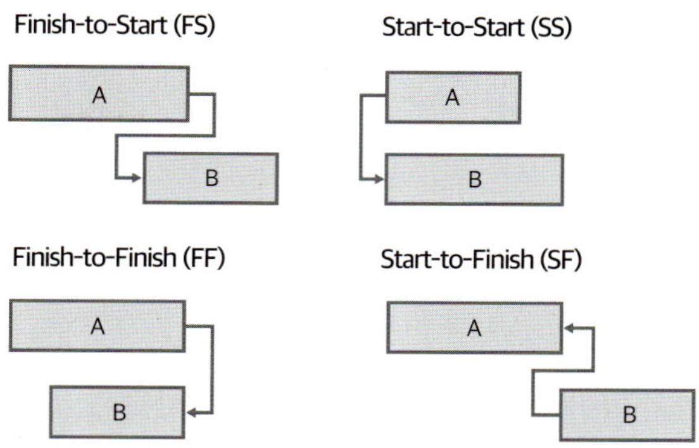

작업간의 연관관계에는 F-S, S-S, F-F, S-F의 네 가지 종류가 있다. 연관관계의 적절성은 네 가지 관점에서 점검이 필요하다.

- 모든 상세작업의 연관관계가 설정되어 있는가
- 모든 작업이 후행작업을 가지고 있는가
- 순환하는 연관관계는 없는가
- 의미없이 중복된 연관관계는 없는가

프로젝트를 수행하다 보면 작업 선후관계에서 발생하는 다음 작업을 하기까지의 대기시간이라는 것이 발생하곤 한다. 이것을 Lag라고 하고 반대로 Lead는 선행작업 종료 전에 후행작업이 먼저 시작되는 병행시간을 의미하는데 이 두 가지를 스케쥴링에 잘 반영해야 일정에 문제가 발생하지 않는다.

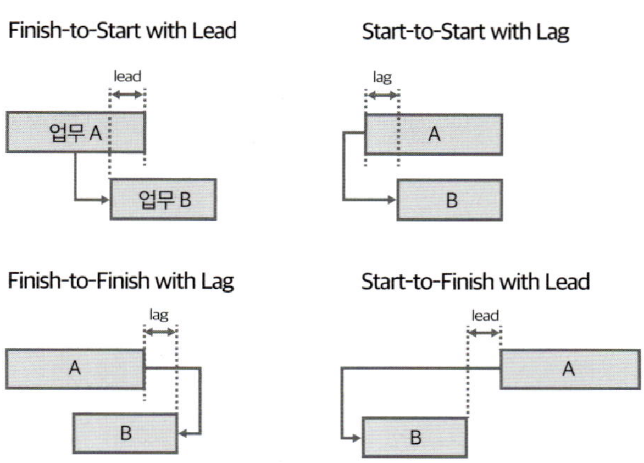

2.3.4 Work Package

측정 및 관리 가능한 WBS의 최하위 작업구성을 Work Package라고 한다. Work Package의 적정수준은 지나치게 개괄적이지도 않고 세세하게 분할되지도 않은 수준이어야 한다.

지나치게 개괄적인지는 작업의 공수, 기간, 비용을 추정할 수 있는 범위 이내이어야 하고 작업간의 연관관계 규명이 가능해야 하며 작업에 담당자 지정이 가능한 수준이어야 한다는 의미이다.

한편 지나치게 세세하지 않아야 한다는 기준은 작업이 WBS에 포함된 수준이 되어야 하고 단순한 To-Do 리스트가 아닌 일정한 공수가 투여되는 작업단위이어야 하며 실제로 실행 중에는 이 작업들에 대한 관리가 가능하여야 한다는 의미이다.

2.3.5 요주의 경로

요주의 경로란 특정한 주의가 요구되는 작업을 찾는 경로를 말한다. 요주의 경로를 제대로 이해하기 위해서는 먼저 Float와 Slack 개념에 대한 정리가 필요하다. 아래 식에서 TF(Total Float)란 프로젝트 종료일을 지연시키지 않으면서 작업이 가질 수 있는 여유시간을 말한다.

$$TF = LS - ES = LF - EF$$

또한 아래의 FF(Free Float)는 후행작업의 빠른 시작일에 영향을 주지 않고 작업이 갖는 여유시간이다.

$$FF = EF - ES$$

계획 유형	작업	소요 기간	선행 작업	9/1	9/2	9/3	9/4	9/5	9/6	ES	EF	LS	LF	Float	Critical
				월	화	수	목	금	토						
전방향	A	2d								1	2	1	2	0	Yes
역방향															
전방향	B	3d	A							3	5	3	5	0	Yes
역방향															
전방향	C	1d	A							3	3	5	5	2	No
역방향															
전방향	D	1d	B,C							6	6	6	6	0	Yes
역방향															

요주의경로(Critical Path)는 Float = 0인 작업들이 이루는 일련의 경로이다. Critical Path가 지연되면 프로젝트 종료일이 지연된다. 따라서 Critical Path는 프로젝트 관리자가 집중적으로 관리해야 하는 일정이다.

Critical Path를 도출하기 위해서는 선후관계(Dependency)가 존재하여야 한다. 모든 작업의 앞단에는 프로젝트 시작, 뒷단에는 프로젝트 종료 마엘스톤이 존재해야 한다. 작업에 시작일, 종료일을 지정하면 제약조건이 걸려서는 안되며 버퍼를 의도적으로 집어넣어도 위험해진다.

2.4 위험관리

위험관리는 프로젝트의 위험을 식별하고 분석하는 것을 말한다. 프로젝트 관리자는 위험에 대한 대응계획을 수립해야 하고 위험을 통제하고 관리하는 것은 프로젝트 관리자의 주요 책무 중 하나이다. 주요 위험인자들은 요구사항 변경을 비롯해서 자원의 부족, 기술적 인터페이스의 변경, 기술적 문제들, 비상식적인 납기, 비정상적인 계약, 핵심인력의 상실, 협력업체의 도산, 환율변동, 정치상황 변경 등 다양하다.

위험에 대한 식별은 빠를수록 좋다. 프로젝트 초기일수록 위험 대처 비용이 낮아진다. 한편 위험이 전망된다고 하여도 식별된 위험 자체는 프로젝트에 부정적인 영향을 미친다는 명확한 논리와 근거가 제시되어야 한다. 근본원인을 파악하지 못하고 피상적인 원인을 지적하는 경우는 대책수립이 어렵기 때문이다. 식별된 위험은 프로젝트가 처한 상황을 면밀하게 검토한 후에 그에 대한 명확한 진단을 통해 나온 것이어야 한다. 위험은 독립적인 것이 아니라 상호 연계되는 특성을 띄므로 우선적으로 조치하여야 하는 선행 위험이 있다면 같이 식별될 수 있어야 한다.

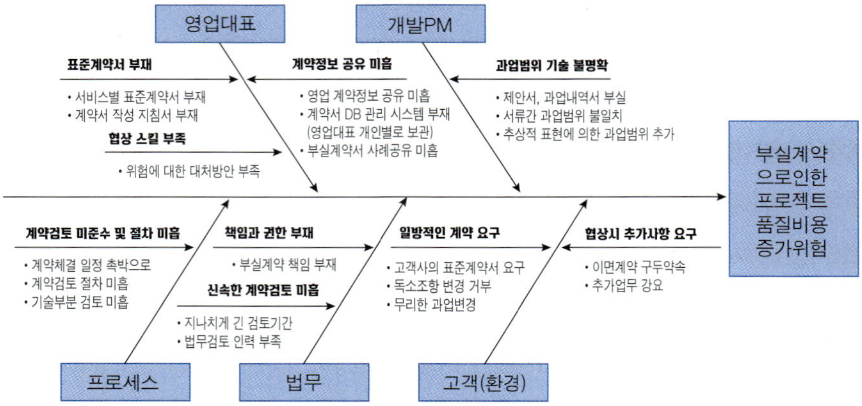

일반적인 위험 식별방법은 위험원인에서 식별하는 방법과 위험징후에서 식별하는 방법 그리고 프로젝트 진척결과로부터 식별하는 방법이 있고 인터뷰에 의한 방법, 설문조사 및 체크리스트에 의한 방법과 회의에 의한 방법 등 다양하다.

가장 일반적인 방법으로 발견되는 위험은 주로 팀원의 스킬, 요구사항의 모호성, 아키텍쳐 적합성 등이 있으며 위험징후에서 식별되는 경우는 진행되는 프로젝트 분위기를 통해 식별하는 것으로 지속적인 비생산적 회의나 팀원의 사기 저하 및 고객과의 갈등 증가 같은 이상징후로부터 문제가 식별되는 방법이 있다. 또한 프로젝트 진척결과로부터 식별하는 방법은 프로젝트 진척도 분석시 계획대비 차질이 있을 때 그 차이를 규명하면서 확인하는 방법이 있다. 한편 공정과 원가는 계량이 가능하지만 품질은 계획대비 실적을 정량적으로 분석하기 어렵다는 점에서 위험식별 대상으로 별도로 관리해야 한다.

2.5 유능한 프로젝트 관리자

주니어 PM이 유능한 프로젝트 관리자가 되어가는 과정에서 겪는 어려움 열 가지가 있다. 이에 대해 미리 숙지해 두면 프로젝트에서 겪을 시행착오를 어느 정도 줄일 수 있다.

2.5.1 문제해결 십계명

첫 번째, 팀의 비협조

팀원이 비협조적일때는 팀에 대한 자신의 관리방식을 재검토 해볼 필요가 있다. 팀원들에게 직무에 대한 통제권을 주었는지 팀원이 제기하는 주장이나 아이디어 또는 대안을 묵살하지 않았는지 되돌아 보고 팀원이 적극 참여할 수 있도록 관리방식를 개선할 필요가 있다.

두 번째, 타부서장의 지원 거부

부서원이 차출되어 타 프로젝트에 합류되는 것을 달가워할 부서장은 없다. 따라서 부서의 우선순위와 업무를 존중하겠다는 자세로 부서장을 이해시킬 필요가 있다.

세 번째, 부서 운영과 차이점

프로젝트 업무와 일상적인 부서업무는 성격자체가 다르다. 팀원이 혼선을 느끼지 않도록 잘 따라올 수 있도록 하는 리더십 역량을 길러야 하는 이유이다.

네 번째, 모호한 프로젝트 목표

간혹 경영진도 왜 하는지 모르고 PM도 프로젝트를 파악하지 못한 상태에서 추진되는 프로젝트가 생기기도 한다. 그럼에도 불구하고 업무목표에 대한 규정은 프로젝트 관리자의 몫이다. 프로젝트 관리자로서 목표를 규정하고 경영진의 의사를 확인한 후 팀원에게 공유할 수 있어야 한다.

다섯 번째, 경영진의 프로젝트 범위 변경

착수된 프로젝트를 돌이킬 수 있는 권한은 프로젝트 관리자에게 없으므로 최대한 융통성을 발휘할 수 있도록 대처한다.

여섯 번째, 비능율적인 경영진과의 커뮤니케이션

프로젝트는 경영진에게도 중요한 것임에도 경영진은 프로젝트 관리자가 그저 잘 완수해줄 것이라고 믿는 경향이 있다. 따라서 프로젝트 결과에 대한 일치된 견해를 갖기 위해 프로젝트 관리자는 경영진에게 정기적으로 보고할 필요가 있다.

일곱 번째, 일정관리의 어려움

일정에 차질이 빈번하게 발생한다면 프로젝트 관리자의 일정 관리 방법과 팀원에게 전달하는 과업 지시상에 방법상 문제가 없는지 되돌아본다. 대부분 일정상의 문제는 과업지시나 지시문서가 상세하지 않아 발생하는 것이 대부분이다.

여덟 번째, 납기의 어려움

납기를 맞추기 어려운 상황은 일정자체가 애초에 비현실적이었거나 경영진의 일방적인 일정 지정에 기인하는 경우가 많다. 이런 경우라면 반드시 경영진에게 분명히 알리고 변경을 요구하여야 하며 받아들여지지 않으면 인력지원을 더 요구할 수 있어야 한다. 기한연장이 불가피한 사유는 근거자료를 가지고 경영진을 설득하도록 한다.

아홉 번째, 지출초과로 인한 예산부족

예산은 프로젝트 관리자에게 필요한 것이자 경영진에게는 민감한 영역이다. 따라서 프로젝트 관리자에게는 상당한 주의를 기울여 예산을 감독해야 할 책임이 따른다. 특히 예산의 편차 발생은 곧바로 프로젝트 관리자의 평가로 이어지는 사안이니만큼 원인을 규명하고 사전에 예방할 수 있도록 관리에 신경을 써야 한다. 대체로 비현실적인 예산이 주어진 경우나 지출 통제의 부족 그리고 지출 예상액 산정이 미흡했던 경우가 여기에 기인한다.

열 번째, 검토 및 통제할 시간의 부족

프로젝트 관리자의 1차적 임무는 감독과 통제이다. 시간은 권한을 위임함으로써 벌 수 있다.

2.5.2 명성 획득

유능한 프로젝트 관리자가 갖춰야 할 능력은 다음과 같다.

첫 번째, 좋은 평판

목표와 기한을 준수하고 팀원을 잘 지원하며 솔선수범하는 모습을 보인다. 앞에서 설명한 프로젝트 관리기법을 잘 활용하면 좋은 평판이 따라올 것이다.

두 번째, 납기 준수

납기 준수는 경영진의 신뢰를 얻는 길이다. 부득이한 납기문제가 발생한다면 신속히 경영진에게 보고하도록 한다. 개인이 주도적으로 해결하려는 의지와 납기 준수는 다른 문제이다. 경영진과 공동 대처하려는 진지한 자세가 오히려 경영진의 신뢰를 얻는 길이다.

세 번째, 예산준수

예산은 프로젝트를 관리하는 수단이다. 지출 규모는 프로젝트 관리자의 개인평가로 이어진다는 것을 명심하자.

네 번째, 정기적인 보고

프로젝트 진행과정은 정기적으로 경영진에게 보고할 필요가 있다. 경영진 보고는 프로젝트의 성공확률을 높여준다.

다섯 번째, 갈등의 해결

아무리 사소한 충돌이라 할지라도 문제 해결 능력은 프로젝트 관리자가 갖추어야 할 능력이다. 평소에 계발한 리더십에 성실한 노력이 뒷바침 된다면 원만히 해결할 수 있다.

거듭된 프로젝트의 성공 경험은 프로젝트 관리자가 조직 내에서 성장하는 토대가 된다. 프로젝트 관리자의 위치는 부서장과는 차원이 다른 자신의 역량을 높히고 자질을 더 넓게 확장할 수 있는 발판이 된다.

03 협상기법

서비스 기획자가 프로젝트를 진행하는 동안 부딪히는 가장 큰 현실적 문제는 소통이다. 조직 내부 이해관계자들과의 커뮤니케이션, 동료 디자이너와 개발자들 사이에서의 업무협의, 고객 또는 파트너사와의 업무협상 등 소통은 기획자의 업무에서 대부분의 시간을 차지한다고 해도 과언이 아니다. 이러한 다양한 논의에 협상이론을 숙지하고 적절히 활용하면 현업에서 겪을 시행착오를 상당부분 줄이면서 상황을 미래지향적인 방향으로 리드하는데 도움이 될 것이다.

우리는 흔히 말을 청산유수처럼 잘 하는 사람을 커뮤니케이션을 잘 하는 것으로 착각하곤 한다. 그러나 협상에서는 말을 잘 하는 것도 필요하지만 그보다 더 중요한 것은 상대의 말을 잘 들을 줄 알아야 한다. 상대방이 하는 말에 주의를 기울여 경청할수록 정보를 더 획득하게 되고 궁극적으로 상대가 원하는 것이 무엇인지 알게 되면서 협상에서 유리한 고지를 점할 수 있게 된다. 말만 잘하는 협상자는 자신이나 자신이 속한 조직의 정보를 은연중에 노출하게 되면서 협상력을 잃을 수밖에 없다.

협상에 대해 사람들이 오해하는 세 가지 착각을 먼저 짚어보자.

첫 번째, 사람들은 협상시의 주변환경은 그다지 중요하지 않다고 생각하는 경향이 있다. 다시 말해 형식보다 협상의 내용 그 자체에 집중하는 것이 중요하다는 의미로 하는 말이다. 그러나 환경으로부터 직간접인 영향을 받게 마련인 것이 커뮤니케이션인 만큼 적절하지 않은 장소와 환경에서의 협상은 피하는 것이 현명한 판단일 수 있다. 특히 상대의 표정이나 몸짓을 관찰하기 어려운 환경에서의 협상은 상대가 하는 말에만 의존해야 하므로 몸짓에서만 포착할 수 있는 중요한 단서를 놓치게 될 수 있다.

두 번째, 자신이 협상 상황을 어느 정도는 컨트롤 할 수 있다는 자신감에 차 있다. 그러나 협상은 테이블 건너편의 상대방하고만 하는 것이 아니라 상대방이 속한 조직까지 상대하는 것이라는 것을 명심할 필요가 있다. 따라서 상대방의 이해관계자들도 설득의 대상이라는 점을 기억해야 한다. 협상이 어려움에 봉착하게 되는 것은 상대방보다 그가 속한 조직의 이해관계자들 때문인 경우가 더 많다.

세 번째, 협상에서 최종 결론을 자신이 이끌어 내려고 한다. 협상력은 압력을 행사함으로써 상대의 승복을 받아내는 것이 아니라 상대로 하여금 비자발적이면서도 무의식적으로 양보하도록 만드는 전략이다. 오히려 양측의 필요를 모두 만족시키는 방안을 도출해 내는 데에 관심을 두는 것이 협상자의 올바른 자세이다. 승자독식(Win-loss)게임이 아니라 최대한 서로 간의 갈등을 줄이고 해소하려는 노력을 통해 양측이 만족할 만한 윈윈(Win-win)을 이끌어 내려는 자세가 필요하다. Win-loss 자세를 갖게 되면 피자(Pizza)조각을 더 많이 챙겨 오려고 애를 쓰지만 Win-win 방향을 지향하면 피자의 파이(크기)를 더 키우는 방법을 찾게 된다.

3.1 협상이론

협상에는 여러 이론들이 있지만 휘셔-유리 협상이론 (Fisher-Ury), 레위키 협상이론(Lewicki), 죄수의 딜레마 이론 그리고 치킨게임 이론 네 가지가 대표적이다. 협상에 활용할 수 있는 대표적인 이론에 대해 알아보고 조직의 리더로서 프로젝트를 성공적으로 이끄는데 도움을 받을 수 있기를 바란다.

3.1.1 휘셔-유리협상이론

휘셔-유리(Fisher-Ury)는 상대의 협상자세에 따라 대응하는 세가지 협상유형을 설명하고 있다.

첫 번째, 강성입장(Hard Position Negotiation) 협상이다. 이것은 때때로 위협과 압력을 행사하면서 무리한 요구를 하는 협상기법으로 상대가 신뢰하기 어려울 때 활용할 수 있는 협상의 유형이다.

두 번째, 연성입장(Soft Positon Negotiation) 협상이다. 이것은 양측의 합의를 목적으로 하는 협상모습이다. 원만한 관계를 유지하면서 합의점을 모색하는 모습을 보이며 때때로 입장을 번복하기도 하지만 협상 대상에게는 한결같이 부드러운 태도를 유지하는 것으로 상대를 신뢰할 수 있을 때 취할 수 있는 협상 전략이다.

세 번째, 원칙입장(Pricipled Negotiation) 협상이다. 이해관계를 배제하고 원칙에 입각하여 하는 협상방식으로 서로 원만한 합의에 이르는 것을 목표로 하므로 공동의 이익을 추구한다. Win-Win 할 수 있는 상호이익 방안을 모색하는 것이 중요하지 관계성(Relationship)은 협상에서 분리시킨다. 상대에게는 부드럽지만 아젠다(Agenda)에서 만큼은 강경한 입장을 보이고 어떠한 압력에도 흔들리지 않는 이성에 입각하여 협의를 진행하는 협상유형이다.

3.1.2 레위키 협상이론

레위키 협상(Lewicki)은 상대에 대한 정보를 얼마나 갖고 있는가에 따라 취할 수 있는 두 가지 협상유형을 설명한다.

첫 번째, 투쟁적 협상이다. 이것은 상대에 대해 상대적으로 더 많은 정보를 갖고 있을 때 취할 수 있는 협상자세이며 승자독식(Win-loss) 또는 제로섬(Zero-sum) 게임을 추구한다. Pizza Cutting을 통해 더 많은 이익을 추구하는 양태를 보이며 정보 교환에는 소극적이어서 비도덕적이거나 기만적 술책을 사용하면서 자기주장만 하는 특징을 보인다.

두 번째, 호혜적 협상이다. 서로 상대방에 대해 갖고 있는 정보의 양이 비슷할 때 보이는 협상자세이다. Win-win 또는 Positive-sum 게임을 추구하며 Pizza cooking으로 양측이 만족할 만한 방안을 도출하는 데에 관심이 크다. 서로 정보를 공개하고 교환하는데 열려 있으며 상대방의 입장에 공감하면서 도적적이고 협조적인 협상전략을 구사한다.

3.1.3 죄수의 딜레마 이론

죄수의 딜레마(Prisoner's Dilemma) 이론은 두 죄수를 서로 떨어뜨려놓고 심리적 압박을 줌으로써 자백을 유도하는 협상이론이다. 공간적으로 떨어져 있는 두 죄수는 서로 입을 맞출 수 없기 때문에 수사관이 제시한 당근과 채찍 중에서 다른 죄수가 먼저 당근을 덥썩 문다면 자신이 받을 불이익이 커지기 때문에 결국 두 죄수로부터 모두 자백을 받아내는 수사기법에서 기인했다.

상대방의 소통을 방해하고 상대진영에 불신을 조장함으로써 합의된 방안을 도출하지 못하게 영향력을 행사하여 상대측의 내부균열로 합의안에 동의하게 하는 협상이론이다.

3.1.4 치킨게임 이론

치킨게임은 냉전시대 미 · 소 간의 군비경쟁에서 비롯된 협상이론이다. 이것은 양보하는 측이 손해를 보게 되지만 그렇다고 양보하지 않으면 더 큰 손해를 보게 되는 경우 벌일 수 있는 협상이론이다. 협상력을 강화하기 위한 전략으로 사용되며 충돌하려는 것이 목적이 아니라 상대에게 심리적인 강한 압박을 주고자 할 때 취할 수 있는 방식이다.

협상이 결렬되면 상대에게 치명적인 손실이 가해질 것이라는 확신을 심어줄 수 있을 때에만 효과가 있는 전략이며 상대에게는 협상결렬시 따르는 비용이 클 것임을 강조하면서 회유하고자 하는데 주로 사용하는 방식이다. 치킨게임 이론은 피자 나누기(Pizza Cutting)나 제로섬(Zero-sum) 협상 선상에서 최종적으로 취할 수 있는 전술이며 어느 한쪽도 양보하지 않는 경우에는 양자 모두 파국을 맞이하게 된다. 따라서 협상이 결렬될 경우를 대비하여 피해를 최소화할 수 있는 대안도 함께 마련해 두어야 한다.

3.2 성공적 협상의 5대 요건

협상에서 성공하기 위한 다섯 가지 요건이 있다. 수많은 협상사례를 통해서 검증된 내용이므로 이 다섯 가지를 숙지하고 실무에 활용하면 협상을 하는데에 도움을 받을 것이다.

첫 번째, 높은 협상목표 수립이다. 높은 기대수준은 높은 성취동기를 부여하므로 결과적으로 높은 협상결과를 만들어낸다.

두 번째, 강한 협상력 확보이다. 강력한 협상력을 갖을 때 협상의 성공확률이 높아진다. 협상력 우위를 점하게 하는 요인은 다음과 같은 방법이 있다. 우선, 협상자의 지위(Position Power)이다. 높은 지위에 있을수록 내부 이해관계자들에 대한 설득력이 높아지므로 협상 상대방에게 신뢰를 줄 수 있다. 그 다음은 상호의존성(Interdependence)으로 상대방에 대한 의존도가 높으면 협상력이 떨어지고 낮으면 올라간다. 또한 시간제약(Time pressure)으로부터 자유로울 때 협상력이 올라간다.

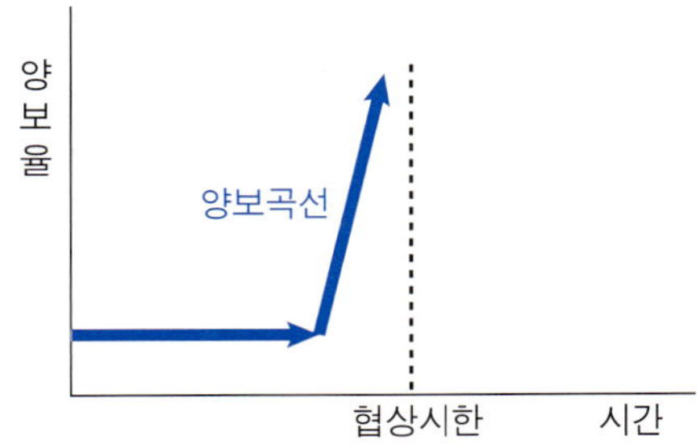

서양은 단일시간(Monochronic) 개념을 갖고 있어 동양에 비해 상대적으로 조급한 모습을 보이고 동양은 복수시간(Polychronic) 개념을 갖고 있어 상대적으로 서양인보다는 여유를 갖고 협상에 임하는 태도를 보인다는 점도 기억해 두자. 협상에서의 우위를 점하는 방법은 내부관계자의 반발(Constituencies)이다. 자신이 속한 조직의 이해관계자들을 핑계로 협상을 유리하게 전개해 나가는 것이다.

세 번째, 상대방과의 원만한 관계이다. 원만한 관계를 동양에서는 관계지향(Relationship-oriented)에서 추구하는 반면 서양은 정보와 사실지향(Fact & Information based)에서 찾는다는 점을 잘 이해하자.

네 번째, 대안(Best Alternative to a Negotiated Agreement, BATNA)이다. 합의에 도달하지 못했을 때 만약 제시할 수 있는 대안을 갖고 있다면 협상력 우위를 점할 수 있다. 즉, 상대에 대한 더 많은 정보를 갖고 있을 때 정보의 비대칭성이 협상을 유리하게 이끈다. 그런 측면에서 확보하기 위해 노력을 기울일 상대방에 대한 정보는 상대측의 협상 목적, 상대방의 장단점, 상대측의 협상전략, 상대방 내부 이해관계자들 간의 갈등, 상대가 갖고 있는 시간상의 제약 및 상대 협상자에 대한 정보 등이다.

정보를 수집하는 데에는 세 가지 원칙이 있다. 가능한 많이 수집하는 것과 믿을 수 있는 정보이어야 한다는 것 그리고 정보는 더 많은 정보를 얻어내기 위한 교환수단이라는 것이다.

3.3 협상전략

리차드셸의 4단계 협상전략과 협상에 앞서 준비해야 하는 사항에 대하여 알아보자.

3.3.1 리차드셀의 4단계 협상전략

리차드쉘(Richard Shell)은 협상에 임하는 4단계 전략을 다음과 같이 소개하였다.

첫 번째, 협상상황을 분석하여 협상전략을 수립하는 단계이다. 협상상황과 그에 따르는 협상전략에는 Lewicki-Hiam 의 R-O 모델을 참조한다. R-O 모델에서는 기대되는 성과의 크기와 기대되는 관계의 중요성에 따라 다섯 가지 협상상황과 그에 따른 전략을 밝히고 있다.

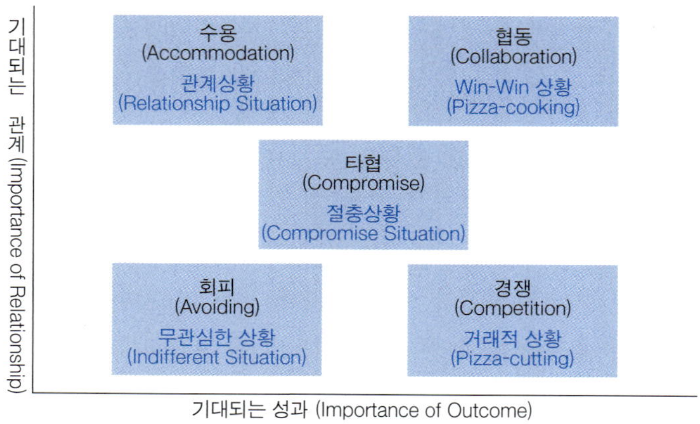

두 번째, 상호 정보를 교환하는 단계이다. 정보를 교환함으로써 상호간의 신뢰를 구축할 수 있다. 정보를 제공하는 것은 자신이 능력이 있는 협상자라는 것을 알리는 하나의 방법이다. 자신이 좋은 사람임을 알리는 것이 아니라 영향력이 있는 사람임을 인지시키는 것이 중요하다.

상대방을 이해하기 위한 질문을 하고 자신도 질문을 받으면 자신의 정보도 공개하면서 상호 정보를 교환한다. 통계에 따르면 유능한 협상가는 정보수집에 협상 성공의 비중을 38.5%로 부여했지만 미숙한 협상자는 불과 17.9%만 그 중요성을 인식할 만큼 정보의 중요성은 협상자에게도 간과되기 쉽다.

세 번째, 본협상 단계이다. 본 협상을 위해서는 협상 가능한 범위(Zone of Possible Agreement, ZOPA)를 설정하는 것이 우선적으로 해야 할 일이다. 제안을 할 때는 먼저 제안하는 것이 좋다는 것과 먼저 오픈하지 않는 것이 낫다는 두 가지 견해가 있다. 대체로 상대보다 가진 정보가 적을 때는 먼저 오픈하지 않는 것(Never first Open)이 유리하고 상대보다 정보가 많을 경우에는 오히려 먼저 제안(Anchoring)하는 것이 유리하다.

네 번째, 마무리 협상단계이다. 마무리 단계에 들어가면 상대방의 니블링(Nibbling)에 대비해야 한다. 소위 막판에 판을 흔들거나 조금 더 양보를 받아내기 위해 LMD(Last minute Demand)하려는 상대의 니블링 상황을 만날 수 있다. 니블링을 하게 되면 기대성과에서 추가로 3%~5% 정도를 더 얻을 수 있다는 연구결과가 있다. 니블링에 대응하는 방법은 자신이 가진 협상력에 비례한다. 즉, 자신의 협상력이 크면 최후의 담판 카드로 쓸 수 있지만 협상력이 약하다면 상대의 카드를 거부하는 것도 고려할 수 있다.

상대의 니블링에 대한 수용여부는 호혜원칙을 따르는 것이 보편적이다. 자신은 양보(Low ball)을 했는데 상대가 강한 요구(High ball)를 한 상황이라면 수용시 오히려 손실규모가 더 커지게 된다. 따라서 그동안의 협상과정에서 상대가 협조적이었는지 아니면 술책을 부렸는지를 보고 판단하면 된다.

3.3.2 협상 준비 전략

협상에 앞서 가장 먼저 해야 일은 상대방이 무시할 수 없는 사람을 협상자로 선정하고 이후에 아젠다를 선정한 후 ANT와 해결방안 및 대안을 수립한 후에 다양한 협상전략을 준비하는 것이다.

아젠다 선정

아젠다 간에는 순서를 정할 필요가 있다. 협상과정에서 바뀔 수 있더라도 기본적인 순서는 미리 정해 두는 것이 좋다. 순서를 정할 때는 크레센도(점강) 접근법과 디크레센도(점약) 접근법이 있다. 크레센도 접근법은 난이도나 민감도에 따라 신뢰기반이 쌓여야 합의할 수 있는 어려운 과제는 가급적 뒤쪽에 배치하는 방법이다.

아젠다는 사전에 철저한 준비가 요망된다. 안건은 분명히 정하고 요구사항은 명확히 기록해 두도록 한다. 질문 리스트는 갖고 있으면 협상 테이블에서 긴요한 협상 이정표로 사용할 수 있다. 내용을 잊지 않기 위해서 필요하기도 하지만 리스트를 갖고 있어야 돌발상황에 대응할 수 있는 여유가 생긴다.

아젠다에는 제공할 수 있는 정보를 미리 분류해 둔다. 여기에는 공개된 정보, 개인정보, 전략정보, 비밀정보 등이 있는데 어떠한 것이 되었든 반드시 상대방을 설득하는데 효과적인 것으로 준비 되어 있어야 한다. 제공하는 정보는 상대방에게 있어 우리측 협상자의 동기를 이해하는데 도움이 되며 호혜적 원칙에 따라 상대방의 정보를 얻기 용이한 단서로 활용할 수도 있다. 한편 정보는 적절한 시점에 교환되어야 가치가 있는데 시기가 부적절한 경우 자칫 결렬의 배경이 될 수도 있으니 타이밍을 잘 조절할 필요가 있다. 또한 협상장소는 협상 성과에 결정적인 역할을 하기도 하므로 상대의 준비가 미흡하다고 판단되면 협상을 연기하는 것도 한 가지 방법이다.

협상툴 준비

협상툴을 ANT(ACE Negotiation Tool)이라고 한다. 행동(Action)과 인식(Cognition) 그리고 감정(Emotion)을 기반으로 한 도구(Tool)를 우리측과 상대방에 대한 내용으로 갖추어 둔다.

ANT 준비

행동(Action)의 종류로는 내기(Bet), 안건 더하기(Add), 안건 쪼개기(Chop), 교환하기(Exchange)가 있고 인식(Cognition)에 대해서는 BATNA를 파악하고 우리측의 제안을 받아들일 수밖에 없는 논리와 근거로써 Anchor 를 마련한다. 감정(Emotion)항목에서는 우리측 협상자에게 좋은 감정을 갖도록 서로 비슷한 점(Mirroring Point)을 찾는다.

<table>
<tr><th colspan="3">구분</th><th>우리측</th><th>상대측</th></tr>
<tr><td colspan="3">안건 (Agenda)</td><td></td><td></td></tr>
<tr><td colspan="3">요구 (Positon)</td><td></td><td></td></tr>
<tr><td rowspan="5">행동</td><td rowspan="2">욕구(Needs)</td><td>내가 던질 질문</td><td></td><td></td></tr>
<tr><td>고려해야 할 히든 메이커</td><td></td><td></td></tr>
<tr><td rowspan="3">창조적 대안
(Creative Option)</td><td>내기 걸기 (Bet)</td><td></td><td></td></tr>
<tr><td>더하고 쪼개기 (Add / Chop)</td><td></td><td></td></tr>
<tr><td>우선순위에 따라 교환하기 (Exchange)</td><td></td><td></td></tr>
<tr><td rowspan="6">인식</td><td colspan="2">객관적 기준 (Standard)</td><td></td><td></td></tr>
<tr><td rowspan="2">BATNA</td><td>현재</td><td></td><td></td></tr>
<tr><td>개발</td><td></td><td></td></tr>
<tr><td rowspan="3">Anchor</td><td>첫제안 (Initial offer)</td><td></td><td></td></tr>
<tr><td>최종제안 (final Offer)</td><td></td><td></td></tr>
<tr><td>논리와 근거 (L&G)</td><td></td><td></td></tr>
<tr><td rowspan="2">감정</td><td colspan="2">미러링 포인트 (Mirroring Point)</td><td></td><td></td></tr>
<tr><td colspan="2">안건 진행 순서</td><td></td><td></td></tr>
</table>

해결방안 및 대안

협상을 진행하다보면 어려운 난제에 부딪히곤 한다. 이때 상호간의 동기를 충족시키고 양측이 지지할 수 있는 방안을 찾는 다섯 가지 패턴이 있다.

첫 번째, 내기 걸기이다. 서로 갖고 있는 정보가 다르다는 것이 확인되었을 경우 자신이 믿는 쪽으로 내기를 거는 것이다. 자신이 확보한 정보가 참이라는 확신이 선다면 당장은 손해를 입더라도 결과적으로 이익으로 돌아올 것이고 자칫 정보가 틀린 것이라면 큰 손해를 볼 수도 있다. 상대의 요구를 먼저 들어주는 것이므로 풋백 옵션(Put Back Option)을 같이 건다. 즉, 이번에는 우리측이 먼저 양보할테니 다음에는 상대측이 어떠한 행동을 하기로 미리 동의를 받아두는 것이다. 내기를 걸면 그 자체가 상대에게는 설득력있게 받아들여진다. 한편 내기걸기는 상대가 믿을 만한 사람인지 확인할 필요가 있을 때에도 활용할 수 있다. 상대방이 동의하면 상대가 한 제안을 신뢰할 만한 것으로 볼 수 있고 거부한다면 신뢰하기 어려운 제안으로 받아들이면 되기 때문이다.

두 번째, 룰을 바꾼다. 양측에서 누군가는 손해를 보아야 하는 상황에 직면했을 때 룰을 바꾸면 답이 보일 수 있다. 만일 공평하지 않다는 것이 이슈가 된 상황이라면 기준을 상대가 세우게 하고 결정은 우리측이 하는 것으로 합의를 볼 수도 있다.

세 번째, 파이를 키운다. 현재 문제가 되는 안건에 대해서만 해결책을 구하려고 하지 않고 여기에 추가적인 안건을 더함으로써 보다 큰 시야에서 문제를 보려는 시도이다.

네 번째, 이슈를 쪼갠다. 상대의 제안을 수용할 수밖에 없을때 우리측의 피해를 최소화 할 수 있는 방법이다. 예를 들어 상대의 요구를 전적으로 모두 수용하는 것 보다는 조건을 제시함으로써 일부만 수용하고 빠질 수 있는 퇴로를 마련하는 것이다.

다섯 번째, 교환한다. 정보는 상대적이다. 갖고 있는 정보가 자신에게는 중요하지 않지만 상대에게는 긴요한 것일 수 있고 그 반대인 상황도 있을 수 있다. 다시 말해 내게 중요한 정보라고 해서 상대에게도 긴요한 것은 아닐 수 있고 내게 하찮은 것이 상대에게는 중요한 단서가 될 수도 있다는 점을 기억하고 중요도를 다르게 보는 정보를 가지고 있음으로써 교환가치를 키우는 방법이다.

3.3.3 도덕성 전략

상대방이 비도덕적으로 나올 때 대응할 수 있는 전략이 도덕성 전략이다. 대표적인 것이 Raiffa의 딜레마이다. 이것은 모두가 비도덕적으로 행동할 때, 나 자신만 청렴하면 손해 규모가 커질 수밖에 없다는 데에서 오는 도덕적 딜레마이다. 손해를 보지 않기 위해서는 같이 비도덕적이어야 할 수도 있다는 것으로 해석될 수 있기 때문이다.

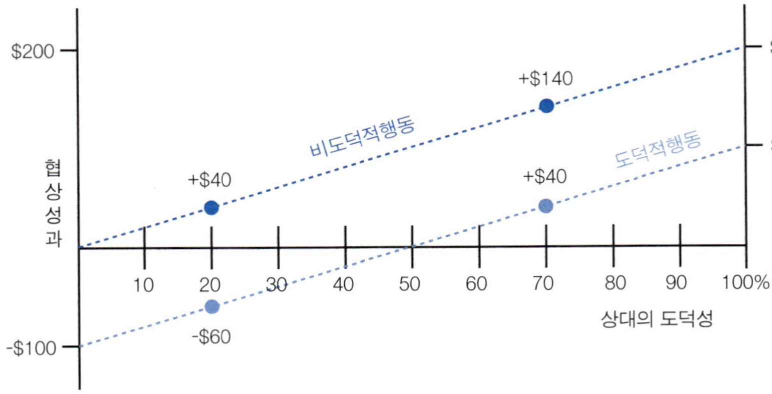

조사에 따르면 의도적으로 거짓말을 하는 이유가 상대의 거짓말을 맞대응 해야 하기 때문이라는 것이 43%로 가장 높았고 거래협상, 개인적 이득, 곤경 탈출, 생사 협상, 평판 무시, 약한 협상력, 혐오, 고정파이의 상황 등이 그 뒤를 따르고 있다.

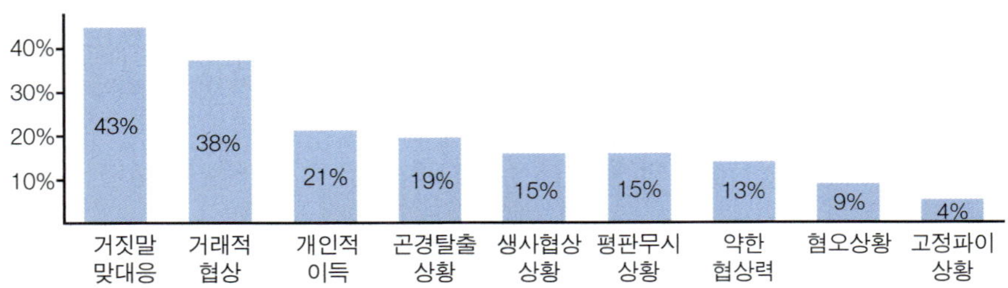

3.3.4 기만적 협상전략

상대방을 기만하는 것을 기만적 협상전략이라고 한다. 우선 벼랑끝 협상(Brinkmanship) 전략과 선제공격(Unconditional Move Strategy) 전략은 많이 들어보았을 것이다. 이 전략은 북한이 많이 쓰는 외교전략이다. 그 밖에 위협전략은 보복을 하는 것이 아니라 보복위협을 하는데 목적을 둔 전략이고 미끼협상(Decoy) 전략은 원하는 것을 얻고자 다른 요구조건을 넣음으로써 상대방이 방심하는 틈을 타 원하는 것을 얻어내는 전략이다. 지연(Delay) 전략은 협상력이 부족할 때 쓰는 약자의 전략이며 악역과 선역(Bad guy Good guy) 전략은 선과 악 두 역할을 나누어 상대방의 수용을 얻어내는 전략이다. 또한 양의 탈을 쓴 늑대(Belly-Up) 전략은 원하는 것을 얻기 위해 어리숙한 협상자인 척하는 전략이며 원칙합의(Agreement in Principle) 전략은 의제가 다루기 힘들 만큼 복잡해졌을 때 원칙으로 돌아가는 전략이다. 끝으로 손발 묶기 전략(Lock-in tactics)은 자신이 속한 조직의 이해당사자들의 강경함을 들어 상대측이 양보해 줄 것을 요구하는 전략이다. 한편 상대의 기만적 술책이 확인되었을 때는 그들의 술책으로부터 우리측 협상자를 분리시키고 스트레스를 당하는 상황을 명백히 거부할 수 있어야 한다.

3.3.5 로비전략

우리나라에서는 로비(Lobby)라는 말 자체가 부정적인 뉘앙스를 풍기지만 국제사회에서는 용인되고 있는 정상적인 협상활동이다. 로비를 할 때에는 상호주의적으로 접근해야 하며 예의를 갖추고 적극적으로 활동하되 상대방의 문화와 가치사슬에 대한 전문적 이해가 필수이다.

3.4 협상자가 갖춰야 할 자질

협상자가 갖추어야 할 자질에는 네 가지가 있다.

첫 번째, 학습능력이다. 협상경험의 많고 적음보다 협상을 하고 난 후에 협상을 복기하며 학습하는 것이 자신의 협상능력을 높이는 가장 좋은 방법이라는 연구결과가 있다.

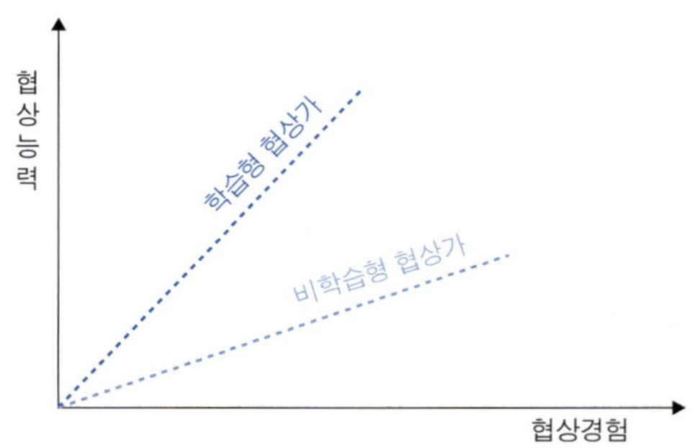

두 번째, 리더십 자질로서의 의사소통 능력은 상대에 대한 이해가 바탕이 되었을 때 강화된다.

세 번째, 듣는 기술이다. 유능한 협상가는 위대한 경청가이다. 들을수록 정보를 더 많이 얻게되고 정보의 비대칭성으로 인해 협상에서 유리한 입지에 설 가능성이 커진다.

네 번째, 감정 통제 능력이다. 자신의 감정을 직시하고 상대의 감정도 관찰하면서 적절한 범위내에서 감정을 표출할 줄 알아야 한다. 상대가 격해지면 감정을 다 표출할 때까지 기다려 주는 것이 좋고 양측이 모두 감정이 격해진 상황이라면 상호 냉각기를 갖는 것이 현명한 대처자세이다. 감정이 격해지더라도 문제와 사람을 분리해서 상대방에게는 예의를 다하도록 한다.

3.5 협상 십계명

협상자가 알고 있어야 할 협상 십계명이다. 프로젝트 관리자로서 숙지하고 있으면 협상에 활용하기 유익한 내용이다.

첫 번째, 협상경험을 통해 학습하라. 학습할 것은 협상전반에서 배운 점, 나자신에 대해 알게 된 점, 나 자신의 강점과 단점, 협상기술 향상을 위해 앞으로 습득해야 할 것 그리고 자신이 협상한 상대에 대한 분석 등이다.

두 번째, 내 입장만 주장하지 말라. 협상에서 해서는 안 될 금기어가 있다. 해결책은 이것 하나 뿐이니 동의하던가 그렇지 않으면 더이상 여지가 없다라는 따위의 말들이다. 이것은 협상비용을 증대시키고 협상을 교착상태에 빠뜨린다. 또한 관계를 악화시키고 협상을 결렬시킬 수 있으며 상대방이 비록 양보하더라도 상대방과의 관계가 단절 될 수 있다. 경우에 따라서는 체면을 잃은 상대방이 다음 협상시에 보복을 가해 올 수도 있다.

세 번째, 협상은 경쟁이라는 의식을 버려라. 모든 협상이 상대를 적으로 간주하거나 상대를 불신하는 데서 시작하는 제로섬(Zero-sum)게임은 아니다. 그러한 자세로 협상에 임하다보면 불쾌한 분위기를 조성하게 되고 긴장과 마찰로 파트너십이 붕괴되는 어려움을 겪을 수 있게 된다.

네 번째, 절충하려 하기보다는 문제해결에 집중하라. 주고받기(Give & Take)로 대립을 피한다고 해서 그것이 항상 바람직한 결과를 낳지는 않는다. 피하려고 하지 말고 쌍방의 문제를 해결하는데 초점을 맞추면 서로 가치를 창출할 수 있는 지점을 발견하면서 상호 이익을 크게 만들 수도 있다.

다섯 번째, 인정에 휩싸이지 말라. 인정에 빠지면 협상전략이 약해질 수 있다. 이것은 직감형 협상자일수록 빠지기 쉬운 함정으로 인간관계를 위해 협상을 양보하는 것은 있어서는 안될 자세이다. 사람에게는 부드럽게 대하되 문제에는 진지해야 하는 것이 협상자가 지녀야 할 태도이다.

여섯 번째, 미래의 협상도 같이 생각하라. 이번 협상이 끝이 아니라는 사실을 기억하라. 당면한 협상 하나만 생각하면 자칫 좋지 않은 평판에 직면하게 될 수도 있다. 따라서 멀리 내다보고 건설적이고 신중하게 행동하도록 하라.

일곱 번째, 해결책은 하나뿐이라는 덫에 빠지지 말라. 협상은 유일한 합의점으로 나아가는 것이 아니라 가능한 한 모든 해결책 중에서 최선의 합의를 도출하는 것이다.

여덟 번째, 권위를 앞세우지 말라. 협상 우위에 있을 때 독단적인 행동을 할 수가 있다. 권위가 크면 자신의 행위에 대한 합리성과 정당성에 대한 책임도 커지는 법이다. 상대방에게 영향력을 행사하기 전에 정당성을 먼저 설명하도록 하라.

아홉 번째, 의로움의 덫에서 탈출하라. 자신에 대해 갖는 다음의 생각들은 착각일 수 있다. 즉, 나는 정확하고 명확하다. 개방적이고 공평하다. 신중하며 좋은 합의를 이끌어내기 위해 노력한다. 새로운 상황의 적응력이 뛰어나다 같은 류의 생각이다. 또한 상대에 대해서는 상대는 나를 괴롭히려 문제를 복잡하게 만든다. 의도를 갖고 정보를 감춘다. 타당한 몫 이상을 요구한다. 지나치게 절차를 들먹이면서 지연전술을 쓴다. 말을 자주 바꾸고 취소한다 등의 인식을 가질 수가 있는데 대개의 경우 자신이 착각하고 있는 것이다.

열 번째, 협상 마니아가 되지 말라. 모든 것이 협상 가능한 것이 아니다. 협상 가능한 것만 협상의 대상이지 아닌 것은 아닌 것이다.

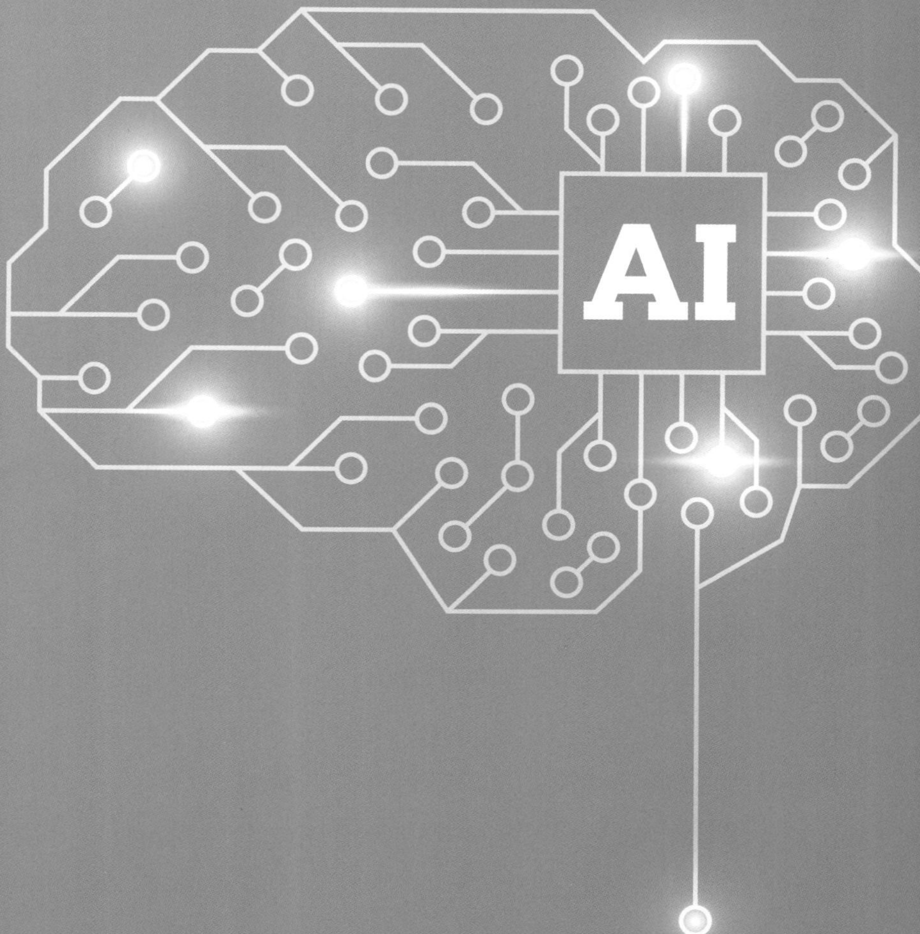

CHAPTER 04

빅데이터와 인공지능

01 빅데이터 개요

오늘날 빅데이터는 전 산업부문에서 활발히 활용되고 있다. 빅데이터는 인공지능 기술의 비약적 발전 속에서 4차 산업시대의 신재생 에너지로 평가받으면서 사회와 기업, 정부 및 공공 영역에서 새로운 비즈니스 기회를 창출하는데 활용되고 데이터 중심의 의사결정 등에 활용되는 등 그 이용가치가 점점 더 높아지고 있다.

지난 2022년 3월 20차 대선 정국을 바라볼 때 여야의 선거운동 과정에서 선거캠프별로 빅데이터 분석을 기반으로 한 민심 동향 및 여론추이 분석 등을 선거전략에 반영하는 것은 각 당이 가장 중요하게 모니터링 한 핵심 의사결정 요인 중 하나였을 뿐만 아니라 특히 포털과 여러 커뮤니티에 올라오는 엄청난 규모의 댓글들은 텍스트 마이닝을 통해 지지층과 부동층의 감성을 분석하고 민심의 향방을 모니터링 하는데 활용되는 등 빅데이터 분석은 선거전략에도 깊숙이 이용 되었다.

빅데이터는 정형데이터를 대상으로 한 분석 뿐만 아니라 요즈음은 특정한 포맷에 얽매이지 않는 댓글이나 의견 같은 비정형 데이터도 분석 영역 안으로 들어오면서 데이터 분석 방법론과 기법은 오늘날의 자연어처리(Natural Language Processing, NLP)를 넘어 생성형 인공지능인 Chat GPT 기술로까지 비약적으로 발전하고 있다.

제3의 물결과 4차 산업혁명을 거치며 어느새 메타버스 시대로 진입하려는 오늘날 기술 문명의 요체는 흔히 ICBM으로 비유되기도 하는데 ICBM은 사물인터넷(IoT)과 클라우드(Cloud) 그리고 빅데이터(BigData)와 스마트폰(Mobile)의 이니셜을 의미한다.

오늘날 ICBM기술은 전 산업부문에 흡수 활용되면서 사회의 각계 각층과 각종 산업의 급변하는 경영환경에 생명력을 불어넣어 주고 있는데 그 중심에 BigData가 자리하고 있고 이 빅데이터 분석 기술은 인공지능(Artificial Intelligence, AI)과 뗄래야 뗄 수 없는 깊은 관계를 갖고 있다. 빅데이터(BigData)가 없는 인공지능의 예측 기술은 신뢰도를 인정받기 어려우며 인공지능의 높은 예측전망에 없어서는 안될 필수불가분의 요소가 빅데이터이기 때문이다.

미국 시사주간지 타임즈(Times)는 2012년도에 한 온라인 쇼핑몰 업체가 여고생 딸에게 임산부용 팜플렛을 보낸 것에 대에 격분한 한 아버지의 일화를 기사로 다룬 적이 있었다. 어린 자녀에게까지 임신부를 대상으로 하는 육아용품 판촉을 무분별하게 배포한 업체에 대해 심기가 불편했던 그 학부모는 쇼핑몰 업체를 상대로 강한 항의를 했었는데 자녀의 임신 사실이 실제였음이 이튿날 드러난 것이다. 반전이 아닐 수 없다. 그러다면 온라인 쇼핑몰 업체는 어떻게 부모 보다도 먼저 자녀의 임신 사실을 알아차릴 수 있었고 판촉물까지 보내게 되었는가가 당시 타임즈가 다룬 기사의 취지였다.

쇼핑몰 업체는 로그인한 고객이 어떤 성향의 상품을 주로 둘러보았는지, 어느 상품 카테고리에 오랫동안 머물렀는지, 재방문시에는 이전의 동일한 클릭 스트림을 타고 들어왔는지 등 고객 유입 경로를 다양하게 탐색하면서 최근 몇 개월에 걸쳐 임신관련 코너에서 한 유저의 육아용품에 대한 검색 빈도가 높아지는 것을 탐지하게 되었고 임신 예측 지수를 계산해 가임일 가능성이 매우 높다고 판단하여 출산 맞춤형 팜플렛을 보내었다는 것이다.

이 사례는 데이터마이닝이라는 분석기법을 통해 데이터 흔적을 분석하면 유저의 성향과 경향을 심지어 친구나 가족보다도 먼저 알 수 있을 뿐만 아니라 나아가 미래를 예측하는 데에도 도움을 줄 수 있다는 점과 그 기술의 원천이 바로 빅데이터임을 시사하고 있다.

빅데이터(Big Data)는 말 그대로 커다란 데이터를 말한다. 엑셀등을 이용해서 관리할 수 있는 정도의 소량 데이터는 빅데이터 분석 대상이라고 하기 어렵다. 그렇다면 어느 정도의 데이터를 빅데이터라고 할 수 있을까. 빅데이터는 3V 요건을 갖춘 데이터이어야 한다는 것이 학자와 전문가들의 공통적인 견해이다. 3V는 규모(Volume), 다양성(Variety) 그리고 속도(Velocity)를 의미한다. 즉 데이터의 규모가 충분히 커야 하며 데이터의 유형이 다양하고 데이터의 처리속도가 빨라야 함을 의미한다.

1.1 규모(Volume)

엑셀로 읽어 들이는 CSV 등의 텍스트 파일 사이즈는 기껏해야 몇 십 MB 정도에 그친다. 빅데이터가 10개 동의 아파트를 지을 수 있는 모래의 양이라고 한다면 이정도의 텍스트 데이터는 한주먹으로 쥘 수 있는 모래 정도 밖에 되지 않으며 보통 100테라(Tera Byte)는 되어야 빅데이터라고 할 수 있다는 견해를 갖고 있는 학자도 있다.

물론 수십 기가(GB)나 테라(TB)를 넘어선 1,000테라인 엑사(Exa), 제타(Zetta), 요타(Yotta)단위의 빅데이터도 존재한다. 유튜브나 넷플릭스 등의 클릭 로그 데이터만 하더라도 거대한 데이터가 되고 신용카드사의 결재내역도 실시간으로 쌓이는 트랜젝션 양만 보더라도 만만치 않다. 이러한 빅데이터는 일괄(Batch)로 분석하기도 하지만 도메인(Domain)에 따라서는 실시간으로 분석할 수도 있어야 적시에 의미있는 정보를 추출해낼 수 있게 된다. 이를 용이하게 하는 빅데이터 분석툴인 파이썬, R과 같은 언어를 활용한 다양한 분석기법과 예측 알고리즘이 지속적으로 발표되고 있다.

1.2 다양성 (Variety)

빅데이터의 종류는 크게 정형 데이터와 비정형 데이터 두 가지로 나뉜다. 정형 데이터는 정해진 포맷이 있는 구조화된 데이터(Structured Data)로 엑셀 같은 테이블 형태로 표현되며 오라클(Oracle) 같은 관계형 데이터베이스(Relational Database, RDB)가 정형 데이터를 주로 취급한다. 이와 같이 데이터의 형태를 규정할 수 있거나 특정한 포맷으로 수집할 수 있는 데이터를 정형 데이터라고 한다.

비정형 데이터는 포맷이 정형화되어 있지 않은 형태의 데이터이다. 웹 서핑(Web Surfing)에서 접하는 무수한 정보들은 포맷이 일정하지 않다. 웹사이트를 크롤링(Crawling)하여 정보를 추출하는 경우 특정한 포맷으로 규정되어 있지 않기 때문에 일률적인 포맷의 엑셀이나 관계형 데이터베이스(RDB)로는 데이터 로딩이 불가능하다. 카톡으로 오가는 문자나 SMS, 개인마다 편한 포맷으로 주고받는 이메일, 블로그와 커뮤니티에는 다양한 어투 및 댓글로 소통하는 의견들로 가득하다. 이미지나 사진 및 영상 등도 모두 획일화된 포맷이 아닌 비정형 데이터(Unstructured Data)이다. 이러한 비정형 데이터를 저장하는데 사용되는 데이터베이스는 MongoDB 같은 NoSQL(Not Only SQL)계열의 DB들이다.

오늘날과 달리 빅데이터 분석이 이루어지던 초기에는 주로 정형 데이터분석에 그 활용성의 초점이 맞춰져 있었으나 최근에는 비정형 데이터에 대한 분석도 이루어질 만큼 빅데이터 분석에 대한 연구가 활발히 이루어지고 있다.

1.3 속도 (Velocity)

빅데이터의 규모와 처리속도는 반비례한다. 규모가 큰 빅데이터일수록 처리속도는 줄어들고 분석에 소요되는 시간은 늘어난다. 이를 개선하기 위한 일환으로 시작된 구글(Google)의 데이터 분산저장 및 병렬처리 방법론과 하둡(Hadoop)의 인프라 스트럭쳐는 빅데이터 산업의 표준으로 자리잡았고 이러한 시스템 구성 방식은 산업계 전반에서 널리 응용되고 있다.

페이스북 등의 라이프 로깅 서비스들은 로그 기록과 친구맺기 또는 인맥설정에 따른 데이터분석을 실시간으로 처리해 주고 있고, 온라인 쇼핑몰은 테라 바이트 수준의 클릭뷰가 초당 몇만회씩 발생할지라도 빅데이터 분석기법을 통해 고객이 체류(Lock-in)하는 동한 발생한 행위(Behavior)에 따라 실시간으로 맞춤형 추천서비스를 생성하여 제공할 정도로 바야흐로 빅데이터 처리기술은 빠른 속도로 발전하고 있다. 오늘날 우리가 누리는 취향이나 선호에 따라 채널을 추천해주는 유튜브나 맞춤형 쿠폰 발행 서비스 등은 분산처리 기술이 발전하지 않았다면 접하기 어려웠을 것이다.

다가오는 미래는 새로운 경제가치를 창출하기 위해 제4차산업시대 기술인 빅데이터 활용이 점차 중요해지는 시대이다. 한편, 빅데이터 중심으로 변화를 예측하는 인공지능기술은 우리나라 뿐만 아니라 각국 정부들이 앞다투어 적용하고 고도화 시키고 있는 분야이다. 이에 따라 3V 빅데이터를 관리하고 조직하며 분석하는 데이터 과학자와 인공지능 서비스 기획자에 대한 수요는 앞으로 더욱 커질 것으로 전망된다.

인공지능 서비스 기획자의 주요 소통(Communication)대상자는 빅데이터 분석가와 인공지능 개발자들이다. 이들과 함께 데이터에서 발견한 유의미한 가치를 신규 서비스나 새로운 사업기회 창출로 연결하는 전문가들이 있다면 이들이 바로 인공지능(AI) 서비스 기획자라고 할 수 있다. 따라서 빅데이터 과학자들과 개발자들이 항상 들여다보며 연구하는 빅데이터에 대한 이해는 다른 서비스 기획자들과 달리 인공지능 서비스 기획자에게 요구되는 매우 중요한 자질이라고 할 수 있다.

인공지능 서비스를 기획하려는 독자들은 본 도서를 통해 산업 부문별로 빅데이터를 어떻게 활용하고 있고, 도메인들은 무엇에 관심을 두고 있으며 기업 내에서는 어떻게 빅데이터를 다루고 있는지 알게 될 것이다. 아울러 빅데이터의 플랫폼은 어떻게 구성되어 있고 어떤 데이터 마이닝 기법들을 데이터 과학자들이 활용하고 있는지에 대한 이해의 폭도 넓힐 수 있게 될 것이다.

만일 독자가 분석된 수치 데이터를 시각화하여 이해관계자 또는 의사결정권자에게 인사이트를 담아 제시할 줄 안다면 기획자가 갖추어야 할 핵심 역량들 중 하나를 이미 갖춘 것이나 다름없다. 그런 점에서 빅데이터의 시각화는 아무리 강조해도 지나침이 없다.

또한 독자들은 이번 장을 통해 빅데이터가 4차산업 시대에 전 산업부문에 걸쳐 일하는 방식을 어떻게 바꾸어가고 있고 서비스 기획자에게 얼마나 커리어 측면에서 절묘한 기회를 제공하고 있는지를 보게 될 것이며 급변하는 시대가 서비스 기획자에게 기대하는 자질은 무엇인지 알게 될 것이다.

1.4 데이터 과학자

데이터 과학자는 빅데이터를 들여다보면서 거기서 특징점을 찾고 수학적 계산과 통계 및 인공지능 알고리즘 등을 이용하여 특정한 패턴을 발견해 내는 전문가이다. 분산저장, 분산처리에 대한 기술을 이해하고 정형 또는 비정형 데이터 마이닝에 익숙한 이들에 대한 수요는 앞으로 더욱 높아질 것이며 단순히 빅데이터 분석능력만이 아닌 기획자와 긴밀히 소통하며 시각화를 통하여 그 의미를 설명 또는 설득 할 수 있는 인문학적 소양도 겸비한다면 데이터 과학자의 자질로는 금상첨화일 것이다.

1.5 빅데이터에 대한 사회적 관심

빅데이터에 대한 효용과 가능성이 증명되면서 다양한 분야에서의 빅데이터 응용 사례들이 생겨나고 있다. 특히 빅데이터 분석이 사회적으로는 집단지성의 향방을 예측할 수 있는 기회를 제공하고 있고 그로부터 시계열적으로나 분류기법 측면에서 유의미한 정보를 획득할 수 있게 한다. 오늘날 기계학습(Machine Learning)은 인간의 두뇌활동을 묘사한 인공신경망 기반으로 동작하는데 기계학습의 한 분야인 딥러닝(Deep Learning)은 쇼설미디어에 쌓이는 라이프 로깅 데이터를 분석하여 인간의 감성을 읽어내기도 하고 이미 음성 인식 및 자동 번역 등에서 높은 성능을 보이고 있다.

1.6 기업의 관심

기업들은 경영활동에 빅데이터를 활발히 활용하고 있다. 빅데이터 분석을 통해 업무생산성을 높이는 한편 빅데이터에서 추출한 유의미한 단서를 경영의사결정에 반영하고 있다. 또한 고객이 일으키는 트랜젝션(Transaction) 데이터를 분석하여 새로운 서비스를 기획하거나 그곳에서 얻은 인사이트를 기반으로 신규 사업기회를 창출하기도 한다.

이것이 가능하도록 각 기업들은 각자 내부에 축적하고 있던 데이터를 빅데이터로 활용하려는 데이터 구성을 서두르는 한편 다양한 센서를 활용해 수집된 IoT 데이터로부터 유의미한 정보를 획득하려는 노력을 병행하여 기울이고 있다. 비단 사내 데이터 뿐만 아니라 공공데이터 확보 노력도 병행하면서 데이터 과학자와 인공지능 서비스 기획자를 채용 또는 양성하는 인사적인 노력도 꾸준히 기울이고 있다.

이는 기업들이 앞으로 기업의 사활이 데이터를 얼마나 잘 활용하느냐에 달려 있음을 깨닫고 있기 때문이며 4차산업시대에 기업 경쟁력의 원천은 바로 빅데이터라는 사실을 체감하고 있기 때문이다.

1.7 정부의 관심

정부와 지자체는 공공 데이터를 민간에 공개했을 때 얻을 수 있는 국가적 효익이 높다는 것을 인식하고 있다. 이를 위해 정부에서는 다양한 공공 데이터를 공개하고 있고 민간에서도 이를 활용한 서비스를 제공하면서 새로운 가치를 창출하고 있다.

그 대표적인 사례가 서울시의 심야버스 노선정책이다. 운행버스에 장착한 센서들로부터 수집된 시간대별 데이터와 요일별 데이터 등을 시계열 분석하는 동시에 계절과 날씨 및 기온과의 상관관계를 분석하여 거기서 나온 유의미한 단서들을 조합하여 심야버스의 배차간격을 조절하고 심지어 노선 및 동선을 효율화 하는 서비스는 공공 데이터의 공개와 더불어 실시간 빅데이터 분석이 가능했기에 구현 가능한 서비스이다.

또다른 사례로 국민건강 주의예보 서비스는 환절기에 연령대별 그리고 생애주기에 따른 예방의학 차원의 정보서비스를 제공하고 있는데 비근한 예로는 의약품 안전성 조기경보 서비스 같은 공공 데이터를 활용한 정부 주도 서비스 등을 예로 들 수 있다.

보건의료 측면에서는 심실 부정맥 예측이라던가 입원병상 최적화 어플리케이션 등을 예로 들 수 있고, 전국의 점포위치와 거래규모 빅데이터를 민간에 오픈하여 어떤 사업이 어느 지역의 니즈(Needs)에 부합하는지 등의 소상공인 창업 위치 지원 서비스 등도 대표적인 공공데이터를 활용한 서비스 사례라고 할 수 있다.

1.8 공공의 관심

지자체나 기상청 또는 금감원 등 정부부처도 빅데이터를 활용한 서비스들을 제공하고 있다. 농작물 작황 정보 서비스라던가 기상위험 예측 서비스 등은 규모(Volume)와 속도(Velocity)의 빅데이터 기술을 기반으로 제공하기 시작한 서비스들이다.

보건부에서도 질명 및 질환 예방 관리 서비스를 제공하고 있으며 비근한 예로 COVID-19 바이러스가 퍼지던 초기 민간에서 이틀만에 확진자 동선을 추적하여 방역에 도움이 된 어플리케이션을 출시한 것도 공공데이터를 공개하기로 한 중앙정부와 지자체의 협조가 없었으면 불가능했을 것이다. 그밖에 행안부가 제공하고 있는 통합 재난 안전정보 서비스도 국민들이 공공의 빅데이터를 활용해 누릴 수 있는 효익 중 하나이다.

1.9 민간의 관심

빅데이터를 활용한 민간의 노력은 실로 다양하다. 신제품 마케팅, 온라인 버즈(Buzz)를 활용한 판촉 전략, 다양한 CSI 기업활동을 통해 타겟(Target) 고객층의 반응을 체크하여 제공하는 다양한 고객 맞춤형 서비스들은 모두 빅데이터 분석을 기반으로 하고 있다.

미국의 최초 인터넷 기업인 아마존의 기업문화는 데이터는 그 어떠한 것이라도 버리지 않는다는 것이다. 데이터가 없으면 새로운 서비스 창출의 기회가 그만큼 줄어들고 시시콜콜해 보였던 묵은 먼지가 쌓인 데이터일지라도 새로운 시각으로 분석하고 유의미한 패턴을 발견해 내는 노력을 기울이다보면 과거에는 생각하지 못했던 새로운 인사이트를 데이터로부터 얻을 수 있게 되기 때문이다.

1.10 빅데이터 자격증

이상에서 언급한 다양한 활용사례와 성과를 통해서 독자들이 빅데이터의 활용과 미래 가능성을 엿볼 수 있었기를 바란다. 한편 우리나라에서는 빅데이터 전문가 자격제도를 운영하고 있다. 데이터분석전문가(Advanced Data Analytics Professional, ADP)와 데이터분석 준 전문가(Advanced Data Analytics Semi-Professional, ADSP) 자격증인데 사회 각계 각층과 기업에서 데이터 분석에 대한 수요가 증가하고 있음을 보여주는 단적인 증거이다. 시험평가는 주로 분석전략과 데이터의 미래가치, 빅데이터 처리기술과 프로세스, 분석 기획력과 데이터 분석 및 시각화에 초점을 맞추고 있다.

02 빅데이터의 출현 배경

사실상 데이터 분석은 예전부터 데이터 마이닝이라는 이름으로 존재해 왔다. 데이터베이스를 기반으로 웨어하우스(Warehouse)를 구축하고 필요한 대시보드(Dashboard)를 구현하기 위해 유스케이스(Use case)에 따라 별도의 데이터마트(Data Mart)를 구성하면서 기업에서 앞다투어 전문가 시스템을 구축하는 등 비즈니스 인텔리젼스(Business Intelligence)라는 이름으로 꾸준히 데이터 관리를 해왔었다.

그런데 오늘날 갑자기 빅데이터가 산업과 기업 그리고 경영의 핵심 키워드로 떠오른 데에는 저장매체의 발달과 저장비용의 하락이 기여한 바가 크다. 무어(Moore's Law)의 법칙에 따르면 메모리의 가격이 18개월마다 반으로 줄어들면서 같은 비용으로 하드디스크(HDD)에 저장하던 데이터를 보다 고효율인 메모리(SSD)에 저장 가능하게 되었고 동시에 기업내의 활동 데이터 뿐만 아니라 외부와의 연결데이터 즉, 사람과 기계, 기계와 기계간에 발생하는 IoT 데이터도 빅데이터의 활성화에 기여한 바가 크다.

아울러 데이터 관리 및 분석기술의 발전도 비즈니스에 대한 근본적인 접근방식과 서비스 환경을 바꾸어 놓는데 큰 역할을 하였다. 이처럼 데이터를 둘러싼 저장장치의 가격하락과 기술환경의 변화는 오늘날의 새로운 빅데이터 산업을 태동하게 하였고 빅데이터가 기여하는 성과가 지속적으로 증명되면서 빅데이터는 앞으로도 더욱 경쟁원천으로서의 가치로 조명 받게 될 것으로 전망된다.

2.1 저장매체 가격의 하락

저장매체의 가격하락은 소비자뿐만 아니라 서비스 공급자에게도 긍정적인 영향을 미쳤다. 과거에는 규모가 큰 데이터는 더 큰 데이터베이스로 증설(Scale-up)이 불가피 했으나 오늘날은 값비싼 서버를 도입하는 것보다 오히려 클라우드(Cloud) 솔루션을 이용하여 비용부담도 줄일 뿐만 아니라 장애도 방지하는 유익을 얻을 수 있게 되었다. 다시 말해 분산처리 기술의 발전으로 클라우드를 사용함으로써 호스팅(Hosting) 같은 불필요한 자원을 확보하기 위한 투자가 불필요해지고 서비스도 사용한 만큼만 지불하는 종량제 서비스가 일반화되고 있다.

빅데이터 관리에 적합한 파일 시스템(File System)에는 크게 두 가지가 있다. 구글의 GFS (Google File System)와 무료로 공급하는 하둡(Hadoop)의 HDFS(Hadoop File System)이 대표적이다. 이들로 하드웨어(H/W)를 구성하면 분산처리 기술을 이용하여 과거 슈퍼컴퓨터에서나 기대했을 법한 성능을 쉽게 구현할 수 있게 된다.

온라인 쇼핑몰의 경우 고객의 클릭 로그 데이터나 페이지 뷰 또는 이동경로에 따라 발생하는 무수한 이벤트 기록 로그들을 HDD에 저장했던 과거와 달리 오늘날은 SSD 메모리에 기록하면서 유저의 성향과 기호를 파악해 실시간으로 대응할 수 있는 수준에까지 이르렀다. 이처럼 저장매체의 발전과 가격하락은 빅데이터의 발전에 지대한 공헌을 하였다라고 할 수 있다.

2.2 연결성의 증가

제4차 산업시대로 이행하면서 서비스 형태도 기술의 발전과 함께 발전하고 있다. 과거 PC 시대에는 온라인에 연결되기 위해서 모니터 앞을 떠나지 않아야 했다. 모니터 앞에 있을 때는 연결(Connection)이 되었지만 자리를 뜨는 즉시 연결은 단절된다. 스마트폰이 대두되면서 연결이 보다 자유로워진 것은 자리를 떠나서도 이동하는 가운데 언제 어디에서든지 인터넷에 접속할 수 있게 되었기 때문이다. 그러나 핸드폰도 핸드백에 두거나 주머니에 넣는 순간 연결은 끊어지고 연결되기 위해서는 다시 스마트폰을 손으로 옮겨 쥐어야 했다.

바야흐로 오늘날은 다양한 웨어러블(Wearable)의 발전으로 소비자가 의식하지 않는 순간에도 자신의 동선이나 기호, 온오프라인 활동 내역 등이 고스란히 클라우드에 전송되는 시대가 되었다. 동의(Opt-In)한 경우라면 자신의 모든 일상이 서버로 전송되고 이용하는 모든 행위가 서비스 오너(Owner)의 서버(Server)에 축적되는 것이다. 그리고 그 전송된 데이터에는 정형 데이터뿐 만 아니라 비정형 데이터도 섞여 있지만 빅데이터 기술은 이러한 다양한 형태의 데이터를 분석하는데 제한이 없을 만큼 충분히 발전했다.

웨어러블 기술은 스마트폰에 탑재되어 빌트인(Built-In)되면서 서비스 오너는 연간 수조의 검색정보와 초당 수만의 포스팅 데이터 그리고 심지어 수십 테라(Tera) 단위의 일일 로그까지도 데이터로 얻고 있다. 초연결성(Cross Connection)이 증가되는 오늘날에 서비스 공급자들은 이용자들로부터 얻는 데이터를 부단히 분석하는 노력을 기울이면서 특징점 및 도메인 패턴을 발견하여 차별적인 서비스를 부가적으로 기획하고 출시하는 방향으로 시장을 선점하고 확장하며 새로운 기회를 탐색하고 있다.

2.3 분석 기술의 발전

데이터분석(Data Analytics)은 당면한 문제를 수학과 통계지식 및 인공지능을 이용하여 미래에 벌어질 일을 예측함으로써 선제적으로 문제를 예방할 수 있게 하는 4차산업시대의 핵심기술이다.

MIT 경제전문지인 Management Review는 앞으로 기업의 경쟁력은 데이터분석으로 결정 될 것이라고 예견한 바 있으며, 하버드 경제리뷰지 HBR (Harvard Business Review)도 기업의 경쟁력은 비즈니스 프로세스의 효율화와 최적의 의사결정에 달려있다고 하였다. 불과 10여년 전 기업의 ICT 경쟁력이 보유한 하드웨어의 성능에서 우위가 결정나고 그 이후에는 구축한 소프트웨어(S/W)가 평가우위를 결정짓는 시대를 거쳐서 오늘날에는 MIT와 하버드가 전망한대로 기업 경쟁력의 중심에 데이터(Data)가 위치하고 있다.

이런 점에 비춰 볼 때 기업들은 앞으로 빅데이터에 대한 이해와 처리기술 그리고 그곳에서 핵심적인 가치와 패턴을 발견해 낼 수 있는 데이터과학자 그리고 그것을 창의적인 가치로 기획할 수 있는 서비스 전문가를 더욱 필요로 하게 될 것이다.

2.4 구글(Google)과 하둡(Hadoop)

구글은 빅데이터 시대의 도래를 예견하고 가장 먼저 앞장선 기업 중 하나이다. 구글의 유료정책에 대항해서 분산처리 기술을 무료화한 하둡(Hadoop)의 분산처리 시스템(HDFS)과 분산처리 기술(Hadoop MapReduce)은 이미 업계의 표준으로 자리매김 되고 있다.

유명한 저술가 존 바텔(John Battelle)은 구글에 대해 언급하면서 웹은 인류의 다양한 욕구를 읽을 수 있는 데이터의 보고(Web is a database of Intention. This DB contains the intentions of mankind)라고 설명하였고 그에 부응하면서 구글은 현재까지도 다양한 빅데이터 서비스를 지속적으로 선보이고 있다.

유행성 독감(Swine Flu)이 2009년에 출현했을 때 미국의 질병관리청보다 구글이 2주나 앞서 경고한 것은 아직까지도 전설적 성과로 회자되고 있다. 구글은 검색엔진 키워드 분석을 통해 이상징후를 정부의 전담 부처보다 먼저 감지해 낼 수 있었고 이는 빅데이터가 지닌 잠재적 가치에 대한 인식을 새롭게 하는 계기가 되었다.

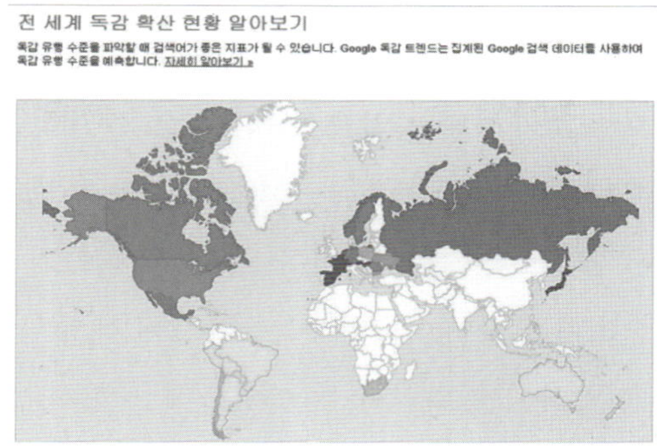

구글의 또다른 빅데이터를 이용한 서비스 사례는 구글번역이다. 처음에는 형태소 분석 기반의 번역 서비스로 시작하였는데 문법의 복잡성으로 인해 번역 정확도가 기대에 미치지 못했다. 그러나 이후 번역 방식을 빅데이터로 전환하면서 정확도는 상당히 높아졌고 인공지능의 학습시간도 그만큼 짧아져 보다 정교한 번역이 가능해졌으며 영어와 독일어 및 불어 간에는 거의 완벽에 가까운 번역 결과물을 보여주고 있다. 이는 UN 회의록 데이터와 세계 각국의 국회 속기록 데이터를 그대로 빅데이터화한 소위 단순 매칭 방식인데 문법 분석의 자리를 빅데이터로 교체한 성과라고 할 수 있다.

이러한 과정에서 구글은 슈퍼급 성능에 의존하던 하드웨어를 중저가 장비로 대체하는 분산서버(Scale-Out)방식으로 시스템을 구축함으로써 슈퍼컴퓨터에 준하는 성능을 보이는 GFS(Google File System)를 개발하였고 데이터 처리도 MapReduce라는 알고리즘을 개발하여 분산처리함으로써 빠른 응답속도를 얻을 수 있는 기술을 발표하였다.

한편 정형 데이터뿐만 아니라 비정형 데이터를 처리하기 위하여 관계형 데이터베이스(Relational Database, RDB) 대신 비관계형 데이터베이스(Not only SQL, NoSQL)를 출시하면서 빅데이터 분석에 최적화된 인프라와 소프트웨어도 설계하였다.

03 빅데이터의 가치

주요 매체와 시장조사기관은 앞다투어 빅데이터가 산업의 중심에 자리를 잡고 21세기 신재생자원으로서의 역할을 할 것이라는 공통적으로 견해를 내놓고 있다.

미국의 정보기술 연구 및 자문 회사인 가트너(Gartner)는 빅데이터를 21세기의 원유에 비교하며 앞으로 기업은 정보의 고립(Information Silo)을 피해야 생존할 수 있을 것이라고 하였고, 영국의 주간지 이코노미스트(Economist)는 데이터를 기존의 자본과 노동력에 견줄 수 있는 경제적 투입자본으로 소개하면서 앞으로 비즈니스의 새로운 원자재가 될 것으로 전망하였다. 시장조사기관인 매킨지(McKinsey)도 빅데이터를 혁신과 경쟁력, 생산성의 핵심 요소로 언급했으며, IBM은 앞으로의 기업 경쟁구도에서 데이터가 승자와 패자를 가르는 기준이 될 것이라고 하였다. 이처럼 빅데이터가 지닌 가치에 대해서 유력한 매체들은 하나같이 그 미래를 긍정적으로 전망하고 있다.

3.1 경영과 빅데이터

경영학의 대가 마이클 포터(Michale Porter)는 기업의 경쟁요소를 원가경쟁력과 차별성 그리고 틈새시장으로 언급하였다. 그의 관점에서 볼 때도 빅데이터는 경영에 필요한 요건을 충족하는 기술로써의 이점을 제공하고 있음을 알 수 있다. 우선 빅데이터 분석을 하면 전사적으로 원가절감을 할 수 있게 되어 생산성 향상을 이룰 수 있게 된다. 두 번째, 빅데이터 분석이 주는 통찰력은 사업의 차별성을 더욱 뚜렷하게 해 준다. 고객을 바라보는 새로운 관점을 갖게 하면서 급변하는 경쟁 환경 하에서 기업이 나아갈 방향 앞에 어떤 리스크가 닥칠치에 관한 미래 통찰력을 갖게 해준다. 세 번째, 빅데이터를 정밀하게 분석하면 할수록 새로운 시장 가능성을 먼저 보게 되어 선제적으로 시장에 진입하게 됨으로써 틈새시장에서의 네트워크 효과(Network Effect)를 기대할 수 있게 된다. 이처럼 빅데이터는 기업 경영 측면에서 볼 때 기업의 사활과 존립에 매우 중요한 요소로 그 역할을 하게 될 것이다.

3.2 미래사회와 빅데이터

사회는 점점 복잡해지고 미래는 전망하기 어려워지면서 불확실성은 나날이 증폭되고 있다. 기업들도 예측하기 어려운 경쟁환경으로 내몰리고 있으며 앞다투어 출시되는 창의적 융합서비스의 등장은 기존의 유사 사업자들에게 큰 위협이 되고 있다. 이러한 때에 빅데이터는 오히려 기업에게 이러한 외부여건에 적절히 대응하면서 창의적 아이디어로 앞서가는 기업이 될 수 있는 기회를 제공한다.

사회가 복잡해지고 현실세계에서 벌어지는 현상이 예측 불가능해 보일지라도 빅데이터 분석기술은 이러한 현상 속에서 특징점을 찾아내는데 탁월하고 그 과정에서 도메인 패턴을 발굴하여 미래 통찰력을 갖게 해준다. 이를 기반으로 기업은 다양한 시나리오를 상정하고 시뮬레이션 함으로써 다가올 상황에 대응할 전략을 수립하여 미래의 불확실성을 최소화 시킬 수 있게 된다. 한편 빅데이터는 사회적인 특이 징후나 환경 이상 신호를 조기에 포착할 수 있게 해준다. 사회가 당면할 이슈를 사전에 감지함으로써 국가적인 에너지 소모와 낭비를 대비할 수 있게 해주는 것이다.

사회는 점점 더 스마트해지고 지능화되어가고 있다. 각국 정부에서 추진하고 있는 스마트 시티(Smart City)사업은 무수한 유의미한 데이터들을 쏟아내고 있다. 이러한 데이터를 효과적으로 분석할 때 국가는 미래에 닥칠 상황을 적기에 대처할 수 있게 되고 과학적 데이터를 의사결정에 참고할 수 있게 된다. 나아가 변화를 모니터링 하는 가운데 사회의 다양한 트렌드를 먼저 파악해 내어 싱가포르의 스마트 네이션(Smart Nation)과 같은 경쟁력 있는 국가적 프로젝트를 빅데이타 기반으로 추진할 수 있게 된다. 특히 빅데이터 분석은 창의적인 아이디어와 결합될 때 타분야와의 융합으로 새로운 가치를 창출하게 되고 컨버전스(Convergence) 산업에서 시행착오를 최소화 시켜 새로운 융합시장을 개척하는 원동력으로 작동할 수 있다.

04 빅데이터와 각종 산업

산업군에서는 이미 일찍부터 각 부문에서 활발하게 빅데이터를 사업 요소 요소에 활용하고 있다. 제조산업, 금융산업, ICT산업, 유통업, 의료산업 등 다양한 산업군에서의 빅데이터 도입영향은 다음과 같이 전망된다.

활용가치(SERI)	제조업	금융업	ICT 산업	소매유통업	의료서비스	공공부문
생산성 향상	◐	●	●	◐	◐	◐
발견/의사결정 향상	◐	●	●	●	●	◐
비즈니스 창출	○	◐	●	◐	◐	●

○ 어느 정도 영향 ◐ 적지 않은 영향 ● 매우 큰 영향

(SERI, pp.264-267)

4.1 제조분야

제조기업들은 POS나 ERP 및 SCM과 CRM 자료들을 묵혀 두지 않고 경영활동에 활용하기 위해 빅데이터로 재가공하고 있다. 생산공장과 총판 및 리테일에 이르기까지 유통재고, 안전재고를 넘어 부진재고가 쌓이지 않도록 하는 데에 빅데이터를 재고 예측에 활용하고 있다.

또한 품질을 관리함에 있어서도 분류기법을 이용하여 기존의 학습된 허용치(Bandwidth)를 벗어나는 생산품은 모니터링을 통해 필터링(Filtering)하고 있으며 품질을 데이터 분석을 통해서 관리하고 있다.

4.2 금융산업

금융산업은 오늘날 빅데이터를 활발히 사용하는 산업군 중 하나이다. 고객의 금융거래 그 자체를 중요한 데이터의 원천으로 보고 집중적인 빅데이터 분석을 통해 맞춤형 고객 서비스를 제공하고 있는 것이 오늘날의 서비스 형태이다. 우리가 이용하는 주가 예측 어플리케이션과 금리 정보 제공 서비스 등이 대표적이며 금융권은 중개 시장에 대한 빅데이터 분석 정보도 제공하고 있으며 자체적으로 수집한 내부 데이터를 외부의 비정형 데이터와 융합시켜

예측한 전망을 시장에 적용하는 핀테크 기술도 앞다투어 도입하고 있다.

카드 회사들은 빅데이터 기반으로 고객 맞춤형 프로모션을 꾸준히 전개하고 있다. 결제 정보를 빅데이터화 하여 고객의 성향을 분석하고 이것을 경기 변동과 상관관계 분석이 가능하도록 구성함으로써 타켓 마케팅의 효율을 높이고 있다. 또한 창업 적정 지역 추천 서비스는 카드회사들의 특화된 점포 평가 서비스로 이는 카드사가 확보하고 있는 가맹점 정보 그리고 결제 정보를 상관분석 함으로써 가능하게 된 것이다.

4.3 리테일과 유통

리테일은 판매 촉진에 빅데이터를 활발히 사용하고 있는 주요 산업군이다. 매장 방문 고객의 취향이나 동선을 빅데이터화 함으로써 방문 고객군의 수요가 어디에 있는지와 선호도가 어떠한지를 분석하고 그 전망치를 재고관리 및 공급 시스템에까지 연결시키는 유통의 혁신을 꾀하고 있다.

이탈리아의 마네킹 제작사 알마우스는 EyeSee라는 마네킹을 제작할 때 얼굴 인식 센서를 빌트인(Built-In)함으로써 매장 방문 고객을 모니터링하면서 고객의 나이와 성별 그리고 인종 정보를 빅데이터화 하였다. 이를 기반으로 분석된 방문고객의 선호도와 기호, 주요 방문 시간 등을 판촉에 널리 활용할 수 있었는데 예를 들어, 보통 할인 기간의 첫 번째 날과 두 번째 날은 여성보다 남성의 소비가 더 많다는 패턴을 파악하여 그에 따라 진열대를 재배치하는 한편 오후시간대에는 아이들의 방문이 상대적으로 많다는 것을 확인하게 됨에 따라 오후 시간에만 별도로 운영하는 전용 대기줄을 만들어 고객체험을 강화하는 방법으로 매출을 극대화 할 수 있었다.

편의점 CU도 리테일과 유통에 빅데이터를 이용하여 경영 혁신을 이룬 빼놓을 수 없는 사례를 갖고있다. CU는 날씨와 온도에 따른 매출과 재고간의 상관관계를 분석함으로써 유통 안전재고를 기존의 15일에서 7일로 단축하는 등 획기적인 성과를 거두었다. 이로 인해 신선제품 폐기율을 60% 이상 감소시킬 수 있게 되었고 기온에 따른 빙과와 음료수에 대한 매출 추이 상관분석을 기반으로 부진재고율도 개선하였다.

4.4 의료산업

의료산업 분야에서도 신개념 헬스케어(Healthcare) 서비스들이 등장하고 있다. 디지털로 기록된 진료 데이터의 빅데이터 분석을 통해 선제적 예방 치료라는 새로운 지평을 연 것이다. 유전자 분석과 게놈 프로젝트를 대표적으로 들 수 있겠고 환자에게 부착한 센서로부터 수집되는 생체정보를 이용한 맞춤형 서비스도 그 중 하나이다. 특히 의료계는 타 산업군과의 컨버전스 형태로 새로운 사업기회를 창출하기도 하는데 나이키는 웨어러블에서 수집한 데이터를 활용하여 의료기관과 함께 맞춤형 건강관리 서비스를 제공하고 있다.

4.5 공공부문

공공부문에서 빅데이터를 이용한 서비스를 제공하는 것은 어제 오늘의 일이 아니다. 빅데이터를 공공목적으로 활발히 활용하는 분야는 교통과 치안 그리고 에너지 및 대기오염 등이다. 오늘날은 탄소배출 및 지속 가능한 경영 측면에서 공공부문의 빅데이터 활용이 세계적인 추세이다.

도시국가 싱가포르는 정부의 스마트네이션 프로젝트 일환으로 국가 위험 관리 시스템(Risk Assessment and Horizon Scanning, RAHS)을 빅데이터를 기반으로 구축하여 재난과 테러 및 전염병 확산 방지 등에 적극 활용하고 있다.

우리나라도 빅데이터 기반으로 도시의 내수 침수 전조 감시 시스템을 구축하여 운영하고 있고, 재난에 대한 징후를 각종 언론 보도와 SNS에 올라오는 데이터들을 상관 분석함으로써 선제적으로 침수 위험도를 예측, 집중호우시 피해가 최소화 될 수 있도록 하고 있다. 특히 공공데이터 포털(www.data.go.kr)과 서울 열린데이터 광장(data.seoul.go.kr)을 통해서 정부와 자치단체의 빅데이터를 민간에서도 활용할 수 있게 하고 있다.

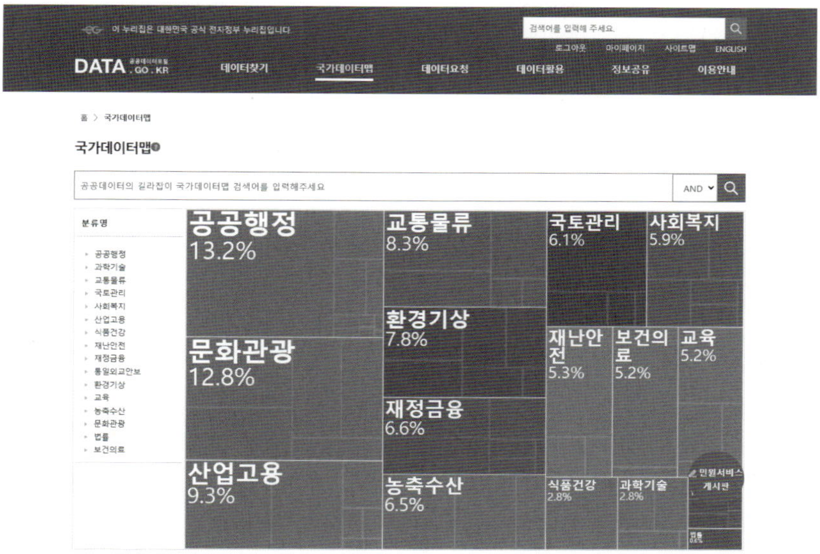

05 기업과 빅데이터

기업들은 마케팅과 회계, 재무, 생산 및 각종 경영활동에 빅데이터를 적극적으로 활용하고 있다.

5.1 마케팅 부서

기업의 마케팅 관련 부서에서는 고객의 성향 분석과 만족도 제고를 통한 매출액 증대를 위해 빅데이터를 적극적으로 활용하고 있다. 타겟 마케팅의 일환으로 소비자의 소비 패턴을 분석하여 맞춤형 할인 쿠폰을 발행하는 등의 다양한 판촉행사에 빅데이터 기반의 서비스를 연이어 출시하고 있는 것이 대표적인 예이다.

넷플릭스는 고객 맞춤형 영화 추천 서비스를 통해 고객의 재방문률 및 재가입율을 높임으로써 당대 시장 점유율 1위를 기록하고 있던 워너 브라더스(Warner Bros.)의 아성을 탈환했을 정도로 파급력 높은 빅데이터 기반 맞춤 서비스를 제공하는 대표적 기업이다.

5.2 생산부서

기업의 생산 부서는 공정 과정에서 발생하는 각종 자료를 생산성을 향상시키는 빅데이터로 재활용하고 있다. 예를 들어 각종 설비와 장비들로부터 수집되는 수많은 로그를 빅데이터화 함으로써 궁극적으로 공정효율을 고도화시키고 원가를 절감시키며 생산성을 극대화하고 있다.

공정중에 이벤트가 발생하면 즉시 연관된 생산과 원가, 설비 및 품질 시스템과 연동하여 총체적인 공정 관리가 가능하도록 하는 효율적 생산 시스템에 빅데이터를 적극 활용하고 있는 것이다.

5.3 회계 및 재무

기업의 회계 부서에서도 재무회계, 세무회계 및 관리회계 데이터들을 묵혀 두지 않고 시황과 여타 증시의 예측전망에 활용하도록 빅데이터화 하고 있다.

즉, 빅데이터에서 분석한 인사이트를 자금 조달 운용의 판단 근거로 삼는 한편 기업활동에 필요한 자본회전율, 이익률 등 재무정보 산출에 빅데이터 분석결과를 반영하고 있는 추세이다. 인사팀에서도 인사와 급여, 채용 및 복리후생, 노무 및 교육 훈련 데이터를 빅데이터화하여 효율적 인적 구성과 조직개편 등에 활용하고 있다.

5.4 경영혁신

경영 혁신은 대부분의 기업들에게 사활이 걸린 문제라고 해도 과언이 아니다. 예를 들어 어떻게 하면 생산을 효율화할 수 있을 것인가, 기업의 내외부 환경에서 도사리고 있는 각종 리스크를 어떻게 신속히 발견하여 선제적으로 대처할 것인가, 경영자가 내리는 판단이 기업의 존폐에 영향을 미칠 수 있는 만큼 어떻게 하면 의사결정권자가 합리적인 결론에 도달할 수 있도록 도울 것인가와 나아가 회사의 지속적인 성장을 위한 새로운 먹거리는 어디에서 찾을 것이며 그것은 과연 무엇인가 등으로 기업들은 이러한 당면과제 해결에 늘 골몰하고 있는 상황이다.

이러한 경영상의 어려움에 빅데이터와 인공지능의 기계학습 및 신경망이론 알고리즘을 활용하면 유익한 인사이트를 얻을 수 있다. 빅데이터 기술을 활용하게 되면 기업의 원가절감뿐만 아니라 궁극적으로 생산성 향상에도 실질적 도움을 얻을 수 있게 되며 기업 내부에서 도사리고 있는 각종 문제들도 발생한 이벤트들을 빅데이터화하고 모니터링함으로써 위험요인을 사전에 감지할 수 있다.

무엇보다 경영자의 의사결정 지원을 위한 시장정보와 고객성향의 빅데이터화는 그동안 의사결정권자가 감과 경험에 의존하던 것을 데이터가 분석한 결과를 바탕으로 보다 합리적인 판단을 내릴 수 있도록 돕는다. 나아가 빅데이터에서 발견되는 특징점과 일정한 특성을 띄는 패턴분석으로부터 얻게 되는 인사이트(Insight)는 새로운 서비스 출시와 시장 확대 및 개척 전략에 중요하게 활용된다.

경영혁신 사례 중의 첫 번째는 생산성 혁신이다. 대표적인 예가 센싱 기술을 활용한 실시간 데이터의 확보이다. 센서(Sensor)를 활용하면 생산현장을 효율적으로 가동 시킬 수 있게 되고 원가와 비용절감 등 효율성 향상을 기대할 수 있게 된다. 또한 공정상 불필요한 작업은 최소화시키고 업무 프로세스를 새롭게 재설계 하여 생산성을 향상시킨 사례는 빅데이터 성공 사례 중 단연 가장 많이 목격되는 분야이기도 하다. 프로세스 중간에 발생되는 각종 데이터를 빅데이터화하고 기여도가 낮은 프로세스는 재조정하는 방식으로 생산 효율을 증대시킬 수 있기 때문이다.

또한 유통차량에 설치된 센서들로부터 수집한 각종 사물인터넷(IoT) 데이터를 분석하면 소속 운전자들의 운전습관을 바꾸고 예측 정비까지 가능하게 함으로써 전체적인 비용절감을 꾀할 수 있게 된다. 병원에서는 부적절한 진료 대응으로 인한 환자의 재방문률을 줄이고 내원한 원인을 빅데이터로 분석함으로써 진료비용 또한 혁신적으로 절감시킬 수 있다.

두 번째 경영혁신 사례는 문제를 사전에 발견하고 예측하여 해결하는 경우이다. 인간의 인지 능력에는 한계가 있다. 반면 컴퓨터는 반복적인 분류와 분석 측면에서는 인간의 능력을 뛰어넘고 있고 심지어 오늘날은 인간의 감성 분석까지도 수행하고 있다. 이는 과거에는 발견하지 못했던 데이터들간의 상관관계를 빅데이터를 활용해 분석해 낼 수 있게 되었기 때문이다.

이로 인해 소셜 미디어나 블로그 또는 이메일 같은 비정형 데이터로부터 고객이 느끼는 감정을 파악 선제적으로 사전 조치함으로써 고객의 이탈을 방지할 수 있고 고객을 응대하는 콜센터 직원에게는 실시간으로 고객이 말한 단어를 자연어 처리 기법으로 분석함으로써 감정적인 멘트와 자극적인 언사가 있을때 고객의 이탈 가능성 지수를 계산하여 응대자에게 알람이 뜨게 하는 등의 고객 감성 파악 시스템을 구축 운영하고 있다.

빅데이터를 이용한 다양한 예측을 위해 구글은 검색어를 빅데이터화 하여 활용하고 있고 각종 음악 사이트들에서는 선호하는 장르에 따라 고객의 성향을 분류하고 있으며 페이스북의 경우는 Like를 이용자의 성향을 예측하는데 활용하고 있다. 이러한 다양한 빅데이터 기반의 문제분석 및 예측 시스템은 기업의 내외부에서 도사리고 있는 각종 위험을 사전에 파악할 수 있게 함으로써 기업에게 선제적으로 예방조치할 수 있는 기회를 제공하고 있다.

5.5 경영 의사결정

기업은 의사결정권자의 판단과 그 결과에 따라 성공하는 기업으로 남기도 하고 때로는 실패하는 결과로 이어지기도 한다. 경영환경에서 결정권자의 사업적 직관은 매우 중요하지만 사람이 지닌 확증편향의 위험과 매몰비용 가능성은 경영자라도 피할 수 없는 경영의 덫이기도 하다. 이러한 곳에 빅데이터를 활용하면 의사결정을 하는데 있어 과학적 데이터를 기반으로 보다 안전한 결정을 내릴 수 있다.

아무도 집단지성만큼 똑똑한 사람은 없다(None of us is smart as all of us)라는 말은 오늘날 보편적으로 받아들여지고 있다. 그런 점에서 볼 때 성공하는 기업의 의사결정 과정을 분석해보면 대부분의 의사결정에 데이터를 활용하고 있음을 볼 수가 있다.

5.6 비즈니스 기회 창출

빅데이터를 분석하다 보면 과거에는 찾지 못했거나 간과했던 새로운 특징점과 패턴들을 발견하게 된다. 이들은 창의적 아이디어와 결합될 때 새로운 서비스 출시로 이어지기도 하고 시장개척 및 확장으로 연결되는 선순환 고리를 형성하게 된다. 또한 빅데이터 분석을 통해 숨겨진 고객의 가치를 발견하고 새로운 서비스 창출을 넘어 아예 데이터 분석 산업과 인텔리전스 사업으로 기존 사업을 다각화 할 수 있다. 이러한 때에 기업에서 필요로 하는 인재는 창의적인 인공지능 서비스 기획자와 유능한 데이터 과학자가 될 것이다.

SP 그룹은 싱가포르에서 전력과 가스를 공급하는 대표적인 회사이다. SP 그룹은 피크 타임(Peak time)의 실시간 전력 소모량과 전력 수요 동향 및 시간대에 따른 전력 수요량을 빅데이터 분석을 기반으로 예측하고 나아가 전국적으로 국민들의 에너지 사용패턴을 파악함으로써 정부의 에너지 정책에 활용하고 있다.

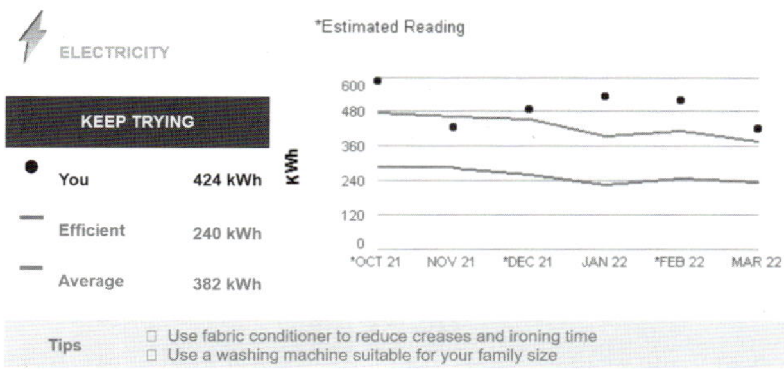

링크드인은 인맥 서비스를 구현할 때 두 사람이 서로 아는 사이라면 한 사람이 아는 사람은 다른 사람도 알고 있을 가능성이 크다는 점에 착안하여 인맥 상관관계를 빅데이터 분석을 통해 추천 시스템에 반영시키면서 혁신적 서비스 성공을 이룬 대표적인 사례이다.

06 빅데이터 플랫폼

빅데이터 플랫폼은 수집한 빅데이터를 처리하고 분석하기 위한 ICT 환경을 말한다. 하드웨어적으로는 당연히 저장공간이 있어야 하고 분석에 필요한 만큼의 성능을 담보할 사양이 뒷받침 되어야 한다. 클라우드(Cloud)를 활용하는 경우 과거처럼 고사양의 서버 호스팅을 고려할 필요까지는 없다. 클라우드 자체가 분산 파일 시스템과 분산 처리 기능을 제공하여 주고 있기 때문이다.

호스팅은 정액제로서 사용량에 무관하게 비용이 발생하는 반면 클라우드는 사용량이 많으면 많은대로 적으면 적은대로 사용한 만큼만 과금하는 종량제 기반이므로 작은 기업이나 스타트업에서도 충분히 고성능의 빅데이터 시스템을 운용할 수 있는 이점을 제공한다.

소프트웨어적으로는 분석과정에서 빅데이터로부터 유의미한 특징점을 잡아내고 도메인에 특화된 어떤 패턴들을 분류해 내는 어플리케이션들이 필요하다. 대부분 파이썬이나 R로 프로그래밍하며 다양한 기계학습 알고리즘과 딥러닝 모델링 기법을 활용하여 설계한다. 텐서플로우(Tensorflow)는 여기에 활발하게 사용되는 라이브러리이며 이를 활용한 케라스(Keras)는 연구소와 학교 및 기업에서 폭넓게 사용되고 있다.

플랫폼상에서의 빅데이터 분석은 수집, 저장, 전처리, 분석, 시각화 과정을 거치는데 이중에서 전처리와 분석단계 구간은 경우에 따라 무수한 순환 과정을 거치는 것이 일반적이다. 분석을 완료하면 시각화 과정으로 넘어가게 되는데 개인정보 같은 데이터는 폐기시키고 그 외의 데이터는 인공지능이 학습할 수 있는 자료로 재활용하기 위해 다시 저장하는 순환과정으로 연결한다.

특히 분석과정에서 전처리를 반복하게 되는 것은 인공지능이 보다 적중률이 높은 예측치를 도출하도록 하기 위함이다. 오늘날 빅데이터 분석은 인공 신경망 이론을 따르는 딥러닝 알고리즘을 주로 활용하는데 데이터 과학자는 기계의 예측결과를 기대하는 수준까지 끌어올리기 위해 도메인 특성에 따라 하이퍼 파라메터(Hyper Parameter)를 튜닝하며 최적의 성과가 나오도록 전처리 과정을 수행한다.

6.1 하둡(Hadoop)플랫폼

하둡의 분산파일 시스템은 마스터 노드(Master Node)와 슬레이브 노드(Slave Node)를 하나의 클러스터로 엮어서 관리하는 시스템이다. 마스터 노드는 Name 노드라는 HDFS (Hadoop Data File System)저장장치를 말하며, 슬레이브 노드는 Data 노드라고 하며 Hadoop MapReduce라는 이름으로 데이터 처리를 담당한다. 하둡은 데이터가 생성되면 추가로 두 개의 서로 다른 데이터 노드에게 같은 데이터를 전송하여 항상 동일한 블록 세개가 유지되도록 하는 방식으로 노드의 무결성을 담보한다.

하둡 MapReduce는 클러스터 컴퓨팅 환경에서 보통 페타바이트(PB)이상의 대용량 데이터를 병렬처리하기 위한 모델로서 Map 함수와 Reduce 함수로 역할이 나누어져 있다. Map 함수는 리스트 형태의 데이터를 처리할 때 사용하고 모든 결과를 취합할 때는 Reduce 함수를 활용한다.

즉, 주어진 Task 처리가 필요할 때 데이터를 여러 조각으로 나누어 분산 처리한 후 필요한 때에 결과를 하나로 모으는 방식으로 분산 저장된 데이터의 병렬처리를 수행한다. 이러한 분산처리 과정을 Map Task라고 하고 모으는 과정을 Reduce Task라고 한다.

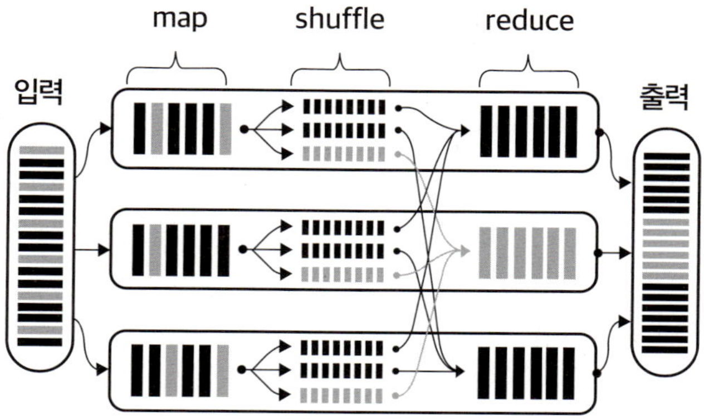

6.2 데이터 저장

빅데이터를 저장할때는 정형 데이터의 경우에는 관계형 데이터베이스(RDB)나 내부 저장소에 저장한다. 이들은 엑셀이나 FTP, OpenAPI 등을 통하여 수집된 것으로 ETL(Extract, Transform, Load)과정을 거쳐 저장소에 저장되게 된다. 반면 비정형 데이터는 웹 크롤링(Crawling)이나 이메일 또는 사물인터넷 (IoT)에서 수집한 센싱 데이터 또는 다양한 이미지, 오디오, 비디오 등의 멀티미디어 데이터들인데 비정형 데이터베이스인 NoSQL(Not Only SQL)에 저장하는 것이 일반적이다.

정형데이터를 저장하는 데이터베이스에는 Oracle, DB2, MySQL, Sybase 등이 있고 비관계형 데이터인 NoSQL에는 MongoDB, Cassandra, BigTable, Hbase 및 Redis 등이 있으며 저장 인프라를 위해서는 아마존 같은 클라우드를 이용하는 것이 일반적이다.

아마존은 EC2, EC3 같은 SasS(Service as a Service), PaaS(Platform as a Service), IaaS(Infrastructure as a Service)에 더하여 최근에는 AIaaS(Artificial Intelligence as a Service) 등 활용목적별 서비스를 제공하고 있어 영세한 업체에서도 사용한 만큼만 빌링(Billing)하는 편의성을 누릴 수 있다.

6.3 데이터 전처리

데이터는 배치 수집이든 실시간 수집이든 빅데이터로 쌓이면 반드시 가공하거나 필터링

하는 전처리 과정을 밟아야 한다. 빅데이터 처리방식에는 일괄 처리와 실시간 처리 두 가지 방식이 있다. 어느 경우이든 일반적인 것은 빅데이터를 분산 파일 시스템에 나누어 저장하고 분산 환경에서 병렬로 처리한 결과를 모아 합치는 분산처리 방식을 이용한다. 이 부분을 구글은 MapReduce가, 하둡은 Hadoop MapReduce가, 그리고 마이크로 소프트는 DryAd가 담당한다.

한편 실시간 처리는 배치로 처리하지 않는 데이터를 처리하는 경우에 해당하는데 대체로 스트리밍이나 라이프 로깅(Life Logging)같은 경우에 해당한다. 이 경우에 사용하는 기술에는 스트리밍 처리(Streaming Processing) 또는 이벤트 기반 처리(Event-driven Processing) 등이 있는데 요즘 접하는 교통 흐름정보 서비스, 실시간 방재현황 및 공항 입국자 심사 시스템 그리고 신용카드 승인 등의 실시간 처리 서비스에 널리 활용되고 있다.

6.4 데이터 분석

전처리를 마친 데이터는 특징점을 찾아내고 도메인에 유의미한 패턴을 도출하는 분석 단계에 들어가게 된다. 주로 파이썬이나 R 같은 데이터 분석 프로그래밍 언어를 사용하게 되는데 통계적 기법과 분류, 회귀 및 시계열 분석 등의 다양한 데이터 마이닝 기술을 활용한다. 분석단계의 핵심은 인공지능의 예측 모델을 만들어내기 위해 인공신경망을 이용한 딥러닝(Deep Learning) 또는 기계학습(Machine Learning) 알고리즘을 구현하는 모델링 과정에 있다.

6.5 데이터 시각화

분석이 완료되면서 파악된 유의미한 정보는 사후처리 과정으로 넘어가야 가치있는 정보로서의 역할을 한다. 빅데이터는 도메인을 완벽히 분석한 데이터 과학자를 제외하고는 직관적으로 이해하기 어려운 면이 있으므로 제3자가 이해할 수 있는 수단으로 설명되어져야 하는데 이때 사용하는 것이 시각화이다.

데이터를 그래프 등으로 시각화하면 빅데이터 분석에 참여하지 않은 사람도 빅데이터가 암시하는 유의미한 단서와 지표를 시각적으로 이해할 수 있게 된다. 다시 말해 시각화는 빅데이터의 지식화 또는 사회화 과정이라고 할 수 있다.

시각화는 빅데이터 분석 후의 프로세스가 아니라 빅데이터 분석 워크플로우 상에서 반드시 포함해야 하는 필수 단계이다. 일반적으로 인포그래픽(Infographics)이나 그래프를 활용하여 표현하고 그 어느 결과 보고서 못지 않게 심미적 형태와 기능적 요소까지도 고려되어야 하는 부분이다.

빅데이터가 가지고 있는 다양한 종류의 변수들과, 변수들 간의 관계를 보여주는 가장 효과적인 방법은 그래프를 이용한 시각화이다. 보는 사람의 주목도를 높이고 흥미를 유도하려면 간결하지만 명료하게 의미가 전달되어야 한다. 특히 변수들 간의 관계와 차이가 선명히 표현되어야 하며 추가적인 정보와 스토리텔링(Story Telling)을 결합시키는 것도 좋은 방법이다.

엑셀은 시각화에 우수한 성능을 보이는 툴이다. 그렇지만 빅데이터 분석에서는 로우 데이터(Law Data)를 그래프로 랜더링 하는데 탁월한 언어인 파이썬과 R을 주로 사용한다. 파이썬이 제공하는 시각화 패키지인 MatplotLib와 Seaborn은 복잡한 데이터를 그래프로 빠르게 변환하는 데 탁월한 성능을 보인다.

시계열 특성을 띄는 데이터의 경우 막대 그래프나 꺽은선 그래프 모듈을 이용할 수 있으며 데이터 분포가 강조될 필요가 있는 곳에는 파이 차트나 도우넛 차트 또는 워드 클라우드(Word Cloud) 기능을 이용할 수 있다. 또한 데이터들 간의 관계를 설명할 필요가 있을 때는 산포도와 버블 차트를 활용할 수 있고 데이터들 간의 비교를 시각화 할 필요가 있을 때는 박스 플롯 및 히트 맵(Heatmap)을 활용할 수도 있다.

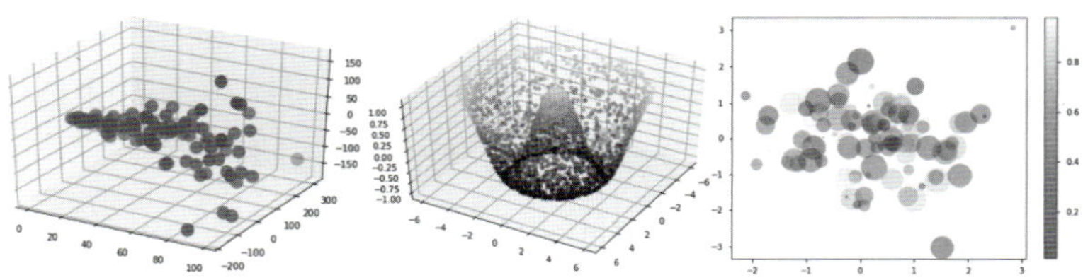

6.6 데이터 폐기

시각화 과정을 마친 빅데이터는 생산성 향상과 경영자의 의사결정 또는 새로운 비즈니스 창출을 위해 데이터로 재활용하기도 하지만 절차에 따라 폐기되어야 하는 경우도 있다. 즉 기업이 보유하고 있는 고객정보는 당사자에게 잊혀질 권리(Rights to be forgotten)가 있다는 점을 인식하고 특히 개인 정보는 반드시 폐기하는 것이 바람직하다.

07 데이터 마이닝

데이터 마이닝(Data Mining)은 대용량 데이터에서 의미있는 패턴과 규칙 그리고 지식이 될 수 있는 상호관계를 찾아내는 일련의 과정을 말한다. 마이닝을 할 때는 인간은 편견을 지닌 존재이므로 선입견은 최대한 배제하고 가능한 한 전적으로 데이터를 기반하여 분석하는 것이 중요하다

7.1 마이닝 활용 기술

빅데이터 마이닝은 통계적인 기법과 기계학습 그리고 인공지능 알고리즘과 컴퓨터 과학기술을 종합하여 수행한다. 기계학습(Machine Learning)에는 지도학습과 비지도 학습 두 가지 유형이 있다. 지도 학습은 컴퓨터를 사전에 제공한 정답과 문제지로 학습시킴으로써 예측률이 충분히 높아질 때까지 학습시킨 후에 따로 마련해 둔 문제를 주었을 때 컴퓨터가 예측한 결과를 평가하는 방식으로 진행하는 학습 방법이다.

오늘날은 인공지능 기술의 발달로 인간의 뇌구조를 모방한 인공신경망의 구현이 가능해지면서 일반적으로 기계학습보다 더 나은 성능을 보인다고 알려진 딥러닝(Deep Learning) 기법을 활용하고 있다.

마이닝 기법은 정형 데이터 마이닝 기법과 비정형 데이터 마이닝 기법으로 나누어진다. 정형 데이터 마이닝에는 연관관계 분석법, 선후관계 분석법, 분류 및 군집 분석 등이 있고 비정형 데이터 마이닝에는 텍스트 마이닝, 감성 분석, 웹마이닝, 사회관계망 분석 등이 있다.

7.2 연관관계 분석 기법

연관 관계란 독립변수와 종속변수간의 규칙을 발견해 내는 과정에서 유의미한 패턴을 찾

아내는 마이닝 기법이다. 상품과 서비스와의 연관관계를 예로 들면, A라는 상품을 구매한 고객들은 주로 B라는 서비스 경로를 통해서 구매한다 라던가 또는 C 제품을 구매한 고객은 D 제품을 구매할 확률이 높다 같은 특징점이나 패턴을 발견해 내는 기법이다. 우리가 흔히 온라인 쇼핑몰에서 접하는 추천상품과 장바구니 분석이 바로 연관관계 분석을 응용한 것이다.

7.3 의사결정 나무

의사결정나무(Decision Tree)는 어떤 의사를 결정하는 데 있어서 이것 아니면 저것 또는 참(1) 아니면 거짓(0)의 분류 기준을 정해 놓고 입력값들의 결과를 추론해 나가는 마이닝 기법이다. 최종 결과는 나무가 일정한 형태로 가지를 뻗어나가는 모습으로 관측되므로 의사결정 나무라고 부른다. 활용 예로는 신용평가기관의 경우 기업의 부도 가능성을 예측하는 모델로 활용하며 주식시장에서는 주가의 등락 또는 환률의 오르고 내림을 예측하는 용도로 활용하는 마이닝 기법이다.

7.4 사례 기반 추론 기법

과거에 있었던 사례의 결과를 기반으로 유사한 사례가 있을 때 그에 대한 결과를 예측하는 마이닝 기법이다. 유사도 측정 알고리즘이 주로 사용되는데 대표적으로 최근접 이웃 알고리즘(K-Nearest Neighbor, KNN)이 있다.

이것은 설계가 비교적 간단하므로 단지 새로운 사례가 누적되는 것만으로도 분류가 가능하고 수치용 뿐만 아니라 범주용 빅데이터까지 처리 가능하여 현업에서 폭넓게 활용되고 있다. 고객관리라던가 기업 신용평가 및 채권 등급 분류, 콜센터의 자동응답 서비스, 고장 진단 및 헬프 데스크 등의 마이닝에 널리 활용되고 있다

7.5 군집 분석

클러스터링(Clustering)을 통해 군집을 형성해 가는 방식으로 빅데이터를 분류해 내는 비지도학습 마이닝 기법이다. 지도학습과 달리 컴퓨터가 사전에 학습된 예측력을 활용하지 않

고 빅데이터의 분포를 기반으로 군집을 형성해 가면서 데이터를 분류해낸다.

7.6 인공 신경망

인공 신경망은 사람의 두뇌를 모방한 네트워크로서 고난이도의 복잡한 데이터 분석을 수행할 수 있도록 설계된 지능이다.

인공신경망은 생물학적인 뇌의 작동원리를 그대로 모방한 것이기 때문에 인간이 직관적으로 데이터의 특징점을 찾아내고 패턴을 유추해 내며 분류를 해내듯이 수학적 계산과 확률과 통계를 활용하여 빠른 속도로 패턴 등을 찾아내는데 탁월한 성능을 보인다. 특히 입력된 데이터 각각에 적당한 가중치를 주면서 예측 정확도를 향상시키는 방식으로 마이닝을 수행한다.

7.7 텍스트 마이닝

텍스트 마이닝이란 자연어 처리(Natural Language Processing, NLP)기법을 활용하여 대규모 문서에서 유의미한 정보를 추출해 상호간의 연계성을 파악한 후 그곳으로부터 원하는 값을 분류해 내거나 군집화 시키는 마이닝 기법이다. 주로 신문사나 언론사 및 방송사 등에서 여론 분석 목적으로 널리 사용하고 있다.

7.8 감성 분석

감성 분석이란 인간이 표현한 글에서 글쓴이의 감성을 분석해내는 기법이다. 댓글이나 이

모티콘으로 표시한 태도나 감정 등을 식별해 내는 기법으로 대체로 긍정, 중립, 부정의 결과로 분류해낸다. 주로 포털 게시판이나 댓글, 소셜미디어, 토론 게시물 등을 대상으로 하는 한편 기업에서 주로 시장의 규모나 고객의 상품에 대한 반응 등을 알고자 할 때 활용하는 기법이다. 마이닝 과정에서 한 가지 주의해야 할 점은 감성을 표현하는 단어인데 낱말은 문장 속에서 말이 지니는 뉘앙스나 국가나 사회별로 처한 상황에 따라 다른 의도로 표현된 것일 수 있다는 점을 간과해서는 안 된다. 이러한 맥락 때문에 감성 분석을 할 때 서비스 기획자나 데이터 분석가는 주로 심리전문가와 함께 진행한다.

오늘날 감성 분석은 고객의 성향을 마케팅에 접목시키기 위해 활발하게 연구되어지고 있는 분야이며 의식적으로 작성된 텍스트를 넘어 무의식 빅데이터를 분석하는 방향으로도 활발한 연구가 이루어지고 있다.

7.9 웹 마이닝

웹 서비스에서 발견되는 패턴과 정보를 유추해 내는 것을 웹 마이닝(Web Mining)이라고 한다. 고객의 행동을 이해할 필요가 있거나 웹사이트의 사용성과 효과성 또는 마케팅 캠페인의 성과를 측정하기 위한 목적으로 널리 활용되는 기법이다. 웹 마이닝은 콘텐츠 마이닝과 웹구조 마이닝 그리고 웹사용 마이닝으로 나누어지는데 콘텐츠 마이닝은 주로 검색엔진에 입력된 글을 통해서 유용한 데이터와 정보 또는 지식을 추출해 내는 경우에 활용된다.

웹구조 마이닝은 웹사이트의 노드들과 페이지들간의 링크를 분석하는 용도로 활용되고 있고 웹사용 마이닝은 웹로그를 통해 방문자의 IP와 접속국가 또는 체류 시간 같이 방문자의 정보를 추출하는 목적에 널리 활용되고 있다

7.10 사회 관계망 분석

말 그대로 사회성 분석을 목표로 하는 마이닝 기법이다. 그래프 이론을 활용하여 사회적 관계의 연결 구조와 연결 강도를 파악함으로써 사용자의 사회 관계망에서의 영향력을 측정하는 목적으로 활용하는 마이닝 기법이다.

예를 들면 트위터나 카카오스토리 또는 페이스북 등의 소셜미디어에서 정보의 허브 역할

을 하는 사람을 발굴하는데 활용하는데 기업에서는 이 결과를 인플루언서 마케팅 활동에 활용한다.

08 인공지능

우리가 사는 시대는 제4차 산업혁명 시대라고 일컬어지고 있다. 제1차 산업혁명시대와 제2차 산업혁명시대에서 말하는 기계는 대량 생산을 할 수 있는 기계(Machine)을 일컬었다. 제3차 산업혁명 시대에 말하는 기계는 머신(Machine)을 의미하지 않고 컴퓨터(Computer)를 나타낸다. 제4차 산업혁명시대에서 일컫는 기계는 빅데이터를 재생 자원으로 활용하는 인공지능(AI)을 가르킨다.

오늘날 우리가 피부로 겪는 기술적 대변화를 일으키는 중심에 있는 기계는 대량 생산설비를 말하는 것도 아니고 심지어 컴퓨터를 일컫는 것도 아니며 바로 인공지능을 가르키고 있으며 인공지능은 제4차 산업혁명시대에 일하는 방식을 포함한 모든 것을 변혁시켜 나가고 있다.

제3차 산업혁명시대로 접어들었을 때 미국은 미국방부에서 사용하던 군사 통신망인 TCP/IP 프로토콜을 민간에 공개하였고 이것이 전 세계인들이 사용하게 되는 인터넷의 기반이 되었다. 이후 민간에서의 컴퓨터 정보통신이 비약적으로 발전하기 시작했고 인류는 이전에 한번도 경험해 보지 못했던 새로운 세계 즉, 모든 것이 연결된 새로운 세계를 체감하기 시작했다.

제4차 산업혁명시대의 연결은 단지 컴퓨터와의 연결만을 의미하지 않는다. 인공지능을 중심으로 사람과 사람, 사람과 사물, 사물들과 사물들이 연결되는 초연결(Cross Connection)을 의미한다.

8.1 인공지능의 혁명

혁명은 기존의 질서를 새로운 질서로 편입시키고 그 과정에서 혁신과 저항이 충돌하다가 결국 짧은 기간내에 새로운 질서로 급진적으로 구질서가 대체되는 과정이다.

이 시대를 기술만 떼어놓고 들여다 봤을 때 더이상 기존의 진부한 기술만을 주장하거나 과거의 방식에만 안주하면 새로운 기술로 무장한 기업이나 심지어 딥테크(Deep Tech)로 무장한 스타트업(Start up)조차 이길 수가 없게 된다. 버틸 때까지 저항해 보지만 결국 쓰러질 수밖에 없는 것이 기술혁명 시대이다.

빅데이터와 초연결을 가능하게 하는 사물인터넷(IoT) 그리고 이것들 위에서 피어나는 결과물인 인공지능을 모르면 결과적으로 질 수밖에 없는 시대로 접어든 것이고 신기술을 알고 미리 대비하면 승자가 될 수 있는 기회의 시대이기도 하다.

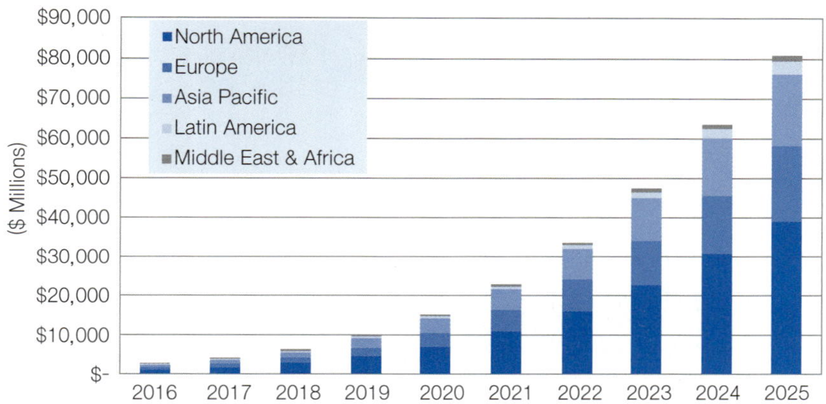

[인공지능기업의 글로벌 매출전망, 인공지능신문, 2018]

본 도서는 독자로 하여금 오늘날 시대가 요구하는 인공지능 서비스 기획자가 되기 위해 이러한 혁명이 벌어지고 있는 제4차 산업시대를 들여다보며 시대가 요구하는 인공지능 기반 서비스 기획을 어떻게 해야 하는지 이해하고 그에 필요한 제반 역량을 기를 수 있는 구체적인 방향을 알려주고자 한다.

그런 측면에서 빅데이터와 인공지능을 이용하여 성공한 두 가지 사례를 설명하고자 한다. 첫 번째는 구글에 32억 달러를 받고 인수된 네스트 랩스(Nest Labs)라는 기업이다. 원화로 환산하면 약 4조원의 기업가치를 인정받고 인수합병 된 셈이다.

네스트 랩스는 특별히 대단한 기술을 보유한 회사가 아니었다. 그저 온도계를 생산하는 어떻게 보면 평범한 제조회사였을 뿐이다. 그런데 네스트 랩스가 도대체 어떤 역량을 가지고 있었길래 4조원이라는 기업 가치로 인정받아 구글에 인수되었는지 궁금해지지 않을 수 없는데 그 단서는 바로 빅데이터였다.

구글이 네스트 랩스를 인수한 것은 이 회사가 가지고 있는 시장점유율을 활용할 때 전 세계에서 거둬 들일 수 있는 데이터의 가치가 4조원 이상인 것으로 판단한 것이다. 데이터 그 자체가 한 기업의 자산 가치를 비약적으로 높게 상승시킬 수 있도록 만들 수 있다는 것을 볼 수 있는 대목이다.

두 번째 기업은 중국의 전자상거래 업체인 알리바바(Alibaba.com)이다. 알리바바는 2017년 11월 11일 온라인 행사 광군제를 통해 총 28조원의 매출을 기록했다. 무려 하루만에 28조원의 매출액을 달성한 것인데 무엇이 이것을 가능하게 했을지 상상조차 하기 어렵다.

알리바바가 기록한 매출 28조원은 셀 수도 없을 만큼의 주문을 짧은 시간내에 모두 대응할 수 있는 기술이 없었으면 주문량조차 감당할 수 없는 규모의 금액으로 알리바바가 주목받는 이유는 실시간으로 쏟아지는 어마어마한 주문량을 즉시 처리할 수 있는 인공지능과 로봇 기술을 보유하고 있는 기업이라는 사실에 있다. 빅데이터와 인공지능 기술은 하루에 28조원 만큼이나 되는 수많은 주문을 소화할 수 있는 역량을 갖출 수 있게 해준다는 것을 읽을 수 있는 대목이다.

네스트 랩스와 알리바바가 시사하는 점은 제4차 산업혁명시대에 빅데이터와 인공지능이

얼마나 핵심적인 기술이 될지를 보여준다. 대비하지 못하면 역사의 뒤안길로 사라지고 준비하는 자에게는 성공의 가능성을 열어주는 시대가 지금 우리가 살고있는 이 시대인 것이다. 진로 측면에서 볼 때 관심분야에 따라 제4차산업시대에 신재생 자원인 데이터에 관심이 있는 독자는 데이터 과학자로서의 경력을 쌓으면 시대에 맞을 것이고 이 책을 통해 인공지능에 관심이 생기게 된 독자라면 알고리즘을 연구하는 개발자로서의 경력을 쌓으면 4차산업시대에 어디에서든 환영받는 인재가 될 것이다.

이 책은 개발자를 대상으로 하는 것이 아니므로 인공지능 기술과 데이터 분석기법에 대해 깊이 있게 다루지는 않고 기획자로서 알고 있어야 하는 기본적인 지식을 대상으로 가능한 한 이해하기 쉽게 설명하고자 한다. 독자들이 본 도서를 통해 제4차 산업혁명시대에 기술이 어제는 어떻게 발전했고 오늘은 어떠한 서비스가 새로 생기고 있으며 내일은 어떠한 미래가 그려질지를 전망할 수 있는 능력을 갖춤으로써 시대가 요구하는 빅데이터와 머신러닝 및 딥러닝 지식을 활용하여 창의적인 인공지능 서비스 모델을 기획할 수 있는 기획자로 커리어를 계발시켜 나가는데 조금이라도 도움이 될 수 있기를 바란다.

8.2 인공지능의 역사

인공지능은 최근에 부각된 기술이지만 역사적으로는 1957년도까지 거슬러 올라간다. 당시에는 학자들 사이에서만 언급된 용어가 인공지능이었지만 제4차 산업혁명의 초연결시대가 열리면서 오늘날 다시금 조명받게 되었다.

컴퓨터가 지능을 가졌다라고 말할 수 있으려면 학습을 할 수 있고 추론도 할 수 있으며 지각할 수 있는 능력에 더하여 인간의 언어까지 이해할 수 있는 네 가지 능력을 갖추어야 한다. 오늘날 인공지능은 이러한 네 가지 요구조건을 모두 충족시키고 있다. 즉, 인간이 설계한 대로 학습하고 추론하며 특징점과 패턴을 발견해 자연어까지 인식하여 높은 수준의 결과물을 쏟아낼 수 있는 수준까지 발전하고 있는 것이다.

앞으로 이러한 지능 위에 컴퓨터 스스로 사유하고 사고하며 심지어 감정을 품고 의지까지 갖추게 된다면 비로소 자아가 있는 인공지능이라고 부르게 될 수 있을 것이다. 그때가 되면 인간과 거의 구별할 수 없는 가히 슈퍼지능이라고 부를 만한 지능이 될 것이다. 최근 비약적으로 발전하는 Chat GPT의 성능을 보면 초지성이 곧 도래할 것만 같은 기대심과 두려움을 함께 갖게 된다.

인공지능의 원년은 1957년 미국의 다트머스 컬리지(Dartmouth College)에서 개최한 앨런 뉴웰, 허버트 사이몬, 존 맥카시, 마빈 민스키, 아서 사무엘 5명의 학자가 제시한 지능이 있는 컴퓨터를 만들자는 취지의 생각하는 컴퓨터(Thinking Machine)라는 주제 발표가 기원이고 이 워크샵에서 최초로 인공지능(Artificial Intelligence)이라는 용어가 사용되었다.

이듬해 1958년 이 워크샵에서 나온 결과를 기반으로 프랭크 로젠블라트(Rosenblatt)는 곤충의 시신경인 겹눈을 모방한 최초의 인공신경망(Neural Network)인 퍼셉트론(Perceptron)을 발표하였다. 이후 미국방성으로부터 대륙간 탄도 미사일(ICBM)의 성능을 고도화하는 기초 기술로의 가능성을 인정받아 대규모 지원을 유치하면서 인공지능의 연구가 본격화 되었고 1959년에는 아서 사무엘이 인공지능 학습 알고리즘인 머신러닝(Machine Learning)이라는 새로운 학문적 지평을 열었다.

그러나 획기적인 기술로 각광받던 퍼센트론은 발표된 지 11년만인 1969년 마빈 민스키에 의해 그 한계가 수학적으로 증명되면서 투자는 줄어들고 연구지원은 위축되게 되었다. 이때부터 인공지능 연구는 암흑기로 접어들게 되었다.

이 암흑기는 17년 후인 1986년 네이쳐지에 3명의 RHW(Rumelhart–Hinton–Williams) 저자가 실은 오류 역전파(Back Propagation) 알고리즘에 의해 걷히게 되는데 그동안 퍼셉트론이 안고 있던 한계가 극복될 수 있음이 증명되면서 다시금 인공지능에 대한 대중의 관심이 불러 일으켜졌다.

이 오류 역전파 알고리즘은 기계학습(Machine Learning) 모델에 은닉층을 추가하는 방식으로 구현되므로 이를 활용한 신경망을 MLP(Multi–layered Perceptron)라고 하며 이 MLP가 바로 오늘날의 인공신경망(Artificial Neural Network)의 원형이다.

[RHW, Rumelhart–Hinton–Williams]

이후 인공신경망은 발전을 거듭하여 1990년대에는 인간이 직접 컴퓨터를 학습시켜 활용하는 전문가 시스템(Expert System)으로 발전하였고 오늘날에는 다양한 분야에서 인간의 지능을 모방하여 분야별로 탁월한 예측 능력을 보이는 딥러닝(Deep Learning) 기술로 발전하였다.

8.3 인공지능의 활용

제품생산에 들어가는 원가의 경우 원자재 비용을 줄여서 경쟁력을 키울 수 있겠는가라는 질문이 있다고 하자. 이에 대한 답은 어떤 점에서는 요원할 것이다. 원자재 가격을 줄여서 경쟁력을 키운다는 것이 쉽지만은 않기 때문이다. 그렇다면 원가경쟁력은 어떻게 확보할 수 있는가가 또다른 질문으로 남는다. 여기에 창의적인 아이디어가 필요하고 빅데이터와 인공지능이 그 가능성을 열어준다.

기업이 가치사슬(Value Chain)상에서 다른 기업들과 협업(Collaboration)을 하고 생산에서부터 제조, 유통채널을 공유하는 구도로 공급망 체계를 정비한다면 원가경쟁력이 생길 수 있다. 그렇게 되면 유통 기업은 보다 현실에 맞게 물량을 계획 할 수 있게 될 것이고 시장의 유통재고는 투명성이 커지면서 부진재고의 부담을 덜 뿐만 아니라 리테일(Retail)은 안전재고를 바탕으로 영업을 함으로써 참여 기업 모두가 윈 윈(Win–win)하는 원가절감 기회를 만들 수 있기 때문이다.

그러나 이러한 아이디어도 실제로 구현이 가능한가라는 또다른 의문을 남긴다. 수많은 경우의 수와 기업의 내외부 경영환경 그리고 가치사슬 안에서 발생되는 다양한 관리 이슈를 전통적인 기업운영 방식으로는 도저히 대응할 수 없기 때문이다. 그러나 이 복잡한 수많은 경우의 수는 그동안 쌓여있고 지금도 계속 발생되고 있는 이벤트를 빅데이터화 함으로써 그 가능성이 엿보이게 된다. 즉, 해결할 수 있을 만한 특징점과 그동안 발견되지 않았던 패턴들을 데이터마이닝을 통해 발견하고 이를 인공지능이 예측할 수 있도록 4차산업시대의 기술을 접목시키면 더이상 불가능한 영역이 아니라는 것이다.

결국 4차 산업시대의 기술로 경영을 혁신하고 서비스를 개선하면 원가경쟁력을 낮출 수 있고 나아가 여기서 얻은 인사이트(Insight)로 새로운 서비스나 시장도 개척할 수 있게 된다. 다시 말해 인공지능 기술을 이용하면 경제학자 마이클 포터가 주장하는 원가경쟁력을 확보하여 틈새시장에서 차별화된 서비스로 성공을 담보할 수 있는 기회를 얻을 수 있다. 이처럼 기업과 기업이 연결되고 내부 데이터와 외부 데이터가 더해지며 초연결된 네트워크 하에서 창의적인 아이디어가 기획으로 꽃을 피울 때 새로운 서비스를 통해 신규 시장 기회를 창출할 수 있는 기회의 시대가 지금의 빅데이터와 인공지능 시대인 것이다.

8.4 미래의 인공지능

그렇다면 미래의 인공지능은 과연 어떠한 모습일까. 긍정적으로 보는 시각도 있지만 지능이 고도화된 인간을 대체할 수 있는 초지능이 대두할 수도 있다는 점에서 우려 섞인 전망을 내는 목소리도 있다는 것은 진지하게 생각해 볼 지점이다.

테슬라(Tesla)의 일론 머스크(Elon Reeve Musk)는 인공지능이 결국은 인류를 위협하는 존재가 될 것이라는 입장을 표명한 바 있고 스티븐 호킹(Stephen William Hawking)도 인공지능이 훗날 인류에게 종말을 가져다 주는 기술이 될 것이라는 경고를 남겼으며 미래학자 레이 커즈와일(Raymond Ray Kurzweil)은 인공지능이 인간을 뛰어넘는 시대가 머잖아 올 것이라며 이러한 특이점(Singularity Point) 즉 초지성이 출현하는 해를 지금으로부터 22년 후인 2045년으로 전망하고 있다.

09 빅데이터의 전망과 기회

빅데이터 시대에 기업의 사활은 데이터로부터 얼마나 유의미한 정보를 추출하여 기업의 경쟁력을 갖출 수 있는가에 달려있다고 해도 과언이 아니다. 빅데이터를 다루는 데이터 과학자들은 방대한 데이터 안에서 유의미한 정보를 캐내기 위해(Mining) 통계적 기법과 수학적 계산 및 다양한 인공지능 알고리즘을 구현하면서 과거에는 미처 발견하지 못했거나 간과했던 데이터의 특징점과 패턴을 발견해 내어 궁극적으로는 기업에게 추가적인 가치를 더해준다.

아마존과 구글같은 업체들의 커다란 성공 이면에는 이러한 빅데이터 과학자들의 숨은 공로가 있었다는 사실이 드러나면서 기업들에서는 그러한 능력을 겸비한 인재를 발굴하거나 육성하려는 노력을 기울이고 있다.

그러나 마케터에게는 마케팅의 언어로, 세일즈맨에게는 영업의 언어로 그리고 경영자에게는 경영의 언어로 자신이 통찰한 가치를 전달할 수 있는 소통 능력을 지닌 과학자는 그다지 많지가 않다. 특히 다양한 이해 관계자들과 소통하면서 신뢰를 얻고 설득을 해 낼 수 있는 커뮤니케이션 능력까지 겸비한 과학자는 현실적으로 접하기조차 쉽지 않다. 과학자로서의 능력 외에도 인문학적인 소양이 필요하기 때문이다. 이들이 사업전망을 통찰할 수 있는 경영자적 안목까지 겸비하고 있다면 기업가의 시각에서 볼 때 금상첨화일 것이다.

그 때문인지 요즈음 공학 뿐만 아니라 경영학 또는 인문학 등의 배경을 가진 데이터과학자들이 적지 않다는 점은 시사하는 바가 크다. 특히 인공지능 서비스 기획자들로서는 프로젝트를 이끌며 늘 소통해야 하는 대상이 바로 데이터 과학자들인만큼 인공지능 서비스 기획자들은 이들이 연구하는 것이 무엇이며 거기에서 어떠한 가치를 발견해 내려고 노력하는지에 대해 이해하고 있을 필요가 있다. 데이터과학자들과의 성공적인 협업 성과를 이루어내는 지식기반이 되기 때문이다.

9.1 빅데이터 조직

우리나라에서 공식화된 빅데이터 조직을 갖고 있는 기업은 대기업을 제외하고는 많지 않다. 빅데이터 조직은 비용을 집행하는 조직이지 수익을 내는 조직이 아니라는 비용 관점에서 보기 때문이기도 하다. 그러나 미래의 먹거리를 창출하는 혁신 조직이자 주요 자원인 데이터를 관리한다는 점에서 기업의 오너(Owner)는 빅데이터 사업에 어느 정도의 힘을 실어줄 필요가 있다.

MIT 빅데이터 연구회에서 제시하는 성공하는 기업이 되기 위한 다음의 4가지 빅데이터 활용요건은 경영자들이 깊이 생각해 볼 사항이다.

첫 번째, 기업의 CEO가 적극적인 후원자가 되어 빅데이터 문화를 구축해야 한다. 빅데이터의 활용은 일종의 기업문화처럼 될 필요가 있다. CEO가 관심을 두지 않으면 사실상 경영

혁신은 좌초되기 쉽다.

두 번째, 정보관리를 위하여 적절한 인력을 확보하여 배치해야 한다. 기업에는 여러 부서가 있고 이해관계가 얽혀 있어 때로는 부서 이기주의가 팽배한 경우가 흔하다. 이럴 때 부서 간 정보가 공유될 수 있는 단일 통합 데이터 플랫폼을 갖고 있다면 협업 이슈를 비교적 자연스럽게 해결할 수 있다. 아울러 플랫폼을 단순히 관리하는 사람이 아니라 분석정보를 경영의 언어로 해석할 수 있는 인력의 배치도 요구된다.

세 번째, 기업은 가능한 이른 시간내에 파일럿(Pilot) 프로젝트부터 시작하여 빅데이터 분석 실전 경험을 쌓아야 한다. 일단 해결할 과제를 선정하면 수집해야 할 데이터가 명확해진다.

네 번째, 시작이 반이다. 빅데이터 기술은 계속 발전하고 있고 새로운 이론과 방법이 지속적으로 발표되고 있다. 최선은 아닐지라도 최신 기술을 마냥 기다릴 만큼 기업의 경쟁환경이 녹록하지만도 않다. 기존에 묵혀두고 있던 데이터를 꺼내어 분석하며 시각화를 해보고 또는 외부 데이터를 활용하여 시장을 분석해 보는 것 자체가 중요하다. 첫 발을 떼면 그로부터 얻어지는 인사이트가 경영자의 시야를 확장시켜 줄 것이다.

9.2 빅데이터가 열어주는 기회

빅데이터 분석은 패턴을 발견하고 미래를 예측하는 데에서 멈추지 않는다. 오히려 예측결과를 도메인에 반영하여 최적화시키는 단계에 이르러야 한다. 빅데이터는 정보의 보고이다. 인류 역사상 한번도 접해 보지 못한 다양한 종류의 데이터들이 도처에 흩어져 있다. 이 데이터들을 잘 수집하여 분석하고 적절히 활용하면 새로운 서비스 기획 및 사업 기회로 연결시킬 수 있다.

예를 들어 판매 분야에서는 고객이 구매한 상품, 그 상품의 금액, 상품에 대한 상품평이 데이터가 될 수 있고, 헬스케어 분야에서는 연령과 혈압, 키와 몸무게 등의 생체 데이터 및 이동 중에 웨어러블을 통해 자동 수집되는 라이프 로깅 데이터도 빅데이터로 가공처리 할 수 있다. 또한 각종 서비스에 기록되는 로그나 다양한 계량기에서 발생시키는 사물인터넷(IoT) 데이터, 운행 차량의 위치와 속도, 항공기의 출발과 도착 데이터, 기상 데이터와 농작물 작황 데이터 등 주위를 둘러보면 다양한 도메인에서 무수히 많은 종류의 데이터들이 묻힌 채 사업의 기회를 찾는 자들에게 노출되어 있다. 마이닝(Mining)이라는 현미경을 통하여 본 빅데이터는 과히 정보의 보고인 셈이다.

9.3 데이터의 특징점 발견

빅데이터에서 어떠한 특징점과 도메인 특성을 반영하는 패턴을 발견해 낼 수 있을까와 같은 고민은 창의적인 아이디어와 결합될 때 새로운 시장 기회를 선점하는 모멘텀을 제공한다. 예를 들어 스마트 계량기의 경우 어느 시점부터 전력 수요가 공급 임계치를 넘을 것인지 사전에 파악해 낼 수 있으면 빅데이터를 기반으로 다양한 전력 절감 프로모션을 기획할 수 있다.

또한 고객이 문의한 콜센터에 로깅된 정보를 자연어 처리함으로써 내담자가 지닌 감성을 읽어내고 변심 패턴에 해당되는 상황에 접어드는 징후가 감지될 경우 상담자를 통해 맞춤형 판촉 전략을 역으로 제안하게 할 수도 있다. 농업 분야도 예외가 아니다. 농작물에 부착한 센서로부터 획득한 기온과 습도, 토양의 수분 함유량 및 강우량과 일조량, 기압과 조도, 농작물의 당도와 발육 간의 빅데이터를 통한 상관관계 분석 등은 얼마든지 서비스로 구현할 수 있다.

9.4 미래의 예측

빅데이터 분석을 통한 서비스 기획 중 하나는 미래예측을 가능하게 하는 것이다. 기저귀를 구매한 고객은 맥주를 같이 계산할 확률이 높다는 것을 데이터를 통해서 확인했다면 이를 활용한 교차판매(Cross selling) 판촉 전략을 구사할 수 있고 실제 매장에서도 이를 이용하여 매출증대를 꾀하고 있는 것이 사실이다.

9.5 데이터 최적화

빅데이터 분석은 패턴을 발견해내는 것까지가 전부가 아니다. 발견한 유의미한 결과를 서비스 개선이나 효율화 또는 최적화까지 이루어 내도록 하는 것이 빅데이터 분석이 의도하는 진정한 목표이다.

예를 들어 고객이 서비스를 해지할 만한 패턴이 감지되는 경우 새로운 할인 마케팅으로 연결시키는 이벤트를 소개한다거나 데이터 분석을 통해 전력 수요가 공급을 압박하는 위험이 감지 되었을 때 매력적인 야간 할인정책을 펼치면서 대기전력을 안전하게 유지할 수 있고 심지어는 자동으로 실내 조도를 낮추어 주거나 에어컨 온도를 조절하는 솔루션과 연계하면서 서비스를 고도화 시킬 수 있다.

결론적으로 빅데이터 분석은 데이터에서 파생되는 패턴을 통해 새로운 창의적인 서비스를 만들어 내고 최적화된 아이디어로 연결시킬 수 있어야 진정한 빅데이터 분석의 목표를 달성한 것이라고 할 수 있다.

이러한 일을 할 수 있는 사람은 인공지능 서비스 기획자와 데이터 과학자이다. 기업이 빅데이터를 기반으로 인공지능을 포함한 새로운 시장 기회를 개척해 나갈 역량을 갖추게 되는 순간 오늘날 각국 정부들이 4차산업 육성 차원에서 시행하고 있는 사업 자금 지원을 받을 기회가 생기고 동시에 이러한 기업을 찾는 투자자들에게도 노출되는 기회를 갖게 될 것이다.

기업들이 빅데이터의 가치를 깨닫고 데이터에 관심을 기울이면서 더욱 정교하게 고객을 이해하고 고객의 행동 패턴을 분석하여 고객에게 제공할 가치 창출 노력을 지속적으로 기울이다보면 4차산업의 미래를 자신에게로 다그면서 그로부터 오는 효익을 먼저 누릴 수 있게 될 것이다.

10 개인정보 보호

오늘날 많은 사람들이 온라인 서비스들을 이용하게 되면서 개인의 정보가 서버에 저장되고 있고 이 정보를 필요로 하는 제3의 기업들도 여기에 관심을 보이며 개인의 허락 없이 정보가 유출되거나 유통될 가능성이 높아지고 있다. 특히 스마트폰 시대에서는 웨어러블을 통한 개인의 라이프 로깅 데이터가 서버에 저장되면서 특정 개인의 이동 경로와 방문지 정보 등이 쉽게 추적(Tracking)될 수 있는 취약성이 있다.

이처럼 개인정보의 유통과 활용 경계가 점점 모호해지고 있어 빅데이터를 다루는 기업에서는 개인정보보호에 대한 이해가 필수로 되어가고 있다. 개인에게는 잊혀질 권리와 익명화될 권리 두 가지가 있다. 온라인 사이트에 저장되어 있는 자신과 관련된 정보를 삭제 요구할 수 있는 것을 잊혀질 권리라고 하며, 서비스의 주체가 개인의 사생활을 보호하기 위하여 데이터가 수집된 날로부터 일정 기간이 지나면 데이터로부터 특정인을 유추해 낼 수 없도록 데이터를 변경 또는 폐기 하도록 하는 것을 익명화의 권리라고 한다.

익명화된 데이터로부터 전체적인 경향을 분석하기 위한 빅데이터 활용은 정당하지만 그렇다고 결코 그곳으로부터 특정 개인의 기호를 바탕으로 한 맞춤형 서비스를 동의없이 제공할 수 는 있다는 것은 아니라는 점을 서비스 기획자는 반드시 기억하고 있어야 한다.

우리나라는 개인정보 관련 법규가 다른 나라들에 비해 상대적으로 강하므로 개인을 대상으로 하는 서비스를 기획하려고 할 때 때때로 데이터 수집에 제한을 받을 수밖에 없다. 가령 사용자의 로깅 기록이나 사이트 접속기록을 담은 쿠키를 수집할 때는 반드시 개인의 동의를 구해야 하고 동의 자체도 명시된 목적에 한해서만 사용이 가능하므로 다른 패밀리 사이트에서 동일한 데이터를 활용하고자 할 때는 동의를 다시 받아야 한다. 또한 헬스케어 분야는 모바일 의료기기 서비스가 개인정보 보호법 외에도 의료법 규제 대상이기도 하므로 주의가 더욱 요망된다.

빅데이터를 사용할 때 개인정보보호는 피할 수 없는 문제이다. 자칫 대응을 잘못하면 신용실추로 이어질 수도 있고 경우에 따라 서비스 중단까지 야기될 수도 있다. 인공지능 서비스 기획자로서 과도히 신경을 쓸 필요까지는 없겠지만 이용자에 대한 배려로 안전한 서비스를 담보받을 수 있다는 점에서 데이터 수집 목적인 경우 이용자에게 반대급부를 제공한다면 이용 동의를 얻는 장벽을 어느 정도는 낮출 수 있을 것이다.

11 빅데이터 담론

빅데이터가 4차산업시대의 신 재생자원으로 인식되면서 빅데이터를 바라보는 다양한 시각이 존재한다. 아래 세가지는 빅데이터를 이용한 인공지능 서비스 기획자로서 한번쯤은 생각해 봄 직한 내용이다.

11.1 데이터 마이닝과 빅데이터

빅데이터 분석을 과거에는 없던 새로운 것이라고 주장하는 사람들은 기술 환경의 변화와 데이터에 대한 가치를 인식하면서 빅데이터 분석이 최근에 새롭게 등장한 기술의 패러다임이자 새로운 산업추세라고 웅변하고 있다. 이들은 데이터들 간의 상호관계와 사물인터넷(IoT) 센서로부터 수집된 빅데이터는 소위 21세기의 원유로써 산업을 발전시키고 성장시키는 기폭제가 될 것으로 전망하고 있다.

반면에 데이터 분석은 과거에도 데이터 웨어하우스(Warehouse) 분석을 마케팅에 활용하고 있었고 기업에서는 비즈니스 인텔리전스(Business Intelligence)라는 명목으로 실제 행하여 오고 있었던 분야라고 주장하는 이들도 있다. 고객 맞춤형 할인 쿠폰 행사 역시 전통적인 데이터 마이닝(Mining) 기법을 활용해서 하던 판촉전략이었기 때문에 전혀 새로울 것이 없다는 주장은 일면 타당해 보인다. 하지만 이들도 텍스트 마이닝 같은 새로운 빅데이터 분석 기법이 대두된 것까지는 부인하고 있지 않다. 다만 빅데이터가 새롭게 등장한 것이라기보다 오히려 저장공간의 가격하락과 데이터 분석기술의 발전으로 인해 과거부터 있어왔던 데이터기술이 다소 재조명된 감이 있다고 한다면 어느 정도 사실과 부합하다. 이들은 빅데이터가 향후 데이터 웨어하우스 분석과 같은 전통적인 데이터 분석과 함께 비즈니스 인텔리전스의 한 부분으로 편입될 가능성도 있다고 보는 입장을 견지한다.

11.2 통계와 빅데이터

빅데이터를 통한 통계의 혁신적인 변혁이 가능함을 주장하는 사람들이 있다. 그 주장의 근거로 과거에는 대량 데이터를 확보하는 것 자체가 불가능했기 때문에 현실 세계를 모사해줄 수 있는 데이터의 샘플링이 불가피 했지만 오늘날은 빅데이터의 수집과 저장 그리고 빠른 속도의 분석 기법이 발달되어 전체 모집단을 그대로 분석하면 되므로 굳이 샘플링을 통한 통계적 추론은 그 중요성이 점차 희박해질 것으로 전망하는 입장이다.

반면 통계적 샘플링을 통한 가설검정이 여전히 유효하다고 주장하는 사람들은 빅데이터가 단순히 데이터들 간의 상호 관계성만을 기반으로 데이터를 분석하여 미래를 예측하는 것이기 때문에 인간이 추론하는 방식인 인과관계에 따른 맥락적 판단은 할 수 없으므로 가설을 세우고 검증하는 통계적 방식은 앞으로도 지속적으로 중요한 통계기법으로 남을 것으로 주장하고 있다.

11.3 합리성과 윤리성

사회의 각 영역에서 수집한 빅데이터를 수학적 알고리즘을 기반으로 과학적 절차에 따라 분석한 결과는 위험을 사전에 감지하고 선제적으로 예방하는 등의 예측 솔루션으로서의 역할을 충분히 해내고 있다. 다른 측면에서 보면 이러한 높은 예측률을 보이는 인공지능은 먼 훗날 집단지성으로 확대되어 인간 개개인의 추론능력을 뛰어 넘게 될 수도 있을 것이다.

생각해 볼 것은 아무리 빅데이터 분석이 정교해지고 그것을 기반으로 한 인공지능의 예측능력이 뛰어나다고 하더라도 기계가 내린 판단을 그대로 수용해도 될 것인가 하는 것이다.

빅데이터 분석과 이를 기반으로 한 인공지능의 결론은 변수들 간의 상호관계 속에서 파악된 패턴과 특징점만을 가지고 판단하는 것이기에 일정 정도 이상에서는 인과관계와 선후관계 맥락하에서 판단하는 인간의 추론과 결론을 완전히 대체할 수 는 없을 것이다.

또한 인간의 합리적인 사고 체계를 인공지능이 어느 정도 모사할 수는 있지만 인간은 동시에 윤리적 고민도 같이 고려하기 때문에 단순히 정교한 계산과정과 예측을 기반으로 한 인공지능의 판단을 그대로 수용하기에는 인공지능은 아무리 뛰어나더라도 컴퓨터의 지능일 뿐 인간의 지능을 완전히 대체하도록 가만히 둘 수는 없을 것이다.

따라서 빅데이터를 기반으로 한 인공지능의 피상적인 성향 분석과 단편적인 상호 연관성만을 기초로 한 판단은 비단 예측 정확도가 높다고 하더라도 자칫 사회적인 문제를 야기할 수 있다는 점을 고려할 필요가 있다. 인간의 합리성과 윤리성을 떠난 기계의 판단을 그대로 수용하면 그릇된 의사결정과 자칫 의도된 방향으로 집단지성이 유도될 개연성이 있기 때문이다.

그런 점에서 빅데이터와 인공지능을 다루는 데이터 과학자는 비단 컴퓨터에 대한 이해 이외에도 인간과 사회 그리고 철학 등 인문학적 소양을 갖추는 것이 중요한 자질 중의 하나가 될 것이며 결과적으로는 빅데이터 분석을 통한 인공지능이 내놓은 예측 결과물을 받아들이기 전에 인간의 관점에서 데이터의 재해석 과정이 반드시 거쳐지도록 해야 할 것이다.

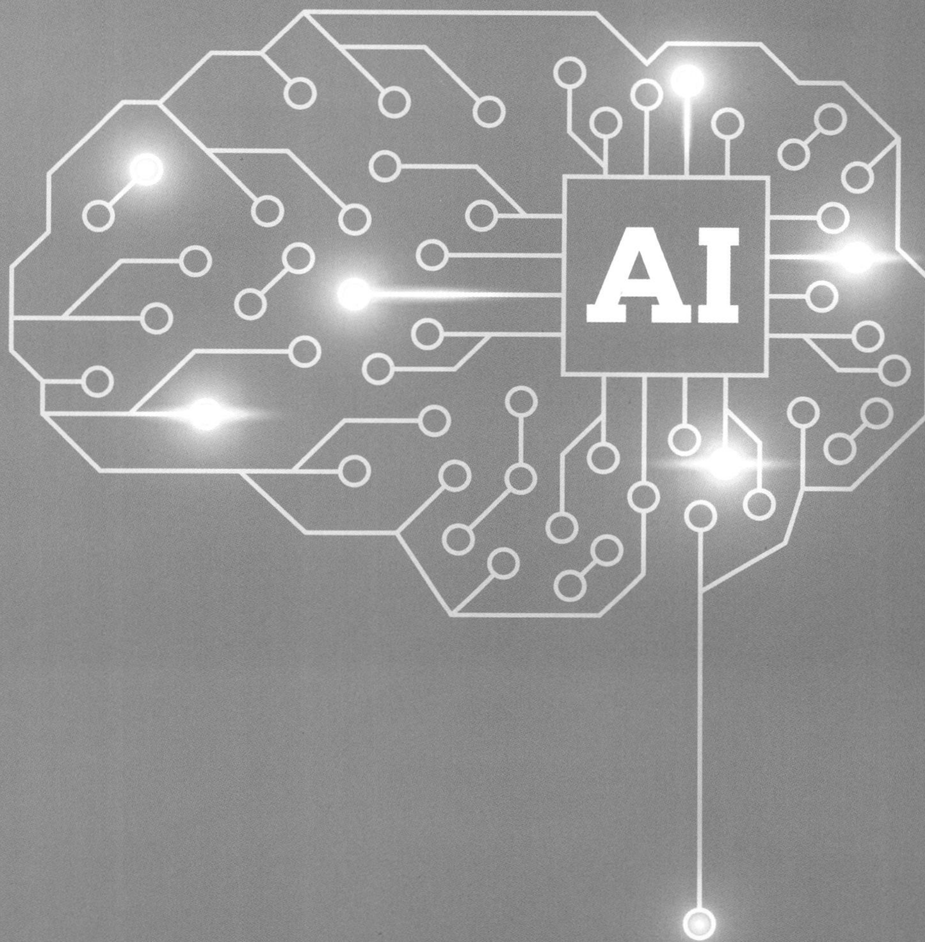

CHAPTER 05

파이썬의 이해

01 파이썬 개요

1.1 파이썬 기초

파이썬은 데이터 사이언스, 범용 소프트웨어 개발뿐만 아니라 머신러닝, 딥러닝 등 인공지능 개발에 가장 활발히 사용되는 대표적인 언어이다. 특히 넘파이(Numpy)와 판다스(Pandas) 및 Scikit-learn 등의 폭넓은 라이브러리 지원으로 애플리케이션 개발을 위한 최적의 조건을 제공하는 인터프리터 언어로서 데이터 과학자의 공학계산 목적을 넘어서 다양한 애플리케이션을 빠르게 개발하는데 있어서도 효율적이고 탁월한 성능을 보여준다.

서비스 기획자가 파이썬을 알아야 하는 이유이자 다룰 줄 알면 좋은 유익 몇 가지가 있다. 첫 번째, 파이썬은 프로토타입 또는 최소기능제품(Minimum Viable Product, MVP)을 구현하는데 최적의 언어이다. 피그마나 카카오오븐 그리고 Adobe XD 같은 와이어프레임 저작툴을 이용하면 스토리보드 수준의 내부자를 대상으로 하는 프로토타입을 구현하는 것은 가능하다. 그러나 실제 유저를 대상으로 세상에 내어놓을 MVP를 구현하려 할 경우에는 파이썬만큼 편리하고 접근하기 좋은 툴이 많지 않다고 할 수 있다.

두 번째, 파이썬은 데이터를 다루기에 최적화된 언어라는 것은 누구나 인정하는 사실이다. 고객이 찾아오는 서비스가 되게 하고픈 욕망은 서비스 기획자라면 누구나 품는 것이 당연하다. 그러나 지속적으로 시장의 니즈에 충족된 서비스를 운영하고 서비스를 고도화 하면서 궁극적으로 사업목표에 부합된 성과를 내는 서비스가 되게 하려면 정량적 분석법이 필요할 수밖에 없다. 사용자의 유입에서부터 재방문하기까지 그밖에 가입율과 재구매율 같은 전환율을 높이는 노력이 있어야 한다. 유저의 이동동선을 데이터를 기반으로 추적하고 더욱 정교하게 타겟팅된 PMF(Product-Market Fit) 찾아내어 지속적으로 UI 편리성을 제고함으로써 사용자경험(UX)를 극대화 시켜주려면 서비스 기획자도 데이터 분석능력을 기본적으로 갖추고 있어야 한다. 직접 데이터 분석을 통해 유의미한 패턴을 발견하면서 스스로 취약지점을 개선해 나가려는 노력은 앞으로 서비스 기획자가 갖추어야 할 그로스해킹(Growth Hacking)능력이기도 하고 이러한 활동들이 결과적으로 사람들이 찾아오는 성공적인 서비스를 담보한다.

따라서 Java, C 또는 JSP, PHP 같은 많은 언어들이 있지만 서비스 기획자가 파이썬을 다룰줄 안다면 MVP 뿐만 아니라 데이터를 들여다 볼 수 있는 능력을 갖추는 것이므로 서비스 기획자가 되기 원하는 독자들이라면 파이썬을 배워 둘 것을 권하며 실제 필자가 대학에서 파이썬을 가르쳐보면 몇 주 지나지 않아 비전공생들도 직접 어플리케이션을 개발할 수 있게 되는 것을 볼 정도로 파이썬의 문턱은 높지 않다.

필자는 이장에서 파이썬에 대해 기초부터 다루지는 않을 것이다. 초벌 원고는 파이썬 교재 한권 분량이었지만 이 책을 읽는 독자의 취지를 생각할 때 내용은 최소화하는 것이 좋겠다는 판단을 했다. 따라서 이 장은 서비스 기획자가 파이썬으로 자신이 기획한 서비스에서 발생되는 데이터를 분석하고자 할 때, 다시 말해 어느 정도 파이썬에 대해 알고 있을 때 도움이 될 만한 내용으로 수준을 조정하였다. 다소 읽기에 어려움을 느끼더라도 이 장은 빠르게라도 일독을 권하며 다른 훌륭한 저자들이 출판한 파이썬 개발서들이 서점가에 넘치고 있으므로 파이썬에 대한 기초적인 학습은 독자의 별도의 노력에 맡기고자 한다. 그후 자신이 파이썬을 잘 알고 있는 것인지 평가하고 싶을 때 이 장을 다시 읽어보기를 바라며 별 어려움 없이 이해가 된다면 데이터를 다룰 수 있는 실력을 충분히 갖추었다고 판단해도 된다.

1.1.1 파이썬 주요 용어

넘파이 (Numpy)

넘파이(Numerical Python)는 과학계산에 필요한 라이브러리로 다차원행렬 연산과, 난수 및 배열 처리에 적합한 다양한 함수 들을 제공한다.

판다스(Pandas)

판다스(Pandas)는 경제학용어인 패널데이터를 파이썬으로 분석하도록 하는 라이브러리로 PANel data와 python Data AnalySis 용어의 결합이니셜이다. 파이썬의 자료구조는 테이블 형태의 데이터프레임(DataFrame)과 1차원 배열인 시리즈(Series)로 구성되어 있으며 내부적으로는 다차원인 데이터 처리를 위해 NumPy와 Inner SQL로 설계되어 있다.

맷플롯립 (Matplotlib)

맷플롯립(Matplotlib)은 그래프 등의 데이터를 시각화 해주는 라이브러리이다. 방대한 빅데이터는 사람이 인지하기 쉽도록 시각화 시킬 필요가 있는데 이때 그래프를 렌더링 하는데 필요한 함수들을 제공한다.

I-파이썬 (Ipython)

Ipython은 인터프리터용 코드를 만들 때 쓰는 파이썬으로 인터프리터(Interpreter)와 파이썬(Python)의 결합용어이다. 코딩 후 컴파일을 거치지 않고 즉시 실행결과를 확인할 수 있어 주피터 같은 개발환경에서 프로그래밍을 할때 대화형 커널로써 동작한다.

주피터 (Jupitor)

초기에 I-파이썬(Ipython)을 GUI 환경에서 쓸 수 있게 만든 에디터(Editor)인 IPython Web Notebook이 있었는데 후에 이름을 주피터 노트북(Jupitor Notebook)으로 변경했다. Jupitor는 커널(Kernel)을 제공하는 언어라면 모두 지원한다. Python도 Kernel을 제공하므로 Jupitor를 활용해서 IPython을 실행하면 파이썬의 실행결과를 주피터 환경에서 직접 확인할 수 있다.

SciPy

SciPy는 과학(SCIence)와 파이썬(PYthon)의 결합용어로 미적분, 선형대수, 행렬 및 확률분포 등 과학기술 계산 목적의 다양한 함수를 포함하고 있는 라이브러리이다.

scikit-learn

scikit-learn은 과학(SCIence)과 도구(Kit)그리고 기계학습(machine LEARNing)의 결합용어로 인공지능이 다양한 예측을 할 수 있게 하는데 필요한 라이브러리를 제공한다.

statsmodels

statsmodels는 통계에 초점을 둔 회기모델, 분산분석, 시계열분석 및 시각화 등에 필요한 계량경제학 라이브러리이다.

1.1.2 파이썬 설치

아나콘다 (ANACONDA)

아나콘다는 통합 개발환경으로 파이썬 뿐만 아니라 주피터 등 필요한 패키지와 통합개발환경을 한번에 설치, 관리할 수 있게 해주는 툴이다.

https://www.anaconda.com/products/individual로 접속하여 아래 화면에서 보이는 설치파일을 다운로드하여 설치한다.

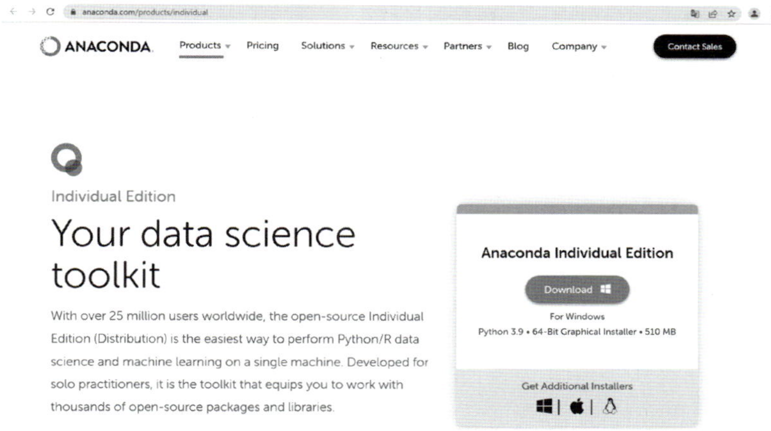

설치 디렉토리를 지정하고 단계별 옵션지정을 거쳐 설치가 완료되면 다음과 같이 아나콘다가 제공하는 다양한 툴을 경험해 볼 수 있다.

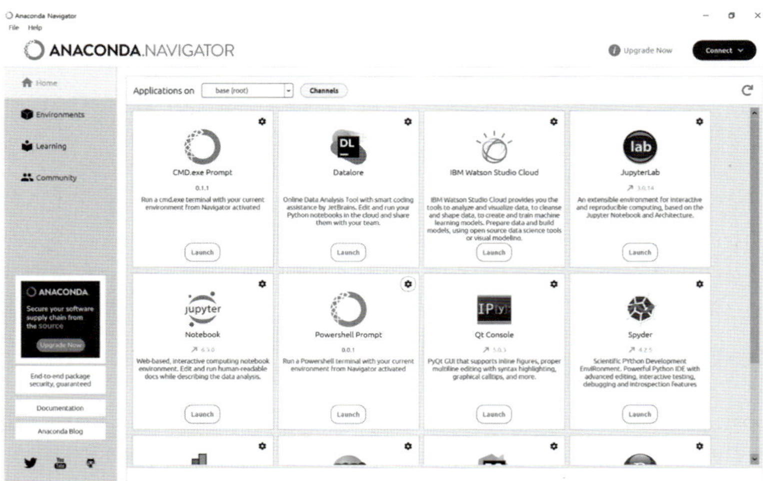

파이썬 실행

파이썬이 잘 설치되었는지 간단히 테스트해본다. 위의 아나콘다 패키지 목록 중 Powershell

Prompt를 실행시킨 후 python을 입력하면 >>> 프롬프트가 뜨고 명령을 기다린다.

아래와 같이 입력하고 엔터를 치면 제대로 설치되었다면 파이썬이 제대로 실행된 결과를 볼 수 있게 될 것이다.

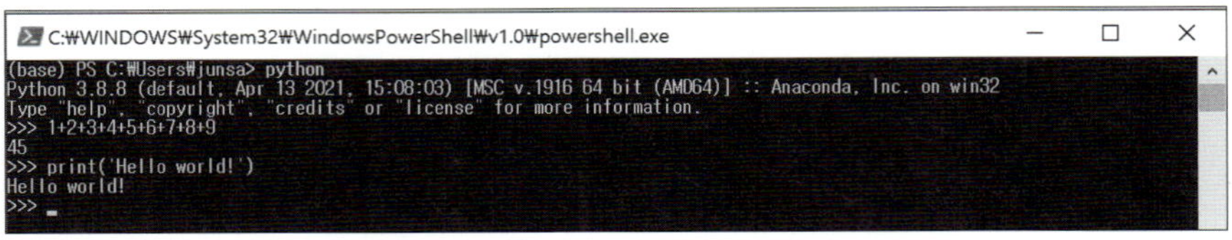

주피터 실행

아나콘다 콘솔화면에서 Jupitor Notebook의 Launch 버튼를 클릭하면 로컬 PC에 웹서버가 가동되면서 브라우저 기반의 개발환경이 보여진다. 우측의 New 버튼을 클릭해서 띄운 팝업창에서 Python3 를 선택한다.

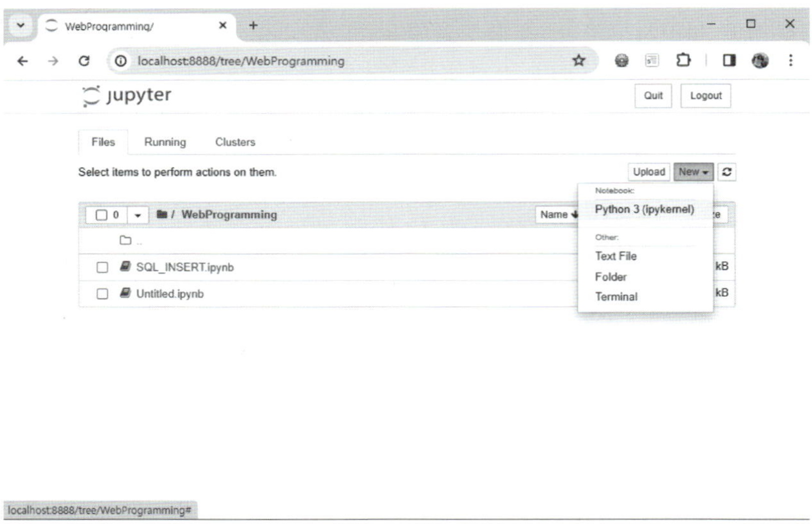

아래와 같은 Python 코딩을 할 수 있는 에디터가 보이면 제대로 설치가 된 것이다.

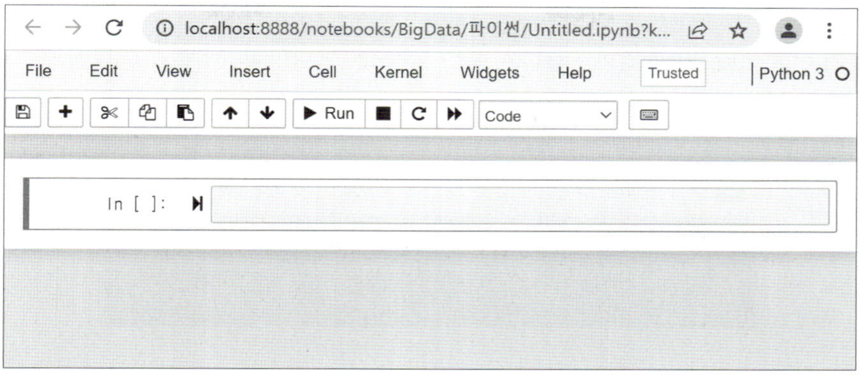

입력란에 아래와 같이 코딩한 후 메뉴에 있는 Run 버튼으로 실행시키면 파이썬이 실행한 결과를 화면에서 볼 수 있다. Power Shell Prompt 대신 Jupitor를 활용하면 아래처럼 직관적인 GUI를 활용해서 프로그래밍을 할 수 있다.

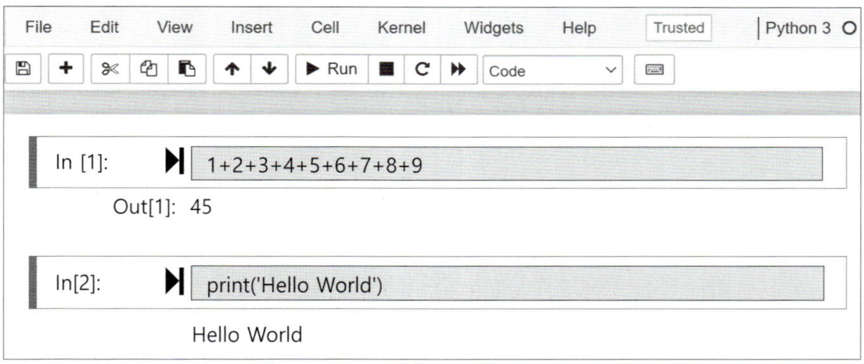

1.1.3 파이썬 특징

이 장은 프로그래밍 언어에 대한 기초적인 이해가 있는 독자라면 이해하는데 무리가 없을 것이다. 프로그래밍 경험이 있는 독자라면 타언어와는 어떤 점에서 다른가 하는 측면에서 예제 코드를 들여다 보면 흥미로울 것이다.

모듈 임포트

파이썬에서 모듈은 .py 확장자를 가진 파일이다. 가령 call_me.py 안에 함수가 정의되어 있으면 이 함수를 불러오는 방법은 두 가지가 있다. 모듈명.함수명( )을 호출하는 방식과 모듈로부터 함수를 임포트하여 함수명( )을 직접호출하는 방식이다.

예를 들어 call_me.py 파일에 아래와 같은 함수를 정의하고 제대로 불렸을때 '성공' 이라는 단어를 출력하도록 만들어두자.

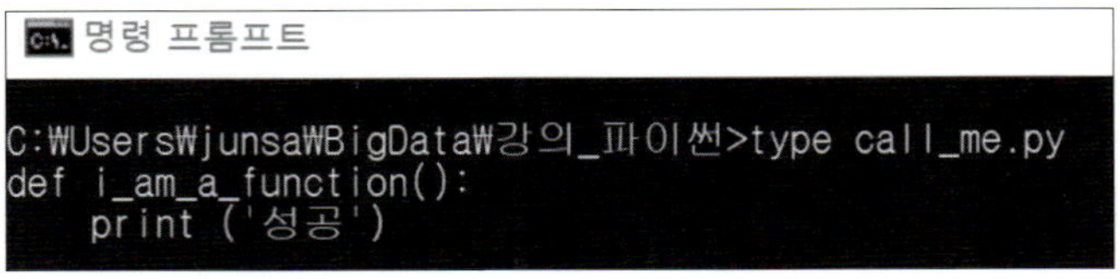

다음에는 주피터에서 다음 두 가지 방식으로 함수가 제대로 불려지는지 확인해 볼 수 있다.

```
from call_me import i_am_a_function
i_am_a_function()
```

성공

```
import call_me as cm
cm.i_am_a_function()
```

성공

이항연산자

이항연산자는 계산을 위해 두개의 변수나 값이 필요한 연산자이다. 그중에서 is는 같은 객체를 바라보는지를 비교하는 연산자이고 ==는 실제 값을 비교하는 연산자이다.

```
a = [1]
b = a
c = [1]
```

```
print ('a : ', a)
print ('b : ', b)
print ('c : ', c)
```

```
a :  [1]
b :  [1]
c :  [1]
```

```
print ('a is b : ', a is b)
print ('a == b : ', a == b)
print ('a == b : ', a == b)
print ('a is c : ', a is c)
```

```
a is b :  True
a == b :  True
a == b :  True
a is c :  False
```

스칼라형

파이썬에서는 자료형을 스칼라형이라고 한다. int32, float64 같은 것 등이 있다. val = 3/2 인 경우 결과는 1.5 실수를 반환하는데 이때 몫만을 취하고자 할 경우 이항연산자로 // 를 사용한다. 즉, val = 3//2 일때 val 값은 1이 된다.

한편 float 자체는 64bit이므로 공학계산용으로도 충분한 비트 크기이므로 파이썬에서는 별도의 double형을 제공하지 않는다.

문자열

파이썬을 사용하다보면 문자열을 다루는 일이 제법 많다. 문자열은 ' 또는 " 으로 감싸고 개행문자를 포함하는 문자열은 """ 또는 ' ' ' 으로 감싼다.

특히 """ 으로 감싼 문자열은 """ 이 있는 첫라인도 개행문자 ₩n을 포함하므로 첫 행으로 인식한다. 아래에서 str.count('₩n')결과값이 3이 나오는 이유이다.

```
str = """
     첫 번째줄
     두 번째줄
     """
str.count('₩n')
```

문자열은 변경할 수 없다. str = 'I am a boy' 문자열의 일부를 수정하고자 할 경우에는 변경한 값을 다른 변수로 받아야 한다. 즉, new = str.replace('boy', 'girl')으로 처리해야 한다. 이 경우 new는 I am a girl이 되지만 str은 바뀌지 않은채 그대로 I am a boy로 남아있다.

문자열을 캐릭터 단위로 변경할 경우에는 리스트로 받아서 처리하면 된다. 참고로 lst= [ ]; lst=s인 경우 lst는 생성시에는 리스트였지만 String s를 대입할 때 문자열 데이터타입(String dtype)으로 바뀌므로 캐릭터 단위의 조작이 불가능해진다. 이는 파이썬에서 = 바인딩은 값을 넘기는 것이 아니라 주소를 넘기기 때문이다.

따라서 String을 List로 형변화 하려면 먼저 List 객체를 생성해 주어야 한다. 그리고 list 생성자에 String 객체를 형변화 시킨 후 대입시키면 된다. 즉,

```
str='pithon'
lst=list(str)
print(lst)
```

결과는 ['p','i','t','h','o','n'] 으로 출력되므로 이후에 lst[1] = 'y' 로 pithon 을 python 으로 쉽게 바꿀 수 있다. 정리하면 문자열을 바꿀때는 String 에서는 str.replace( )를 쓰고 list(str)에서는 위의 경우라면 lst[n] (여기서 n은 리스트의 인덱스)을 쓰도록 하자.

```
s_string = 'This is a ftring'
print (s_string)
l_string = list(s_string)
l_string[10] = 's'
s_string = ''.join(l_string)
print (s_string)
```

```
This is a ftring
This is a string
```

```
s_string = 'This is a ftring'
print (s_string)
s_string = s_string.replace('ftring','string')
print (s_string)
```

```
This is a ftring
This is a string
```

문자열은 인덱스를 활용하여 수정할 수는 없지만 불러올 수는 있다. 위의 예에서 s_string[:4] 하면 인덱스 0부터 4개를 불러오라는 뜻이다. 즉, This가 출력된다.

역슬래시는 ₩₩와 같이 두 개를 써줘야 한다. 이것이 불편한 경우 r을 붙이면 된다. r은 문자열 내의 ₩을 ₩₩로 바꿔준다. 즉, str='I₩₩am₩₩a₩₩Girl'은 str = r'I₩am₩a₩girl'과 같다.

문자열의 결합은 + 기호로 할 수 있다.

```
str1 = '인공지능 서비스'
str2 = '기획자 되기'
str3 = str1 + str2
print (str1)
```

```
print (str2)
print (str3)
```

```
인공지능 서비스
기획자 되기
인공지능 서비스기획자 되기
```

문자열의 포맷을 먼저 정해두고 후에 넘어오는 값을 적용(assign)해 주려면 [문자열].format 을 쓴다. 즉,

```
str = '{1:s} {0:.2f} is worth SG${2:d}'
str.format (0.7560, 'US$', 1)
```

과 같이 하면 US$ 0.76 is worth SG$1로 출력된다. 여기서 {0}, {1}, {2}는 넘어오는 값들을 순서대로 지칭하는 것인데 파이썬 내부적으로는 이 값을 사전화하여 적용한다. 즉, {'0':0.7560, '1':'US$', '2':1}로 해시 처리한다.

```
str = '{0:s}{1:.2f} 는 오늘 환율기준으로 {2:d}원입니다.'
print (str.format('US$', 1, 1340))
```

```
US$1.00 는 오늘 환율기준으로 1340원입니다.
```

문자열은 인코딩/디코딩이 가능하다. str.encode('urf-8')으로 하면 문자열 str이 UTF-8 형으로 바뀌고 str.decode('utf-8')하면 UTF-8 형을 str로 바꾼다. 가령,

```
st_8 = 'Hello'
en_8 = st_8.encode('utf-8')
de_8 = en_8.decode('utf-8')

print (en_8)
print (de_8)
```

```
b'Hello'
Hello
```

```
st_16 = 'Hello'
en_16 = st_16.encode('utf-16')
de_16 = en_16.decode('utf-16')

print (en_16)
print (de_16)
```

```
b'₩xff₩xfeH₩x00e₩x00l₩x00l₩x00o₩x00'
Hello
```

형변환

파이썬에서는 bool, int, float, str, tuple, list, dic 등의 여러 자료형이 있다. 이중에서 str과 bool, int, float들은 상호 형변환이 가능하다. 기억해야 할 것은 str은 int로 직접 형변환할 수 없으니 float으로 변환 후 int로 변환하는 방식을 사용한다.

```
str = '3.14159'
print (str)
print (float(str))
print (int(float(str)))
```

```
3.14159
3.14159
3
```

None

None은 NULL 값을 갖는 객체이다.

```
def calculate (a, b, c=None):
    if c is not None:
        print (a+b+c)
    else:
        print (a+b)

calculate (1,2,3)
calculate (1,2)
```

```
6
3
```

위에서 a, b는 일반인자라고 하고 c는 키워드인자라고 한다. 키워드인자는 맨 뒤에 위치해야 한다.

datetime

날짜를 계산할 때 사용하는 패키지이다.

```
from datetime import datetime
dt = datetime (2023, 11, 5, 7, 50, 59)

print ('날짜 : ', dt.date())
print ('년   : ', dt.year)
print ('월   : ', dt.month)
```

```
print ('일   : ', dt.day)
print ('시각 : ', dt.time())
print ('시   : ', dt.hour)
print ('분   : ', dt.minute)
print ('초   : ', dt.second)
```

```
날짜 :  2023-11-05
년   :  2023
월   :  11
일   :  5
시각 :  07:50:59
시   :  7
분   :  50
초   :  59
```

제어문

if문의 구조는 if ~ elif ~ else 구조를 갖는다. for문은 for value in 〈collection〉: 구조를 띄는데 continue를 만나면 continue가 속한 for문으로 돌아가고 break를 만나면 속한 for문을 빠져나간다. while문에 주로 쓰이는 pass는 아무 것도 하지 않는 줄이라는 뜻이다. 보통 나중에 어떤 코드를 넣을 때를 목적으로 기록해 두는 용도로 쓰인다.

```
for i in range (10, 0, -1):
    if i % 2 == 0:
        print ('여기 : ', i)
        pass
    else:
        print ('₩t저기 : ', i)
        if i < 6:
            break
```

```
여기 :  10
    저기 :  9
여기 :  8
    저기 :  7
여기 :  6
    저기 :  5
```

위에서 range(숫자)는 range(0, 갯수)의 의미이다. 포맷은,
range([인덱스], [갯수], [간격])이다.

삼항표현식

파이썬에는 삼항표현식이라는 것이 있다. 삼항표현식은 여러 줄에 걸친 수식을 한 줄로 표

현할 수 있게 하므로 편리한 반면 가독성이 떨어질 수 있으니 주의하여 사용하는 것이 좋다.

```
if sex == 'female':
    name = '성춘향'
else:
    name = '이몽룡'
```

위의 조건문은 아래처럼 한줄 삼항표현식으로 표현 가능하다.

```
name = '성춘향' if sex == 'female' else '이몽룡'
```

```
val = 0

for i in range (1, 11):
    val = i if i % 2 == 0 else i * 2
    print (i, val)
```

```
1 2
2 2
3 6
4 4
5 10
6 6
7 14
8 8
9 18
10 10
```

```
datum = ['female', 'male', 'female', 'male', 'male']
for d in datum:
    sex = '남성' if d == 'male' else '여성'
    print (d + '₩t' + sex)
```

```
female	여성
male	남성
female	여성
male	남성
male	남성
```

자료구조

파이썬의 장점은 강력한 자료구조에 있다. 그중에서 튜플(tuple)은 묶음자료형이다. 리스트 자료형은 [a,b,c...] 처럼 쓰지만 튜플 자료형은 (a,b,c...)로 표현한다.

리스트와 튜플의 선택기준은 무엇일까. 리스트는 변경이 가능하지만 튜플은 변경할 수 없다는 점을 기억하면 된다. 즉, 다루는 데이터가 변경되면 안 되는 경우는 튜플을 쓰는 것이 안전하고 데이터의 변경이 필요한 경우라면 리스트를 선택하면 된다.

튜플 (Tuple)

튜플은 값이 배정되면 고착되어 변경할 수 없다. 아래와 같이 하면 에러를 리턴하는 원인이 된다.

```
tup = ('mvp', (0,1), True)
tup[1].append(2)
```

tup * 4는 동일한 값을 갖는 자료구조 4개를 하나로 합치고 참조만 할 뿐 실제 값을 할당하지는 않는다.

val1, val2, val3 = tup하면 val1 에는 'mvp'가 들어가고 val2에는 (0,1)이, val3에는 True가 들어간다. val1, val2 = val2, val1 하면 val1과 val2의 값이 서로 뒤바뀌게 된다.

tup = (1,2,3,4,5,5,5,6); val1, val2, *rest=tup하면 *rest에는 [3,4,5,5,5,6]이 들어간다. 여기서 *[변수명] 을 만든 이유는 n개의 값을 일괄 처리하기 위함이다.

튜플이 제공하는 count( ) 함수는 찾고자 하는 원소의 개수를 반환한다. 위에서 tup.count(5)하면 3이 나온다.

```
tup = (0, 1, 2, 1, 4, 5)
print ('tup[3] : ', tup[3])

print ('튜플은 변경 불가함. 변경 시도하면 아래와 같이 에러를 발생시킴')
tup[3] = 3
```

```
tup[3] :  1
튜플은 변경 불가함. 변경 시도하면 아래와 같이 에러를 발생시킴
---------------------------------------------------------------------------------
TypeError                                 Traceback (most recent call last)
~₩AppData₩Local₩Temp₩ipykernel_4064₩2699919596.py in <module>
      3
      4 print ('튜플은 변경 불가함. 변경 시도하면 아래와 같이 에러를 발생시킴')
----> 5 tup[3] = 3

TypeError: 'tuple' object does not support item assignment
```

```
a, b, *c = tup
print ('a : ', a)
print ('b : ', b)
a, b = b, a
print ('a : ', a)
print ('b : ', b)
print (c)
print ('튜플', tup, '에 1 이', tup.count(1), '개 들어있음')
```

```
a :  0
b :  1
a :  1
b :  0
[2, 1, 4, 5]
튜플 (0, 1, 2, 1, 4, 5) 에 1 이 2 개 들어있음
```

리스트

리스트는 튜플과 유사하나 수정이 가능하므로 제공하는 메서드가 다양하다. 다만 해시테이블이 아니므로 연산비용이 발생한다.

```
l_val = []

l_val.append('a')
l_val.append('c')
print(l_val)

l_val.insert(1, 'b')
l_val.append('d')
print(l_val); print()

p = l_val.pop(1)
print ('popped : ', p)
print ('l_val : ', l_val); print()

l_val.remove('c')
print ('l_val : ', l_val)
print ('d' in l_val)
print ('d' not in l_val); print()

l_val.extend([1,2,1])
print ('l_val : ', l_val, '총 원소' , len(l_val), '개')

l_val.append(['A','B','C'])
print ('l_val : ', l_val, '총 원소' , len(l_val), '개');
```

```
['a', 'c']
['a', 'b', 'c', 'd']
popped :  b
```

```
l_val :  ['a', 'c', 'd']

l_val :  ['a', 'd']
True
False

l_val :  ['a', 'd', 1, 2, 1] 총 원소 5 개
l_val :  ['a', 'd', 1, 2, 1, ['A', 'B', 'C']] 총 원소 6 개
```

bisect 모듈

bisect 모듈의 bisect( ), insort( )함수는 이미 정렬된 리스트에 넣고자 하는 값의 위치를 반환하거나 실제 값을 넣는 함수이다. 이때 리스트는 이미 정렬되어있다고 가정한다.

lst = [0,1,2,3,5,6,7]가 이미 정렬되어 있을때 숫자 4를 넣으려면 bisect.insort(lst,4)하면 되고 그러면 lst는 [0,1,2,3,4,5,6,7]이 된다. 즉, 정렬되어 있는 list의 해당위치에 4를 넣는다.

숫자 4가 들어갈 자리를 구할 때는 bisect.bisect(lst,4)라고 하면 뒤로 밀려 나갈 숫자 5의 인덱스 4가 리턴된다.

```
lst = [0,1,2,5,6,7,8,9]
print (lst)

import bisect
bisect.insort(lst,4)
print (lst)

val = 3
lst.insert(bisect.bisect(lst,val), val)
print (lst)
```

```
[0, 1, 2, 5, 6, 7, 8, 9]
[0, 1, 2, 4, 5, 6, 7, 8, 9]
[0, 1, 2, 3, 4, 5, 6, 7, 8, 9]
```

슬라이싱

슬라이싱은 리스트의 값을 자르는 기법으로 쓴다. lst[2:4]이면 인덱스 2번째 요소부터 4와 2의 차이인 2개를 가져오라는 것이고 lst[-4,-2] 는 끝에서부터 4번째에서 -4와 -2의 차이인 2개를 가져오라는 것으로 뒷 숫자가 앞의 숫자보다 커야한다. 그밖에 lst[::2]는 하나씩 건너뛰면서 값을 가져오라는 것이며 lst[::-1] 은 역정렬 하라는 의미이다.

```
lst = [0,1,2,3,4,5,6,7,8,9]
print (lst)
print (lst[3:5])
print (lst[-4:-2])
print (lst[::2])
print (lst[::-1])

lst[2:5] = [12,13,14]
print (lst)
```

```
[0, 1, 2, 3, 4, 5, 6, 7, 8, 9]
[3, 4]
[6, 7]
[0, 2, 4, 6, 8]
[9, 8, 7, 6, 5, 4, 3, 2, 1, 0]
[0, 1, 12, 13, 14, 5, 6, 7, 8, 9]
```

참고로 List와 String 간의 형변환은 아래처럼 하면 된다.

```
s1 = 'Hello Jun'
lst = list(s1)
s2 = ''.join(lst) # Hello Jun
s3 = ' '.join(lst) # H e l l o   J u n
```

이러한 연산이 가능한 것은 리스트가 이진트리 자료구조로 되어있기 때문이다. 데이터가 적당한 크기이면 사용효율이 크지만 많을 경우에는 오히려 연산비용이 발생할 수 있다.

enumerate

enumerate는 리스트의 값을 반환해 올 때 인덱스를 같이 받아오는 함수이다. 가령 0, Hong, 1, Gill, 2, Dong과 같이 인덱스와 함께 리스트 인자를 순차적으로 가져올 수 있다. enumerate는 실제로 많이 쓰이는 함수 중의 하나인데 활발히 활용되는 이유 중의 하나는 넘어오는 인덱스를 참조해서 해시쌍으로 된 자료구조로 관리하고자 함이다. 다시 말해 enumerate는 String 연산을 위해 아래처럼 리스트의 인덱스를 참조하여 스트링 연산하기에 적합한 함수이다.

```
lst = ['Father', 'And', 'Mother', 'I', 'Love', 'You']

for x, y in enumerate (lst):
    print (x, y)
```

```
0 Father
1 And
2 Mother
3 I
4 Love
5 You
```

sorted

리스트를 정렬할 필요가 있을 때 쓰기 적합한 함수가 sorted( )이다. sorted([2,5,3,1,4,7,6])는 [1,2.3.4.5.6.7]을 반환한다.

```
lst = [0,1,2,3,4,5,6,7,8,9]
lst = lst[::-1]
print (lst)

lst = sorted(lst)
print (lst)
```

```
[9, 8, 7, 6, 5, 4, 3, 2, 1, 0]
[0, 1, 2, 3, 4, 5, 6, 7, 8, 9]
```

zip

리스트 두 개를 순서대로 튜플로 엮어 또 다른 리스트를 만들때 쓰는 함수가 zip( )이다. 리스트 하나는 해시의 이름으로 그리고 다른 하나는 대응되는 값들로 관리하고자 할 때 편리하게 사용할 수 있다.

```
lst1 = ['한국','미국','중국','싱가포르']
lst2 = ['서울','워싱턴','북경','싱가포르']
lst3 = [5000, 30000, 130000, 500]
for i, (a,b,c) in enumerate (zip(lst1, lst2, lst3)):
    print ('{0:n} : {1:s}, {2:s}, {3:d}만명'.format(i, a, b, c))
```

```
0 : 한국, 서울, 5000만명
1 : 미국, 워싱턴, 30000만명
2 : 중국, 북경, 130000만명
3 : 싱가포르, 싱가포르, 500만명
```

reversed

자료형을 역순으로 정렬하고자 할 때 사용할 수 있는 함수는 reversed( )이다.

```
list(reversed(range(10)))
```

```
[9, 8, 7, 6, 5, 4, 3, 2, 1, 0]
```

사전 (Dictionary)

파이썬에서 제공하는 해시맵 자료형은 사전(Dictionary)이다. 사전은 파이썬에서 중요한 자료형 중 하나이고 잘 사용할수록 효율을 높여주는 함수이다. 다만, 사전에서 get( )은 해당하는 값이 없으면 None을 리턴하지만 pop( )은 오류를 리턴한다는 것을 기억하자.

```
h_map = {'이름' : '홍길동', '연령' : 20}
h_map['주소'] = '조선'
print (1, h_map)
print (2, h_map['주소'])

del h_map['연령']
print (3, h_map)

print (4, h_map.get('주소'))
print (5, h_map.get('주소'))
print (6, h_map)

print (7, h_map.pop('주소'))
print (8, h_map)
print (9, h_map.get('주소'))
print (10, h_map.pop('주소'))
```

```
1 {'이름': '홍길동', '연령': 20, '주소': '조선'}
2 조선
3 {'이름': '홍길동', '주소': '조선'}
4 조선
5 조선
6 {'이름': '홍길동', '주소': '조선'}
7 조선
8 {'이름': '홍길동'}
9 None
---------------------------------------------------------------------------
KeyError                                  Traceback (most recent call last)
~₩AppData₩Local₩Temp₩ipykernel_4064₩2365978848.py in <module>
     16
     17 print (9, h_map.get('주소'))
---> 18 print (10, h_map.pop('주소'))

KeyError: '주소'
```

해시맵은 보통 순차자료형에서 key와 value쌍을 뽑아 만든다.

```
map = { }
for key, value in zip (list_key, list_value):
    map[key] = value
```

테이블 구조의 데이터를 다룰 때 map( )을 잘 활용하면 마치 관계형 DB에서 SQL로 join 하는 것과 같은 효과를 볼 수 있다.

```
import pandas as pd
s1 = ['베이컨', '삼겹살', '족발', '육회']
s2 = [9000, 7500, 12000, 25000]
df = pd.DataFrame({'메뉴' : s1, '가격' : s2})
df
```

	메뉴	가격
0	베이컨	9000
1	삼겹살	7500
2	족발	12000
3	육회	25000

```
h_map = {'삼겹살' : '돼지고지', '족발' : '돼지고기',
           '육회' : '쇠고기', '베이컨' : '돼지고기'}
s3 = df['메뉴'].map(h_map)
df['종류'] = s3
df
```

	메뉴	가격	종류
0	베이컨	9000	돼지고기
1	삼겹살	7500	돼지고기
2	족발	12000	돼지고기
3	육회	25000	쇠고기

함수

모든 함수는 네임스페이스(Name Space) 즉, 스코프(Scope)를 갖게 된다. 함수 내에서 선언된 변수는 함수 밖에서는 참조할 수 없는 지역변수가 된다. 함수는 호출될 때 메모리 상에 자원이 배정되는데 최종적으로 값을 리턴할 때 지역변수도 같이 사라진다.

만일 함수 내에서 전역변수를 활용할 때는 쓰기 전에 그 변수가 전역변수임을 명시해 주는 코딩스타일을 익히도록 하자.

```
def func1():
    val = []
    for i in range(2):
        val.append(i)
    print (val)
func1()
func1()

print()

val = []
def func2():
    global val # optional
    for i in range(1,3):
        val.append(i)
    print (val)

func2()
func2()
```

```
[0, 1]
[0, 1]

[1, 2]
[1, 2, 1, 2]
```

파이썬은 함수가 여러 개의 값을 결과값으로 리턴 할 수 있도록 하고 있다. 이는 튜플 자체가 하나의 자료구조이기 때문이다.

```
def func( ):
    return a,b,c
```

파이썬이 리턴값을 사전형태인 Dictionary 즉 해시로 반환하면 자료를 처리하기에 용이하므로 활발히 사용되는 방식이다.

```
def func( ):
    return { 'Name' : 'Hong Gill Dong', 'Age' : 20 }
```

함수에 전달하는 인자는 변수 뿐만 아니라 객체도 가능하며 함수 역시 객체를 리턴할 수 있다.

익명함수 (lambda 함수)

파이썬은 과학계산에 활용되면서 복잡한 수식과 계산식에 함수를 활용하는 경우가 많다. 그런데 필요할 때마다 함수를 선언하여 쓰게 된다면 불필요한 1회용 함수만 계속 늘어날 수가 있다. 이런 경우 1회용 함수인 익명함수를 만들어 처리하면 매우 편리하다.

```
def exec_func(lst, func):
    return [func(x) for x in lst]
l_val = [1, 2.5, 5]
exec_func(l_val, lambda x : x * 2)
```

```
[2, 5.0, 10]
```

커링

함수를 사용하다 보면 함수를 호출할 때 항상 정해진 패턴으로 동일한 상수를 반복해 넘기는 경우가 발생하곤 한다. 이러한 때는 사용 패턴을 별도의 함수로 만들어 사용하면 편리한데 익명함수를 활용해 기존함수를 차용하는 이러한 기법을 커링(차용)이라고 한다.

```
def func1(a, b):
    return a * b

val = lambda x : func1(x, 5)
val(2)
```

```
10
```

제너레이터

함수는 return을 반환하는 반면 제너레이터(Generator)는 yield 값을 반환한다. 제너레이터는 이터레이터(Iterator)처럼 next로 마지막 yeield 값이 반환될 때까지 값을 전달하는 방식으로 동작하는데 다만 다음 next까지 대기하는 방식으로 동작한다. 제너레이터 함수는 def 안에 yield 값을 할당하면 생성된다.

```
def gen():
    yield 1
    yield 2

for i in gen():
    print (i)
```

```
1
2
```

예외처리

파이썬도 다른 여타 언어와 동일하게 예외 처리를 가능하게 한다. 기본적인 구조는 다음과 같다.

```
try:
    에러를 낼 수 있을 법한 코드

except:
    에러 발생 시 처리코드

else:
    에러 없이 정상처리 되었을때 처리코드

finally:
    정상 또는 에러 무관하게 처리되는 코드
```

```
courses = ['파이썬','머신러닝', '딥러닝']

for i, c in enumerate(courses):
    print ("{0}, {1}".format(i+1, c))

try:
    choosen = input("어떤 과목을 수강하시겠습니까? ")
    choosen = int(choosen)+1

    if choosen < 2 or choosen > 4:
        raise Exception

    print ('{0}을 선택하셨습니다.'.format(courses[choosen-2]))

except Exception as e:

    print ("오류가 발생했습니다. {0}".format(e))
```

```
1, 파이썬
2, 머신러닝
3, 딥러닝
어떤 과목을 수강하시겠습니까? ⇒ NA
오류가 발생했습니다. invalid literal for int() with base 10: 'NA'
```

파일 핸들링

파일을 열어 읽는 방식에는 기본형과 한 줄형 두 가지가 있다. 결과는 같으나 코딩스타일이 다르다는 점을 참고하자.

[기본형]

```
f = open (path, 'r')
print(f.read( ))
f.close( )
```

위에서 r은 Read 목적일 때를 뜻하고, w는 파일에 Write할 때 그리고 a는 파일에 Append할 때 사용하는 접근모드이다.

[한줄형]

```
lines = [ x.rstrip( ) for x in open(path) ]
```

파일은 열었으면 반드시 close( )로 닫아주어야 한다. 이를 자동으로 처리하려면 with와 함께 쓰면 편리하다.

```
with open (path) as f :
    lines = [ x.strip( ) for x in f ]
    // 또는
    lines = f.readlines ( )
```

```
f = open('to_read.txt', 'r')
print (f.read())
f.close()
```

```
죽는 날까지 하늘을 우러러 한 점 부끄럼이 없기를
잎새에 이는 바람에도 나는 괴로워했다
별을 노래하는 마음으로 모든 죽어가는 것들을 사랑해야지
그리고 나에게 주어진 길을 걸어가야겠다
오늘 밤에도 별이 바람에 스치운다
```

```
with open ('to_read.txt') as f:
    lines = [ x.rstrip() for x in f ]
lines
```

```
['죽는 날까지 하늘을 우러러 한 점 부끄럼이 없기를',
 '잎새에 이는 바람에도 나는 괴로워했다',
 '별을 노래하는 마음으로 모든 죽어가는 것들을 사랑해야지',
 '그리고 나에게 주어진 길을 걸어가야겠다',
 '오늘 밤에도 별이 바람에 스치운다']
```

```
with open ('to_read.txt') as f:
    lines = f.readlines()
lines
```

```
['죽는 날까지 하늘을 우러러 한 점 부끄럼이 없기를₩n',
 '잎새에 이는 바람에도 나는 괴로워했다₩n',
 '별을 노래하는 마음으로 모든 죽어가는 것들을 사랑해야지₩n',
 '그리고 나에게 주어진 길을 걸어가야겠다₩n',
 '오늘 밤에도 별이 바람에 스치운다']
```

```
with open ('to_read.txt') as f:
    while f:
        line = f.readline()
        if not line:
            break
        print (line.rstrip())
```

```
죽는 날까지 하늘을 우러러 한 점 부끄럼이 없기를
잎새에 이는 바람에도 나는 괴로워했다
별을 노래하는 마음으로 모든 죽어가는 것들을 사랑해야지
그리고 나에게 주어진 길을 걸어가야겠다
오늘 밤에도 별이 바람에 스치운다
```

02 넘파이 (NumPy)

2.1 넘파이(NumPy)개요

넘파이(NumPy)는 NUMerical PYthon의 약자로 배열과 벡터 연산에 최적화된 라이브러리이다.

특히 ndarray는 파이썬 내장 자료형보다 적은 메모리를 사용하면서 따로 반복문을 구현

하지 않고도 매우 빠른 배열연산을 가능하게 하고 브로드캐스팅까지 지원한다는 점에서 빅 데이터 처리 과정에서 판다스(Pandas)와 함께 데이터 수집과 변환 및 요약에 활발히 사용되고 있다.

2.2 넘파이(NumPy)의 주요내용

ndarray

파이썬을 이용해 데이터 작업을 할 때는 같은 자료형을 갖는 다차원 배열을 갖는 NumPy 모듈을 빈번히 사용하게 된다. ndarray는 N Dimension Array의 약어로 연산속도가 다른 스칼라 자료형보다 ms 단위로 상당히 빠르게 이루어진다.

```
import numpy as np
n_ary = np.random.randn(2,3)
print (n_ary); print()

n_ary *= 100
print (n_ary)
```

```
[[ 0.5976406   0.90741265 -1.19865589]
 [-0.41643422 -2.44075093  1.51283394]]

[[  59.76406023   90.74126525 -119.86558856]
 [ -41.64342167 -244.07509256  151.28339359]]
```

1차원배열 생성

파이썬에서 제공하는 자료형인 스칼라의 생성자인 range 같은 기능을 하는 것이 NumPy에서는 arange이다.

```
np.arange(10)
```

```
array([0, 1, 2, 3, 4, 5, 6, 7, 8, 9])
```

다차원배열 생성

이미 확보한 값이 있을 때는 np.array( )에 리스트 형태의 인자로 넘겨 생성하는 방법이 있다.

```
lst = [ [1,2,3], [4,5,6,] ]
n_ary = np.array(lst)
print (n_ary);

print()

n_ary = np.array( [ [1,2,3],[4,5,6] ] )
print (n_ary)
```

```
[[1 2 3]
 [4 5 6]]

[[1 2 3]
 [4 5 6]]
```

초기값을 0으로 하는 배열생성

초기값을 0으로 할때는 np.zeros( )를 쓴다.

```
print (np.zeros(5))
print ()
print (np.zeros((2,3)))
print ()
print (np.zeros((2,3,4)))
```

```
[0. 0. 0. 0. 0.]

[[0. 0. 0.]
 [0. 0. 0.]]

[[[0. 0. 0. 0.]
  [0. 0. 0. 0.]
  [0. 0. 0. 0.]]

 [[0. 0. 0. 0.]
  [0. 0. 0. 0.]
  [0. 0. 0. 0.]]]
```

배열 자료형의 형변환

int32를 float64로 바꿀 수 있고 그 반대도 가능하다. 이때에는 반올림이 아닌 버림으로 처리한다.

```
n_ary = np.random.randn(3)
print (n_ary)
```

```
n_ary = n_ary.astype(np.int32)
print (n_ary)
n_ary = n_ary.astype(np.float64)
print (n_ary)
```

```
[-0.42623012  1.40451274  0.03124976]
[0 1 0]
[0. 1. 0.]
```

벡터연산

배열 원소들 간의 연산을 벡터연산이라고 한다. 예를 들어 2행 3열(2x3)의 ndarray 배열인 ary 변수가 있고 [[1,2,3],[4,5.6]] 값을 갖고 있을 때 10을 전 요소에 곱하는 경우 벡터연산을 하면 상당히 빠른 결과를 얻게 된다.

ary * 10

한 줄만으로 일시에 [[10,20,30],[40,50,60]]과 같이 바뀐다. 이런 연산방식을 브로드 캐스팅이라고 한다.

```
1/ary
ary **0.5
ary1 > ary2
```

ary1 〉 ary2는 ary1이 [[1,2,3],[4,5.6]]이고 ary2가 [[4,5.6],[1,2,3]] 일 때 boolean 연산 결과를 리턴한다. 즉, 결과는 [[False,False.False],[True,True,True]]가 된다.

```
n_ary = np.array([0,1,2,3,4,5,6,7,8,9])
n_ary[3:5] = 12
print(n_ary)

n_ary[0:3] = 10
print (n_ary)

lst = [0,1,2,3,4,5,6,7,8,9]
lst[3:5] = 12
```

```
[ 0  1  2 12 12  5  6  7  8  9]
[10 10 10 12 12  5  6  7  8  9]
---------------------------------------------------------------------------
TypeError                                 Traceback (most recent call last)
```

```
~₩AppData₩Local₩Temp₩ipykernel_4064₩580518911.py in <module>
      7
      8 lst = [0,1,2,3,4,5,6,7,8,9]
----> 9 lst[3:5] = 12

TypeError: can only assign an iterable
```

슬라이싱

슬라이싱은 배열의 일부만 변경하는 것을 의미한다. 슬라이싱의 사용예는 다음과 같다.

np.arrary인 배열 ary가 [0.1,2,3,4,5,6,7.8,9] 원소로 구성되어 있을 때 ary[5:8]=12를 하면 12가 해당 요소에 브로드 캐스팅 되어 [0.1,2,3,4,12,12,12.8,9]가 된다.

temp = ary[5:8]; temp[:] = 13을 하면 temp는 [13,13,13] 이지만 ary[5:8]은 12로 유지되어야 한다. 그러나 파이썬은 ary[5:8]도 13으로 브로드캐스팅한다. 파이썬이 갖는 특징으로 다른 언어와 다르게 빅데이터 처리에 용이하도록 설계되어 있기 때문이다. 만일 temp 에서 원소를 바꾸더라도 원배열에는 영향을 주고 싶지 않을 경우에는 ary[5:8].copy( )로 가져오면 된다.

만일 temp[:]=0을 하면 temp의 모든 원소 뿐만 아니라 ary[5:8] 도 모두 0으로 치환된다. 브로드캐스팅을 원하지 않는다면 temp를 ndarray가 아닌 list로 생성하면 된다. 돌려서 말하면 위의 temp[:]=0이 브로드캐스팅 되는 것은 temp가 list가 아니라 np.array로 선언되었기 때문이다. 즉, temp=np.array[1,2,3,4,5] 같이 np.array로 선언되었기에 행렬 벡터연산이 가능한 것이다.

```
n_ary = np.array( [[0,1,2],[3,4,5],[6,7,8]] )
print (n_ary)
```

```
[[0 1 2]
 [3 4 5]
 [6 7 8]]
```

```
print (n_ary[0][1])
print (n_ary[0,1])
print (n_ary[0])
print (n_ary[:2, 1:])
```

```
1
1
```

```
[0 1 2]
[[1 2]
 [4 5]]
```

배열 원소의 위치

배열의 원소 위치는 항상 개수, 행, 열의 순서로 지정한다. ary[0][2]는 ary의 첫 번째 행 세 번째 열을 지칭하는데 편의상 파이썬에서는 ary[0,2]로 표기한다. 2행 3열의 배열에서 ary[0]은 첫 행을 지칭한다. 4개의 2행 3열 배열에서 ary[0]은 첫 번째 블록인 2행 3열 6개 원소로 구성된 배열을 지칭한다. 3행 3열의 배열에서 첫 번째와 두 번째 행의 두 번째와 세 번째 열 4개의 원소를 지정하는 것은 [:2,1:]이다. 즉 첫 번째 행에서 두 번째 행 사이와 두 번째 열과 마지막 열까지를 말한다.

8x4배열을 np.arnage(32).reshape((8.4))로 만들었다고 했을 때 특정 행열 및 원소를 지정하는 문법은 다음과 같다. ary [[4,3,0,6]]은 다섯 번째, 네 번째, 첫 번째, 일곱 번째 로우를 반환한다. ary [[6,7]]은 7번째, 8번째 행을 반환한다. ary [[3,4],[1.2]]는 4행 2열 원소와 5행 3열 원소를 반환한다.

```
n_ary = np.arange(32).reshape((8,4))

print (n_ary); print()
print (n_ary[[4,3,0,6]]); print()
print (n_ary[[3,4],[1,2]])
```

```
[[ 0  1  2  3]
 [ 4  5  6  7]
 [ 8  9 10 11]
 [12 13 14 15]
 [16 17 18 19]
 [20 21 22 23]
 [24 25 26 27]
 [28 29 30 31]]

[[16 17 18 19]
 [12 13 14 15]
 [ 0  1  2  3]
 [24 25 26 27]]

[13 18]
```

단항 유니버셜 함수

ndarrary에는 벡터 즉, 여러 스칼라로 구성된 배열을 연산할 때 하나의 배열을 입력받아 하나의 배열을 리턴하는 함수가 있는데 이를 단항 유니버셜 함수라고 한다.

```
ary = np.arange(10)
np.sqrt (ary)   # 각 원소의 루트를 반환한다.
np.exp (ary)    # 각 원소의 지수함수값을 반환한다.
np.log (ary)    # 각 원소의 로그값을 반환한다.
```

```
n_ary = np.arange(5)
print (n_ary)

n_ary = np.sqrt(n_ary)
print (n_ary)

n_ary = np.exp(n_ary)
print (n_ary)
```

```
[0 1 2 3 4]
[0.         1.         1.41421356 1.73205081 2.        ]
[1.         2.71828183 4.11325038 5.65223367 7.3890561 ]
```

이항 유니버셜함수

단항 유니버셜 함수가 하나의 배열을 취하여 하나의 배열을 리턴했듯이, 두개의 배열을 입력으로 받아 연산결과로 하나의 배열을 리턴하거나 또는 하나의 배열을 입력받아서 두개의 배열을 리턴하는 함수를 이항 유니버셜 함수라고 한다.

```
np.maximum(ary1, ary2)         # 두 배열의 각 원소를
                               # 비교하여 큰원소로만
                               # 채워진 배열을 반환
ary1,ary2=np.modf(ary)         # 배열을 소수점 이하값은
                                      # ary1 에 담고 정수부분은
                                      # ary2 에 담아 반환
```

```
n_ary1 = np.random.randn(4)*100
n_ary2 = np.random.randn(4)*100
print (n_ary1)
print (n_ary2); print()

n_ary3 = np.maximum(n_ary1, n_ary2)
print (n_ary1)
print (n_ary2)
print (n_ary3); print()
```

```
n_ary4, n_ary5 = np.modf(n_ary3)
print (n_ary4)
print (n_ary5)
```

```
[62.622781    -38.17076183 -37.93950335 123.10402245]
[112.38168898   -6.28771004 -21.71373266  58.12698019]

[ 62.622781    -38.17076183 -37.93950335 123.10402245]
[112.38168898   -6.28771004 -21.71373266  58.12698019]
[112.38168898   -6.28771004 -21.71373266 123.10402245]

[ 0.38168898 -0.28771004 -0.71373266  0.10402245]
[112.   -6.  -21.  123.]
```

배열 메서드와 집합 메서드

배열연산은 벡터연산이라고도 하며 파이썬의 함수 연산에 비해 연산속도가 매우 빠르다. 배열 메서드는 배열의 백터연산을 일컫고 집합 메서드는 집합계산을 하는 메서드이다. 아래는 배열 메서드들이다.

```
np.sum(ary)             # 모든 원수를 합한다
np.mean(ary)            # 모든 원수의 평균값을 리턴한다
ary.sort( )             # 모든 원소를 정렬한다.
```

```
n_ary = np.array([9,8,7,6,5,4,3,2,1,0,9])
print (n_ary)
print (np.sum(n_ary))
print (np.mean(n_ary))
n_ary.sort()
print (n_ary)
print (np.unique(n_ary))
```

```
[9 8 7 6 5 4 3 2 1 0 9]
54
4.909090909090909
[0 1 2 3 4 5 6 7 8 9 9]
[0 1 2 3 4 5 6 7 8 9]
```

한편 any( )와 all( )은 Iterable 자료형(튜플, 리스트, 집합, 딕셔너리, 문자열)의 값에 따라 True 또는 False를 리턴하는 함수이다. all( )은 요소에 0이 없고 비어있는 값이 없이 모두 값이 있어야 True를 리턴하며 다만 모두 0이거나 빈값인 경우에는 True를 리턴한다.

```
a = [1,2,3,4,5]
b = (1,2,3,4,5)
c = [0,1,2,3,4]
d = (0,1,2,3,4)
e = []
f = ()
g = 'Hello'
h = ''
i = (0,'',2,3)

print ('a : {}'.format(all(a)))
print ('b : {}'.format(all(b)))
print ('c : {}'.format(all(c)))
print ('d : {}'.format(all(d)))
print ('e : {}'.format(all(e)))
print ('f : {}'.format(all(f)))
print ('g : {}'.format(all(g)))
print ('h : {}'.format(all(h)))
print ('i : {}'.format(all(i)))
```

```
a : True
b : True
c : False
d : False
e : True
f : True
g : True
h : True
i : False
```

반면 all( )과 달리 any( )는 의미있는 값이 하나라도 없는 경우만 True를 리턴하지만 만일 모든 값이 0이거나 비어있으면 False를 리턴한다.

```
print ('a : {}'.format(any(a)))
print ('b : {}'.format(any(b)))
print ('c : {}'.format(any(c)))
print ('d : {}'.format(any(d)))
print ('e : {}'.format(any(e)))
print ('f : {}'.format(any(f)))
print ('g : {}'.format(any(g)))
print ('h : {}'.format(any(h)))
print ('i : {}'.format(any(i)))
```

```
a : True
b : True
c : True
d : True
e : False
```

```
f : False
g : True
h : False
i : True
```

집합메서드는 아래와 같이 집합관련 메서드들이다. np.unique (ary)는 수많은 요소들이 있어도 중복을 제외하고 Unique한 원소만 리턴하며 np.in1d (ary, [조건])은 ary의 원소 순서대로 그것이 조건에 부합하면 Ture로, 아니면 False로 채운 배열을 리턴한다.

```
ary = [0,1,2,3,5,5,5,7,8,9]
np_ary = np.in1d(ary, [1,3,5])
print (np.unique(ary))
print (np_ary)
```

```
[0 1 2 3 5 7 8 9]
[False  True False  True  True  True  True False False False]
```

난수생성

정규분포를 보이는 난수 생성은 아래와 같이 한다. 이때 정규분포는 np.random.seed를 seed 값으로 참조한다. 이 값을 바꾸면 정규분포를 현실에 맞게 조정할 수가 있게 된다.

```
import numpy as np
import pandas as pd

np.random.seed(123)
n_ary = np.random.normal(size=100)
print (n_ary)
df = pd.DataFrame(n_ary)
df.head(5)
```

```
[-1.0856306   0.99734545  0.2829785  -1.50629471 -0.57860025  1.65143654
 -2.42667924 -0.42891263  1.26593626 -0.8667404  -0.67888615 -0.09470897
  1.49138963 -0.638902   -0.44398196 -0.43435128  2.20593008  2.18678609
  1.0040539   0.3861864   0.73736858  1.49073203 -0.93583387  1.17582904
 -1.25388067 -0.6377515   0.9071052  -1.4286807  -0.14006872 -0.8617549
 -0.25561937 -2.79858911 -1.7715331  -0.69987723  0.92746243 -0.17363568
  0.00284592  0.68822271 -0.87953634  0.28362732 -0.80536652 -1.72766949
 -0.39089979  0.57380586  0.33858905 -0.01183049  2.39236527  0.41291216
  0.97873601  2.23814334 -1.29408532 -1.03878821  1.74371223 -0.79806274
  0.02968323  1.06931597  0.89070639  1.75488618  1.49564414  1.06939267
 -0.77270871  0.79486267  0.31427199 -1.32626546  1.41729905  0.80723653
  0.04549008 -0.23309206 -1.19830114  0.19952407  0.46843912 -0.83115498
  1.16220405 -1.09720305 -2.12310035  1.03972709 -0.40336604 -0.12602959
```

```
-0.83751672 -1.60596276  1.25523737 -0.68886898  1.66095249  0.80730819
-0.31475815 -1.0859024  -0.73246199 -1.21252313  2.08711336  0.16444123
 1.15020554 -1.26735205  0.18103513  1.17786194 -0.33501076  1.03111446
-1.08456791 -1.36347154  0.37940061 -0.37917643]
```

	0
0	-1.085631
1	0.997345
2	0.282978
3	-1.506295
4	-0.578600

```
df.hist(bins=10)
```

```
array([[<AxesSubplot:title={'center':'0'}>]], dtype=object)
```

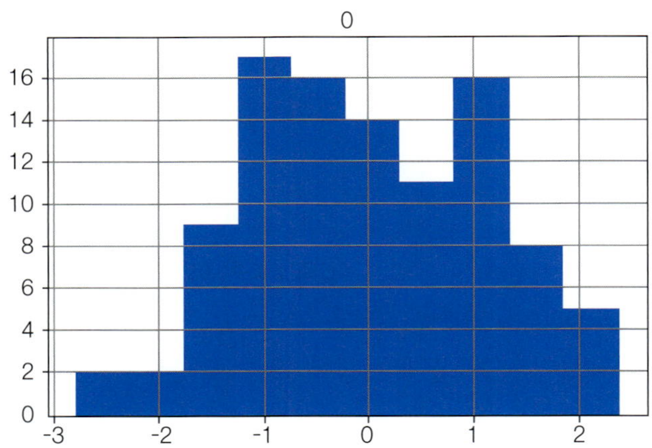

03 판다스 (Pandas)

3.1 시리즈 (Series)

Pandas는 테이블에 특화된 패키지이다. 특히 Series와 DataFrame이 주를 이룬다. 항상 이 두 모듈은 from Pandas import Series, DataFrame을 선언해 두고 쓰는 것이 좋다.

Series는 해시이다. 파이썬에서는 사전이라고 부르기도 한다. 즉, 1차원 리스트의 집합이라고 보면 된다. 반면에 DataFrame은 테이블이다. 따라서 숫자, 문자, 불리언 등이 값으로 섞여 들어올 수 있다. 2차원 테이블인 셈이다.

Series는 NumPy의 Wrapper 패키지로, 벡터라이징(한번에 병렬연산처리) 가능하도록 만든 모듈이다. NumPy에 비교하자면 NumPy의 인덱스는 0...N으로 이어지는 자동부여 되는 숫자이지만 Series는 index를 문자열로 지정할 수 있다.

import Pandas as pd; pd.Series( )에서 ( )는 생성자이다. 여기에 인자를 넘기면서 Series 객체를 생성하는 방법은 크게 두 가지가 있다.

```
pd.Series ({'r1':1, 'r2':2, 'r3':3, 'r4':4})
pd.Series ([1,2,3,4], index=['r1','r2','r3','r4'])
```

Series는 모든 원소가 한꺼번에 병렬연산되어야 하므로 dtype이 동일해야 한다. 즉, int32, float64 등이 서로 같이 섞일 수는 없다는 의미이다. 만일 데이터에 NaN 값이 들어가면 int 값을 주었더라도 모두 float64로 dtype이 일제히 바뀐다.

```
import pandas as pd

s = pd.Series({'r1' : 1, 'r2' : 2, 'r3' : 3, 'r4' : 4})
print (s, '--> 데이터유형 : int64')
s = pd.Series([1,2,3,4], index=['r1','r2','r3','r4'])
print (s, '--> 데이터유형 : int64')
s = pd.Series([1,2.,3,4], index=['r1','r2','r3','r4'])
print (s, '--> 데이터유형 : float64')
s = pd.Series([1,'a',3,1], index=['r1','r2','r3','r4'])
print (s, '--> 데이터유형 : object')
```

```
r1    1
r2    2
r3    3
r4    4
dtype: int64 --> 데이터유형 : int64
r1    1
r2    2
r3    3
r4    4
dtype: int64 --> 데이터유형 : int64
r1    1.0
r2    2.0
```

```
r3    3.0
r4    4.0
dtype: float64 --> 데이터유형 : float64
r1    1
r2    a
r3    3
r4    1
dtype: object --> 데이터유형 : object
```

리스트 구조인 데이터를 이미 확보하고 있다면 Series는 ary = pd.Series(lst, index=idx)로 간단히 만들 수 있다. 여기서 lst와 idx는 미리 만들어둔 리스트이고 lst는 사전형이어야 한다. index=idx를 생략하면 0..N이 인덱스로 자동 할당된다.

다음은 Series 연산에 많이 쓰이는 함수들이며 몇 가지 특징을 띈다. 우선 len(s)는 시리즈의 원소의 개수를 리턴한다.

s.count( )는 원소가 10개라고 하면 그 안에 NaN이 1개가 있다면 9만 반환한다. s.unique( )는 중복된 값을 뺀 unique 값이 7개라면 7을 반환한다. 여기에는 NaN도 Unique하므로 비록 NaN일지라도 unique 갯수에 포함시킨다. s.value_counts( )는 각 유니크한 값별로 몇 개씩 있는지를 반환한다. 여기서는 NaN은 포함 시키지 않는다. 즉, 1이 3개, 9가 1개와 같은 방식이다.

```
print (len(s))
print (s.count())
print (s.unique()); print()
print (s.value_counts())
```

```
4
4
[1 'a' 3]

1    2
a    1
3    1
dtype: int64
```

시리즈 s1이 r1:1,r2:2,r3:3,r4:4로 구성되어 있고 s2가 r4:1,r3:2,r2:3,r1:4 순으로 채워져 있으면 s1+s2는 1+1, 2+2, 3+3, 4+4 인 2,4,6,8이 되는 것이 아니라, r1인 1+4, r2인 2+3, r3인 3+2, r4인 4+1가 각각 계산된 값을 리턴한다.

```
s1 = pd.Series({'r1' : 1, 'r2' : 2, 'r3' : 3, 'r4' : 4, 'r5' : '5'})
s2 = pd.Series({'r3' : 7, 'r4' : 8, 'r5' : '9', 'r1' : 5, 'r2' : 6})
print (s1+s2)
```

```
r1    6
r2    8
r3   10
r4   12
r5   59
dtype: object
```

Series의 특정값을 부를 때는 [ ]을 쓴다. print(s[0]) 또는 print(s['r1'])

```
print (s2); print()
print (s2[['r1', 'r3']]); print()
print (s2.isnull()); print()
print (s2.notnull()); print()
print (s2[1])
print (s2['r4'])
print (s2.r4)
```

```
r3    7
r4    8
r5    9
r1    5
r2    6
dtype: object

r1    5
r3    7
dtype: object

r3    False
r4    False
r5    False
r1    False
r2    False
dtype: bool

r3    True
r4    True
r5    True
r1    True
r2    True
dtype: bool
```

```
8
8
8
```

Series 간의 연산(+)은 인덱스를 기준으로 행해진다. 즉, 탑재된 순서대로 연산하는 것이 아니라 우선 인덱스 기준으로 정렬한 후에 인덱스별 연산이 이루어진다. 즉, s1+s2는 공통 Index가 있으면 해당 원소별로 더한다. 즉, 수이면 더하고 문자면 결합시킨다. 만일 인덱스가 한 Series 객체에만 있으면 그 인덱스에는 NaN이 할당된다.

```
s1 = pd.Series({'r1':1,'r2':2,'r3':3})
s2 = pd.Series({'r1':4,'r2':5,'r3':6})
s1+s2
```

```
r1    5
r2    7
r3    9
dtype: int64
```

```
s1 = pd.Series({'r1':'A','r2':'B','r3':'C','r4':'D'})
s2 = pd.Series({'r1':'a','r2':'b','r3':'c'})
s1+s2
```

```
r1     Aa
r2     Bb
r3     Cc
r4    NaN
dtype: object
```

```
s1 = pd.Series({'r1':1, 'r2':2, 'r3':3})
s2 = pd.Series({'r1':4, 'r2':5,})
s1+s2
```

```
r1    5.0
r2    7.0
r3    NaN
dtype: float64
```

```
s1.add(s2, fill_value=0)
```

```
r1    5.0
r2    7.0
r3    3.0
dtype: float64
```

시리즈 s에 대하여 pd.isnull(s)는 s.isnull( )과 같으며 s의 값들 모두에 대하여 각각 Null 이면 True 아니면 False를 리턴한다. 반대는 pd.notnull(s) 또는 s.notnull( )이다.

```
s1 = pd.Series({'r1':'A', 'r2':np.nan, 'r3':'C', 'r4':'D'})
```

```
pd.isnull(s1)
```

```
r1    False
r2     True
r3    False
r4    False
dtype: bool
```

```
s1.isnull()
```

```
r1    False
r2     True
r3    False
r4    False
dtype: bool
```

```
pd.notnull(s1)
```

```
r1     True
r2    False
r3     True
r4     True
dtype: bool
```

```
s1.notnull()
```

```
1     True
r2    False
r3     True
r4     True
dtype: bool
```

시리즈의 특정 원소를 Drop할 때는 s.drop( )을 사용한다. 또한 시리즈의 누락값을 채울 때는 s.reindex( )를 활용하고 이때 추가되는 인덱스의 값은 method 인자에 값을 넘겨 채울 수 있고 별도로 지정하지 않으면 디폴트로 NaN이 세팅된다. 시리즈의 특정값은 인덱스 이름으로 지정해도 되고 인덱스를 직접 지정해도 된다.

```
s1 = pd.Series(np.arange(10), index=['r0','r1','r2','r3','r4','r5','r6','r7','r8','r9'])
```

```
s2 = s1.drop('r6')
s2
```

```
r0    0
r1    1
r2    2
r3    3
r4    4
r5    5
r7    7
r8    8
r9    9
dtype: int32
```

```
s3 = s2.drop(['r7','r8'])
s3
```

```
r0    0
r1    1
r2    2
r3    3
r4    4
r5    5
r9    9
dtype: int32
```

```
s4 = s3.reindex(['r0','r1','r2','r3','r4','r5','r6','r7','r8','r9'])
s4
```

```
r0    0.0
r1    1.0
r2    2.0
r3    3.0
r4    4.0
r5    5.0
r6    NaN
r7    NaN
r8    NaN
r9    9.0
dtype: float64
```

```
s5 = s3.reindex(['r0','r1','r2','r3','r4','r5','r6','r7','r8','r9'],
                method='ffill')
s5
```

```
r0    0
r1    1
```

```
r2    2
r3    3
r4    4
r5    5
r6    5
r7    5
r8    5
r9    9
dtype: int32
```

```
s5['r9']
```

```
9
```

```
s5[5:9]
```

```
r5    5
r6    5
r7    5
r8    5
dtype: int32
```

```
s5[[0,9]]
```

```
r0    0
r9    9
dtype: int32
```

Series 객체의 인덱스에는 이름을 부여해 줄 수 있다.

```
s = pd.Series([1,2,3,4,5])
s.index = ['r1','r2','r3','r4','r5']
s.index.name = '레코드'
s
```

```
레코드
r1    1
r2    2
r3    3
r4    4
r5    5
dtype: int64
```

3.2 데이터프레임 (DataFrame)

데이터프레임(DataFrame)은 한마디로 인덱스를 공유하는 시리즈(Series)들로 구성된 하나의 테이블이다. 생성법은 원소들을 가로로 눕히는 방법과 세로로 눕히는 방법 두 가지가 있다. 아래 두 가지 모두 결과는 동일하다.

```
pd.DataFrame([[1,2,3],[4,5,6]],columns=['c1','c2','c3'])
pd.DataFrame({'c1':[1,4], 'c2':[2,5], 'c3':[3,6]})
```

```
df = pd.DataFrame([[1,2,3],[4,5,6]], columns=['c1','c2','c3'])
df
```

	c1	c2	c3
0	1	2	3
1	4	5	6

```
df = pd.DataFrame({'c1':[1,4], 'c2':[2,5], 'c3':[3,6]})
df
```

	c1	c2	c3
0	1	2	3
1	4	5	6

여기서 df['c1'] 또는 df.c1 은 인덱스나 로우가 아닌 컬럼 c1이다.

이상 간단히 살펴본 바와 같이 DataFrame의 컬럼은 엑셀의 구조과 유사하다. 컬럼명이 있고 그 아래에 데이터가 있다. 시리즈에 대입하여 설명하면 컬럼명이 Series의 Name이 되고 각각의 데이터는 시리즈의 원소들인 셈이다.

데이터프레임(DataFrame)에도 시리즈에서처럼 인덱스와 컬럼에 이름을 부여해 줄 수 있다. 참고로 코딩을 할 때 이름을 한국어로 지정하면 빅데이터 같이 큰 데이터를 다룰 때 시각적 도움을 받을 수 있어 가능한 한 한국어를 사용하는 것이 가독성 측면에서는 좋다.

```
df.columns.name = '컬럼명'
df.index.name = '인덱스명'
```

```
df = pd.DataFrame({'성남':[98,95], '인천':[90,93], '서울':[92,97]})
df.index.name='지수'
```

```
df.columns.name='지역'
df
```

지역	성남	인천	서울
지수			
0	98	90	92
1	95	93	97

데이터프레임의 첫 5행만을 출력하려면 df가 데이터프레임일 때 df.head( )를 쓴다. 컬럼만 확인해 보려면 df.columns을 하면 되고 두 번째 행만 보려면 df.loc[2]으로 확인 가능하다. 참고로 df.head( )는 데이터 분석시 매우 빈번하게 사용된다.

```
df.columns
```

Index(['성남', '인천', '서울'], dtype='object', name='지역')

```
df.loc[1]
```

지역
성남 95
인천 93
서울 97
Name: 1, dtype: int64

DataFrame에 컬럼을 추가할 때는 columns만 추가로 지정하면 된다. 이 경우 값들은 np.nan 즉 NaN 값으로 채워진다.

```
df1 = pd.DataFrame(df, columns=['성남','인천','서울','제주'])
df1
```

	성남	인천	서울	제주
지수				
0	98	90	92	NaN
1	95	93	97	NaN

DataFrame은 실제 데이터의 View이다. 복사본이 아니라는 것이다. 이 말은 View에서 데이터의 조작이 일어나면 원본 데이터에도 수정이 가해진다는 뜻이다. 이것은 Python이 데

이터 처리, 과학계산에 특화된 언어이므로 성능 중심으로 설계되었기 때문이기도 하다. 이 때문에 별도의 복사된 데이터를 가지고 작업을 해야 할 필요성이 대두되곤 하는데 이때 사용할 수 있는 함수가 copy( )이다.

DataFrame 생성시 중첩해시를 아래처럼 이용하면 연도를 행으로 하고, 지역을 가로로 하는 테이블이 만들어진다.

```
data = {'성남' : {'2001' : 400, '2002' : 500},
        '서울' : {'2000' : 100, '2001' : 200, '2002' : 300}}
df = pd.DataFrame(data)
df
```

	성남	서울
2001	400.0	200
2002	500.0	300
2000	NaN	100

데이터프레임에 T를 쓰면 행렬이 바뀐다.

```
df.T
```

	2001	2002	2000
성남	400.0	500.0	NaN
서울	200.0	300.0	100.0

다음은 지금까지 학습한 데이터프레임을 다양하게 조작해 보는 예제들이다. 직접 코딩을 해보면서 각 연산이 배열구조를 어떻게 변경시키는지 눈에 익히도록 하자.

```
df = pd.DataFrame([[2021,1,100],
                   [2022,2,95],
                   [2023,3,97]], columns=['년도','번호','성과'])
df
```

	년도	번호	성과
0	2020	1	100
1	2021	2	95
2	2022	3	97

```
df = df.reindex(columns=['번호','성과','년도'])
df
```

	번호	성과	년도
0	1	100	2020
1	2	95	2021
2	3	97	2022

```
df = pd.DataFrame(np.arange(1,21).reshape(4,5),
                  columns=['c1','c2','c3','c4','c5'],
                  index=['i1','i2','i3','i4'])
df
```

	c1	c2	c3	c4	c5
i1	1	2	3	4	5
i2	6	7	8	9	10
i3	11	12	13	14	15
i4	16	17	18	19	20

```
df = df.loc[['i1','i3','i4','i2'],['c3','c4','c1','c2','c5']]
df
```

	c3	c4	c1	c2	c5
i1	3	4	1	2	5
i3	13	14	11	12	15
i4	18	19	16	17	20
i2	8	9	6	7	10

```
df.drop(['i2','i4'], inplace=True)
df
```

	c3	c4	c1	c2	c5
i1	3	4	1	2	5
i3	13	14	11	12	15

```
df = df.drop(['c2','c4'], axis='columns')
df
```

	c3	c1	c5
i1	3	1	5
i3	13	11	15

```
df.iloc[0,[1,2]]
```

```
c1    1
c5    5
Name: i1, dtype: int32
```

```
df1 = pd.DataFrame(np.arange(1,21).reshape(4,5),
                   index=['i1','i2','i3','i4'],
                   columns=['c1','c2','c3','c4','c5'])
df1
```

	c1	c2	c3	c4	c5
i1	1	2	3	4	5
i2	6	7	8	9	10
i3	11	12	13	14	15
i4	16	17	18	19	20

```
df2 = pd.DataFrame(np.arange(21,41).reshape(4,5),
                   index=['i3','i4','i5','i6'],
                   columns=['c3','c4','c5','c6','c7'])
df2
```

	c3	c4	c5	c6	c7
i3	21	22	23	24	25
i4	26	27	28	29	30
i5	31	32	33	34	35
i6	36	37	38	39	40

```
df1+df2
```

	c1	c2	c3	c4	c5	c6	c7
i1	NaN	NaN	NaN	NaN	NaN	NaN	NaN
i2	NaN	NaN	NaN	NaN	NaN	NaN	NaN
i3	NaN	NaN	34.0	36.0	38.0	NaN	NaN
i4	NaN	NaN	44.0	46.0	48.0	NaN	NaN
i5	NaN	NaN	NaN	NaN	NaN	NaN	NaN
i6	NaN	NaN	NaN	NaN	NaN	NaN	NaN

```
df1.add(df2, fill_value=0)
```

	c1	c2	c3	c4	c5	c6	c7
i1	1.0	2.0	3.0	4.0	5.0	NaN	NaN
i2	6.0	7.0	8.0	9.0	10.0	NaN	NaN
i3	11.0	12.0	34.0	36.0	38.0	24.0	25.0
i4	16.0	17.0	44.0	46.0	48.0	29.0	30.0
i5	NaN	NaN	31.0	32.0	33.0	34.0	35.0
i6	NaN	NaN	36.0	37.0	38.0	39.0	40.0

```
df1.sub(df2, fill_value=0)
```

	c1	c2	c3	c4	c5	c6	c7
i1	1.0	2.0	3.0	4.0	5.0	NaN	NaN
i2	6.0	7.0	8.0	9.0	10.0	NaN	NaN
i3	11.0	12.0	-8.0	-8.0	-8.0	-24.0	-25.0
i4	16.0	17.0	-8.0	-8.0	-8.0	-29.0	-30.0
i5	NaN	NaN	-31.0	-32.0	-33.0	-34.0	-35.0
i6	NaN	NaN	-36.0	-37.0	-38.0	-39.0	-40.0

fPds = pd.DataFrame (np.arange(12).reshape(4,3))일 때 fPds − fPds[0]을 하면 모든 fPds의 열을 fPds[0]으로 빼주게 된다. 즉, 브로드캐스팅하여 연산되는 것이다.

```
1/df1
```

	c1	c2	c3	c4	c5
i1	1.000000	0.500000	0.333330	0.250000	0.200000
i2	0.166667	0.142857	0.125000	0.111111	0.100000
i3	0.090909	0.083333	0.076923	0.071429	0.066667
i4	0.062500	0.058824	0.055565	0.052632	0.050000

Pandas로 생성된 Series나 DataFrame의 데이터들은 NumPy의 함수를 이용하여 바꿀 수 있다.

```
np.sqrt(df1)
```

	c1	c2	c3	c4	c5
i1	1.000000	1.414214	1.732051	2.000000	2.236068
i2	2.449490	2.645751	2.828427	3.000000	3.162278
i3	3.316625	3.464102	3.605551	3.741657	3.872983
i4	4.000000	4.123106	4.242641	4.358899	4.472136

04 기타 문법

지금까지 익힌 NumPy와 Pandas 그리고 Series와 DataFrame은 데이터를 분석하는데 필수적인 라이브러리들이다. 파이썬은 이 외에도 데이터 처리를 용이하게 해주는 다양한 함수들을 제공하는데 다음은 알아두면 매우 용이하고 자주 사용하게 되는 문법들이니 익숙하게 쓸 수 있도록 연습해 두도록 하자.

공백 처리

빅데이터를 처리하다 보면 공백문자를 자주 접하게 된다. 이때 np.nan과 관련된 함수와 파라메터를 익히면 적절하게 대처할 수 있게 된다.

```
s = pd.Series([1, 2,np.nan, 4, 5,np.nan, 7])
print (s); print()
s.dropna(inplace=True)
print (s)
```

```
0    1.0
1    2.0
2    NaN
3    4.0
4    5.0
5    NaN
6    7.0
dtype: float64
```

```
0    1.0
1    2.0
3    4.0
4    5.0
6    7.0
dtype: float64
```

다음과 같은 지역 정보 테이블에서 빈값은 fillna( ) 함수를 이용하여 조작 할 수 있다.

```
data = {'성남':{'2001':400, '2002':500},
        '서울':{'2000':100, '2001':200, '2002':300}}
df = pd.DataFrame(data)
df
```

	성남	서울
2001	400.0	200
2002	500.0	300
2000	NaN	100

```
df.fillna({'성남':0})
```

	성남	서울
2001	400.0	200
2002	500.0	300
2000	0.0	100

```
df.fillna(method='ffill')
```

	성남	서울
2001	400.0	200
2002	500.0	300
2000	500.0	100

다양한 연산 기법

```
i, j = divmod(5,2)
print (i,j)
```

```
2 1
```

```
0xFFFF
```

```
65535
```

```
0b1111111111111111
```

```
65535
```

```
a,b,c = 1,2,3
d=e=f = 4

print (a)
print (b)
print (c)
print (d, end=' ')
print (e, end=' ')
print (f)
```

```
1
2
3
4 4 4
```

```
x, y = input().split()
print (type(x))
print (x+y)
print (int(x) + int(y))
```

```
3 4
<class 'str'>
34
7
```

함수 활용 팁

파이썬에서 연산의 순서는 not 〉 and 〉 or의 순서를 따른다.

```
not True and False or not False
```

```
True
```

파이썬에서는 파일을 열어 데이터를 읽어오는 경우가 종종 발생한다. 이때 ANSI가 아닌 UTF 포맷인 경우 읽어오지 못하는 경우가 생기곤 하는데 캐릭터의 바이트 수가 다르기 때문이다.

```
hello = '안녕'
print ('ANSI는', len(hello), 'byte 이지만 UTF-8은',
        len(hello.encode('utf-8')), 'byte 이다.')
print ('다시말해 UTF 포맷에서 한글은 한글자 당',
        int(len(hello.encode('utf-8'))/len(hello)), 'byte 이다.')
```

```
ANSI는 2 byte 이지만 UTF-8은 6 byte 이다.
다시말해 UTF 포맷에서 한글은 한글자 당 3 byte 이다.
```

주피터에서 코딩을 할 때 아래 두 줄을 먼저 선언해 두면 최종 결과만이 아니라 중간 과정도 출력해 보여준다.

```
from IPython.core.interactiveshell import InteractiveShell
InteractiveShell.ast_node_interactivity = 'all'
```

```
1+1
2+2
3+3
```

```
2
4
6
```

collection 패키지의 deque 서브패키지를 쓰면 deque 즉 Double Ended Queue를 이용하여 스택과 큐를 구성할 수 있다.

pop( )과 append( )를 활용하면 스택이 되고, popleft( )를 이용하면 큐가 된다.

```
from collections import deque

qs = deque([1,2,3])
qs.pop()
qs
qs.append(3)
qs
qs.popleft()
qs
qs.appendleft(1)
qs
qs.reverse()
qs
```

```
3
deque([1, 2])
deque([1, 2, 3])
1
deque([2, 3])
deque([1, 2, 3])
deque([3, 2, 1])
```

리스트의 정렬은 다음과 같이 다양한 방법이 있다.

```
lst = [1,2,5,4,3]
lst.sort()
lst
lst.sort(reverse=True)
lst
if lst:
    lst.clear()
lst
```

```
[1, 2, 3, 4, 5]
[5, 4, 3, 2, 1]
[]
```

리스트를 대입하면 주소가 복사되므로 내용이 변경되면 변수도 같이 변한다. 이를 방지하고자 하면 copy( )를 쓰면 된다. 그러면 독립적으로 상호 영향을 주지 않게 된다.

```
lst1 = [1,2,3,4,5]
lst2 = lst1
lst1[2] = 9
lst1
lst2
```

```
[1, 2, 9, 4, 5]
[1, 2, 9, 4, 5]
```

```
lst3 = lst1.copy()
lst1[2] = 10
lst1
lst3
```

```
[1, 2, 10, 4, 5]
[1, 2, 9, 4, 5]
```

리스트는 [ ]로 생성하는것보다 일반적으로 list( )로 생성하는 것이 빠르다.

```
lst1 = list(range(1,11))
lst2 = [range(1,11)]
%timeit lst1
%timeit lst2
```

```
21.5 ns ± 0.963 ns per loop (mean ± std. dev. of 7 runs, 10000000 loops each)
24.1 ns ± 0.821 ns per loop (mean ± std. dev. of 7 runs, 10000000 loops each)
```

리스트 원소를 하나씩 가져오면 인덱스 시작 번호를 지정할 수 있다. Default는 0으로 시작한다.

```
lst = list(range(1,11))
lst

for i,j in enumerate(lst,5):
    print (i,j)

min(lst)
max(lst)
sum(lst)
```

```
[1, 2, 3, 4, 5, 6, 7, 8, 9, 10]
5 1
6 2
7 3
8 4
9 5
10 6
11 7
12 8
13 9
14 10

1
10
55
```

중첩식은 앞에서부터 순차적으로 처리된다. 다음은 중첩식을 활용한 구구단 예제이다.

```
[ i+10 for i in range(10) if i % 2 == 0 ]
```

```
[10, 12, 14, 16, 18]
```

```
from collections import deque
```

```
val = [ i*j for i in range(2,10) for j in range(1,10) ]
qs = deque(val)
i = 0
while (qs):
    print (qs.popleft(), end='₩t')
    i += 1
    if i%9 == 0:
        print()
```

```
2	4	6	8	10	12	14	16	18
3	6	9	12	15	18	21	24	27
4	8	12	16	20	24	28	32	36
5	10	15	20	25	30	35	40	45
6	12	18	24	30	36	42	48	54
7	14	21	28	35	42	49	56	63
8	16	24	32	40	48	56	64	72
9	18	27	36	45	54	63	72	81
```

리스트의 형변환은 map( )을 활용하면 편리하다.

```
import numpy as np

lst1 = list(np.random.randn(3)*10)
lst1
lst2 = list(map(int, lst1))
lst2
```

```
[-5.604657921302367, 7.831035002793123, -16.905474694698064]
[-5, 7, -16]
```

문자열의 결합 및 조절은 join( ), upper( ), lower( ), lstrip( ), rstrip( ), strip( ), ljust( ), rjust( ), centr( ), zfill( )등의 문자열 함수를 활용하면 쉽게 조작 가능하다.

```
from IPython.core.interactiveshell import InteractiveShell
InteractiveShell.ast_node_interactivity = 'all'

org = '     ' + ₩
    ' '.join(['ai','서비스','기획자','되스']) + ₩
    '    '

org
org.upper()
org.lower()
org.lstrip()
org.rstrip()
org.strip()
org = ''.join(['AI','서비스','기획자','되스'])
org
```

```
'    ai 서비스 기획자 되스     '
'    AI 서비스 기획자 되스     '
'    ai 서비스 기획자 되스     '
'ai 서비스 기획자 되스     '
'    ai 서비스 기획자 되스'
'ai 서비스 기획자 되스'
'AI서비스기획자되스'
```

```
org.ljust(20)
org.rjust(20)
org.center(20)
org.zfill(20)
```

```
'AI서비스기획자되스          '
'          AI서비스기획자되스'
'     AI서비스기획자되스     '
'0000000000AI서비스기획자되스'
```

문자열을 변경할 때는 replace( )를 쓰고 문자를 치환할 때는 translate( )를 쓴다. translate( )은 주어진 문자세트에 대해 대응되는 문자로 바꾸는 함수로 Dictionary는 str의 maketrans( ) 함수를 이용해 아래와 같이 만들 수 있다.

```
'helllo world'.replace('helllo', 'Hello')
```

```
'Hello world'
```

```
dic = str.maketrans('a대i','A되I')
s = 'ai 서비스 기획자 대기'
s = s.translate(dic)
s
```

```
'AI 서비스 기획자 되기'
```

find( )는 문자열 검색 함수이고 발견된 문자열의 인덱스를 반환한다. find( )는 첫 번째 인덱스부터 검색하고 rfind( )는 끝에서 역으로 검색한다. index( ), rindex( )도 동일한 역할을 하지만 find( ), rfind( )가 검색결과가 없을 때 −1을 리턴하는데 반하여 index( ), rindex( )는 에러를 반환한다. count( )는 문장 내에서 찾는 문자열을 몇 개 찾았는지 보여준다.

```
org.find('스')
org.rfind('스')
org.index('스')
org.rindex('스')
org.count('스')
org.find('가')
org.index('가')
```

```
4
9
4
9
2
-1
---------------------------------------------------------------------------
ValueError                                Traceback (most recent call last)
~₩AppData₩Local₩Temp₩ipykernel_17320₩1107946164.py in <module>
      5 org.count('스')
      6 org.find('가')
----> 7 org.index('가')

ValueError: substring not found
```

집합연산자에는 |, &, ^ 등이 있는데 각 활용법은 다음과 같다.

```
set1 = {1,2,3,4}
set2 = {3,4,5,6}
set1 | set2
set1 & set2
set1 - set2
set1 ^ set2
set1 |= {5}
set1
set1 &= {1,2,3,4}
set1
set1 ^= {1,2}
set1
```

```
{1, 2, 3, 4, 5, 6}
{3, 4}
{1, 2}
{1, 2, 5, 6}
{1, 2, 3, 4, 5}
{1, 2, 3, 4}
{3, 4}
```

집합함수인 discard( )는 집합 안에 찾는 값이 없으면 에러를 반환하지 않지만 remove( )

는 에러를 리턴한다.

```
set1
set1.add(5)
set1
set1.discard(3)
set1
set1.discard(3)
set1
set1.remove(3)
```

```
{3, 4}
{3, 4, 5}
{4, 5}
{4, 5}
---------------------------------------------------------------------------------------
KeyError                                  Traceback (most recent call last)
~\AppData\Local\Temp\ipykernel_17320\681590377.py in <module>
      6 set1.discard(3)
      7 set1
----> 8 set1.remove(3)

KeyError: 3
```

파이썬은 help(함수명)으로 함수사용법을 알 수 있게 해준다. str클래스의 strip( )에 대한 독스트링인 str.strip.__doc__ 과 help(str.strip)을 예를 들어서 살펴보면 다음과 같다.

```
str.strip.__doc__
```

```
'Return a copy of the string with leading and trailing whitespace
removed.\n\nIf chars is given and not None, remove characters in chars
instead.'
```

```
help(str.strip)
```

```
Help on method_descriptor:

strip(self, chars=None, /)
    Return a copy of the string with leading and trailing whitespace removed.

    If chars is given and not None, remove characters in chars instead.
```

사용자 정의 함수 역시 help( )로 참조할 수 있는 함수 사용법을 주석에 달아 놓으면 조회 가능하다. 이것을 독스트링이라고 하는데 함수명 바로 밑에 세 개의 따옴표 사이에 기록해 두면 된다. 파이썬은 이것을 함수의 predefined 변수인 __doc__에 기록해 두고 언제든지 참조할 수 있게 한다.

```
def func(x,y):
    '''func(x,y) returns x*y'''
    a = x
    b = y
    c = a*b
    return c

val1 = 2
val2 = 3

func(val1, val2)

func.__doc__
help(func)
```

```
6
'func(x,y) returns x*y'
Help on function func in module __main__:

func(x, y)
    func(x,y) returns x*y
```

함수는 변수뿐만 아니라 리스트 매개변수와 사전 매개변수도 전달할 수 있다. 파이썬은 리스트형 매개변수는 *args로 받고 사전형 매개변수는 **kwargs로 받는다.

```
def func(x, y, *arg, **kwargs):
    print ('[매개변수] : ', x, y)
    print ('[리스트 매개변수] : ', end=' ')
    for p in arg:
        print (p, end=' ')
    print ()
    print ('[사전 매개변수]')
    for p1, p2 in kwargs.items():
        print ('{0} : {1}'.format(p1, p2))

lst = ['한반도', '한국어','5천만']
dic={'이름':'홍길동','나이':20,'성별':'남'}
func('한국인', '서울거주', *lst, **dic)
```

```
[매개변수] :  한국인 서울거주
[리스트 매개변수] :  한반도 한국어 5천만
[사전 매개변수]
이름 : 홍길동
나이 : 20
성별 : 남
```

재귀호출은 함수 안에서 자신을 다시 호출하는 것을 말한다.

```
def hello(i):
    i -= 1
    if i < 0:
        return
    print ('Hello world!', i+1, sep=' : ')
    hello(i)
hello(5)
```

```
Hello world! : 5
Hello world! : 4
Hello world! : 3
Hello world! : 2
Hello world! : 1
```

Lambda 함수는 다음과 같이 한 줄로 간략히 구현 가능하다.

```
(lambda x,y : x+y if x<y else x*y if x==y else x-y)(3,2)
```

```
1
```

변수의 참조

변수의 위치는 프로그램 어디에서도 참조 가능한 전역범위에 있는 전역변수와 변수가 속한 함수 내에서만 Access 가능한 지역변수가 있다. 지역변수는 속한 지역범위 즉, 함수공간을 벗어난 곳에서는 참조 불가하다. 예를 들어 전역변수 a=10이 있고 지역변수 a=20이 있을 때 함수 안에서 a를 프린트하면 20이 출력되지만 함수 밖에서 호출하면 10이 출력된다. 함수 안에서 a를 전역변수로 지정하지 않으면 a는 전역변수에 있는 a와 전혀 다른 변수가 된다. 함수 밖에서는 함수 안에서 a가 선언되었는지 알 수가 없으므로 a는 전역변수를 참조하게 된다. 만일 함수 안에서 전역변수 a의 값을 바꾸고자 할 경우에는 전역변수 a를 직접 호출할 수 없고 반드시 먼저 a가 전역변수임을 global a:와 같이 선언해 주어야 한다.

한편 함수 f는 자신 안에 또 다른 함수 subf 를 포함할 수 있다. f에서 정의된 a는 subf에서 참조할 수 있으나 subf에서 정의한 a는 f에서 참조할 수가 없다. subf가 f에서 선언한 a=20을 활용하려면 nonlocal a:이라고 선언해주어야 한다. 프로그램의 실행 위치가 현재 전역범위에 있든 지역범위에 있든 locals( )를 출력해 보면 현재 공간에서 Access 가능한 변수 목록을 확인할 수 있다.

```
a = 10

def f1():
    a = 20
    print (a)
    print (locals())

def f2():
    global a
    print (a)
    print (locals())

f1()
f2()
```

```
20
{'a': 20}
10
{}
```

클로저 함수는 개발자가 은닉하고 싶은 데이터를 포함한 함수를 정의할 때 사용한다. 함수는 참조되는 시점에 스택 메모리에 생성되고 리턴과 함께 자원을 반납하게 되는데 클로저 함수로 구성하면 참조되는 시점에 lambda 함수처럼 동작하므로 호출하는 시점에는 이미 스택 메모리에서 사라져버린 뒤이므로 추적이 불가능하게 된다. 예를 들어 암호화 키에 대한 복호화 키값 같이 보안이 유지되어야 하는 데이터를 다룰 때 주로 사용한다.

```
def func():
    def subf(x):
        return x+99
    return subf
rtn = func()
rtn(1)
```

```
100
```

클로저 함수는 lambda 함수로 구현 가능하다.

```
def func():
    return lambda x : x + 99
return = func()
rtn(1)
```

```
100
```

클래스 안의 모든 메소드는 첫 번째 파라메터로 반드시 self를 적어주어야 한다. 예를 들어 아래 코드에서 self.smiling( )은 클래스 내의 self.smiling( )을 찾고 smiling( )은 전역범위의 smiling( )을 탐색한다.

```
class Person:
    def greeting (self):
        self.smiling()
    def cheering (self):
        smiling()
    def smiling (self):
        print ('나는 행복합니다.')

def smiling():
    print ('기분 좋네요.')

p = Person()
p.cheering()
p.greeting()
```

```
기분 좋네요.
나는 행복합니다.
```

클래스 생성시 주요정보는 slots 프로퍼티로 접근제한을 걸어둘 수 있고 인스턴스의 Private 데이터로 객체 외부에서는 참조할 수 없도록 구현할 수도 있다. 인스턴스에서 참조하거나 데이터를 반영할 수 있는 변수는 _ _slots_ _ 프로퍼티에 정의된 프로퍼티로 제한할 수 있으며 Private 변수는 변수명 앞에 언더라인(_ _) 두 줄을 그어 특징 지을 수 있다.

은행잔고와 인출처리는 로그인한 사람의 개인정보이므로 본인만 확인되어야 한다. 이것을 수많은 사람들이 동시에 접속시 어떻게 개인정보로 보호할 수 있을까에 대한 의문은 _ _slots_ _ 와 Private 변수로 설명 가능하다.

```
class Family:

    __slots__ = ['name','id','payment']
    __lst_savings = [0,0]
    __balance = 0

    def __init__(self, **kwargs):
        self.name = kwargs['name']
        self.id   = kwargs['id']
        Family.__balance += kwargs['deposit']

    def widthdrawal(self, *args):
```

```
        self.payment = args[0]
        if Family.__balance >= self.payment:
            Family.__balance -= self.payment
        Family.__lst_savings[0] = Family.__balance
        Family.__lst_savings[1] = self.payment
        return Family.__lst_savings

mr = Family(**{'name':'이몽룡', 'id':'mong', 'deposit':5000})
ch = Family(**{'name':'성춘향', 'id':'chun', 'deposit':5000})

for i in range(3):
    widthdrawal = 3000
    saving = mr.widthdrawal(widthdrawal)
    saving
    if saving[0] >= widthdrawal:
        print ('{0}님 현금 {1}원이 인출되었습니다.'.₩
                format(mr.name, saving[1]))
    else:
        print ('{0}님 다음에는 잔액이 부족합니다. '₩
                '현재 {1}원 남아있습니다.'₩
                .format(mr.name, saving[0]))
```

```
[7000, 3000]
이몽룡님 현금 3000원이 인출되었습니다.
[4000, 3000]
이몽룡님 현금 3000원이 인출되었습니다.
[1000, 3000]
이몽룡님 다음에는 잔액이 부족합니다. 현재 1000원 남아있습니다.
```

파이썬 내용를 따라오는데 독자들의 수고가 많았다. 서비스 기획자로서 이 장에서 설명한 내용만 잘 알고 있으면 MVP 정도는 스스로 제작할 수 있을 뿐만 아니라 초급 개발자 정도의 수준까지 갖췄다고 해도 과언이 아니다.

다음 장에 이어지는 파이썬을 기반으로 한 머신러닝과 딥러닝까지 익히고 나면 인공지능 서비스 기획자로서 코딩실력 뿐만 아니라 명실공히 인공지능 서비스를 기획할 수 있는 기초적인 실력을 갖추게 된다. 파이썬을 이해하기 위해 수고하셨고 이제 필자와 함께 본격적인 인공지능 개발세계를 탐험해 보도록 하자.

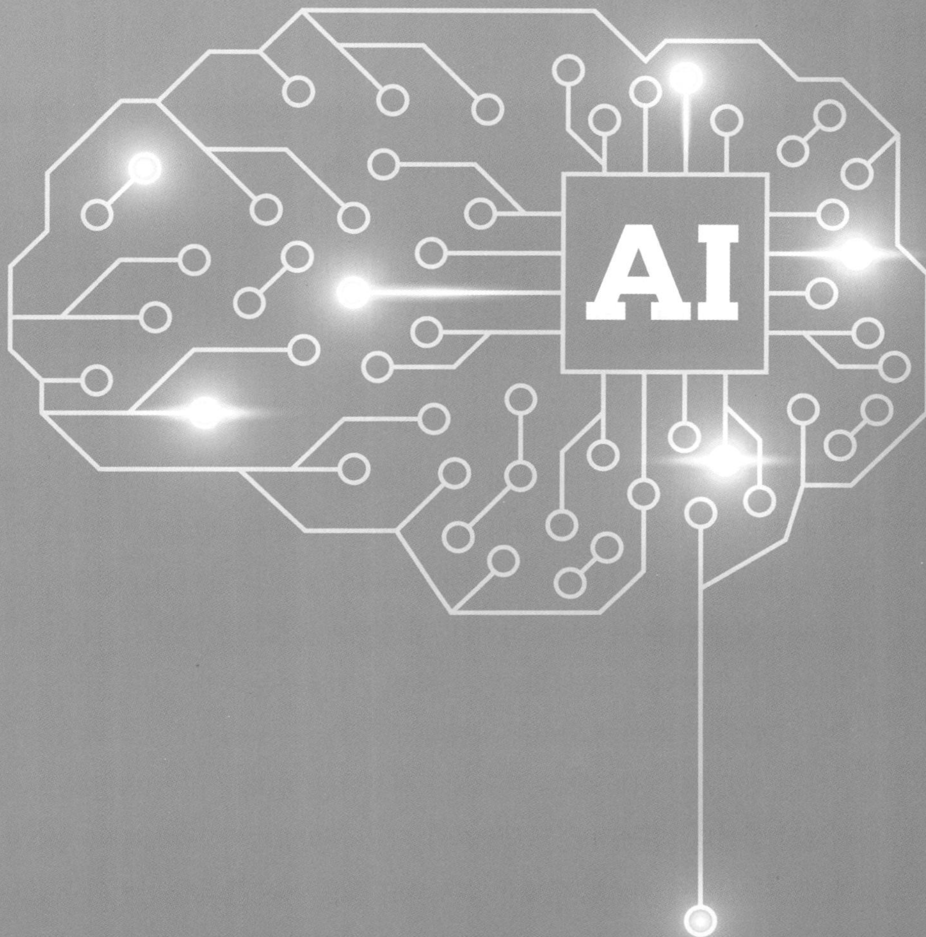

CHAPTER 06

인공지능 모델링

01 머신러닝 개요

이번 장에서는 머신러닝에 사용되는 주요 용어를 설명하도록 하겠다. 서비스 기획자는 기획을 통해 하나의 서비스를 탄생시키는 사람이지 서비스 자체를 구현하는 개발자가 아니다. 그러나 서비스를 완성해 내기 위해서는 개발자와 원활한 소통이 필수적이라는 점에서 개발자들이 프로그램을 어떻게 개발하는지와 그 과정에서 사용하는 용어들은 어떤 의미가 있는지 정도는 이해하고 있어야 한다. 이번 장에서 저자와 함께 인공지능 개발과정을 따라가며 설명되는 용어를 하나씩 알아 나가면 프로젝트를 진행해 나가면서 겪게 될 개발자와의 소통에서 오는 어려움을 상당부분 걷어낼 수 있게 될 것이다.

이 저서는 개발자가 아니라 서비스 기획자가 되려고 하는 분이거나 또는 인공지능 서비스 기획 쪽으로 기획역량을 확장하고 싶어하는 기획자들을 대상으로 인공지능 서비스 기획이라는 새로운 여정을 안내해 주는 것을 목표로 하므로 개발과정을 소개는 하되 IT 전공서처럼 깊이 있게 다루지는 않을 것이다. 따라서 개발소스를 일부 포함은 하고 있으나 개발해 보자는 취지가 아니니 편안히 보면서 저자가 전달하는 용어 설명을 통해 인공지능 서비스 기획을 위한 지식을 얻게 되기를 바란다.

사실 개발자라 하더라도 인공지능, 머신러닝, 딥러닝 등은 한번의 독서만으로 개념이 정리되지 않는다. 전통적인 코딩방식과 다른 구현방법이 프로그래머들조차 상대적으로 익숙해지는데 시간이 필요하기 때문이다. 독자들도 이번 챕터가 한번의 독서로 완벽히 이해되지 않을 것이다. 대신 여러 차례 읽고 추론하는 과정을 반복하다 보면 개념이 머릿속에 서서히 자리잡혀 가는 것을 느끼게 될 것이다. 따라서 이번 챕터인 머신러닝과 뒷장의 인공지능 신경망 부분은 시간을 두고 여러 번 읽기를 권하며 처음 읽을 때는 전체적인 맥락 속에서 쓰여진 용어들이 의미하는 바가 무엇인지를 이해하려는 정도만 노력을 기울이면 충분하다. 한번에 모든 것을 이해하려는 열정을 갖는 것도 좋지만 저자의 경험을 돌이켜볼 때 편안한 마음으로 읽으면서 이해가 안되는 부분은 우선은 넘어가는 것이 개념정립 차원에서 훨씬 낫고 다만 시차를 두고 반복해서 읽음으로써 자신의 두뇌에게 개념을 스스로 잡아나가도록 믿고 맡기는 편이 효율적이라고 말해두고 싶다.

1.1 지도학습과 비지도학습

인공지능을 개발한다는 것은 어떠한 사안에 대해서 컴퓨터가 높은 예측 정확도를 갖도록 컴퓨터의 지능을 계발시켜 주는것을 말한다. 이것은 학생이 시험에서 좋은 점수를 받기 위해 공부하는 것처럼 컴퓨터가 높은 적중률을 보이도록 학습을 시키는 것이다. 학생은 평소에 학습을 열심히 하고 연습문제도 풀어가며 과목에 대한 이해도를 높여야 시험에서 우수한 성적을 거둘 수가 있다. 학생의 학업성취를 위해 선생님은 학생에게 지식을 전달하며 가르치는 방법을 쓰기도 하고 때로는 과목의 특성에 따라 과제를 주고 스스로 문제해결 능력을 기르도록 지도하기도 한다. 인공지능 신경망도 사람의 학습지능을 그대로 모방하여 설계된 것이므로 학생이 배우는 것과 동일한 방식으로 학습을 하며 지능을 높인다.

이 경우 마치 선생님처럼 옆에서 가르쳐가면서 지능을 높여주는 학습방법을 지도학습(Supervised Learning)이라고 하고 과제를 주고 스스로 문제 푸는 능력을 기르도록 학습 시키는 방식을 비지도학습(Unsupervised Learning)이라고 한다.

지도학습은 레이블(정답) 데이터가 있으므로 학습을 한 인공지능이 예측해 낸 값을 비교해 봄으로써 모델(학습된 인공지능)의 성능을 평가할 수 있지만 이를 위해서는 사람이 직접 레이블을 달아주어야 하므로 준비에 별도의 시간이 소요될 수 있다. 그렇기 때문에 지도학습 방법은 분류나 회기 같은 이미 정답이 확보되어 있는 데이터를 학습시키는 경우에 적합한 방식이다. 반면 비지도학습은 레이블이 없으므로 여론 추이 전망 같은 인공지능이 스스로 패턴을 찾아내 유의미한 정보를 도출하도록 학습시키는 데에 주로 활용한다.

1.2 과대적합(Overfitting)과 과소적합 (Underfitting)

학창시절을 떠올려보자. 평소 연습문제를 풀었을 때는 점수가 잘 나왔는데 막상 시험을 치렀을 때 점수가 안나온 경험들이 한번씩은 있을 것이다. 이는 지나치게 학습지의 문제유형에만 맞춰 공부한 경우로 미처 접하지 못한 새로운 유형의 문제가 출제 되었을 때 겪는 현상이다. 문제유형 중심으로 학습을 할수록 다시 말해 학습지 유형에 과대 적합된 방식으로 학습한 학생일수록 연습문제를 풀었을 때의 점수와 실제 시험에서의 점수차이를 경험하는 것은 어쩌면 당연한 것일 것이다.

인공지능도 마찬가지이다. 컴퓨터를 과대적합(Overfitting)된 방식으로 학습시키면 모의평가에서는 높은 적중률을 보이지만 모델을 막상 실제로 가동시켜보면 학습 때보다 정확도가 떨어지는 경우가 발생하곤 한다. 이런 현상은 주로 학습한 데이터 자체가 분산이 높은 경우에 발생하므로 통계적으로 과대적합되지 않은 학습데이터를 제공함으로써 대체로 해결할 수 있다. 또한 데이터의 특징이 필요 이상으로 많을 경우에도 과대적합 문제가 발생할 수가 있다. 이런 때에는 데이터가 갖고 있는 특징값을 줄여주는 방식으로 문제를 해결해줄 수 있다.

학생의 경우 지나치게 문제지 중심으로만 공부하면 문제의 유형과 패턴에 어느덧 자신도 모르게 익숙해져버려 공부를 충분히 한 것으로 판단하고 그 과목은 더 이상 학습하지 않으려는 경향을 보인다. 이 경우에는 지식이 제대로 습득된 것이 아니므로 실제 시험에서 좋은 점수를 기대하기 어렵다. 인공지능도 학습을 충분히 하지 않고 조기에 스스로 학습을 마치는 경우가 발생하는데 이처럼 학습량이 충분하지 못한 상태를 과소적합(Underfitting)이라고 한다.

인공지능이 과소적합되지 않도록 하기 위해서는 학습 데이터가 편향성을 띄지 않도록 균형있게 제공될 필요가 있다.

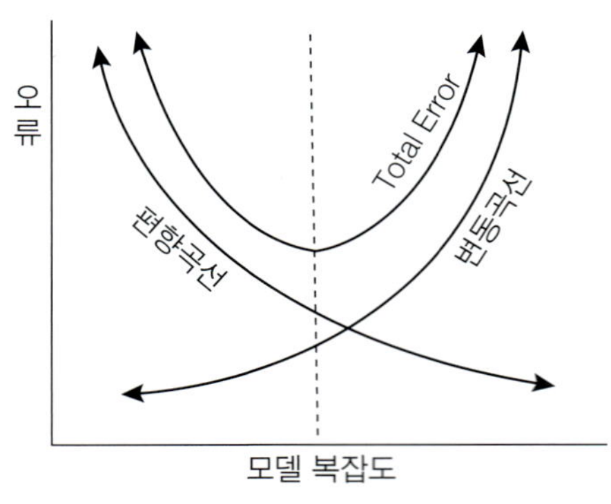

1.3 모델의 성능 평가

인공적으로 만든 지능이 학습을 통해 스스로 판단을 내릴 수 있는 수준의 지능을 갖추었을 때 우리는 그것을 모델이라고 부른다. 모델의 성능은 단순히 정답 적중률만으로 평가하지는 않는다. 서비스 기획자는 직접 모델을 구현하지는 않으나 프로젝트를 통해 학습된 모델의 성능은 평가할 수 있어야 한다. 다음은 정답률 같은 모델의 성능을 평가하는 두 가지 방법이다.

혼동행렬

모델의 성능은 혼동행렬과 교차검증법으로 평가할 수 있다. 혼동행렬은 TP, FN, FP, TN 지표를 활용해 평가하는 것인데 TP(True Positive)는 정상(Positive)인 것을 제대로(True)로 판단한 횟수를 말하고, FN(False Negative)은 틀리거나 나쁜(Negative) 것인데 이를 맞거나 좋은 것이라고 잘 못 판단(False)한 횟수 그리고 FP(Flase Positive)는 원래 정상이거나 옳은 것(Positive)인데 이를 잘 못 판단(False)한 횟수이며 TN은 원래부터 틀리거나 잘못 된 것(Negative)을 틀리거나 잘 못된 것으로 제대로(True) 판단한 횟수를 말한다. 이것을 기반으로 아래와 같이 네 가지 값을 도출하여 성능을 평가한다.

		Actual	
		Positive	Negative
Predicted	Positive	True Positive	False Positive
	Negative	False Negative	True Negative

- Accuracy (정확도)= (TP+TN)/ (TP+FN+FP+TN)
- Precision(정밀도)= TP / TP+FP
- Recall (재현율)= TP / TP+FN
- F1 Score = (2 x Precision x Recall) / (Precison + Recall)

정밀도는 문제라고 관측해 낸 것 중에 얼마나 정말 문제였는가를 보는 지표로 활용하고, 재현율은 문제라고 관측해 낸 것들 중에 사실은 문제가 아니었던 것이 얼마나 포함되었는지를 보는 지표이다. 따라서 정밀도과 재현율은 서로 대립되는 가운데 맞춰진 균형(Trade-Off) 관계에 있다. F1 Score는 이 세가지를 골고루 볼 수 있는 지표로 활용하며 숫자 1에 가까울수록 잘 만들어진 모델로 평가한다.

K-폴드 교차 검증법

혼동행렬이 학습이 완료된 모델을 평가하는 것인데 반하여 학습중에 있는 모델의 성능을 관측하는 지표가 있는데 이것을 K-폴드 교차검증법(K-Fold Cross Validation)이라고 한다.

조금 어렵게 설명해 보겠다. Deep Learning을 수행하면서 fit(test_set=0.2, batch=20, verbose=1) 조건으로 학습하면 batch가 끝날때마다 Training Set 중에서 Random하게 20%의 데이터를 뽑아 예측값과 라벨을 비교하여 정확도를 보여주게 되고 학습이 완료되면 정확도의 평균을 보여준다. 이것이 K-폴드 교차검증법이고 모델의 정확도 추이와 최종 정확도를 비교해보는 방법으로 활용한다.

서두에서도 언급했듯이 저자가 위와 같은 식으로 설명하면 처음에는 이해가 잘 안 될터이니 일단 넘어가고 추후 다시 읽어볼 것을 권한다. 그러다보면 저절로 머리속에 개념이 잡히면서 불현듯 이해되는 때가 오게 되어있다. 인공지능을 공부할 때의 특징 중 하나가 시차를 두고 읽기를 반복하는 것이 오히려 전반적으로 개념을 정립하는 데 도움이 된다는 것이다.

	데이터				
1	검증용	학습용	학습용	학습용	학습용
2	학습용	검증용	학습용	학습용	학습용
3	학습용	학습용	검증용	학습용	학습용
..	학습용	학습용	학습용	검증용	학습용
k	학습용	학습용	학습용	학습용	검증용

02 시각화

인공지능이 과대적합 되거나 과소적합 되지 않도록 하기 위해서는 충분한 학습데이터를 제공할 필요가 있다. 다시 말해 빅데이터(Big Data)가 제공되어야 한다는 것인데 반대로 학습을 시켜야 하는 사람은 정작 데이터가 시각화(Visualization)되지 않으면 데이터의 방대함으로 인해 지도방향을 정하는데 어려움을 겪을 수밖에 없다. 따라서 데이터를 시각화 하는 것은 빅데이터 분석 및 인공지능 모델링에 있어 매우 중요한 과정이다.

시각화에 사용할 수 있는 대표적인 도구(Tool)에는 세가지가 있다. 데이터를 전처리(Preprocessing)하기 위해 데이터구조를 신속히 파악하고자 할 때는 파이썬 Pandas 모듈이 제공하는 메소드를 활용하면 편리하다. 모델링 과정에서 데이터 구조를 파악하고자 할때는 Matplotlib를 쓰는 것이 일반적이며 레포트 용도로는 Seaborn이 적합하다.

2.1 Matplotlib

Matplotlib는 데이터의 구성을 살펴 볼 수 있게 하는 다양한 종류의 그래프를 지원하는 라이브러리이다.

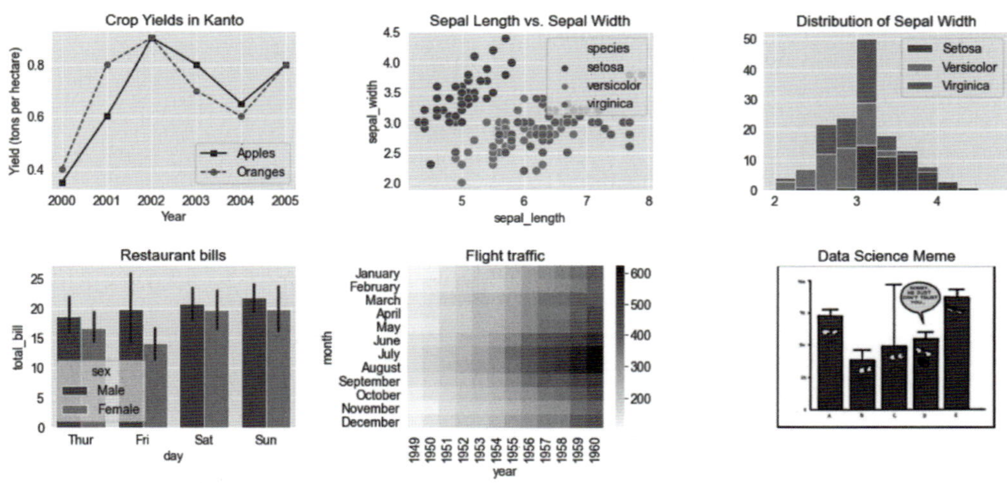

위 그래프를 그린 코드는 아래와 같다. 몇 줄 안 되는 코드지만 전체적인 데이터 분포를 쉽게 이해할 수 있게 해준다.

우선 아래는 그래프를 그리기 위해 필요한 라이브러리인 MatplotLib에서 pyplot이라는 패키지를 가져와 plt라는 이름으로 활용하겠다는 의미이고 사용하는 시스템이 윈도우 OS라면 그래프를 그릴 때 폰트 크기 11사이즈와 맑은고딕체로 표현하라는 의미이다.

```
from matplotlib import pyplot as plt
import platform

if platform.system( )== 'Windows':
    plt.rc('font',family= 'Malgun Gothic')
    plt.rcParams['font.size']=11
```

아래는 선그래프를 그리도록 하는 파이썬 코드이다. 세 명이 치른 세 과목의 점수를 주고 plt 이름으로 가져다 둔 Matplotlib가 제공하는 plot( )이라는 함수에 필요한 값들을 제공해 줌으로써 맨아래 plt.show( )라는 명령으로 그래프를 그리게 한다.

```
name = ['최준삼','임정미','최서현']
score1 = [100,85,95]
score2 = [88,94,90]
score3 = [87,100,80]

plt.plot(name, score1, label='최준삼', color='red', linestyle='-.', marker='o')
plt.plot(name, score2, label='임정미', color='blue', linestyle='--', marker='x')
plt.plot(name, score3, label='최서현', color='green', linestyle='-', marker='o')
plt.legend(loc='upper right')
plt.title('성적')
plt.xlabel('이름')
plt.ylabel('점수')
plt.ylim(70,115)
plt.grid(True)
plt.rcParams['figure.figsize']=(5,3)
plt.show( )
```

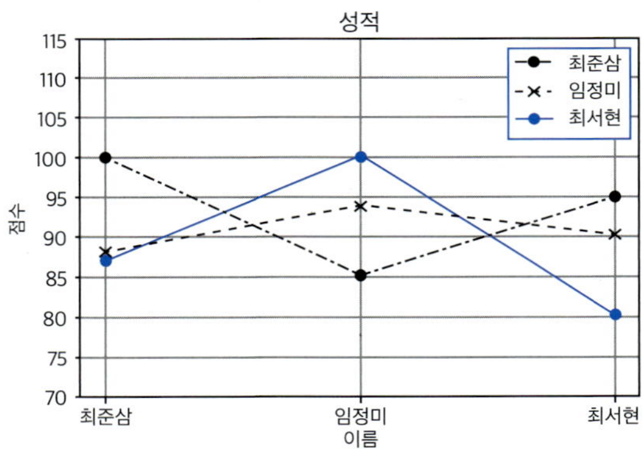

아래는 막대그래프로 표현하도록 하는 코드이다. 앞에서 한 방식에서 plt의 plot( )이라는 함수 대신 bar( )라는 함수로 바꾸어 값을 제공하면 아래와 같이 막대그래프로 데이터 분포를 보여준다.

```
plt.bar(name, score2, color='#EEEEEE')
```

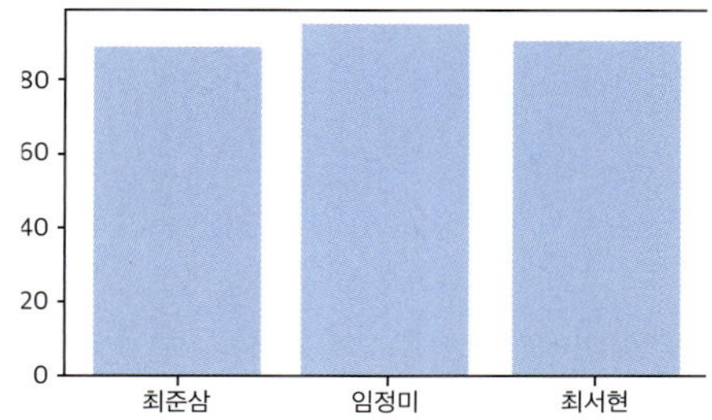

아래는 산점도로 데이터 분포를 그려보는 코드이다. numpy라는 패키지를 활용(import)하여 그 패키지가 제공하는 randn( ) 함수를 이용해 난수를 만들어 x에 300개, y에 300개씩 넣어두고 그것을 그래프의 x축과 y축을 기준으로 값들이 해당하는 좌표상에 위치를 흩어 표시하도록 한것이다.

```
import numpy as np
x = abs(np.random.randn(300))
y = abs(np.random.randn(300))
```

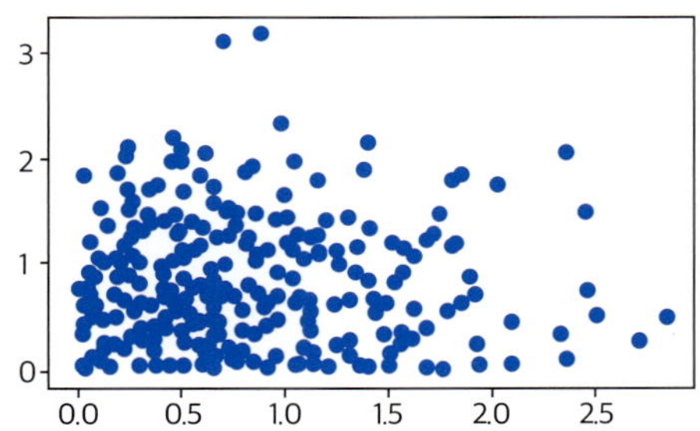

다음은 파이차트를 그리는 코드이다. 역시 plt로 이름지은 Matplotlib가 제공하는 pie( ) 함수에 값을 제공하면 세 명에게 할당한 크기만큼 배분된 파이차트를 그려준다.

```
name = ['최준삼','임정미','최서현']
score4 = [140,90,70]
plt.pie(score4, labels=name, autopct='%0.00f%%')
```

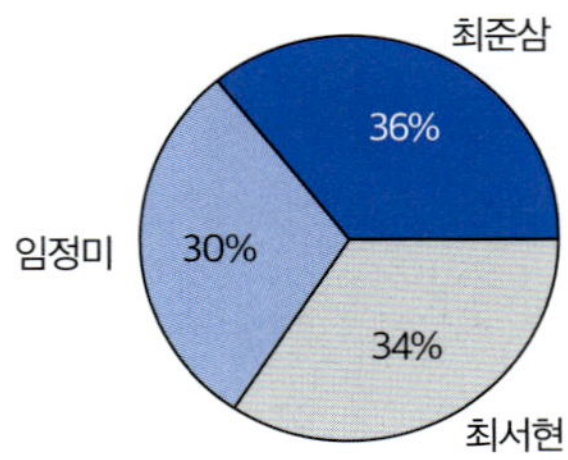

아래는 위 모든 그래프를 한꺼번에 그려주도록 하는 코드이다. 이를 위해 plt라는 이름으로 가져온 Matplotlib가 제공하는 subplots( )라는 함수로 가로세로 두 칸씩 총 네 개의 공간 안에 그래프를 하나씩 그리게 하는 것이다.

```
fig, axes = plt.subplots(nrows=2, ncols=2, figsize=(10,7), sharex=False, sharey=False)

target = axes[0][0]
target.plot(name, score1, label='최준삼', color='red', linestyle='-.', marker='o')
target.plot(name, score2, label='임정미', color='blue', linestyle='--', marker='x')
target.plot(name, score3, label='최서현', color='green', linestyle='-', marker='o')
```

```
target.legend(loc='upper right')
target.set_title('선그래프')
target.grid(False)
```

왼쪽 상단에는 선그래프를 그리도록 하고 우측 상단에는 막대그래프를 그리고 왼쪽 하단에는 산점도를 그리고 우측 하단에는 파이차트를 그리도록 axes[ ][ ] 값을 조정하며 구현한 코드이다.

```
target = axes[0][1]

target.bar(name, score2, color='#EEEEEE')
target.set_title('막대그래프')

target = axes[1][0]

target.scatter(x,y)
target.set_title('산점도')

target = axes[1][1]

target.pie(score4, labels=name, autopct='%0.00f%%')
target.set_title('파이차트')
```

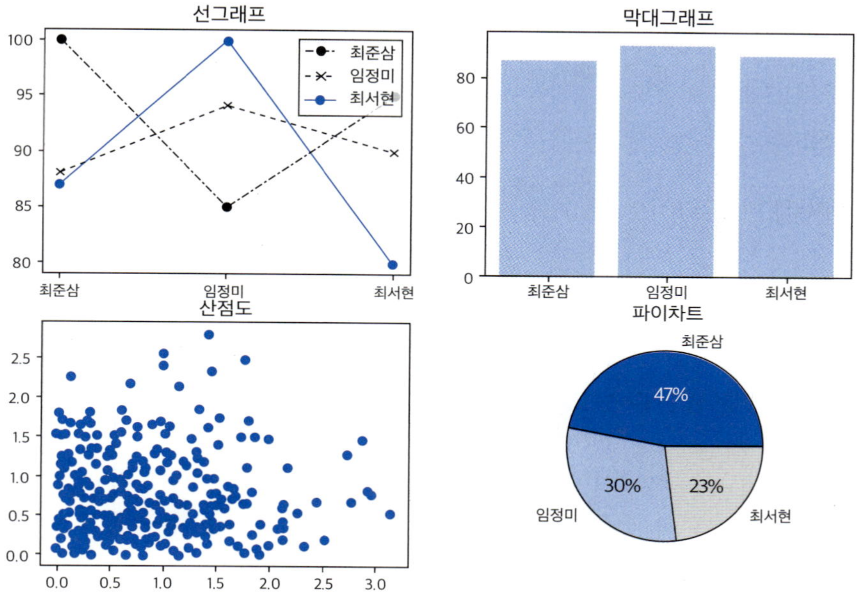

2.2 Pandas Series 그래프

한편 Matplotlib 외에 파이썬에서 제공하는 패키지인 Pandas를 활용하면 Series와 DataFrame을 이용해 데이터의 분포 정도를 비교적 빠르게 확인할 수 있다.

아래는 Pandas 패키지가 제공하는 Series( )함수와 plot( )함수를 활용하여 선그래프와 막대그래프로 데이터의 분포상태를 확인해 보는 코드이다.

```
s = pd.Series(np.random.rand(20), index=np.arange(1,21))
s.plot( )
s.plot(kind='bar')
```

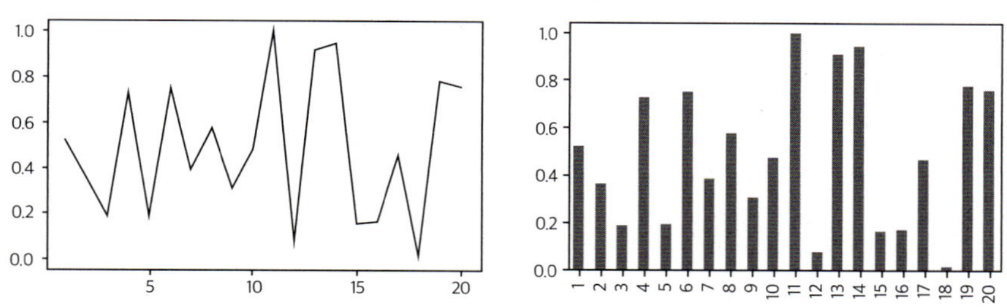

plot( )을 hist( )라는 함수로 바꾸면 분포상태를 아래처럼 히스토그램으로 볼 수 있다.

```
s = pd.Series(np.random.rand(100))
s.hist(bins=50)
```

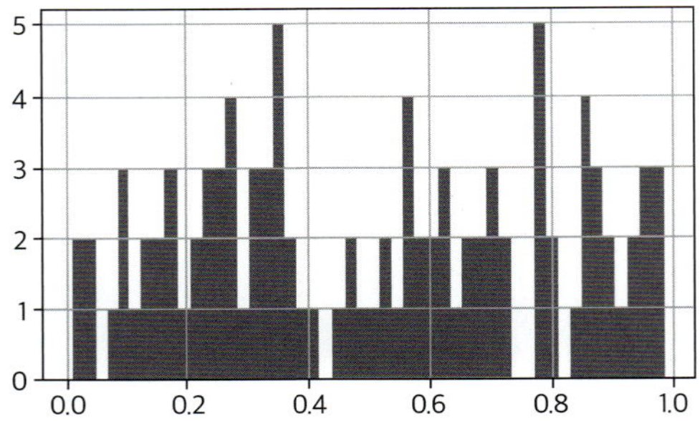

1차원 데이터가 아닌 2차원 데이터라면 Series( )가 아닌 DataFrame( )함수를 이용해 그래프를 그려볼 수도 있다.

아래 코드는 먼저 데이터를 엑셀 형태로 보기 위해 함수에 값들을 지정한 예이다.

```
df = pd.DataFrame(np.random.rand(3,4), index=['1월','2월','3월'],
                  columns=['국어','영어','수학','과학'])
```

	국어	영어	수학	과학
1월	0.220913	0.770992	0.721562	0.852151
2월	0.451639	0.245732	0.182107	0.938536
3월	0.914249	0.378229	0.279380	0.625092

이제 DataFrame이 제공하는 plot( )함수를 호출하면 위의 데이터가 아래와 같이 선그래프 및 막대그래프로 시각화된다.

```
df.plot( )
df.plot(kind='bar')
```

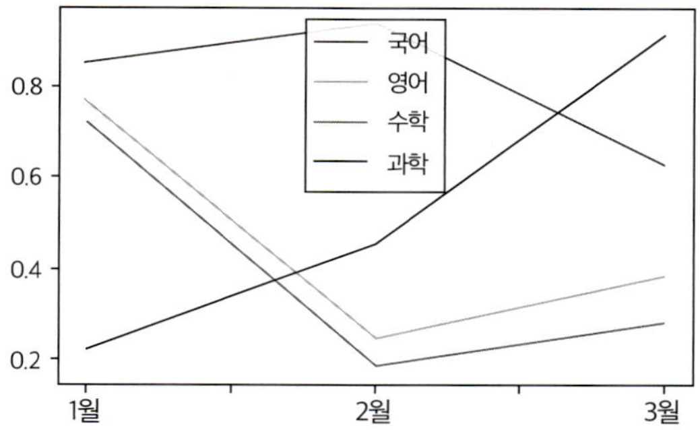

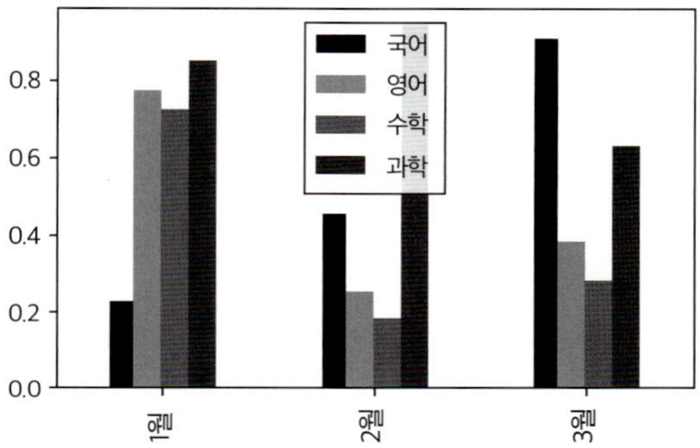

앞서 보았던 MatplotLib와 Pandas를 활용한 시각화보다 Seaborn을 활용하면 아래처럼 보다 전문적인 느낌의 보고서 용도의 그래프를 그릴 수가 있다.

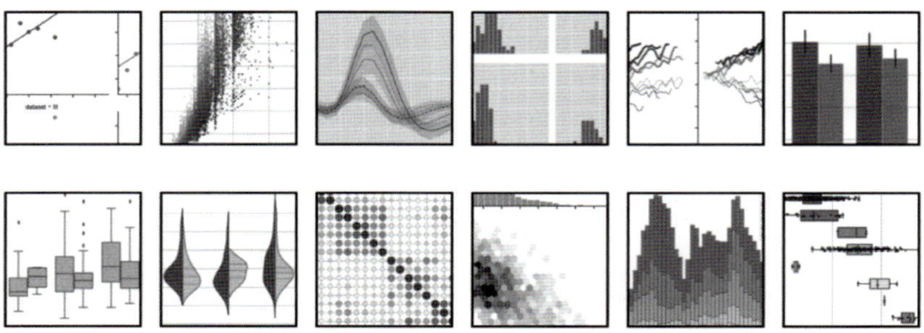

아래는 Seaborn 패키지를 sns라는 이름으로 가져와 Seaborn이 제공하는 distplot( )함수에 적절한 값을 주어 분포를 그리도록 한 코드이다.

```
import seaborn as sns
sns.distplot(df['국어'], hist=True, kde=True, rug=True)
```

- hist : 히스토그램
- kde : 곡선
- rug : 바닥에 데이터분포 표현

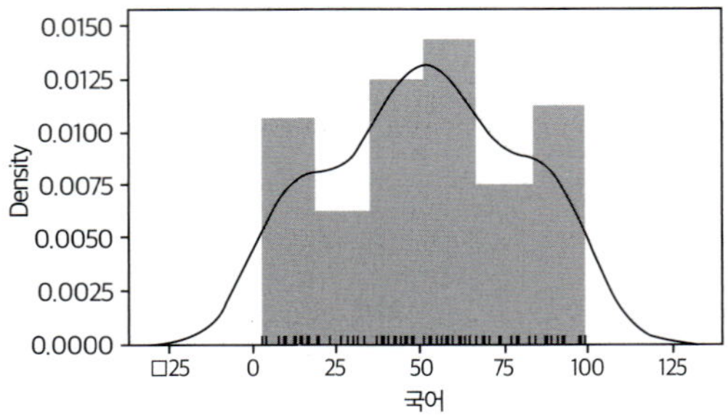

Seaborn의 countplot( )함수는 아래와 같은 막대그래프를 그려준다.

```
df = pd.DataFrame((np.random.rand(100,10)*100).round( )//10,
                  columns=['국어','영어','수학','과학','체육','음악','미술','기술','상업','특활'])
sns.countplot(x='국어', data=df)
```

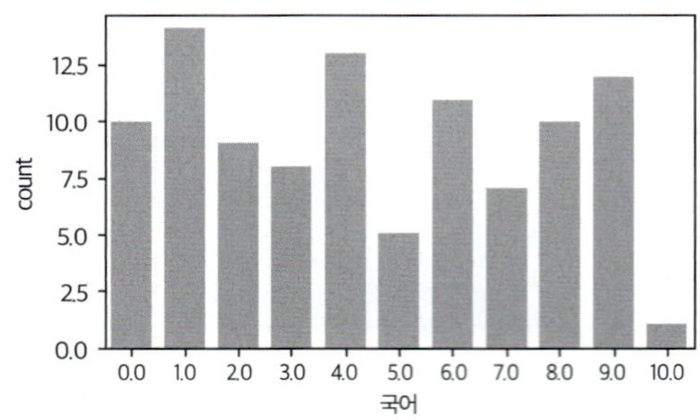

Seaborn의 relplot( )함수는 두 데이터 간의 관계를 아래와 같이 그려준다.

```
l = [ ]
for i in range(100):
    if (np.random.rand(1)*10).round( )%2 == 1.:
        l.append('향상')
    else:
        l.append('정체')
df['성취도'] = pd.Series(l)
sns.relplot(x='국어', y='영어', hue='성취도', data=df)
```

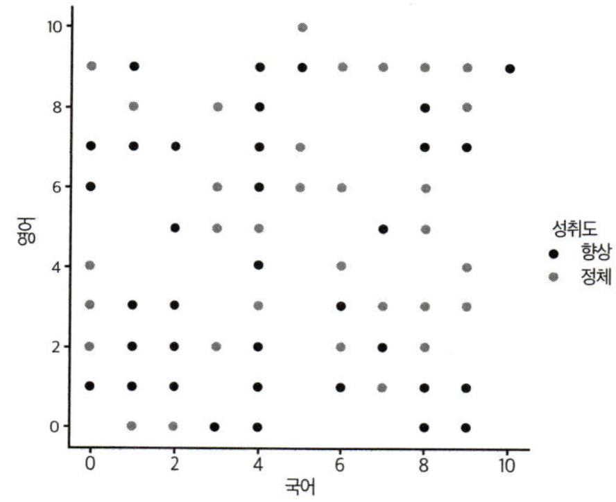

그밖에 CatPlot, BoxPlot, JointPlot 그리고 PairPlot 함수를 적절히 필요에 따라 사용하면 아래에 이어지는 다양한 그래프로 데이터의 분포정도를 확인해 볼 수 있다.

```
sns.catplot(x='국어',y='영어', data=df, kind='bar')
```

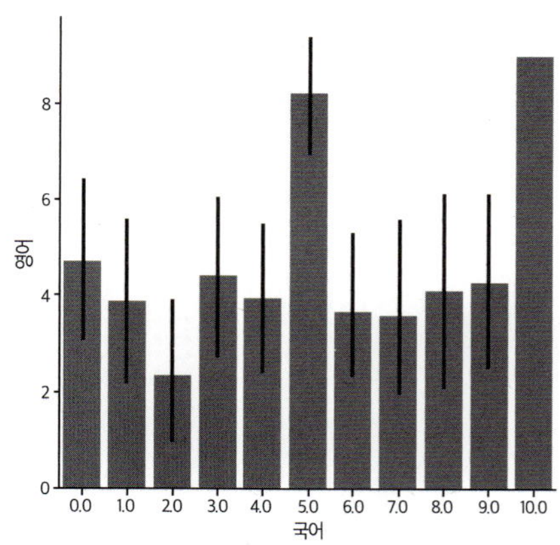


```
sns.boxplot(x='국어',y='영어', data=df)
```

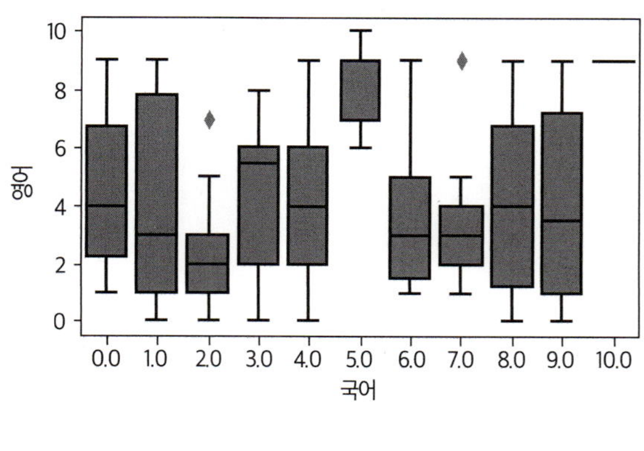

```
sns.jointplot(x='국어',y='영어', data=df)
```

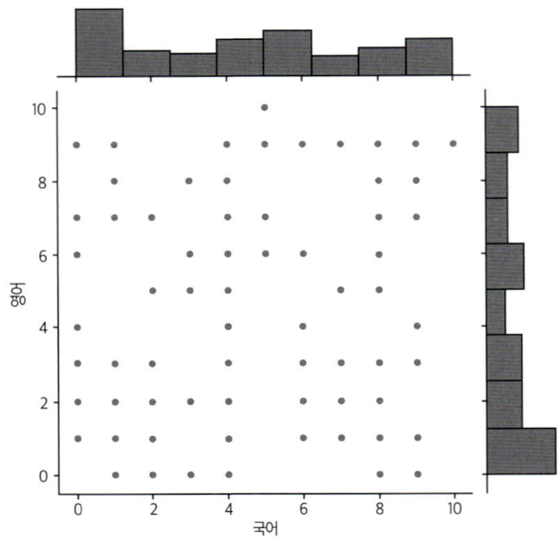


```
sns.pairplot(data=df, vars=['국어','영어','수학'])
```

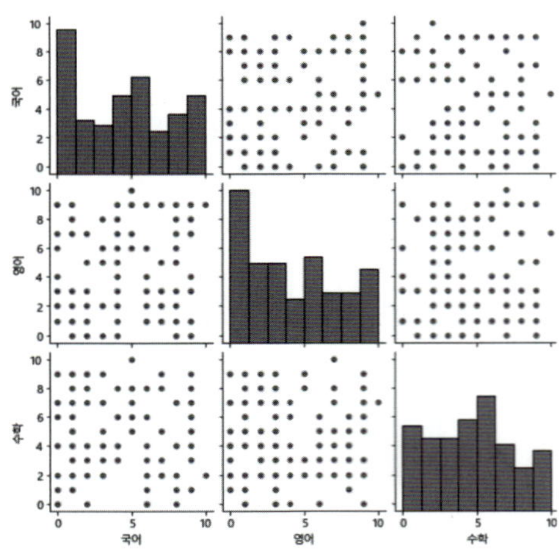

03 머신러닝 알고리즘 소개

인공지능을 학습시키기 위한 알고리즘은 많이 개발되었고 지금도 각종 논문을 통해 새로운 학습방법들이 지속적으로 발표되고 있다. 그 중 널리 사용되는 대표적인 알고리즘 몇 가지를 간단히 살펴보자. 이 장에서 다루는 내용 정도만 알고 있어도 인공지능 서비스를 기획하는데 필요한 기본 지식으로 충분하고 학습 원리를 이해하는데 도움이 될 것이다.

컴퓨터를 학습시키는 것을 기계학습이라고 하고 영어로는 머신러닝으로 부른다. 기계학습이라는 말을 들어본 독자도 있을 것이고 머신러닝이라는 말을 들어본 독자도 있을 것이다. 또는 둘 다 들어봤을 것인데 한국어와 영어의 차이일 뿐 컴퓨터를 학습시킨다는 동일한 뜻을 갖는 용어이다. 본 저서에서는 앞으로 기계학습을 머신러닝으로 칭하도록 하겠다. 머신러닝(Machine Learning)에 사용하는 주요 알고리즘은 KNN, 서포트벡터머신(SVM), 의사결정트리, 랜덤 포레스트, 나이브 베이즈 정리, K-means, 선형회귀, 로지스틱 회귀 등이 있다. 이중에서 k-means 는 비지도 학습에만 사용되는 알고리즘이고 나머지는 비지도 학습, 지도학습 모두에 이용된다.

KNN (K-Nearest Neighbor)

KNN은 데이터 각각을 어디로 분류시킬 것인가에 대한 알고리즘이다. 예를 들어 현재 온도가 17℃이고 습도가 40%라면 이 데이터를 내일 아침에 날씨가 좋을 것이라는 근거로 볼 것인지 흐릴 것으로 예측할 지표로 볼 것인지를 판단하게 하는 데 사용되는 알고리즘이 KNN이다. 이때 데이터 하나 하나 입장에서 자신(데이터)을 자신과 가까이에 있는 K개의 데이터가 속한 그룹으로 포함시켜가는 것을 반복하면서 점차 모든 데이터를 다 분류해 나가는 방식을 KNN 알고리즘이라고 한다.

아래는 동그란 원이 데이터 자신일 때, 날씨가 흐릴 것이라는 의미의 세모난 데이터가 주변에 많으므로 자신도 날씨가 흐릴 것이라는 쪽으로 분류시키는 과정을 형상화 한 것이다.

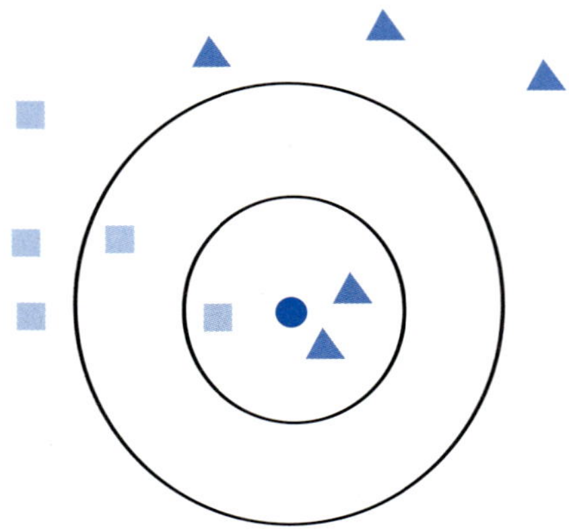

SVM (Support Vector Machine)

앞의 예를 그대로 이어 설명한다면 날씨가 좋을지 흐릴지 결정하는 경우에 SVM은 KNN 같은 방식을 쓰지 않고 온도와 습도의 분포상에서 둘 사이의 특징을 구분시켜 줄 수 있는 경계선 즉 결정경계선을 찾아 그 선을 기준으로 데이터를 분류하는 알고리즘이다.

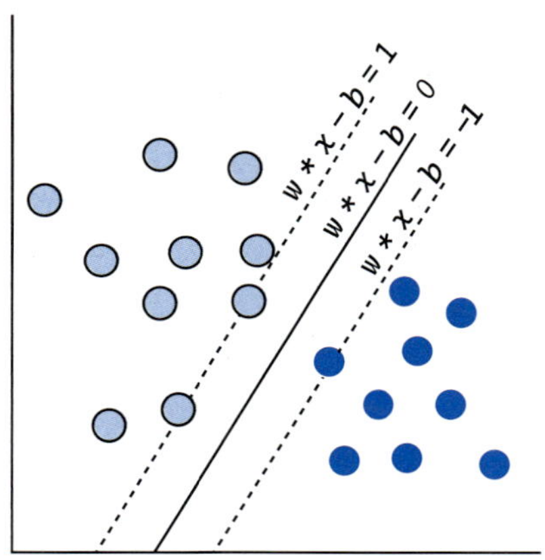

의사결정트리 (Decision Tree)

의사결정트리는 스무고개처럼 질문에 답을 하는 과정을 통해 데이터 하나씩 하나씩 분류시켜 나가는 방식의 알고리즘이다. 트리가 무한정 깊어지면 학습이 과적합 될 수 있으니 인공지능이 편향성을 띄지 않게 학습하도록 하기 위해서는 무슨 질문을 먼저 던질 것인가가 알고리즘의 성능을 결정짓는다.

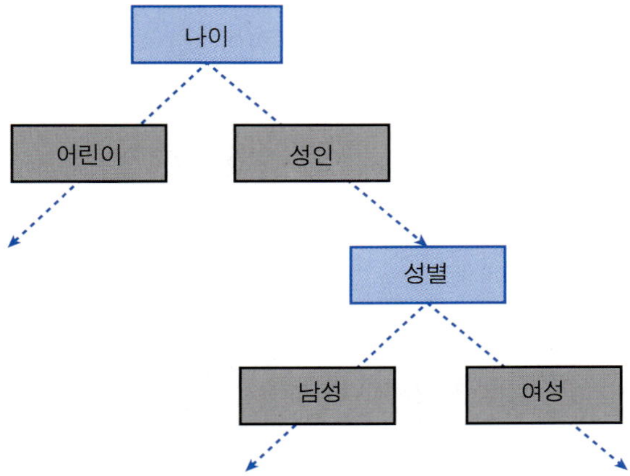

랜덤 포레스트 (Random Forest)

앞서 설명한 의사결정 트리는 인공지능이 한쪽으로 편향되게 학습하는 과적합 위험성이 있다. 이를 막기 위해 고안된 알고리즘이 랜덤 포레스트이다. 랜덤 포레스트는 상당히 뛰어난 성능을 보이는 알고리즘으로 평가받고 있는데 때때로 고도로 복잡한 신경망으로 학습하는 딥러닝(Deep Learning)을 능가하는 수준의 성능을 보이기도 한다.

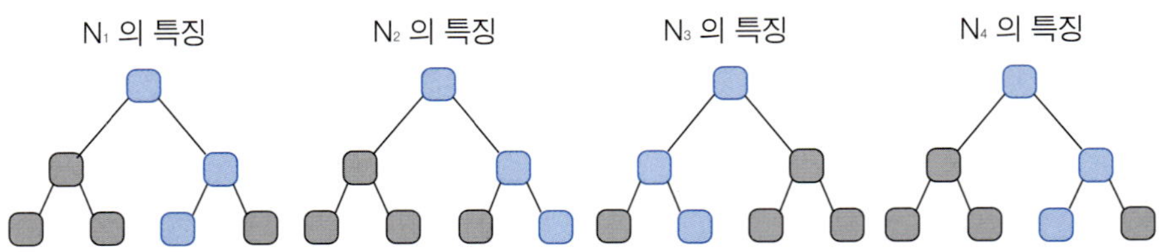

나이브 베이즈 분류기 (Naive Bayes Classifier)

나이브 베이즈는 데이터를 확률기반으로 분류하는 알고리즘이다.

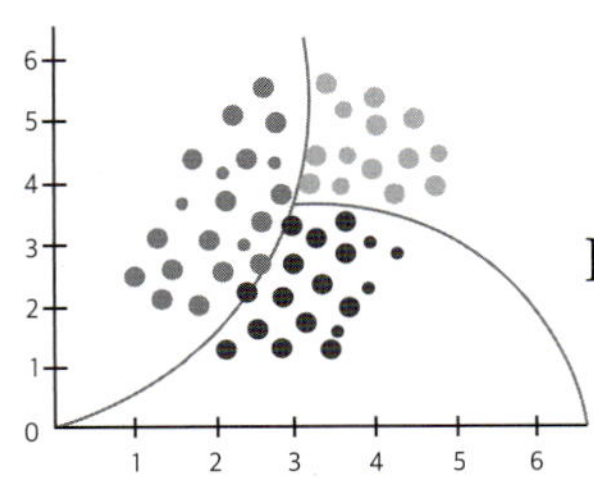

$$P(A|B) = \frac{P(B|A)\ P(A)}{P(B)}$$

K-평균 클러스터링 (K-means Clustering)

K-평균 클러스터링은 통계적으로 평균값을 구하여 데이터 주변의 K개 데이터가 갖는 분류에 따라 데이터 자신을 분류시켜 가도록 하는 비지도학습 알고리즘이다.

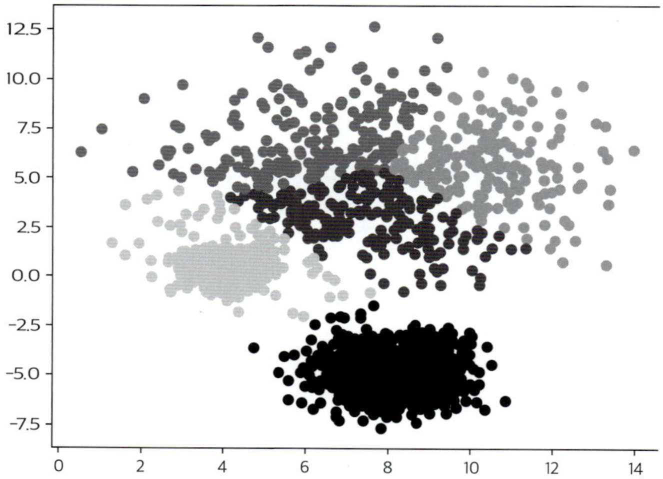

선형회귀 (Linear Regression)

선형회귀는 데이터의 특성에 따라 최적의 선형 선분을 찾아 내어 데이터를 분류하는 알고리즘으로 주로 시계열 분석에 널리 활용한다.

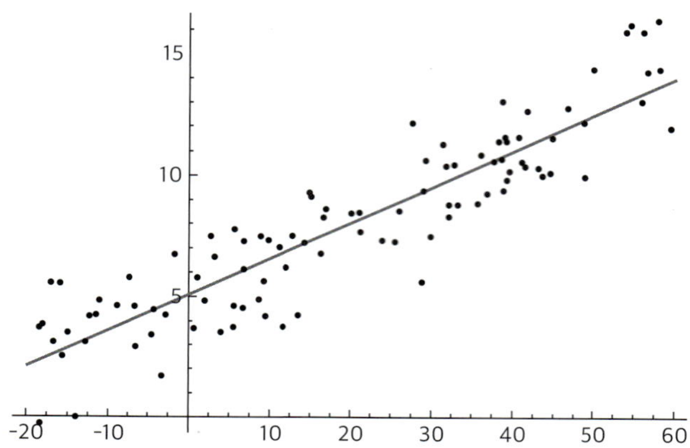

로지스틱 회귀 (Logistic Regression)

로지스틱 회귀는 회귀이지만 사실상 분류에 사용되는 지도학습 알고리즘으로 활용한다.

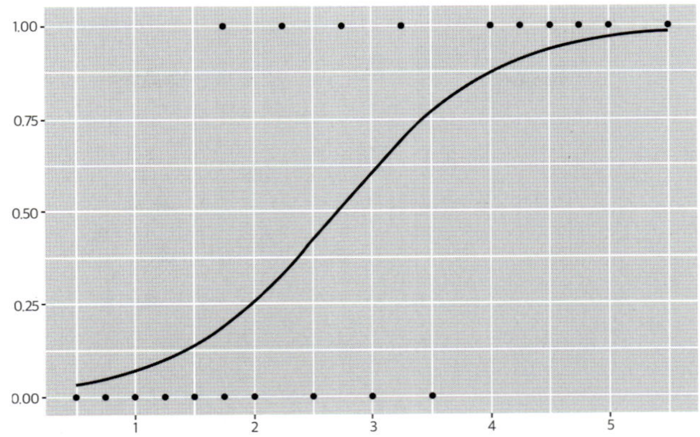

04 최근접 이웃 알고리즘 (KNN)

앞서 데이터를 분류하고 예측하는데 널리 사용되는 머신러닝 알고리즘에 대하여 간단히 살펴보았다. 이번 장부터는 그 알고리즘들을 하나씩 설명하면서 실제로 모델링이 완성된 소스까지 살펴보도록 하겠다. 소스가 길 경우 서비스 기획자로서 크게 이해해야 할 필요가 없는 부분은 제거하고 현단계에서 꼭 필요한 코드만 발췌하였다.

첫 번째로, 최근접 이웃 알고리즘(KNN)은 자신(데이터)의 주변에 있는 K개의 데이터가 분류된 값을 보고 다수결에 따라 자신을 분류시키는 알고리즘인데 모델링 과정 없이 입력값이 들어올 때 즉시 연산을 하는 방식으로 분류시키게 되므로 비교적 구현이 쉬운 반면 예측에 걸리는 시간은 다소 길어진다는 특징이 있다. 예를 들어 K를 3으로 지정하면 우선 모든 데이터들과 자신의 거리를 계산해 둔 후 자신에게 가장 가까운 3개의 데이터를 찾아 그들이 분류된 값을 확인하여 다수결에 따라서 자기 자신을 분류시킨다.

이때 가장 어려운 것은 K에 어떤 값을 할당할 것인가이다. 아래 그림에서 K 값을 3으로 지정하면 자신을 삼각형 무리로 분류하지만 5로 주면 사각형 무리로 분류할 수도 있기 때문이다. K 값은 너무 작게 주면 훈련데이터에 최적화된 과대적합이 발생할 가능성이 있고 너무 크게 주면 판단을 느슨하게 하는 과소적합 문제가 발생할 소지가 있어 적절한 K 값을 주는 것이 중요하다.

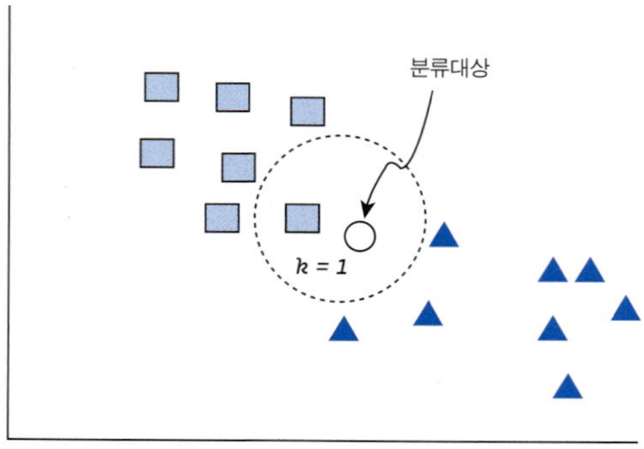

분류하는 방법에는 결과 값의 종류에 따라 이진분류와 다중분류 두 가지 방식이 있다. 이진분류는 둘 중 하나로 분류하는 것을 말하고 다중분류는 여러 개 중 하나로 분류하는 것을 말한다. 이진 분류의 대표적인 예는 스팸메일, 위조지폐 감별 그리고 좋다 나쁘다 같은 감정 분류 등이 있으며 다중분류에는 숫자가 쓰여진 그림이 0부터 9 사이에서 어떤 수인지를 판별하도록 하는 숫자 분류, 지도상에서의 위치를 판단하게 하는 분류 그리고 현재의 기분이 어떤지 결정하게 하는 감성분류 등이 있다.

참고로 KNN 은 다른 데이터와 자신의 거리를 계산할 때 유클리디언 (Euclidean)거리공식(피타고라스의 정리)을 활용한다.

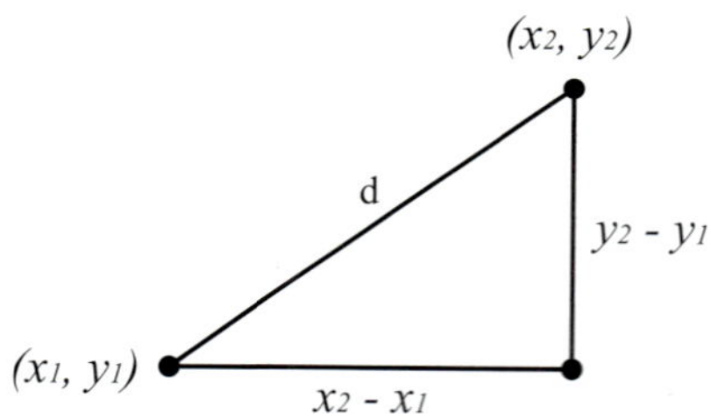

$$\sqrt{(x_2 - x_1)^2 + (y_2 - y_1)^2}$$

유클리디언 거리공식은 2차원 뿐만 아니라 3차원에서도 적용 가능하며 4차원, 5차원 심지어 1,024차원의 데이터분포에도 적용 가능하다. 인간은 3차원을 넘는 벡터공간의 모습은 상상하기 어렵지만 유클리디안 거리공식은 차원에 상관없이 적용 가능하며 3차원 벡터공간에서의 두점간의 거리는 아래와 같이 구할 수가 있다.

$$\sqrt{(x_2 - x_1)^2 + (y_2 - y_1)^2 + (z_2 - z_1)^2}$$

참고로, 고차원에서 KNN을 통해 분류를 할 때는 전체 데이터에 대한 계산이 수반되기에 속도가 매우 느려지므로 차원축소를 한 후 계산하도록 한다. 차원축소는 데이터들을 원래의 분포에 영향을 주지 않는 선에서 차원을 축소(예: 4차원을 2차원으로 축소)하는 것을 말하며 이후에 KNN을 적용하면 고차원 벡터 공간에 있는 데이터들도 KNN 기법을 활용하여 쉽게 분류해 낼 수가 있게 된다.

4.1 KNN 모델링

모델링이란 인공지능이 학습할 알고리즘을 구현하는 것을 말한다. 학습데이터도 입력값으로 같이 제공 하면 인공지능은 소스에 구현된 순서에 따라 학습을 진행하게 된다. 참고로 KNN 모델링 소스를 포함하여 앞으로 이어지는 코드는 앞장에서 배운 파이썬 언어로 구현한 것이다.

아래는 운동선수의 포지션별 득점 데이터를 학습한 모델이 새로 입단할 선수의 평소 점수를 제공하면 학습된 내용을 기반으로 어떤 포지션에 배치하는 것이 가장 좋을지를 예측하도록 하는 소스이다.

우선 아래와 같이 시각화를 하기 위한 기본 코드를 구현한다.

```
from IPython.display import display

import warnings
import platform
import numpy as np
import pandas as pd
import matplotlib.pyplot as plt
import seaborn as sns

warnings.filterwarnings('ignore')
pd.set_option('display.max_columns', None)

if platform == 'Windows':
    plt.rc('font', family= 'Malgun Gothic')
    plt.rcParams['font.size'] = 11
```

아래는 운동선수들의 포지션별 득점 데이터를 읽어와 화면에 엑셀 형태로 보여주도록 한 코드이다. DataFrame의 head( )함수는 앞에서 5줄만 보여주는 코드이다.

```
df = pd.read_csv("basketball_stat.csv")
df.head( )
```

	Player	Pos	3P	2P	TRB	AST	STL	BLK
0	Alex Abrines	SG	1.4	0.6	1.3	0.6	0.5	0.1
1	Steven Adams	C	0.0	4.7	7.7	1.1	1.1	1.0
2	Alexis Ajinca	C	0.0	2.3	4.5	0.3	0.5	0.6
3	Chris Andersen	C	0.0	0.8	2.6	0.4	0.4	0.6
4	Will Barton	SG	1.5	3.5	4.3	3.4	0.8	0.5

아래는 포지션 두 개씩 짝을 지어 번갈아가며 그래프에 찍으면서 카테고리 구분이 잘 되는 특징점 두 가지를 찾고자 하는 코드이다.

```
l_pos = ['3P','2P','TRB','AST','STL','BLK']

for i in range(0,len(l_pos)):
    for j in range (i+1, len(l_pos)):
        fig = sns.lmplot(l_pos[i], l_pos[j],
                         data=df,
                         fit_reg=False,
                         scatter_kws={'s':70},
                         markers=['o','*'],
                         hue='Pos')
        fig.fig.set_size_inches(5,3)
```

위에서 fit_reg=False를 True로 바꾸어 주면 아래 그래프에 결정경계선을 찾아서 그려준다. 위의 코드를 실행하면 아래와 같은 그래프가 경우의 수만큼 출력되는데 이를 보고 특징값으로 남길 것과 삭제할 컬럼을 결정할 수 있다.

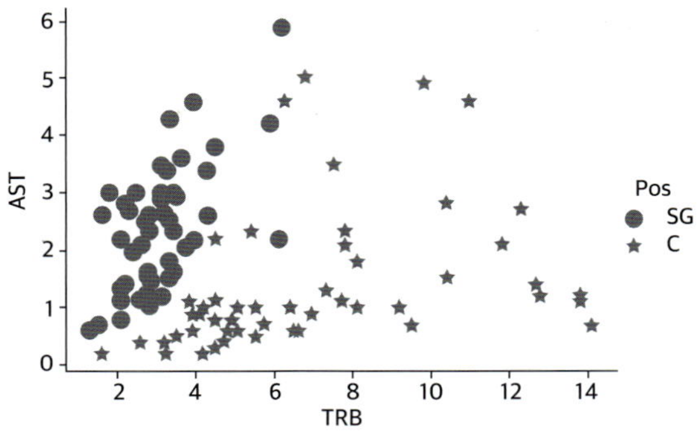

불필요한 특징값은 아래와 같이 drop( ) 함수로 제거하여 분석 효율을 높일 수 있다.

```
df.drop(['2P','AST','STL'], axis=1, inplace=True)
df.head( )
```

	Player	Pos	3P	TRB	BLK
0	Alex Abrines	SG	1.4	1.3	0.1
1	Steven Adams	C	0.0	7.7	1.0
2	Alexis Ajinca	C	0.0	4.5	0.6
3	Chris Andersen	C	0.0	2.6	0.6
4	Will Barton	SG	1.5	4.3	0.5

이제 데이터를 학습용과 평가용 두 가지로 나눈다.

```
from sklearn.model_selection import train_test_split
train, test = train_test_split(df, test_size=0.2)
print (train.shape)
print (test.shape)

(80, 5)
(20, 5)
```

여기서는 최적의 KNN 파라메터 값 K를 찾아내기 위한 코드를 구현한다. 그러나 소스가 길고 서비스 기획자에게는 과도하게 깊이 들어가는 면이 있으므로 상세한 코드는 생략하겠지만 결과적으로 K 후보값 별로 확인된 정확도를 아래의 코드로 시각화해보면 그래프에서 확인 가능한 것처럼 인접데이터 9개로 분류하는 것이 가장 정확도가 높다는 것을 알 수 있다.

```
plt.rc('font', family='Malgun Gothic')
plt.bar(k_list, cross_validation_scores)
plt.ylim(0.8,0.95)
plt.xlabel('K 갯수')
plt.ylabel('정확도')
plt.show( )
```

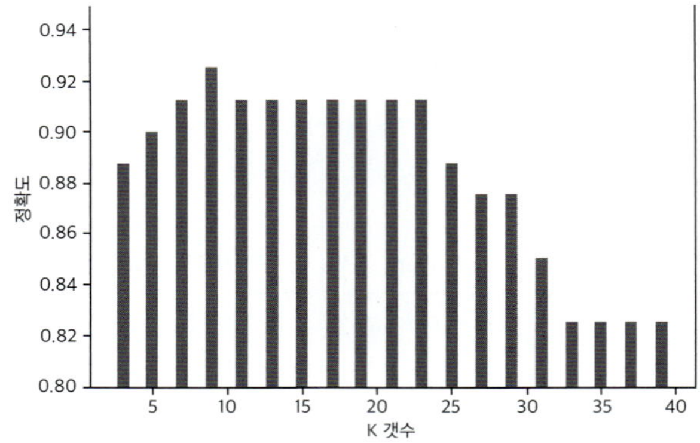

4.2 KNN 모델 테스트

이제 최적의 K값은 9임을 확인하였으므로 이를 기반으로 모델의 성능을 아래 코드로 평가해볼 수 있게 되었다.

```
from sklearn.metrics import accuracy_score
knn = KNeighborsClassifier(n_neighbors=9)

x_train = train[['3P','BLK','TRB']]
y_train = train[['Pos']]
```

아래의 한줄로 모델은 학습용으로 제공한 데이터를 가지고 학습을 수행한다.

```
knn.fit(x_train, y_train.values.ravel( ))
```

학습이 완료되었으므로 아래의 검증용 데이터를 가지고 평가를 해 볼 차례이다. 아래는 문제지인 x_test를 knn.predict( ) 함수에 넣었을 때 모델이 예측한 값을 변수 pred에 담는 코드이다.

```
x_test = test[['3P','BLK','TRB']]
y_test = test[['Pos']]

pred = knn.predict(x_test)
```

이어 예측한 값이 실제 정답지와 비교해서 얼마나 적중율이 높은지를 아래 코드로 확인해 볼 수 있는데 저자의 실행 결과에 따르면 K를 9로 했을 때의 적중율은 95%를 보였다.

```
print ('정확도 : ' + str(accuracy_score(y_test.values.ravel( ), pred)))

comparison = pd.DataFrame({'예측':pred, '정답':y_test. values.ravel( )})
comparison.head(10)
```

정확도 : 0.95

	예측	정답
0	C	C
1	SG	SG
2	C	C
3	C	C
4	C	C
5	C	C
6	SG	SG
7	SG	SG
8	SG	SG
9	SG	SG

독자는 위의 코드를 구현하려고 노력할 필요까지는 없다고 생각한다. 그것은 개발자들의 몫이기 때문이다. 서비스 기획자로서 기울일 노력은 개발자들이 이런 방식으로 모델을 만들고 인공지능을 학습시키며 학습결과가 만족스러울 때까지 반복적으로 모델을 정교화시키는 노력을 한다는 것만 이해할 수 있으면 된다. 다만 이러한 코드와 저자의 설명을 읽으면서 개발자들이 어떠한 용어들을 언제 사용하는지를 이해하고 개발자들과 잘 소통하기 위한 내공을 갖추어 나가는 것이 더 중요하다.

05 서포트 벡터 머신 (SVM)

SVM은 데이터를 구분하는 가장 이상적인 분류기준선을 찾는 데 활용하는 알고리즘이다.

앞으로도 데이터를 구분한다는 말을 자주 하게 될 텐데 이것은 어떤 데이터를 제공하면 인공지능이 그것이 어떤 부류에 속하는지 구분하게 한다는 것을 의미한다. 과일의 경우라면 농가에서 수확한 과일이 벨트 위를 지날 때 인공지능이 자동적으로 벌레가 먹거나 생채기가 난 정도에 따라 품질을 평가하고 분류하도록 하는데 응용할 수 있다.

SVM이 분류 기준선을 찾기 위해 사용하는 다섯 가지 요소가 있는데 곧 결정 경계선, Margin, Cost, Kernel Trick, Gamma이다. 이 각각에 대해서 이해하면 결정경계선을 어떻게 찾을 수 있는지도 알 수 있게 된다.

서포트벡터에서 벡터란 2차원 공간상에 나타나는 데이터 포인트를 의미하며 서포트벡터란 이들 중에서 결정경계선에 가장 가까이 맞닿아 있는 데이터 포인터를 가르킨다.

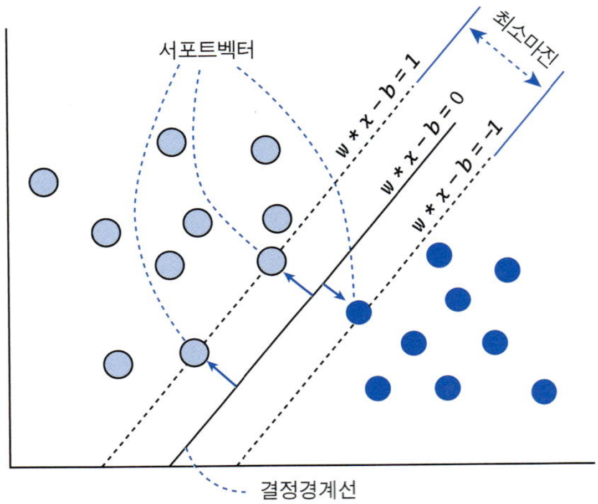

결정경계선(Seperating Hyperplane)은 데이터들을 2개로 분류해 낼 수 있는 가장 이상적인 구분선 또는 평면을 말한다.

결정경계선이 선형으로 나타나면 편리하겠으나 벡터들의 분포에 따라 구불구불한 비선형 함수로 나올 수도 있다. 또한 결정 경계선도 하나가 아니라 여러 개가 나올 수 있는데 이때에는 가장 데이터들과 거리가 먼 선분을 결정경계선으로 확정한다. 이때 데이터들과 선분과의 거리를 Margin이라고 하며 이 선분이 위아래 또는 좌우로 이동하면서 한편의 데이터들에게 치우치게 될 경우 학습효과는 높게 나올지라도 학습용 데이터가 아닌 실제 데이터에서는 낮은 분류성능을 보이는 과적합 문제가 발생할 수 있다.

이러한 과적합 방지를 조절하는 변수가 Cost인데 Cost를 높이는 방향으로 모델링을 하게 되면 SVM 알고리즘은 학습 에러율을 감소시키기 위해 마진(Margin)을 줄이는 방향으로 결정 경계선을 찾는 방식으로 학습하고, Cost를 낮춰주면 학습 에러율을 줄이기 위해 반대로 마진(Margin)을 늘리는 방향으로 경계선을 찾는다.

한편 데이터들의 섞임 정도가 매우 심하여 도저히 선분으로 결정경계를 찾기 어려울 때는 차원을 상승시켜 학습시키기도 한다. 데이터들을 분류할 수 있는 선은 찾지 못해도 구분할 수 있는 면은 찾아낼 수가 있게 되기 때문이다. 이때 데이터를 실제로 높은 차원으로 보내는 것이 아니라 2차원 데이터를 단지 3차원으로 상승시키는 것처럼 시뮬레이션을 하는 것일 뿐이므로 이러한 방식을 커널트릭(Kernel Trick)이라고 표현한다.

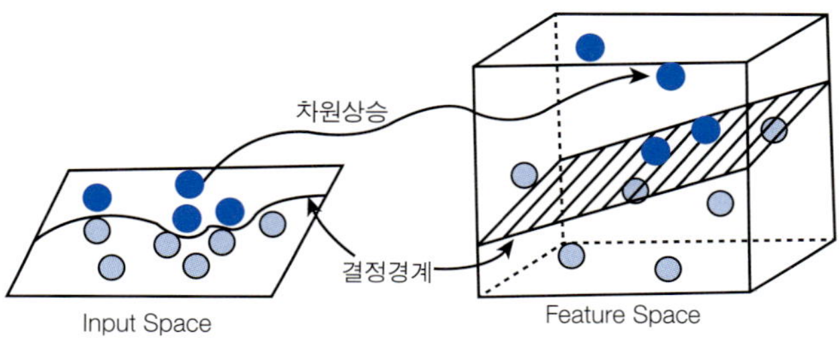

그러면 2차원에서는 찾을 수 없는 결정경계선을 위의 그림처럼 찾아낼 수 있게 된다.

SVM이 학습 에러율을 감소시키기 위해 2차원 평면에서 벡터들 간의 간격을 조절하는 Margin을 활용했던 것처럼 데이터를 3차원으로 차원상승 시켰을 때는 3차원 공간에서 결정경계 곡률을 결정하기 위해 참조하는 것이 감마(Gamma)값이다.

벡터들 사이에서 결정경계식을 찾기 위한 방법으로 SVM은 가우시안 RBF 커널 함수의 표준편차를 이용하여 경계선의 휘도를 시뮬레이션하며 최적 곡률을 찾게 되는데 이때 표준편차를 조절하는 변수가 감마인 것이다. 감마 값이 커질수록 결정경계의 곡률은 아래 우측처럼 커지게 되고 작으면 좌측처럼 완만하게 된다.

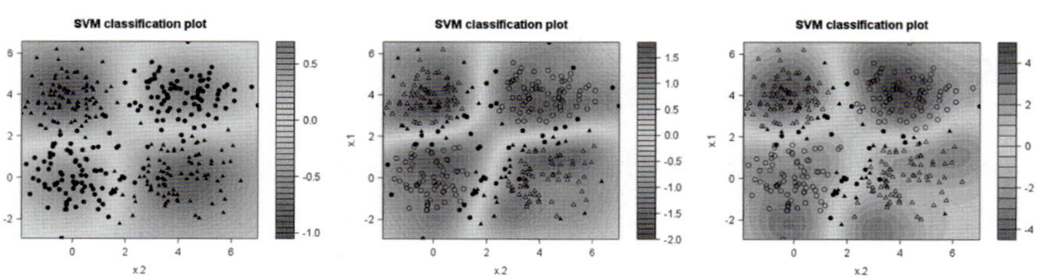

Gaussian SVM with C=2^(-6)　　Gaussian SVM with C=1　　Gaussian SVM with C=2^5

Cost와 Margin이 비대칭 균형관계(Trade-Off)이듯이 Cost와 Gamma도 Trade-off 관계이다. 즉, 결정경계를 찾기 위해서 하이퍼 파라메터를 튜닝할 때 Cost를 높여줄 경우에는 Gamma를 낮춰줘야 과적합을 방지할 수 있고 반대로 Cost를 낮출 경우에는 Gamma를 높여주어야 과소적합을 방지할 수 있다. Margin과 Gamma 그리고 Cost 값은 SVM 알고리즘이 결정할 수 있는 것이 아니므로 SVM의 성능은 하이퍼 파라메터를 조절하는 데이터 과학자에게 달려있다고 해도 과언이 아니다.

서비스 기획자로서 이상 설명한 내용을 완벽히 다 소화할 필요는 없지만 이를 통해서 데이터과학자(개발자)들이 데이터 전처리와 파라메터 튜닝에 왜 그토록 많은 시간을 할애하는지 이해할 수 있을 것이다.

SVM은 데이터의 특성이 배타적으로 강할 경우에 높은 성능을 보이며 다소 적은 학습 데이터량만으로도 우수한 성능을 보이는 알고리즘이다. 다만 시각화에 어려움을 겪을 수 있으므로 상대적으로 데이터 전처리에 신경을 더 많이 써야 하고 잘 설계된 알고리즘은 Deep Learning 만큼 또는 적용사례에 따라서는 그 이상의 좋은 성능을 보이는 머신러닝 알고리즘 중의 하나이다.

데이터과학자(개발자)가 SVM을 쓰려고 할 때 가장 어려운 점 중의 하나가 최적의 Cost와 Gamma 조합을 찾는 것이다. 이것을 돕기 위해 sklearn 패키지의 GridSearchCV 함수를 쓰면,

```
cost  = [0.01, 0.1, 1, 10, 100, 1000]
gamma = [0.0001, 0.0001, 0.001, 0.01, 0.1, 1]
```

와 같이 파이썬의 리스트 구조로 값을 지정하는 방식으로 경우의 수를 조합해가며 학습시킴으로써 최적의 Cost와 Gamma를 비교적 빨리 찾아낼 수 있게 된다.

5.1 SVM 모델링

아래는 최적의 Cost와 Gamma를 GridSearchCV를 이용하여 찾아보는 코드로 학습결과 Cost는 1, Gamma는 1, 그리고 커널은 rbf 커널을 사용했을 때 분류를 가장 잘 했음을 보여주었다는 코드이다.

```
def svc_param_selection(X, y, nfolds):
    svm_parameters = [{'kernel' : ['rbf'], 'gamma' : [0.00001, 0.0001, 0.001, 0.01, 0.1, 1]
                      'C' : [0.01, 0.1, 1, 10, 100, 1000]}]
    clf = GridSearchCV(SVC( ), svm_parameters, cv=nfolds)
    clf.fit(X,y)
    print(clf.best_params_)
    return clf
X_train = train[['3P','BLK']]
y_train = train[['Pos']]
clf = svc_param_selection(X_train, y_train.values.ravel( ), 10)
```

[결과값] {'C': 1, 'gamma': 1, 'kernel': 'rbf'}

시각화된 결과를 보면 감마가 작으면 과소적합, 크면 과대적합, Cost도 작으면 과소적합, 크면 과대적합임을 보여준다.

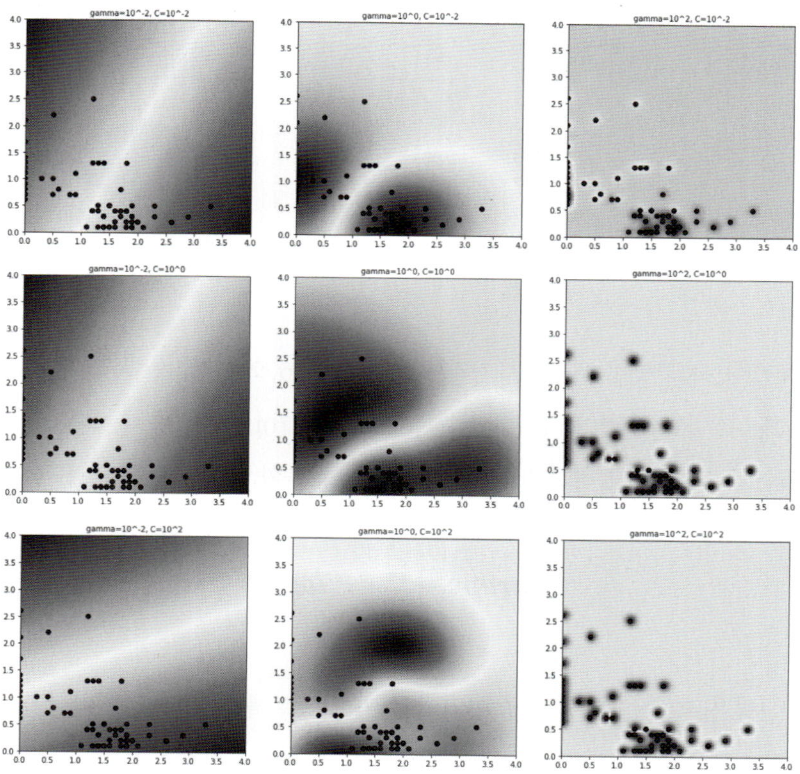

06 의사결정 트리 (Decision Tree)

의사결정 트리는 데이터에게 질문하고 답을 받는 과정을 반복하며 데이터 하나씩 하나씩 분류시키는 알고리즘이다. 스무고개 게임과 방식이 유사하다.

트리의 깊이가 깊어지면 과적합 될 개연성이 높아 질문의 순서를 정하는 것이 정확도를 좌우하므로 영향력이 큰 특징을 상위 노드로 하고 영향력이 낮은 특징은 하위 노드로 배치하는 것이 핵심이다.

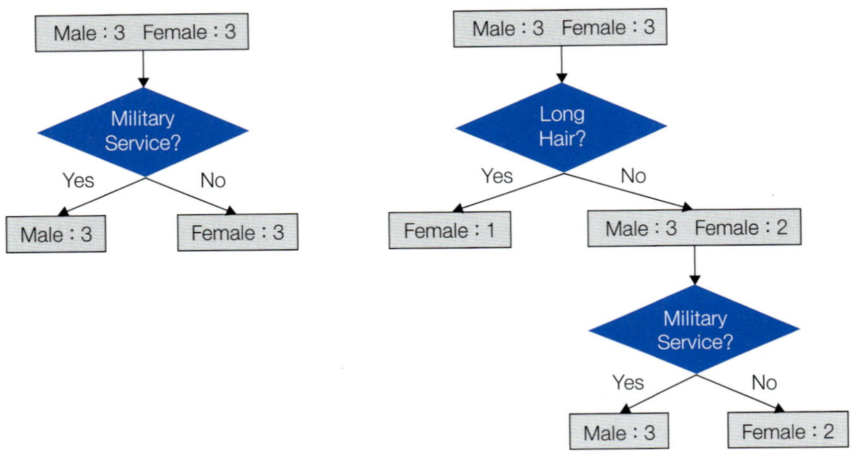

질문의 순서를 정하는 방법으로 의사결정트리는 Entropy와 Gini 계수를 사용한다. Entropy는 불확실성 계수로 '질문전의 Entropy' - '질문 후의 Entropy'가 클수록 얻을 수 있는 정보량 즉 Information Gain이 크고 다음 노드로 넘어갈 때에 불확실성을 큰 폭으로 줄여줄 수 있다.

$$Entropy = \sum_{i=1}^{c} - P_i \log_2 P_i$$

예를 들어 성별을 분류하고자 할 때 병역의무 이행 여부를 특징으로 데이터를 분류하면 위 공식에 따르면 엔트로피가 0이 되므로 정보이득은 1-0=1이 된다.

3/6 * E[3,0] + 3/6 * E[0,3] = 0

3/6 * (−(3/3)* log(3/3)- (0/3)* log(0/3))
+ 3/6 * (−(0/3)* log0 - (3/3)* log(3/3))

반면에 긴머리를 특징으로 분류를 시작할 경우에는 엔트로피 값이 0.966이 되므로 정보이득은 1−0.966 = 0.034가 된다.

1/6 * E[0,1] + 5/6 * E[3,2]
1/6 * (−(0/1)* log(0/1)- (1/1)* log(1/1))
+ 5/6 * (−(3/5)* log(3/5) - (2/5)* log(2/5))

따라서 의사결정 트리 알고리즘은 내부적으로 이 Entropy 계산 결과를 참조하는데 이 경우에는 긴머리가 아닌 병역을 상위 노드로 놓으면서 트리의 깊이를 줄여나가는 방식으로 분류를 수행한다.

한편 Entropy와 함께 많이 쓰이는 값으로 지니계수(Gini's coefficient)가 있다. 지니계수는 다른 말로 불순도 계수라고도 하며 공식도 Entropy와 유사하다. 지니계수가 높다는 것은 순도가 높다는 것을 의미하므로 높은 지니계수를 갖는 노드일수록 트리의 상위에 배치한다. 위 그림의 경우 병역여부의 지니계수는 1이고 긴 머리는 0.6이므로 병역이행 여부를 상위노드로 배치하는 것이 학습효과를 높일 수가 있게 된다.

(0/1)^2 + (1/1)^2 = 1
(3/5)^2 + (2/5)^2 = 13/25
1/6 * 1 + 5/6 * 13/25 = 0.6

의사결정트리는 다중분류 즉, 여러 개 중에서 하나를 선택하는 분류에도 적합하며 정확도도 상당히 높다. 다만 트리의 깊이가 깊어지면 과적합 문제가 발생될 소지가 있기에 모델의 최적합을 판단하기에 다소 까다로운 면이 있다.

아래는 의사결정트리 알고리즘을 이용한 모델링 소스의 일부이다. 위도와 경도로 위치를 판별하도록 학습된 인공지능에게 어떤 데이터를 제공했을 때 그 데이터의 위도와 경도를 보고 어느 지역에 속하는지를 예측하게 하는 코드이다.

우선 우리나라 행정구의 위치정보와 지역정보를 아래와 같이 준비해서 DataFrame으로 구성하여 대략적인 분포를 시각화를 통해 파악해 본다.

```
district_dict_list = [
    {'행정구':'성북구','위도':37.603979, '경도':127.056344, '라벨':'강북'},
    ...
    {'행정구':'노원구','위도':37.6542, '경도':127.0568, '라벨':'강북'},
]

train_df = pd.DataFrame(district_dict_list)

dong_dict_list = [
    {'동' : '성북동', '위도' : 37.597916, '경도' : 126.998067, '라벨' : '강북'},
    ...
    {'동' : '우이동', '위도' : 37.648446, '경도' : 127.011396, '라벨' : '강북'},
    {'동' : '삼청동', '위도' : 37.591109, '경도' : 126.980488, '라벨' : '강북'},
]

test_df = pd.DataFrame(dong_dict_list)

plt.rc('font', family='Malgun Gothic')
fig = sns.lmplot('경도','위도',data=train_df, fit_reg=False,
                 scatter_kws={'s':70},  markers=['o','x','+','*'], hue='라벨'
                 )
fig.fig.set_size_inches(5,3)
```

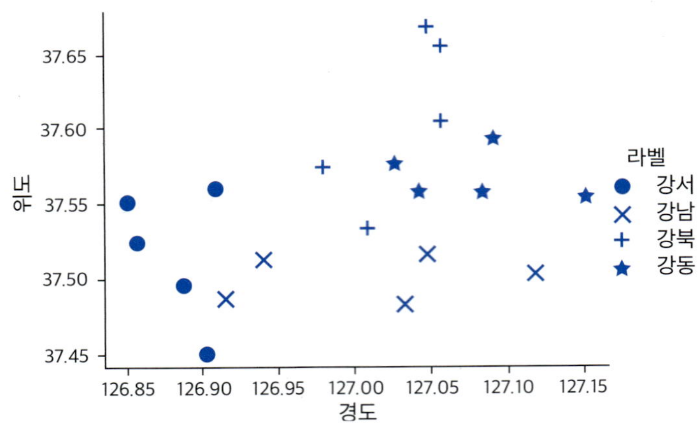

이어 의사결정나무의 기본 파라메터(설정값)로 학습을 시켜본다.

```
le = preprocessing.LabelEncoder( )
y_encoded = le.fit_transform(y_train)
clf = tree.DecisionTreeClassifier(random_state=35).fit(X_train, y_encoded)
```

```
pred = clf.predict(X_test)
print('정확도 : ' + str(accuracy_score(y_test.values.ravel( ), le.classes_[pred])))

comparison = pd.DataFrame({'예측' : le.classes_[pred], '정답' : y_test.values.ravel( )})
comparison
```

정확도 : 1.0

	예측	정답
0	강서	강서
1	강서	강서
2	강서	강서
3	강서	강서

이번에는 하이퍼 파라메터를 조정하여 다시 학습시켜본다.

아래 예에서 DecisonTreeClassifier 메소드의 인자에 들어가는 각각의 파라메터의 의미는 다음과 같다. max_depth는 트리의 최대 깊이를 지정하는 파라메터이고 min_samples_split는 데이터를 나누기 위해 노드가 가져야 할 최소한의 데이터 갯수이며 min_samples_leaf에는 최종 노드가 갖어야 할 최소한의 데이터 갯수이다. 이것을 조정하는 것은 보다 정확도가 높은 결과를 얻기 위한 노력의 일환이며 이러한 과정을 통해 적중률을 높이는 행위를 하이퍼 파라메터 튜닝이라고 한다.

```
clf = tree.DecisionTreeClassifier(max_depth=4,
                                  min_samples_split=2, min_samples_leaf=2,
                                  random_state=70).fit(X_train, y_encoded.ravel( ))

pred = clf.predict(X_test)
print('정확도 : ' + str(accuracy_score(y_test.values.ravel( ), le.classes_[pred])))
```

```
comparison = pd.DataFrame({'예측' : le.classes_[pred], '정답' : y_test.values.ravel( )})
comparison
```

정확도 : 0.95

	예측	정답
0	강서	강서
1	강서	강서
2	강서	강서
3	강서	강서

07 나이브 베이즈 알고리즘

나이브 베이즈는 어떤 독립사건들이 서로 연관성이 없다고 나이브하게(순진하게) 간주하여 베이즈의 확률이론에 대입했을 때 가장 높게 나오는 확률에 데이터 자신을 분류시키는 알고리즘이다.

베이즈 확률이론 공식은 P(A|B)= P(B|A)* P(A)/ P(B)이다. 즉, B일 때 A가 발생할 확률이 A일 때 B가 발생한 확률에 A가 발생할 확률을 곱한 것을 B가 일어날 확률로 나눈 것이다.

	야구경기		
	강행	취소	
맑음	15	3	18
흐림	4	8	12
	19	21	

위에서 흐린날 흐릴 확률을 P(B)라고 하고 야구경기를 하는 확률을 P(A)로 놓고 야구경기를 할 확률을 계산해 보면, 이것은 야구경기를 하는데 비가 올 확률에 야구경기를 할 확률을 비가 올 확률로 나누는 것이므로 공식에 대입하면 (4/19 * 19/30)/ (12/30)이 되어 결과값은 0.333이 나온다.

이것을 인공지능에 활용하면 B 독립변수는 입력값인 특징값으로 활용하고 A는 종속변수이므로 레이블로 반영하면 된다.

가우시안 나이브 베이즈 모델

인공지능 개발에 나이브 베이즈 모델을 활용할 때는 데이터의 특성에 따른 적용모델을 선택해야 한다. 특징값들이 연속적인 정규분포(가우시안 분포) 특성을 보이면 가우시안 나이브베이스 공식 P(A|B)= P(B|A)* P(A)/ P(B)를 활용한다.

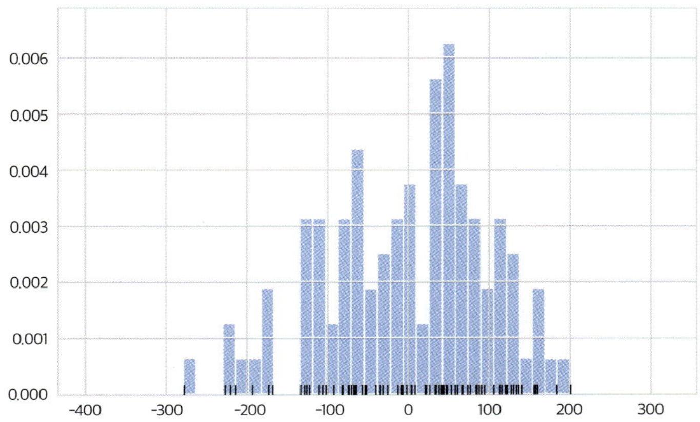

다항분포 나이브 베이즈 모델 vs. 베르누이 나이브 베이즈 모델

데이터가 이산적인 데이터 분포를 띄고 있으면 다항분포 나이브 베이즈 모델 (Multinominal Naive Bayes)이나 베르누이 나이브 베이즈 모델(Bernoulli Naive Bayes) 중에서 선택하여 활용한다.

정규분포가 아닌 이산분포인 경우에 학습을 위한 입력값을 어떻게 줄 것인가 하는 것은 주사위를 10번 던졌을 때를 예로 들 경우 다항분포 나이브 베이즈 모델은 각 숫자가 나온 횟수 그대로 (2,3,2,1,0,2)와 같이 제공하며 베르누이 베이즈 모델은 (1,1,1,1,0,1)과 같이 처리하는 것이 차이점이다.

스무딩 (Smoothing)

한편 스팸분류나 기사분석 등에 활용할 경우 학습했던 데이터에는 없는 새로운 단어가 대두된 경우에는 확률이 0이 되므로 분류가 어려운 상황이 생길 수 있다. 이때를 대비하여 항상 빈도수에 Default로 1을 더하게 해 놓는 것을 스무딩(Smoothing)이라고 한다.

장단점

나이브 베이즈 알고리즘은 확률계산 방식이므로 속도가 상당히 빠르다는 장점이 있다. 따라서 적용대상이 독립사건이라면 높은 성능을 보이겠지만 결합확률 P(A|B)= P(A|B)/ P(B)인 경우에는 제약이 생길 수가 있다.

다음은 분꽃의 꽃받침과 꽃잎 데이터를 갖고 있는 분꽃 데이터를 읽어오는 코드이다.

```
dataset = load_iris( )
df = pd.DataFrame(dataset.data, columns=dataset.feature_names)
df['target'] = dataset.target
df.target = df.target.map({0:'setosa', 1:'versicolor', 2:'virginica'})
```

이 값을 아래의 코드로 꽃받침의 길이와 폭 그리고 꽃잎의 길이와 폭을 대상으로 히스토그램을 그려보면 아래와 같은 그래프가 출력된다.

```
setosa_df = df[df.target=='setosa']
versicolor_df = df[df.target=='versicolor']
setosa_df = df[df.target=='setosa']
ax = setosa_df['sepal length (cm)'].plot(kind='hist')
setosa_df['sepal length (cm)'].plot(kind='kde', ax=ax, secondary_y=True,
                                   title='setosa sepal length', figsize=(5,2))
plt.show( )
ax = setosa_df['sepal width (cm)'].plot(kind='hist')
setosa_df['sepal width (cm)'].plot(kind='kde', ax=ax, secondary_y=True,
                                   title='setosa sepal length', figsize=(5,2))
plt.show( )
ax = setosa_df['petal length (cm)'].plot(kind='hist')
setosa_df['petal length (cm)'].plot(kind='kde', ax=ax, secondary_y=True,
                                   title='setosa sepal length', figsize=(5,2))
plt.show( )
ax = setosa_df['petal width (cm)'].plot(kind='hist')
setosa_df['petal width (cm)'].plot(kind='kde', ax=ax, secondary_y=True,
                                   title='setosa sepal length', figsize=(5,2))
plt.show( )
```

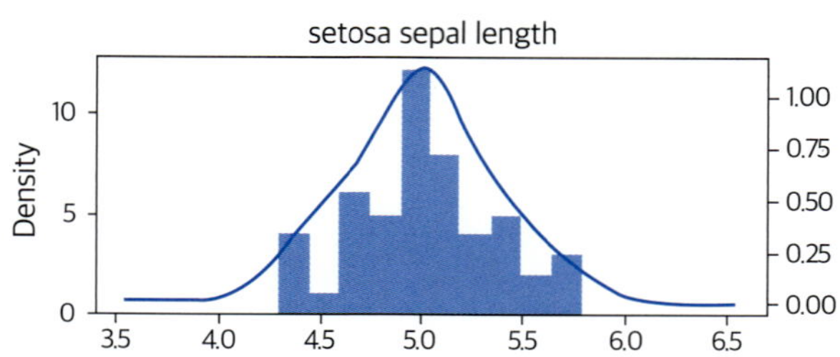

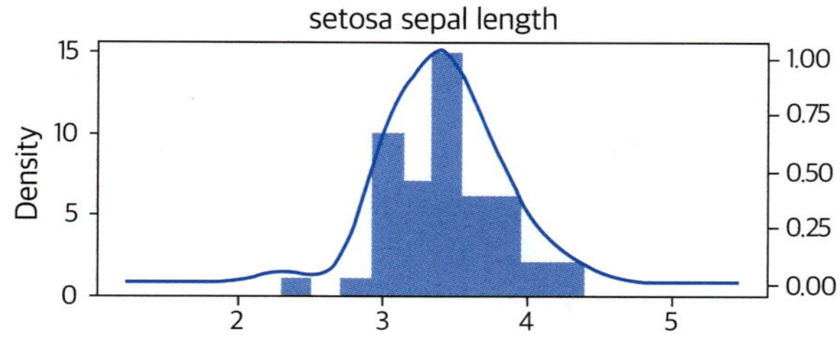

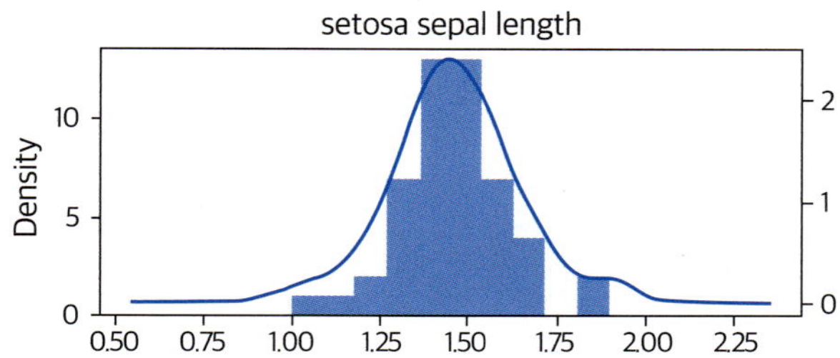

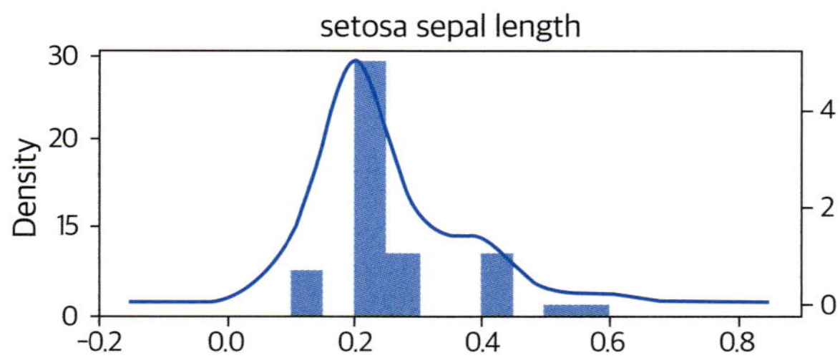

이 그래프로 데이터의 분포 형태가 정규분포를 띄는 것으로 확인되었으므로 가우시안 나이브 베이즈 모델로 분류하도록 인공지능을 학습시킨 후 아래와 같이 예측한 값을 출력시켜보자.

```
X_train, X_test, y_train, y_test = train_test_split(dataset.data, dataset. target, test_ size=0.2)

model = GaussianNB( )
model.fit(X_train, y_train)
expected = y_test
predicted = model.predict(X_test)

print (metrics.classification_report(y_test, predicted))
print (accuracy_score(y_test, predicted))
print (metrics.confusion_matrix(expected, predicted))
```

```
              precision    recall  f1-score   support

           0       1.00      1.00      1.00         8
           1       0.92      1.00      0.96        11
           2       1.00      0.91      0.95        11

    accuracy                           0.97        30
   macro avg       0.97      0.97      0.97        30
weighted avg       0.97      0.97      0.97        30

0.9666666666666667

[[ 8  0  0]
 [ 0 11  0]
 [ 0  1 10]]
```

위의 결과값을 보면 정밀도, 재현율, F1-점수 모두 좋은 결과를 보여주고 있고 특히 검증 데이터로 본 정확도는 96.7%의 우수한 적중률을 보이고 있다. 혼동행렬로 보아도 1개만 예측에서 빗나갔고 그 외에는 모두 정확히 예측했음을 보여준다.

08 앙상블 모델

앙상블은 말그대로 조화롭게 분류하는 알고리즘이다. 다시 말해 탁월한 분류기 하나를 쓰는것이 아니라 비슷한 성능의 분류기 여러 개를 만들어서 각각의 분류기가 예측한 것들 중에서 공통적으로 가장 많이 분류한 것을 채택하는 방식이기에 앙상블 모델이라고 말하며 대표적인 알고리즘으로는 병렬분류기인 Random Forest Classifier와 순차적 분류기인 XGBoot 두 종류가 있다.

의사결정트리는 트리의 길이가 깊어질 때 과적합을 일으키기 쉽다고 했는데 앙상블모델이 이 문제를 어느 정도 해소해준다. 즉, 각 분류기들마다 모집단에서 70~80% 정도씩 중복을 허용하며 가져오게 하고 이때 저마다 편향성을 띈 데이터 위주로 샘플링을 해오지만 모든 분류기가 서로 다른 편향성을 띠고 분류하게 되므로 결과적으로 편향성을 제거하는 효과가 나도록 하는 분류기법이다. 이러한 방식으로 과적합을 방지할 수 있기에 앙상블 모델은 Deep Learning 이상의 탁월한 분류성능을 보이기도 한다.

배깅 = 부트스트랩 + 에그리게이팅

분류모델을 여러 개 두고 개별 학습을 시키는 방식을 부트스트랩(Bootstrap)이라고 하며 그 결과를 취합하는 것을 에그리게이팅(Aggregating)이라고 하는데 이 두 가지를 결합하여 만든 단어가 배깅(Bagging)이다. 따라서 앙상블 모델은 배깅(Bagging)기법을 활용한 모델이라고 할 수 있으며 Bagging 기법을 쓴 대표적인 모델이 Random Forest Classifier이다.

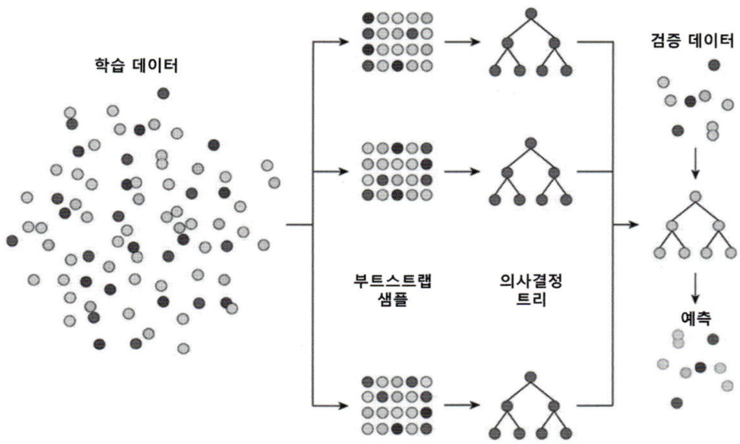

에그리게이팅 = 하드보팅 or 소프트보팅

에그리게이팅(Aggregating)에는 Hard Voting과 Soft Voting 두 가지 방식이 있다. Hard Voting은 분류기에서 가장 많이 나온 클래스로 분류시키는 방식을 말하고 Soft Voting은 각 분류기가 분류한 클래스들의 가중치를 계산하여 가장 높은 점수를 받은 클래스로 분류시키는 방식을 말한다.

부스팅 (Boosting)

한편 분류기를 Ramdom Forest Classifier처럼 병렬 처리하는 방식과 달리 계단식으로 Bootstrap하는 것을 부스팅(Boosting) 기법이라고 한다. 즉, 첫 번째 분류기에서 잘 분류가 되지 않는 데이터들 위주로 다음 분류기에서 가중치를 조절하여 재분류 하도록 하고 또 여기서도 잘 분류가 안되는 것들 위주로 가중치를 조절하여 다음 분류기에서 추가 분류하도록 하는 방식이다.

부스팅 기법에서도 에그리게이팅(Aggregating)은 Bagging 기법과 동일하게 Hard Voting

과 Soft Voting을 선택할 수 있다. 대표적인 Boosting 알고리즘으로는 XGBoost, AdaBoost 및 GradientBoost 등이 있다.

한편 분류기마다 알고리즘을 선별적으로 적용시키는 것이 가능한데 예를 들어 첫 번째 분류기에는 Decision Tree를 적용하고 두 번째 분류기에는 SVM을 적용하며 세 번째 분류기에는 KNN을 써서 분류하는 식으로도 학습이 가능하다.

다음은 Random Forest Classifier를 활용하여 사람이 그린 숫자를 분류기가 정확한 숫자로 분류해 내도록 학습시키는 소스의 일부이다.

우선 아래의 코드로 손글씨로 쓴 숫자인 MNIST 이미지 파일을 읽어와 학습용으로 80%를 할당하고 테스트용으로 20%를 따로 떼어 놓아 보자.

```
mnist = fetch_openml('mnist_784')
mnist_data = mnist.data[:60000]
mnist_target = mnist.target[:60000]
X_train, X_test, y_train, y_test = train_test_split(mnist.data, mnist.target, test_size=0.2)
```

이제 인공지능을 의사결정 트리와 랜덤포레스트 두 가지로 따로 학습시켜 분류정확도를 비교해 본다.

```
dt_clf = tree.DecisionTreeClassifier( )
rf_clf = RandomForestClassifier( )
dt_clf.fit(X_train, y_train)
rf_clf.fit(X_train, y_train)
dt_pred = dt_clf.predict(X_test)
rf_pred = rf_clf.predict(X_test)
accuracy_dt = accuracy_score(y_test, dt_pred)
accuracy_rf = accuracy_score(y_test, rf_pred)
print ('Decision Tree : {0:.4f}'.format(accuracy_dt))
print ('Random Forest : {0:.4f}'.format(accuracy_rf))

Decision Tree : 0.8758
Random Forest : 0.9692
```

의사결정트리로 학습된 모델은 87.6%의 적중률을 보인 반면, Random Forest Classifier로 학습된 모델은 96.9%의 적중률을 보여주고 있음을 알 수 있다.

09 K-means

K-means는 대표적인 비지도학습 알고리즘 중 하나이다. 비지도 학습은 정답은 없고 다만 주어진 데이터들을 비슷한 데이터들끼리 클러스터링 하는 방식으로 데이터를 분류하면서 학습하는 모델링 기법으로 K-means clustering(K-평균 군집화)과 Hierachical Clustering(계층적 군집화) 및 DBSCAN 알고리즘 등이 있다.

K-means는 가장 가까이 분포되어 있는 데이터의 특성에 맞게 데이터 자신을 하나씩 분류시키는 알고리즘이다. 이때 분류 대상 즉 몇 개의 카테고리로 분류할 것인지를 지정해 주어야 하는데 K-means에서 K가 바로 그 의미이다. 예를 들어 K를 3으로 하면 전체 데이터를 3개의 카테고리로 분류하라는 것을 의미한다.

알고리즘의 동작방식은 다음과 같다. 우선 좌표상에서 Random하게 전체 데이터의 중심점으로 활용할 세 개의 데이터를 선택한다. 이때 알고리즘이 한쪽으로 몰린 편향된 좌표를 지정할 수도 있으므로 모델링 설계자가 직접 지정 할 수도 있다. 보통은 알고리즘이 알아서 데이터들이 서로 거리가 가장 먼 위치 세 곳을 찾도록 하는 K-means++ 방식을 활용한다.

이렇게 a, b, c 세 개의 위치가 선정되었으면 데이터 하나 하나 차례대로 a, b, c 중 가장 가까운 중심점의 특성에 맞게 자신을 분류시킨다. 이런 방식으로 모든 데이터의 1차분류가 완료되면 a, b, c를 각 분류된 데이터들의 중심점으로 이동시킨 후에 새로운 중심점을 기준으로 같은 분류작업을 반복한다. 수차례 반복하고 나면 중심점이 더이상 바뀌지 않는 분류가 완료된 시점이 오는데, 이때 학습을 종료시키는 것이 K-means 군집화 알고리즘이다.

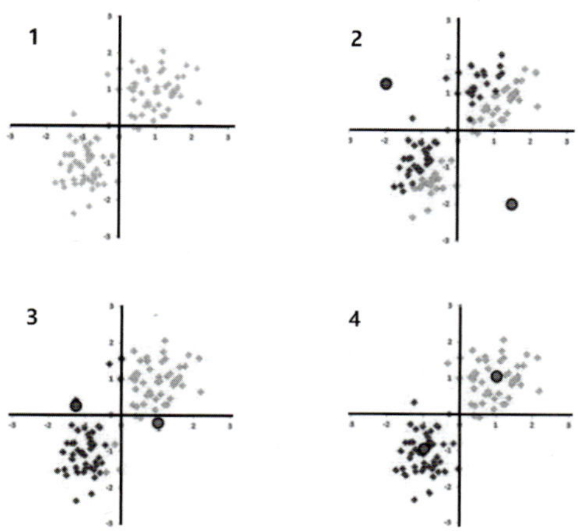

다음은 K-means로 분꽃 데이터인 IRIS를 분류해 보는 소스의 일부이다. 학습할 분꽃 데이터를 로드하여 n_cluster=3 즉 3개의 클러스터로 분류하도록 학습을 시킨다.

```
from sklearn.cluster import Kmeans
from sklearn.datasets import load_iris
iris = load_iris( )
data = iris.data[:,[0,1]]
km_iris = KMeans(n_clusters=3).fit(data)
```

학습이 완료되었으면 아래의 코드로 데이터들의 분포를 시각화 해 본다.

```
plt.scatter(data[:,0], data[:,1], c=cluster, s=70)
```

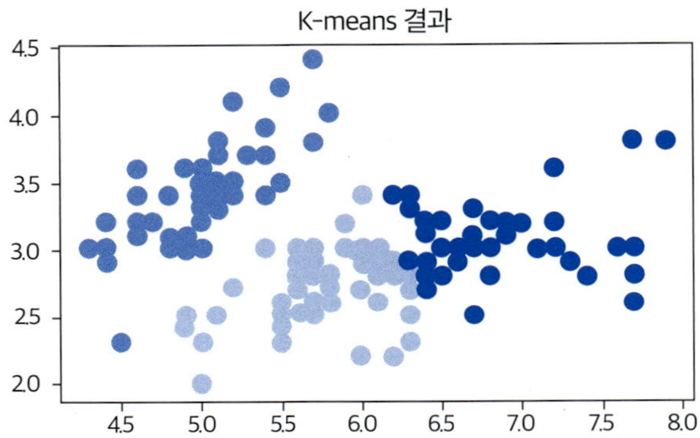

위의 결과는 3개의 카테고리로 분꽃 데이터를 분류한 것이고 만일 n_clusters=8로 설정하여 분류시키면 아래와 같이 8개로 분류된 결과를 얻게 된다.

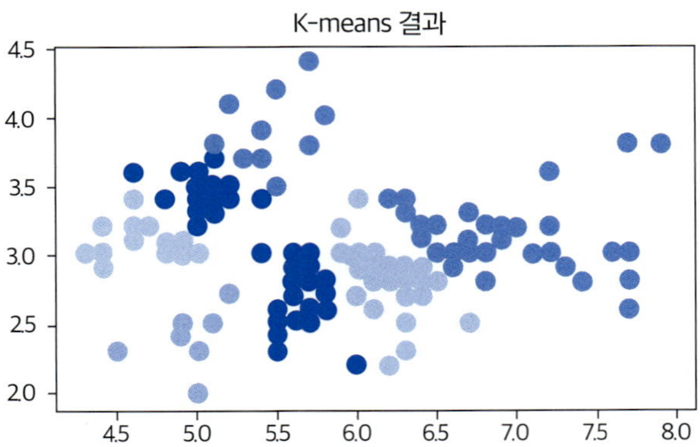

10 계층적 군집합 (Hierarchical Clustering)

K-means 와 함께 클러스터링 비지도 학습에 활용하는 방법으로 계층적 군집합(Hierarchical Clustering)이 있다.

앞서 K-means는 K개의 좌표를 기준으로 데이터 하나씩 자신과 가장 가까운 좌표가 가리키는 카테고리로 분류시키는 방식인데 반해 계층적 군집합은 데이터 하나씩 자신과 가장 가까운 곳에 있는 데이터를 결합시켜 나가는 방식이다.

이런식으로 묶어 나가는 과정을 거꾸로 세워놓은 나무처럼 밑에서 위로 향하는 Buttom-Up 그래프로 표현하는 것이 아래와 같은 덴드로그램(Dendrogram)이다.

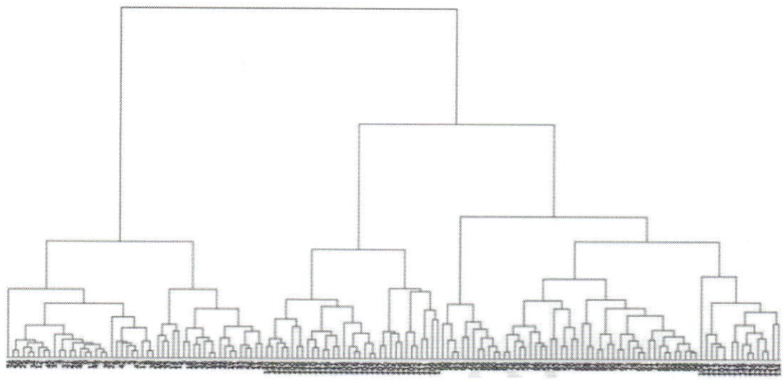

한편, 클러스터링을 진행하면서 형성된 군집들을 통합 할때에는 두 가지 방식이 있다. 첫 번째는, 각각 소속된 데이터들 중에서 두 클러스터간 서로 가장 가까이에 있는 데이터의 길이를 비교하여 어느 군집과 결합할 것인가를 판단하는 방식인 단일기준결합방식(single)이다. 두 번째는, 클러스터들간 서로 가장 먼 두개의 데이터의 거리를 기준으로 비교하여 묶는 방식이 있는데 이것을 완전기준 결합 방식(complete)이라고 한다.

그밖에 제곱편차(ward)방식과 평균기준결합방식(average)방식이 있는데 제곱편차는 군집합내 편차들의 제곱합을 거리에 더하여 분류시키는 방식이고 평균기준결합 방식은 클러스터 내의 모든 데이터들과 대상 클러스터의 모든 데이터들과의 합산거리를 계산한 후 평균을 내어 가장 작은 값을 갖는 클러스터로 묶는 방식이다.

몇 개의 클러스터로 분류할지는 덴드로그램 가지를 몇 개로 자를지 판단하여 해당하는 위치의 Y값을 알고리즘에게 파라메터로 주면 된다. 클러스터 갯수를 지정하는 순서에는 K-means와 Hierarchical Clustering 알고리즘이 차이점을 보이는데 K-means는 묶기전에 K 값을 먼저 주는 방식을 취하고, 계층적 군집합은 결합을 완성한 후에 클러스터 수를 지정하는 방식을 취한다.

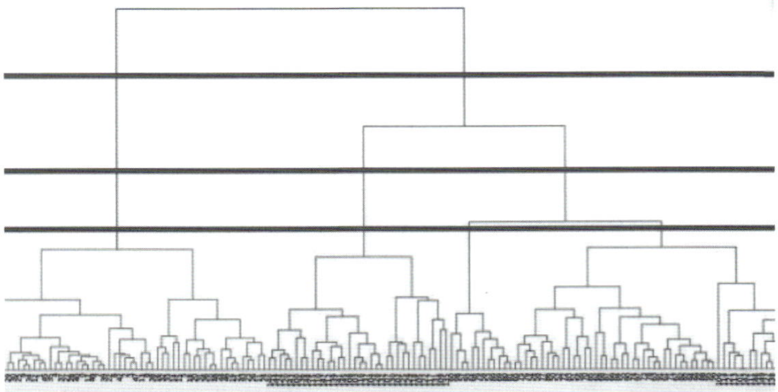

다음은 계층적 군집합 방식을 활용하여 분꽃 데이터를 분류하는 소스 및 그 결과 화면이다.

```
from scipy.cluster.hierarchy import linkage, dendrogram
from scipy.cluster.hierarchy import fcluster
from sklearn import datasets

iris = datasets.load_iris( )
data = pd.DataFrame(iris.data)
label = pd.DataFrame(iris.target)
label.columns = ['label']
data = pd.concat([data,label], axis=1)

cluster = linkage(data, method='complete')
plt.figure(figsize=(30,10))
plt.title('IRIS Dendrogram')

dendrogram(cluster, leaf_rotation=90, leaf_font_size=10)
plt.show( )
```

아래와 같이 계층형 군집합으로 잘 나누어진 것이 보인다.

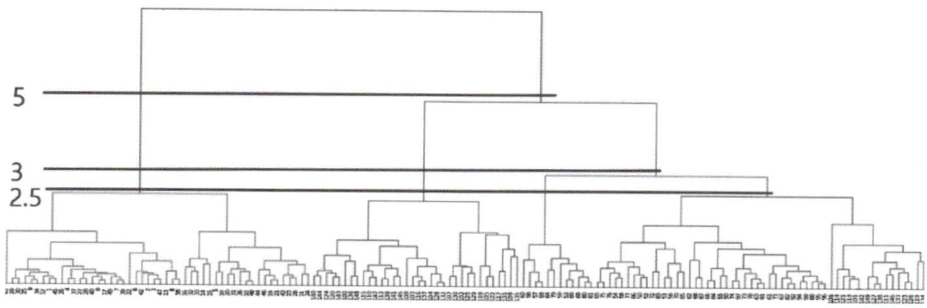

11 주성분 분석

분석대상 데이터가 4차원 이상의 벡터공간에 있을때는 비지도 학습인 군집분석 자체만으로는 해결하기가 어렵다. 고차원 구조는 인간에게 사실상 상상하는 것조차도 쉽지 않다. 이런 경우에는 차원을 2차원이나 1차원으로 낮춘 후에 분석하면 쉽게 해결된다. 단, 원래 데이터들의 특징점은 그대로 유지되어야 한다는 단서가 붙는다. 다시 말해 분산이 훼손되지 않아야 한다는 것으로 이러한 방식으로 고차원의 데이터를 저차원으로 차원 축소시키는 알고리즘을 주성분 분석(Principal Component Analysis, PCA)이라고 한다.

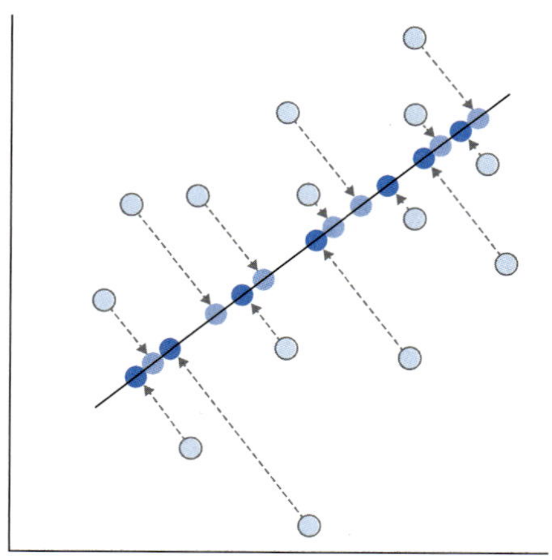

주성분 분석 알고리즘은 수학적으로 데이터가 갖고 있는 정보의 유실이 가장 적은 선분을

찾아내는 과정이라고 할 수 있다. 선형 회귀의 목적함수는 데이터들간의 거리가 최소인 1차 함수를 찾는 것이고 주성분 분석의 목적함수는 공분산 행렬을 활용하여 데이터들간의 분산이 최대한 훼손되지 않는 함수를 찾아내는 것이다.

다음은 운동을 했는지와 식사를 했는지 그리고 하루동안 소모한 칼로리량을 기준으로 체형을 예측하게 하는 한 모델링코드로 데이터를 제공했을 때 제대로 체형을 판단해내도록 주성분 분석을 통해 학습시키는 과정을 보여준다.

```
df = pd.DataFrame(columns=['calory','breakfast','lunch','dinner','exercise','body_shape'])

df.loc[0] = [1200,1,0,0,2,'Skinny']
df.loc[1] = [2800,1,1,1,1,'Normal']
df.loc[2] = [3500,2,2,1,0,'Fat']
df.loc[3] = [1400,0,1,1,3,'Skinny']
df.loc[4] = [5000,2,2,2,0,'Fat']
df.loc[5] = [1300,0,0,1,2,'Skinny']
df.loc[6] = [3000,1,0,1,1,'Normal']
df.loc[7] = [4000,2,2,2,0,'Fat'],
df.loc[8] = [2600,0,2,0,0,'Normal']
df.loc[9] = [3000,1,2,1,1,'Fat']

X = df[['calory','breakfast','lunch','dinner','exercise']]
y = df[['body_shape']]
```

먼저 학습을 시키기 전에 모든 입력 데이터가 평균이 0이고 표준편차가 1이 되도록 정규화 해준다. 아래 한 줄로 모든 입력값이 아래처럼 정규화 된다.

```
X_std = StandardScaler( ).fit_transform(X)
```

```
array([[-1.35205803,  0.        , -1.3764944 , -1.58113883,  1.        ],
       [ 0.01711466,  0.        , -0.22941573,  0.        ,  0.        ],
       [ 0.61612771,  1.29099445,  0.91766294,  0.        , -1.        ],
       [-1.18091145, -1.29099445, -0.22941573,  0.        ,  2.        ],
       [ 1.89972711,  1.29099445,  0.91766294,  1.58113883, -1.        ],
       [-1.26648474, -1.29099445, -1.3764944 ,  0.        ,  1.        ],
       [ 0.18826125,  0.        , -1.3764944 ,  0.        ,  0.        ],
       [ 1.04399418,  1.29099445,  0.91766294,  1.58113883, -1.        ],
       [-0.15403193, -1.29099445,  0.91766294, -1.58113883, -1.        ],
       [ 0.18826125,  0.        ,  0.91766294,  0.        ,  0.        ]])
```

이제 정규화한 데이터를 주성분 분석하여 1차원 또는 2차원으로 차원축소한 값을 구한다. n_components에 축소할 차원을 지정하고 주성분 분석을 실행하면 아래와 같이 10x5 행렬의 50개 원본데이터가 1차원 선분 위에 주성분 10개로 축소된 데이터로 변환된다.

```
pca = decomposition.PCA(n_components=1)
X_pca = pca.fit_transform(X_std)
```

```
array([[-2.32717587],
       [-0.08505739],
       [ 1.74158593],
       [-2.21210291],
       [ 3.01159092],
       [-2.26942586],
       [-0.46562868],
       [ 2.56443447],
       [-0.43259709],
       [ 0.47437648]])
```

Seaborn을 이용하여 차원을 축소했을 때도 정답과 비교했을 때 주성분이 제대로 분류되었는지 한번 확인해 보자.

```
result_pca = pd.DataFrame(X_pca, columns=['성분'])
result_pca['Y축'] = 0.
result_pca['정답'] = y
plt.rc('font', family='Malgun Gothic')
fig = sns.lmplot('성분', 'Y축', data=result_pca, fit_reg=False, scatter_kws={'s':50},hue='정답')
fig.fig.set_size_inches(4,3)
```

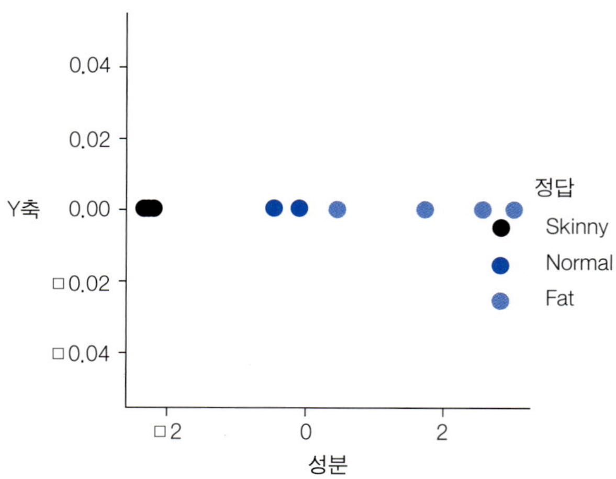

2차원으로 차원축소 해도 분류가 잘 되어 있음을 확인할 수가 있다.

```
pca = decomposition.PCA(n_components=2)
X_pca = pca.fit_transform(X_std)
result_pca = pd.DataFrame(X_pca, columns=['주성분1', '주성분2'])
result_pca['정답'] = y
plt.rc('font', family='Malgun Gothic')
plt.rcParams['font.size'] = 12
fig = sns.lmplot('주성분1', '주성분2', data=result_pca, fit_reg=False, scatter_kws={'s':50}, hue='정답')
fig.fig.set_size_inches(4,3)
```

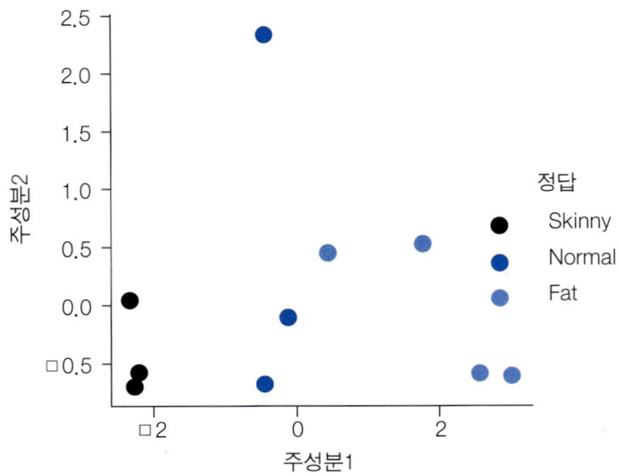

12 선형회귀 (Linear Regression)

데이터셋의 분포가 선분이 되는 경향을 가질 때 그 집합에 속한 데이터들 모두 그 선분으로 회귀하려는 경향을 갖는 현상을 선형 회귀라고 한다.

회귀계수 (Regression Coefficient)

회귀함수는 1차 함수를 y = ax + b로 나타낼 수 있는데 이때 기울기 a와 절편 b를 Regression Coefficient(회귀계수)라고 하고 a와 b는 종속변수 y에 영향을 미치는 독립변수가 된다.

데이터 분포를 가장 잘 설명하는 최적의 a와 b로 구해진 함수는 y = wx + b가 되며 이것이 궁극적으로 선형회귀 알고리즘으로 찾아내려고 하는 목적함수인 셈이다. 여기서 w는 학습에 적용하는 가중치(weight)가 되고 b는 편향(bias)이 된다.

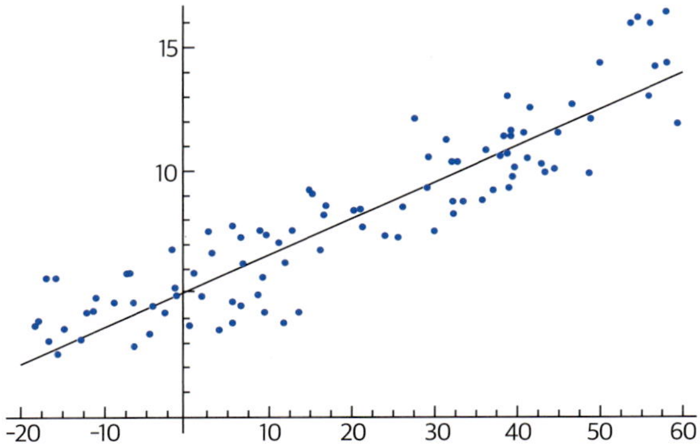

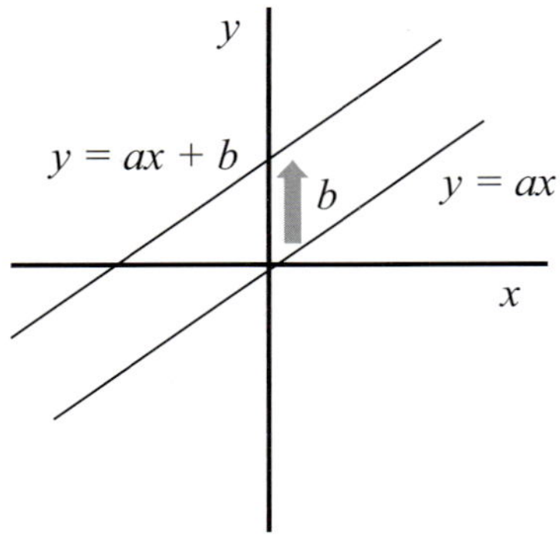

MSE (Mean Square Error)

선형회귀 알고리즘은 최적의 w를 구하는 과정에서 사용하는 함수로 MSE (Mean Squared Error)라는 손실함수를 사용한다. 이 손실함수는 Yt = WtX + B에서 Wt의 기울기를 갖는 선분과 모든 데이터들의 거리의 합(오차의 합)의 평균이다. 알고리즘은 W를 조정하면서 가장 작은 MSE 값을 보일 때의 값을 궁극적인 목적함수의 W로 확정 짓는다.

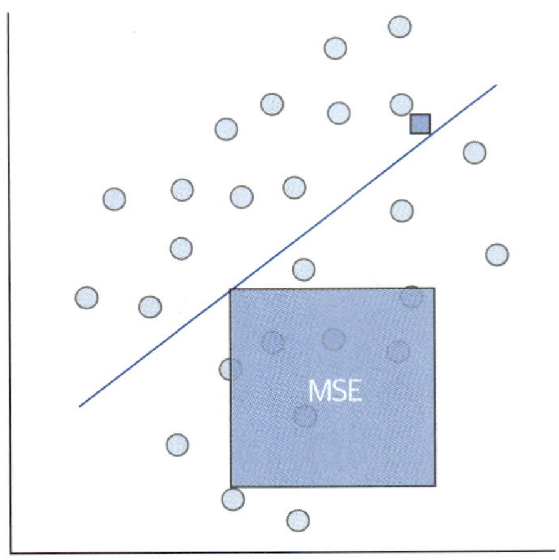

오차제곱합 = $(1^{st}\text{Data})^2 + (2^{nd}\text{Data})^2 \ldots (N^{th}\text{Data})^2$
MSE (평균오차제곱합)= 오차제곱합/데이터의수

경사하강법 (Gradient Decent)

목적함수를 구하기 위해서는 W를 조정하면서 학습하는 과정을 거치는데 이것을 경사하강법(Gradient Decent)이라고 한다.

다시 말해 목적함수를 구하기 위해 가장 작은 MSE를 만드는 기울기 W를 구하기 위해서 임의의 기울기 a로부터 시작하여 a → b → c … w … z 로 기울기를 줄여가면서 MSE를 계산하는데 이처럼 기울기를 변화(하강)시키면서 MSE 크기를 구하는 방식을 경사하강법이라고 한다.

아래의 그래프는 기울기가 변하면서 비용(Cost)이 0이 되는 X 값이 알고리즘이 구하는 W가 된다.

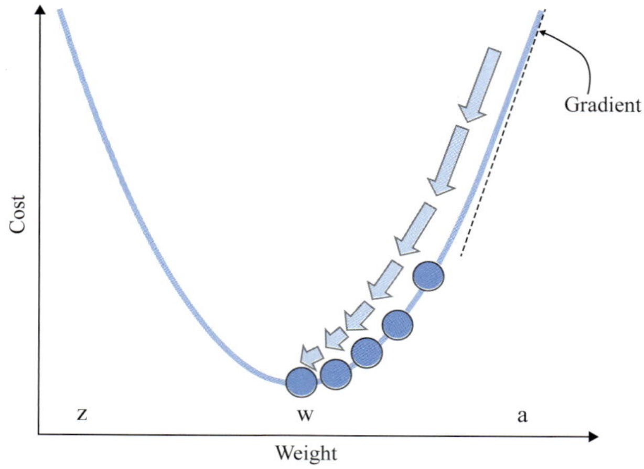

학습률 (LR : Learning Rate)

한편 계속 하강하면서 MSE를 추적할 때 하강의 폭을 너무 크게 하면 a →…→ w →…→ z 과정에서 w를 지나쳐 점점 작아지던 MSE가 갑자기 커지는 현상(발산)이 발생할 수 있고 반대로 너무 작게 하면 w에 도달하는 모델의 학습시간이 길어지는 문제가 발생한다.

따라서 선형회귀 알고리즘의 성능에서 가장 중요한 의사결정 사항 중 하나는 학습률을 지정하는 것이다.

아래는 학습속도가 매우 느린 그래프(좌측)와 다른 하나는 너무 빨라서 학습이 제대로 이루어지지 않는 그래프(우측)를 보여준다.

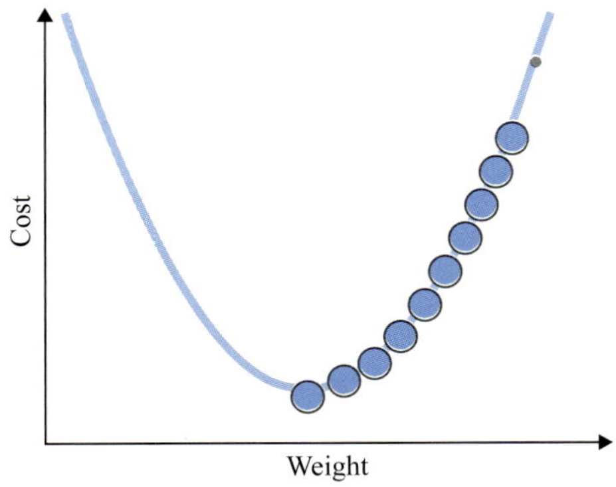

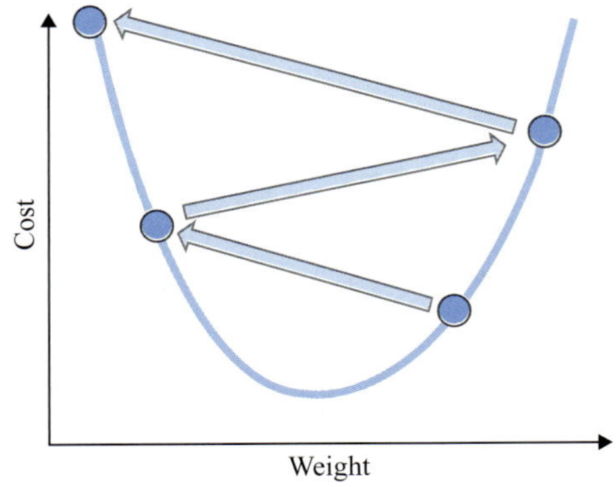

한 예로 분꽃 데이터를 읽어와 꽃받침의 크기와 잎의 크기를 각각 X축과 Y축을 기반으로 배치한 것을 시각화해 보면 다음과 같다.

```
from sklearn.linear_model import LinearRegression
from sklearn import datasets
iris = datasets.load_iris( )

df = pd.DataFrame(iris.data[:,[2,3]])
df.columns=['width','height']
plt.scatter(df.width, df.height)
```

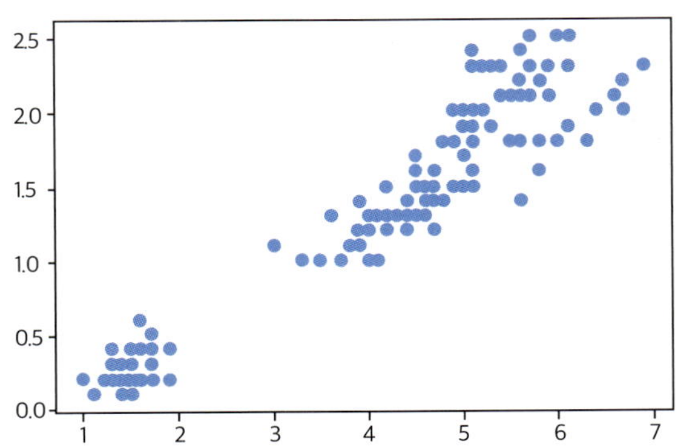

이제 데이터 분포가 회귀 특성을 띤 것이 시각적으로 확인되었으므로 회귀식을 구하는 것이 유의미하다.

```
X = df['width']
y = df['height']
X.values
```

```
array([1.4, 1.4, 1.3, 1.5, 1.4, 1.7, 1.4, 1.5, 1.4, 1.5, 1.5, 1.6, 1.4,
       1.1, 1.2, 1.5, 1.3, 1.4, 1.7, 1.5, 1.7, 1.5, 1. , 1.7, 1.9, 1.6,
       1.6, 1.5, 1.4, 1.6, 1.6, 1.5, 1.5, 1.4, 1.5, 1.2, 1.3, 1.4, 1.3,
       1.5, 1.3, 1.3, 1.3, 1.6, 1.9, 1.4, 1.6, 1.4, 1.5, 1.4, 4.7, 4.5,
       4.9, 4. , 4.6, 4.5, 4.7, 3.3, 4.6, 3.9, 3.5, 4.2, 4. , 4.7, 3.6,
       4.4, 4.5, 4.1, 4.5, 3.9, 4.8, 4. , 4.9, 4.7, 4.3, 4.4, 4.8, 5. ,
       4.5, 3.5, 3.8, 3.7, 3.9, 5.1, 4.5, 4.5, 4.7, 4.4, 4.1, 4. , 4.4,
       4.6, 4. , 3.3, 4.2, 4.2, 4.2, 4.3, 3. , 4.1, 6. , 5.1, 5.9, 5.6,
       5.8, 6.6, 4.5, 6.3, 5.8, 6.1, 5.1, 5.3, 5.5, 5. , 5.1, 5.3, 5.5,
       6.7, 6.9, 5. , 5.7, 4.9, 6.7, 4.9, 5.7, 6. , 4.8, 4.9, 5.6, 5.8,
       6.1, 6.4, 5.6, 5.1, 5.6, 6.1, 5.6, 5.5, 4.8, 5.4, 5.6, 5.1, 5.1,
       5.9, 5.7, 5.2, 5. , 5.2, 5.4, 5.1])
```

LinearRegression의 첫 번째 인자값으로 아래와 같은 [[X]...] 형태의 입력값을 주기 위해 X 값들을 reshape으로 변환시킨다.

```
X.values.reshape(-1,1)
```

```
array([[1.4],
       [1.4],
       [1.3],
       [1.5],
       [1.4],
       [1.7],
       [1.4],
```

이제 인공지능을 학습시켜 인공지능이 구한 기울기와 절편을 시각화해보자.

```
lr = LinearRegression( )
lr.fit(X.values.reshape(-1,1), df.height)

print ('기울기 : ', lr.coef_)
print ('절편 : ' , lr.intercept_)
```

기울기 : [0.41575542]

절편 : -0.3630755213190291

```
plt.plot(X, y, 'o')
plt.plot(X, lr.predict(X.values.reshape(-1,1)))
plt.show( )
```

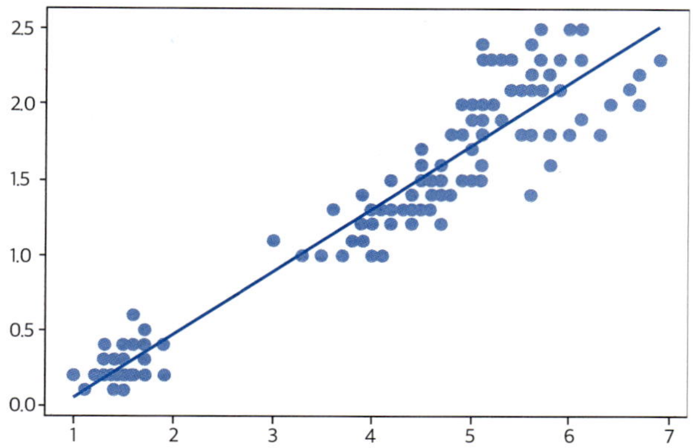

이 결과는 Seaborn을 통해서도 확인해 볼 수 있다. Seaborn은 입력하는 인자에 fit_reg=True 값을 주면 회귀선을 자동적으로 보여준다.

```
df['width'] = df['width'].astype(float)
df['height'] = df['height'].astype(float)
fig = sns.lmplot(x='width', y='height', data=df, fit_reg=True, scatter_kws={'s':30},
                 line_kws={'color' : 'red'}
                 )

fig.fig.set_size_inches(4,3)
```

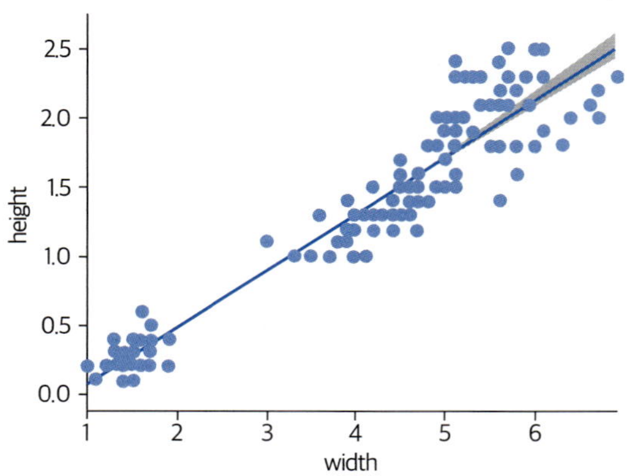

이와 같이 선형회귀 모델링을 통해 데이터 분포가 선형회귀 경향을 띄는지를 확인해 볼 수 있다.

13 로지스틱 회귀 (Logistic Regression)

로지스틱 회귀는 데이터의 예측 값인 선형회귀 결과를 확률 기반으로 분류하는 이진분류 모델이다.

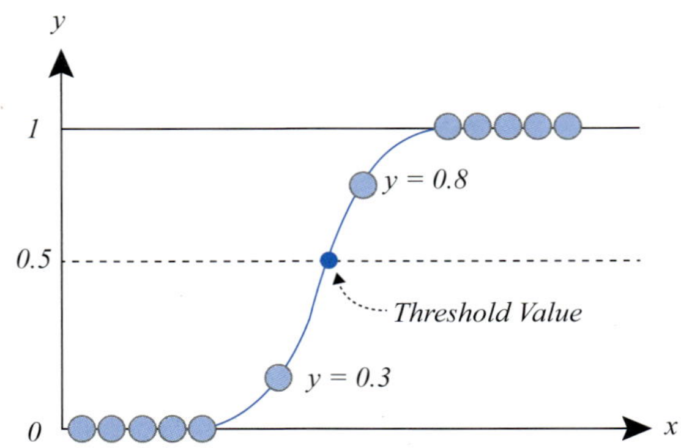

현실 세계에는 선형을 따르는 트렌드 예측도 있는 반면에 이것인지 또는 저것인지를 확률로 분류해야 하는 경우도 많다. 전자의 경우에는 인공지능을 선형회귀 알고리즘으로 모델링하면 예측 가능해지고 후자인 경우에는 로지스틱 회귀로 모델링하면 분류가 가능해진다.

로지스틱 회귀 사례는 주로 이러한 확률 기반 결정을 수반한다. 소송을 예로 들면 어떠한 사안은 가능성이 있다고 인정되면 근거자료를 아무리 추가적으로 제시해도 결정에 더이상 별 영향을 미지지 못한다. 반대로 가능성이 약하다고 판단되면 아무리 근거자료를 제시하며 가능성이 없음을 입증하려고 하더라도 대세에 영향을 주지 못하는 경우도 있다.

또 다른 예로 고객의 신용도를 가지고 대출승인과 대출기각을 다투는 상황일 때 담보를 제시하면 그것만으로도 대출승인 조건을 충족하게 되므로 승인을 받기 위해 여타 다른 자료를 추가로 더 제시한다는 것은 별 의미가 없게 된다.

또한 법정에서 피고가 유무죄를 다투는 과정에서 결정적인 증거가 제시되어 유죄가 확실한 경우 아무리 무죄를 입증하려고 노력을 한들 판결에 영향을 미치기는 어렵게 되기 마련이다.

이처럼 확률 측면에서 50%의 가능성을 넘기는 순간부터는 후속으로 제기되는 자료들의 결정에 미치는 효과가 0에 수렴하게 되며 분류 측면에서 보면 참과 거짓, 또는 0과 1을 결정짓는 40%~60% 결정의 순간에 가까운 데이터일수록 분류에 미치는 영향은 크고 특히 49%~51% 구간에 있는 데이터는 분류에 미치는 영향이 1에 수렴하게 된다.

시그모이드

위에서 설명한 바와 같은 확률 기반 의사결정이 필요한 데이터 셋에 대한 분류에 적합한 함수가 있는데 이를 시그모이드(Sigmoid)라고 하고 시그모이드의 대표적 함수가 로지스틱 함수이다. 로지스틱 회귀는 선형회귀를 통해 나온 출력값을 Sigmoid에 넣고 그 결과를 가지고 분류하는 방식인데 Sigmoid의 특성상 입력값이 크면 1에 가까운 확률을, 입력값이 작으면 0에 가까운 확률을 출력으로 낸다.

참고로 입력값을 하나만 갖는 로지스틱 회귀를 단일입력 로지스틱 회귀라고 하며 여러 개의 입력값을 처리하는 로지스틱 회귀를 다중입력 로지스틱 회귀라고 한다.

```
y = sigmoid (WX + B)
```

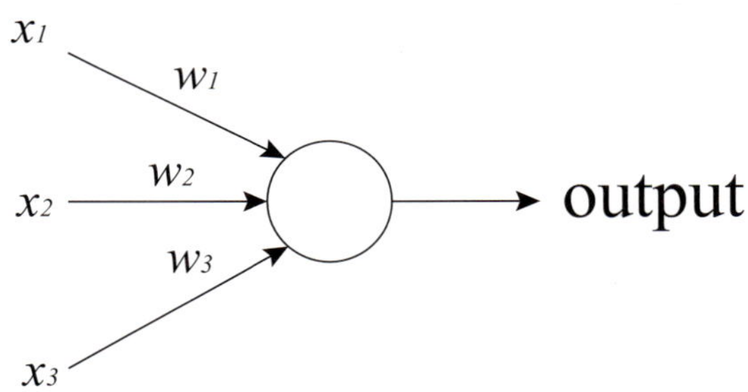

Cross Entropy

선형회귀가 경사하강법을 통해 최적의 1차함수를 미분하면서 MSE가 가장 작은 값을 추적해 내듯이 로지스틱 회귀도 경사하강법을 쓰는데 다만 손실함수를 MSE가 아닌 Cross Entropy를 쓴다. MSE를 쓰면 Sigmoid의 특성에 의해 Local minimum에 빠져 학습을 완료하기도 전에 학습을 종료함으로써 예측 성능이 떨어질 수가 있기 때문이다.

Cross Entropy는 데이터셋의 레이블(정답)에 상관없이 인공지능이 학습하는 과정에서 예측한 값이 정답에 가까우면 Cost를 0에 가까운 값으로 산출하고 오답에 가깝게 예측할수록 1에 가까운 값을 내는 방식으로 처리하기 때문에 계산속도가 MSE보다 빠른 장점이 있다.

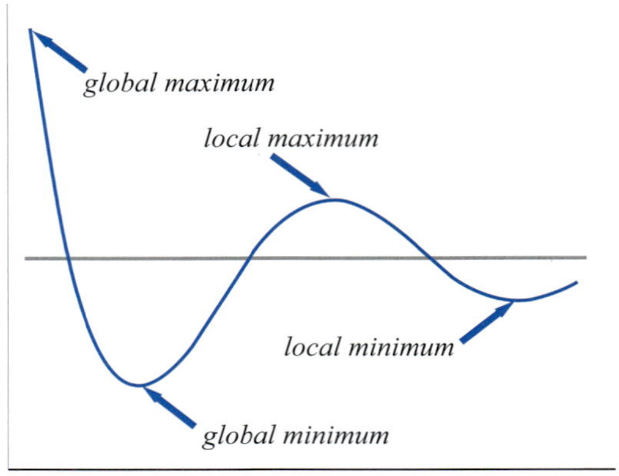

소프트맥스

시그모이드가 이진분류에만 사용하는 함수라고 해서 다중분류에 쓸 수 없는 것은 아니다. 오히려 시그모이드를 분류가 필요한 갯수만큼 병렬로 구성하면 다중분류 예측모델로도 활용이 가능하다.

즉, N개로 분류해야 하는 데이터셋의 경우 N개의 시그모이드 함수를 배치해서 각 시그모이드가 예측한 확률의 합이 1이 되도록 모델링 하되 상대적으로 가장 높은 확률을 예측한 시그모이드가 대표하는 값으로 데이터를 분류해내는 방식을 구현하면 되는데 이것을 소프트맥스라고 한다.

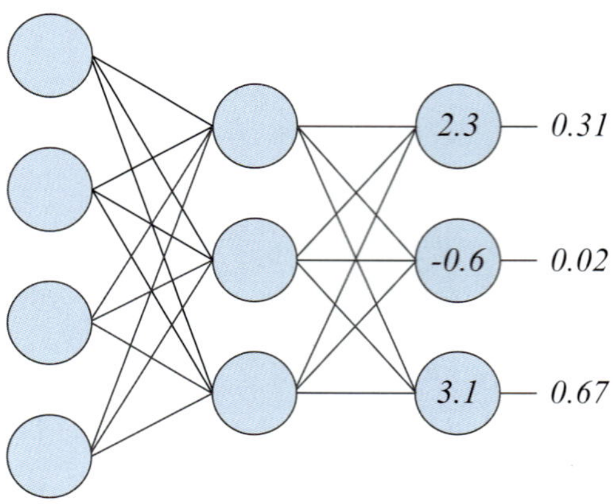

지금까지 머신러닝에 주로 사용되는 대표적 알고리즘 몇 가지를 살펴보았다. 인공지능 서비스 기획자로서 당장 깊이 있게 이해하려고 할 필요는 없다. 다만 앞서 권고했던 것처럼 가

벼운 마음으로 여러 차례 반복해서 읽기를 권하고자 한다. 그러면 서서히 개념이 잡히면서 이해도가 높아지는 것을 느끼게 될 것이다. 이로써 독자는 인공지능 서비스 프로젝트를 리딩하는 기획자로서 현업에서 개발자와의 소통 및 협업에 필요한 지식을 충분히 갖추게 되었다.

다음 장에서는 인공지능 신경망인 퍼셉트론(Perceptron)을 이용한 딥러닝에 대하여 알아볼 것이다. 인간의 신경망을 모방한 인공지능 신경망은 머신러닝 망보다 훨씬 복잡하다. 이러한 복잡한 신경망을 인공지능 학습에 활용하는 것을 딥러닝(Deep Learning)이라고 부른다. 주로 머신 러닝은 개념정립에 활용하고 사실 현업에서의 서비스 구현은 딥러닝을 널리 활용하는 편이다. 물론 머신러닝의 SVM이나 Random Forest Classifier 등도 현업에서 사용하고 있긴 하지만 머신러닝은 딥러닝 인공신경망의 이론적 토대로서의 가치가 크다고 하겠다.

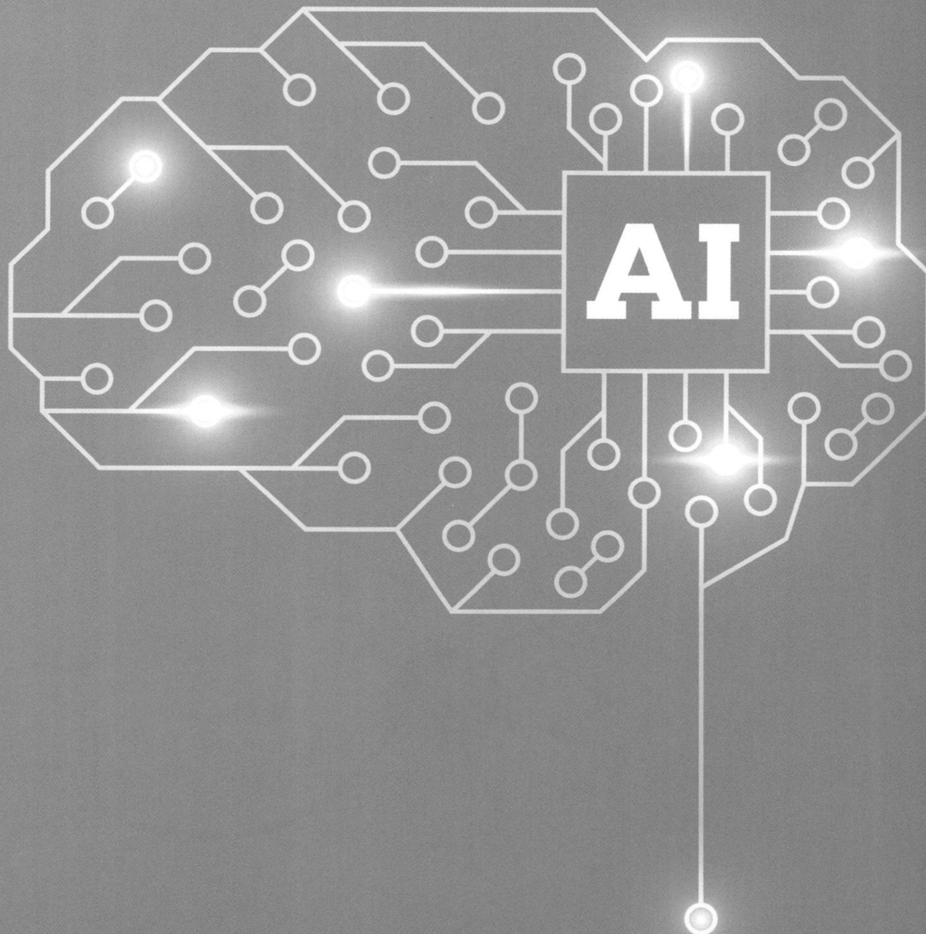

CHAPTER 07

인공지능 신경망

01 ANN

앞장에서 독자는 머신러닝 알고리즘을 활용해 컴퓨터가 어떻게 데이터를 분류하는지 볼 수 있었다. 여기서 더 나아가 과학자들은 컴퓨터로 하여금 스스로 생각하도록 하는 고도화된 인공지능을 구현하기 위해 오랜기간 연구를 해왔고 사람의 뇌구조를 모방함으로써 컴퓨터의 신호처리계를 보다 정교하게 구성할 수 있게 되었다.

그 결과 인간이 생각하고 추론하는 과정 그대로 인간의 신경망과 유사하게 인공신경망을 구현하였다. 아래 그림에서 입력층(Input Layer)은 사람이 눈이나 귀를 통해 외부로부터 데이터를 받아들이는 것처럼 컴퓨터가 외부로부터 입력되는 자료를 받아들이는 부분이다.

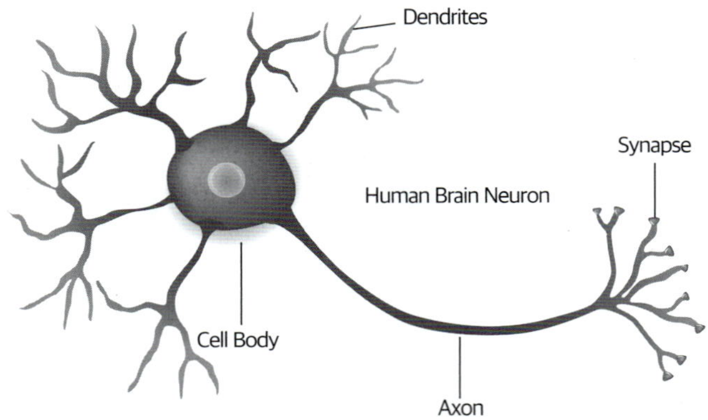

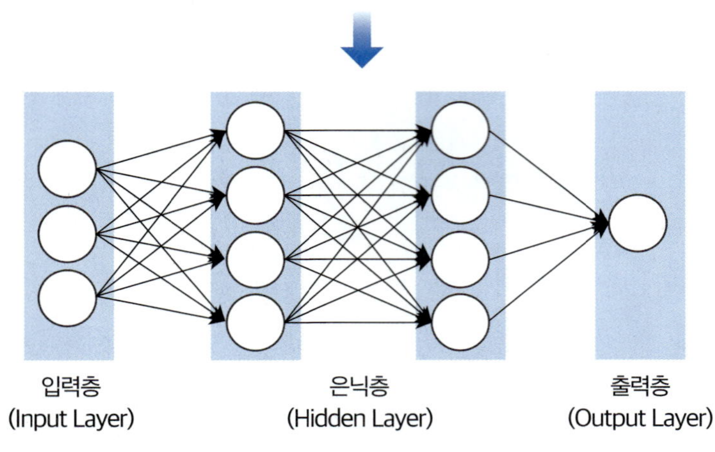

은닉층(Hidden Layer)은 입력층으로부터 데이터를 전달받아 각 데이터의 중요성에 따라

가중치(Weight)로 보정한 후 데이터를 무시할 것인지 또는 정보성 있는 값으로 받아들일 것인지 판단한 후 출력층으로 내보낸다. 이즈음 되면 독자는 궁금해 할 것이다. 머신러닝과 딥러닝은 무슨 차이인가. 이 은닉층을 한 다발만으로 구성하여 학습시키는 것을 기계학습 또는 머신러닝(Machine Learning)이라고 하고 두 개 이상의 다발로 보다 복잡한 신경망으로 구성하여 학습시키는 것을 딥러닝(Deep Learning)이라고 한다. 당연히 딥러닝이 상대적으로 보다 정교한 추론과 사고가 가능하다.

출력층(Output Layer)은 최종적인 의사결정을 하는 요소로서의 출력값을 산출하는 층이다.

그림과 같이 인간의 두뇌를 모방한 입력층, 은닉층, 출력층으로 구성된 네트워크를 인공지능신경망(Aritificial Neural Network, ANN)이라고 한다. 이 장에서는 인공지능 신경망 중에서 단일 은닉계층만 있는 기계학습망(Machine Learning Network)에 대하여 설명하고자 한다.

우선 은닉층은 분해하여 들여다보면 다음과 같은 구조를 가지고 있다는 것을 참고하자.

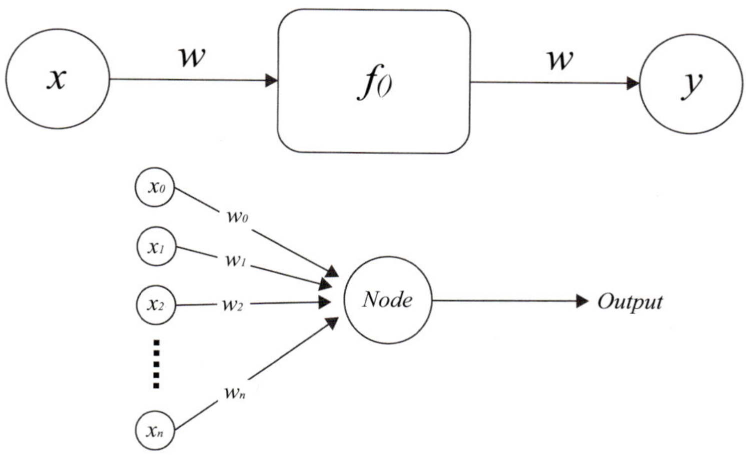

입력받은 데이터 x에 대하여 가중치 w를 부여하고 활성화 함수 f( )를 통해 나온 값을 과연 채택할 것인지 버릴 것인지 판단하여 최종적인 의사결정 요소 y로 출력하는 구성이다. 은닉층을 여러 개로 구성하면 그만큼 늘어난 활성화 함수와 보정된 가중치에 의해 보다 더 정확성이 높고 유의미한 인공지능의 판단을 유도할 수 있게 된다.

활성화 함수로 사용되는 함수에는 크게 4가지가 있다. 계단 함수(Step), 시그모이드함수

(Sigmoid), 렐루함수(ReLU) 그리고 소프트맥스(Softmax) 함수이다.

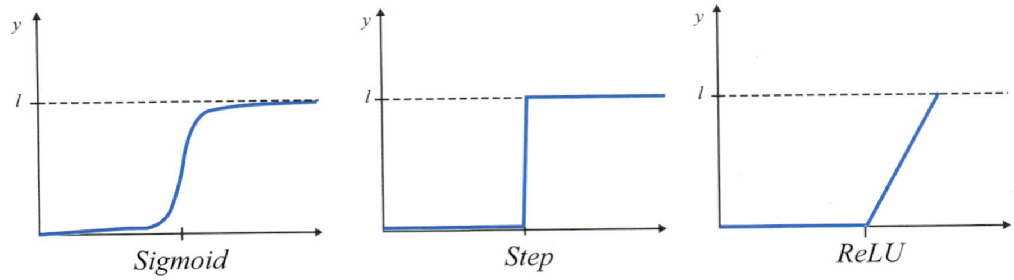

Step 함수는 0보다 작으면 0, 0보다 크면 1로 처리하는 특성을 지닌 함수이다. 한편 Sigmoid 함수는 0 주변의 값들도 가중치에 활용하기에 0 주변의 값들을 버리는 Step 함수에 비해 학습효율이 높다. ReLU(Rectified Linear Unit) 함수는 0보다 작으면 0으로 처리하지만 0보다 크면 그 값을 그대로 활용하는 함수이다. 딥러닝에서 은닉층의 경우에 Step이나 Sigmoid를 활용하면 신경다발을 많이 포함한 은닉층일수록 0으로 수렴할 가능성이 있어 ReLU를 많이 쓰고 경우에 따라 ReLU와 Sigmoid를 같이 쓰기도 한다.

Softmax 함수는 입력값들을 정규화하여 출력값들을 보정하되 그 합이 1이 되도록 한 활성화 함수이다. 예를 들어 출력값이 1, 2,⋯, 8, 9 중 하나일 때 모델이 예측한 근사값을 선택하는 방식으로 활용한다.

ANN은 머신러닝에 있어 가장 기초적이지만 기본이 되는 신경망으로 분류와 회귀모델링 모두에 활용할 수 있다. 분류 ANN은 수기로 작성한 숫자를 인식한다던가 우편물의 우편번호를 인식하는데 활용되기도 하고 회귀 ANN은 부동산 가격 예측이나 당뇨병 발병 예측 등에 널리 활용된다.

02 DNN

DNN(Deep Neural Network)도 ANN 처럼 지도학습, 비지도학습, 강화학습 모두에 사용할 수 있다. ANN이 단일계층 신경망인데 반하여 DNN(Deep Neural Network)은 은닉 계층을 여러 개 둘 수 있어 일반적으로 ANN보다 학습성능이 뛰어나다. 은닉계층을 여러 개 둔다고 해서 무조건 성능이 높아지는 것은 아니지만 계층이 늘어난다는 것은 데이터의 특성을 잡아내고 그 값들을 보정할 수 있는 기회가 더 생긴다는 점에서 학습성능을 향상시킬 수 있다는 이점을 제공해 준다.

DNN의 특징에는 두 가지가 있다. 경사하강법을 이용해 최적의 Global minimum을 찾아가는 기법을 활용할 수 있다는 것과 그때 손실함수를 사용할 수 있다는 것이다. DNN은 손실함수로 크게 두 가지를 사용한다. MSE(Mean Squared Error)는 학습결과와 정답과의 차이를 이용해서 예측 값을 보정하는 회귀문제에 많이 사용하고 있으며 CEE (Cross Entropy Error)함수는 데이터 간의 차이를 비교하여 무엇이 보다 정답에 가까운지 다시 말해 분포간의 차이를 이용하는 분류문제에 주로 사용한다.

초기에는 경사하강법과 손실함수의 활용으로 DNN이 ANN 보다 더 성능이 나으리라 보았는데 예상과 달리 성능이 그다지 잘 나오지 않았었다. 확인된 이유는 과적합과 경사도 소실 그리고 학습동조화 현상 때문이었다.

경사도 소실은 Sigmoid가 + 값으로 갈수록 1에 가까워져야 하는데 오히려 더 낮아지는 현상을 말한다.

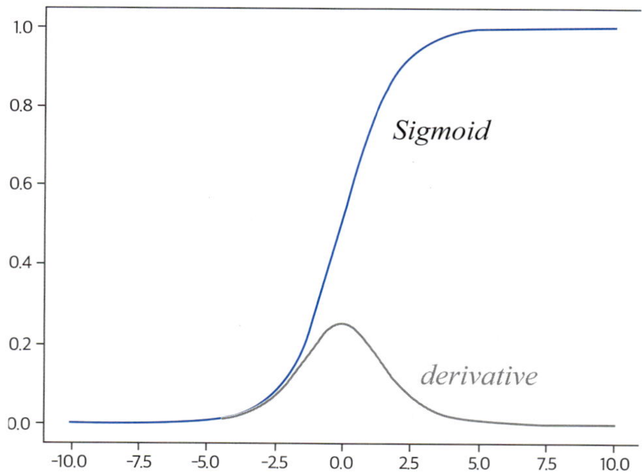

학습동조화 현상은 계층 안에서 특성을 노드들 간에 서로 공유하면서 오히려 특징들이 희석되게 되어 학습률이 떨어지는 이상현상을 말한다.

이 문제들을 해결하면서 DNN의 성능을 ANN 보다 비약적으로 끌어올린 사람이 구글의 알파고 개발에 합류한 제프리 힌튼(Geoffery Hinton)으로 그는 인공지능의 아버지로 불리운다. 제프리 힌튼은 과적합 문제를 역전파 알고리즘으로 해결하였으며 경사도 소실문제는

ReLU 라는 활성화 함수로 해결하였다.

실제 DNN을 구성할 때는 은닉계층을 수십 개에서 많게는 수백 개씩 구현하기도 하는데 이때 발생하는 경사도 소실 문제를 Sigmoid와 함께 ReLU 함수를 활성화 함수로 번갈아 사용하면서 경사도 소실 문제를 해결한 것이다.

그는 또한 신경세포 역할을 하는 아래의 동그라미 부분인 노드 중 일부를 학습에서 배제시킴으로써 인접한 노드들 간의 동조 가능성을 차단하는 기법으로 Dropout 방식을 고안하였다. 어느 노드를 배제할 것인지는 알고리즘이 자동으로 선택하게 하였지만 학습을 반복 수행할 때마다 배제시킬 노드가 다시 선정되게 함으로써 학습 동조 가능성을 차단한 것이다.

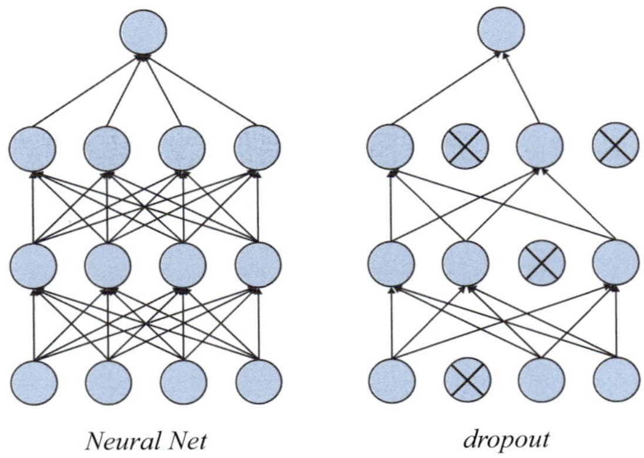

활성화함수와 드롭아웃 기법을 케라스 프레임워크에서는 아래와 같이 구현한다.

```
model.add(Dense(1, input_dim=3, activation=relu))
```

위에서 첫 번째 인자인 숫자 1은 출력노드의 수이고 위의 코드 한줄이 1개의 신경망을 의미한다. 아홉 줄을 더 추가하면 총 10개의 은닉층으로 구성된 신경다발을 생성하게 된다. input_dim은 입력노드의 수 또는 입력차원이라고도 하며 활성화 함수로 쓰는 렐루함수는 세 번째 변수에 할당한다. Dense는 여기서 함수 형태로 표현했지만 실제로는 주어진 파라메터를 이용해 하나의 계층을 구성하는 Class이다.

```
Keras.layers.Droupout(0.5)
```

위 코드는 드롭아웃을 지정하는 예이다. 이 경우는 은닉층의 노드들 중에서 50%는 매 학습시마다 재선정해서 학습에서 배제시키라는 의미이다.

본 장에서는 DNN을 이용한 분류 모델을 구현하기 위해 다음의 데이터들을 활용할 것이다.

MNIST 의 수기로 작성한 흑백 숫자 이미지

MNIST(Modified National Institute of Standards and Technology)는 NIST(National Institute of Standards and Technology, 미국 국립표준기술연구소)에서 다양한 이미지를 학습시키기 위해 손으로 쓴 숫자들로 구성한 대형 데이터베이스이다. 28픽셀 × 28픽셀 크기인 0부터 255 사이의 값을 가지는 6만 개의 훈련 데이터와 1만 개의 테스트 데이터인 총 7만 개의 흑백 이미지로 구성되어 있다. 다시 말해 인공지능을 개발할 때는 6만 개의 이미지로 컴퓨터를 학습시키고 분류성능은 다른 1만 개의 이미지로 평가하는 것이다.

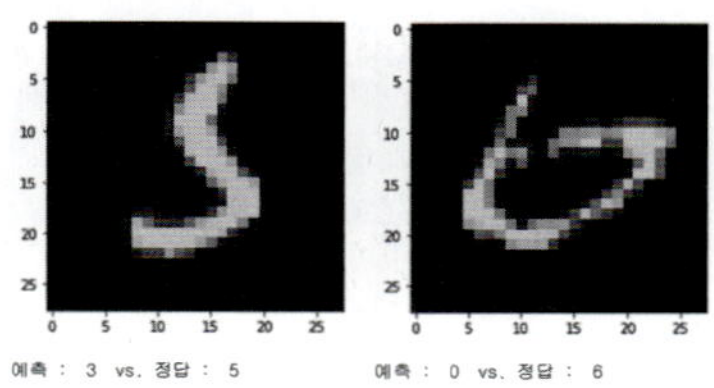

MNIST의 10가지 종류의 흑백색 잡화 이미지

MNIST-10은 MNIST처럼 6만 개의 훈련 데이터와 1만 개의 테스트 데이터로 구성된 총 7만 개로 된 운동화, 셔츠 등 의류 이미지 데이터를 갖고있는 데이터베이스이다. 각 잡화 별로 제공하는 정답인 라벨(Label)에는 티셔츠는 0, 바지는 1, 스웨터는 2, 드레스는 3, 코트는 4, 샌들에는 5, 셔츠에는 6, 스니커즈에는 7, 가방에는 8 그리고 부츠에는 9라는 값을 부여하였다. 다시 말해 학습된 인공지능의 분류정확도를 평가할 때 시험용으로 제시한 그림이 가방이라면 8이라고 답해야 제대로 학습한 인공지능이라고 할 수 있다는 의미이다.

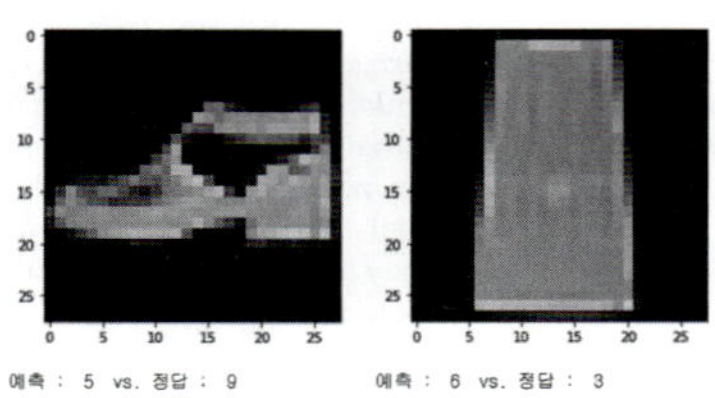

CIFAR-10의 10가지 종류의 컬러로 된 동물 이미지

CIFAR-10은 총 10개 클래스의 데이터를 가지고 있는 컬러 이미지 데이터 셋으로 32×32 픽셀인 50,000개 훈련 데이터와 10,000개의 테스트 데이터로 구성되어 있다.

CIFAR-100의 100가지 종류의 컬러로 된 동물 이미지

한편 CIFAR-100은 총 100개의 클래스를 갖고 있으며 각 클래스마다 500개의 훈련 데이터와 100개의 검증용 데이터로 구성된 총 600개 이미지를 포함하고 있어 전체적으로 60,000개의 이미지들로 구성되어 있는 데이터셋이다. 또한 각 클래스는 20개의 Super Class로 분류되어있다.

Superclass	Classes
aquatic mammals	beaver, dolphin, otter, seal, whale
fish	aquarium fish, flatfish, ray, shark, trout
flowers	orchids, poppies, roses, sunflowers, tulips
food containers	bottles, bowls, cans, cups, plates
fruit and vegetables	apples, mushrooms, oranges, pears, sweet peppers
household electrical devices	clock, computer keyboard, lamp, telephone, television
household furniture	bed, chair, couch, table, wardrobe
insects	bee, beetle, butterfly, caterpillar, cockroach
large carnivores	bear, leopard, lion, tiger, wolf
large man-made outdoor things	bridge, castle, house, road, skyscraper
large natural outdoor scenes	cloud, forest, mountain, plain, sea
large omnivores and herbivores	camel, cattle, chimpanzee, elephant, kangaroo
medium-sized mammals	fox, porcupine, possum, raccoon, skunk
non-insect invertebrates	crab, lobster, snail, spider, worm
people	baby, boy, girl, man, woman
reptiles	crocodile, dinosaur, lizard, snake, turtle
small mammals	hamster, mouse, rabbit, shrew, squirrel
trees	maple, oak, palm, pine, willow
vehicles 1	bicycle, bus, motorcycle, pickup truck, train
vehicles 2	lawn-mower, rocket, streetcar, tank, tractor

이후 모델링 코드에서 설명하겠지만 실제로 학습을 시켜보면 은닉층을 갖고 있는 DNN이라고 하더라도 정확도(Accuracy)가 경우에 따라 MNIST에서는 80%정도까지 나오는 반면, CIFAR인 경우는 10%에서 올라가다가 다시 1%대로 떨어지는 현상을 보이기도 한다. 이 말은 딥러닝 알고리즘 학습은 최적의 하이퍼 파라메터를 찾아내기까지 성능이 잘 나오지 않을 수 있다는 것을 시사한다.

참고로 실무에서 사용하려면 예측률 정확도가 최소한 75% 정도는 나와주어야 하며 그 이하로 나오면 하이퍼 파라메터 튜닝(Hyper Parameter Tunning)으로 반복적인 학습이 요구된다.

하이퍼 파라메터는 학습을 위해 지정해 주는 설정값을 말하는데 DNN이 ANN에 비해 딥러닝의 성능 향상 가능성을 열어준 데에는 의미가 있지만 실제 DNN을 그대로 이용하여 적중률을 올리는 데에는 하이퍼 파라메터 튜닝이 그만큼 중요하다는 의미가 되기도 한다. 이를 보완하기 위해 나온 여러 알고리즘들이 있는데 이어지는 장들에서 설명할 CNN이나 RNN, AE, GAN 등이다.

아래는 그래프를 그리는 코드이다. 모델링시 정확도와 손실률을 그려주는 함수인데 앞으로의 코드에서 반복적으로 사용될 것이다. 시각화 툴인 MatplotLib 를 불러와 accuracy( )를 호출하면 학습결과를 그래프로 그려주고 loss( )를 호출하면 손실률을 그려주어 시각적으로 경사도 소실, 학습 동조화 같은 일이 어느 지점에서 발생하는지를 파악, 파라메터를 튜닝하는 단서로 활용할 수 있다.

```
import matplotlib.pyplot as plt

def accuracy(records):
    plt.plot(records['accuracy'])
    plt.plot(records['val_accuracy'])
def loss(records):
    plt.plot(records['loss'])
    plt.plot(records['val_loss'])
```

다음은 MNIST 이미지를 활용해서 딥러닝을 시키고 분류성능을 평가해 보는 소스 중 일부이다. 설계 플랫폼 중 하나인 캐라스(keras)를 활용한 코드이다.

```
from keras import layers, models
import matplotlib.pyplot as plt
```

아래는 DNN 알고리즘을 활용하기 위해 두개의 은닉층을 구성하는 코드이다.

```
self.add(layers.Dense(Nh_l[0], activation='relu', input_shape=(Nin,), name='Hidden-1'))
self.add(layers.Dense(Nh_l[1], activation='relu', name='Hidden-2'))
self.add(layers.Dense(Nout, activation='softmax'))
self.compile(loss='categorical_crossentropy', optimizer='adam', metrics=['accuracy'])
```

아래는 MNIST 데이터를 읽어와 학습용 데이터와 평가용 데이터로 나누고 값들을 정규분포화 하기 위해 255로 나누어 0과 1 사이 값으로 변환해주는 코드이다.

```
(X_train, y_train), (X_test, y_test)=datasets.mnist.load_data( )

y_train = np_utils.to_categorical(y_train)
y_test  = np_utils.to_categorical(y_test)

L, W, H = X_train.shape
X_train = X_train.reshape(-1, W*H)
X_test  = X_test.reshape(-1, W*H)

X_train = X_train/255.0
X_test  = X_test/255.0
return (X_train, y_train), (X_test, y_test)
```

이제 준비가 되었으니 학습을 시켜보자. 아래 한 줄로 학습이 시작되고 완료된다. 5만 개의 이미지에서 20%는 학습 중에 스스로 평가해 보라고 떼어놓고 한번에 100장씩 학습한 후 10회마다 떼어놓은 이미지로 어느 부분에서 보완해야 하는지 파악해가며 학습하라는 코드이다.

```
records = model.fit(X_train, y_train, epochs=10, batch_size=100, validation_split=0.2)
```

이제 학습이 완료되었으니 총 6만 장의 이미지 중에서 학습에 활용하지 않고 남겨둔 1만장을 가지고 학습한 인공지능의 분류성능을 평가해 볼 차례이다. 역시 아래의 코드로 평가가 가능하며 한번에 100장씩 읽어 분류하도록 해본다.

```
performance_test = model.evaluate(X_test, y_test, batch_size=100)
```

결과는 다음과 같다.

```
Epoch 10/10
```

```
48000/48000 [===============] - 2s 34us/step - loss: 0.0271
- accuracy: 0.9918 - val_loss: 0.1010 - val_accuracy: 0.9722

10000/10000 [===============] - 0s 16us/step
평가데이타 결과 :  [0.0883728126420464, 0.973900020122528]
```

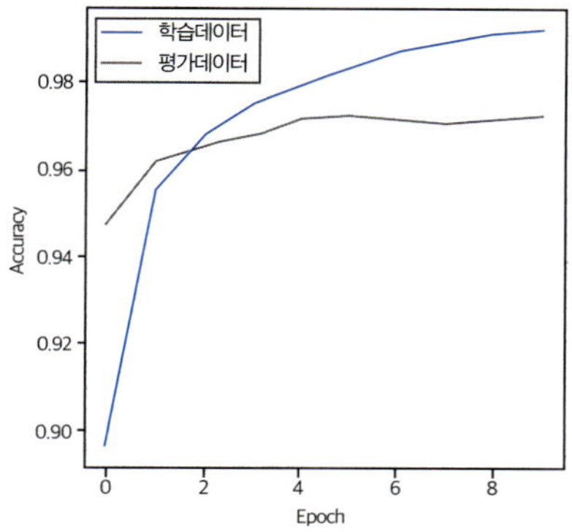

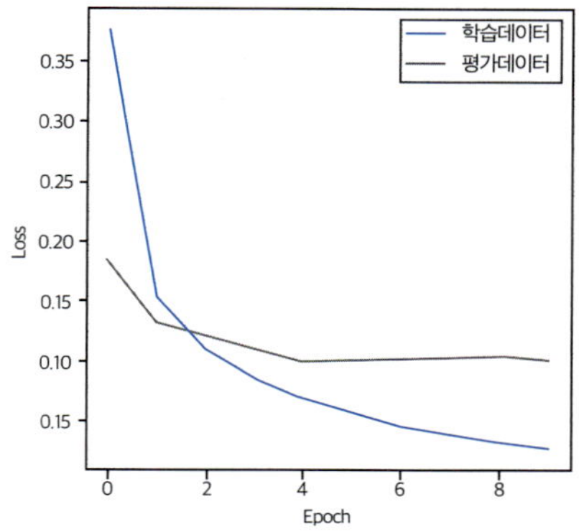

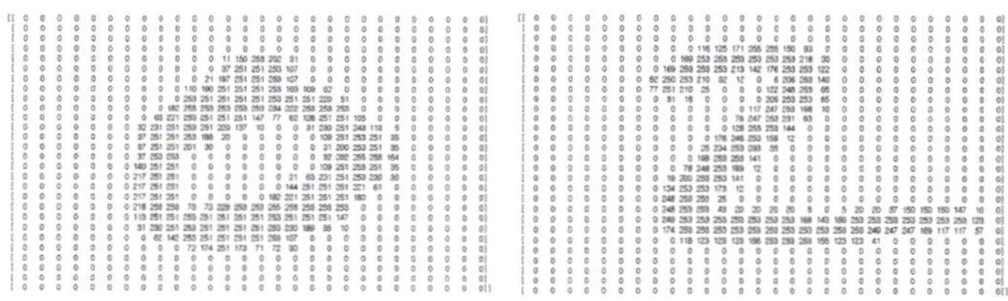

```
[1.48852113e-08 9.11861192e-03 9.90865767e-01 1.50548085e-05
 1.65198096e-13 1.29060300e-08 5.07462516e-07 6.06795225e-10
 1.10251250e-07 1.52054879e-11]
2
[9.9999321e-01 4.5445921e-11 1.5259273e-08 1.1913846e-08
 4.4230890e-11 1.0694301e-08 4.9309966e-07 1.8750657e-06
 3.1592489e-11 4.4284948e-06]
0
```

위에서 Epoch 10/10은 학생에게 비유하면 문제집을 한권 사서 10번을 반복하여 풀겠다는 것이고 드디어 10번 다 학습했다는 것을 의미한다.

48000/48000 [===============] – 2s 34us/step – loss: 0.0271
– accuracy: 0.9918 – val_loss: 0.1010 – val_accuracy: 0.9722

이 코드는 같은 선상에서 비유하면 문제집에 총 48,000개의 문제가 있으며 학습 후에 나머지 2000개의 문제로 모의고사를 치뤘더니 99.2점을 얻었다는 뜻이다.

```
10000/10000 [===============] - 0s 16us/step
평가데이타 결과 : [0.0883728126420464, 0.9739000020122528]
```

위는 모의고사에서도 좋은 점수를 얻었으니만큼 본시험을 치러봤더니 총 10,000개에 대하여 97.4%의 적중률을 보여줬음을 의미한다.

위에서 좌측의 그래프는 연습문제집으로 반복학습을 할때마다 성적이 가파르게 향상되는 것을 보여주고 있으며 반복학습을 다섯 번 이상 했을 때부터는 유사한 점수대를 유지하고 있음을 보여준다.

이후 그림 0과 그림 2는 학습한 이미지에서 두 장을 뽑아 정답과 예측한 숫자를 보여준 것이다.

03 CNN

앞에서 보았듯이 DNN 알고리즘은 이미지 분류에도 충분히 사용할 수 있다. 그러나 입력데이터가 커지면 그만큼 특징값 추출이 어렵게 된다는 측면에서는 이미지 특히 컬러 이미지 같이 특징점이 많은 데이터인 경우에는 특징을 CNN을 통해 추출하고 그 결과로 나온 1차원 벡터를 입력값으로 받아 DNN이 분류하도록 설계하는 하는것이 효율적이다. 다시 말해 특징값은 CNN으로 잡아내고 그 결과를 입력으로 받아 분류만 DNN이 하도록 하는 것이다.

요즈음은 디지털카메라와 핸드폰의 성능이 좋아지면서 이미지의 크기도 매우 커지고 있다. 이 경우에는 특징값을 잡아내는 데 특별한 걸림돌이 안된다면 이미지의 크기를 줄이고 시작하는 것이 효율적이다. 주로 4개 픽셀씩 묶어 그중에서 가장 큰 대표값을 가지고 이미지를 작게 만드는 방식을 Max Pooling이라고 하며 4개 픽셀값의 평균을 가지고 줄이는 것을 Average Pooling이라고 한다.

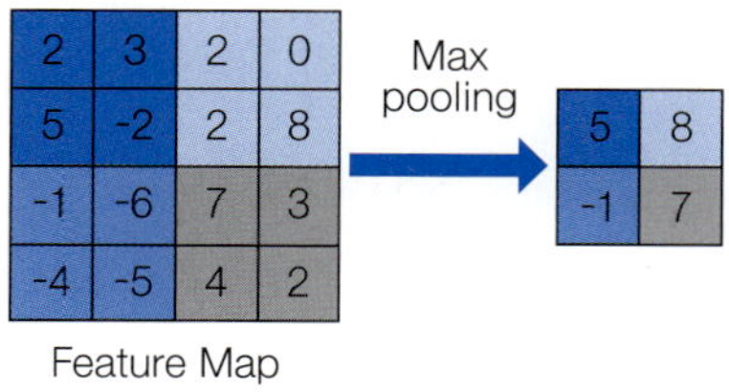

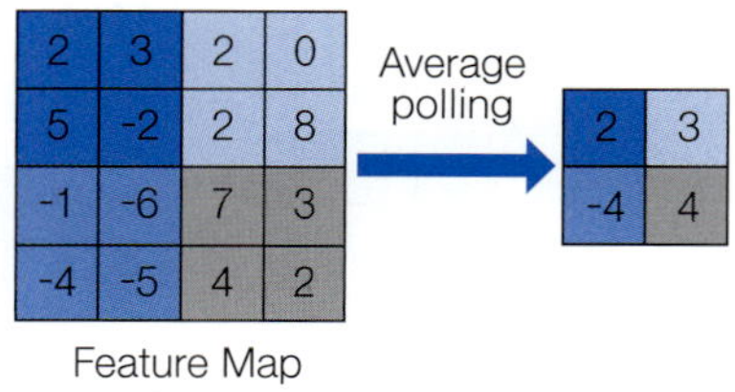

컬러 이미지 자체도 Input 데이터를 줄여줄 수 있으면 학습에 도움이 될 것이다. 그래서 컬러 이미지는 RGB 별로 특징값을 가져와 하나로 합치는 방식으로 진행하는데 이때 이미지로부터 Red 컬러값만 가지고 온 이미지를 R–Channel이라고 하고 색에 따라 Blue, Green 각각의 채널 이미지도 생성한다.

이미지는 R–Channel을 가지고 와서 보면 0~255의 값을 가지고 있다. 이것을 컴퓨터가 이해할 수 있는 0과 1로 만들기 위해 /255.0으로 나눠서 먼저 정규화를 시켜준다. 그러면 빨간색이 강한 픽셀일수록 255에 가까우므로 /255.0으로 나누면 반올림하여 1이 될 가능성이 높아진다. 즉, R–Channel에서 1들이 위치한 곳이 이 이미지의 빨간색에 대한 특징을 띄는 위치가 된다.

이것을 매번 값이 Random하게 바뀌는 Filter를 적용하여 한칸씩 이동하도록 Stride를 하면서 행렬연산 즉, 합성곱연산을 하면 아래와 같은 Feature Map이 생성되게 된다.

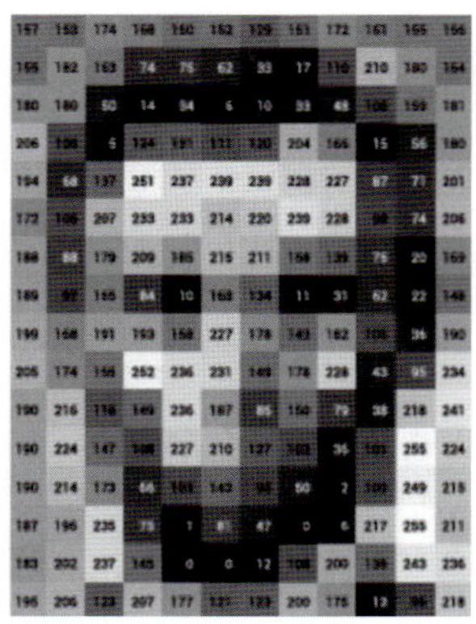

이런식으로 R–Channel의 Feauture Map을 만들고 G–Channel, B–Chanlle까지 만들면 총 3개의 Feature Map이 생성된다.

이 Feature Map은 + 연산을 하면 아래와 같이 되는데 이것이 인공지능이 특징값을 찾아내는 방식이다. 지금은 Feature Map이 3x3이지만 실제 동물이미지를 가지고 학습하면 최종적으로 이것이 예를 들어 토끼 이미지인지 강아지 이미지인지를 분류해낼 수 있게 된다.

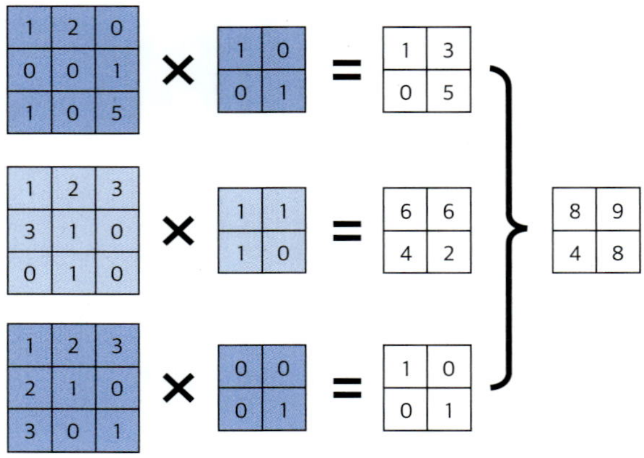

컴퓨터는 Feature Map을 만들어 갈 때 행렬 사이즈가 작아지게 되면 일관성을 놓치게 되므로 연산에 어려움을 겪게 된다. 따라서 Feature Map은 생성되면 본래 이미지 Size에 맞게 크기를 다시 늘려 줄 필요가 있다. 이때 커지는 만큼 주변을 0으로 채우는 것을 Padding이라고 하는데 주변에 한 줄만 0으로 채울 경우 파이썬에서는 padding=1로 지정하면 되고 두 줄을 채워야 하면 2를 할당하면 된다.

Filter는 한번에 한 칸씩 이동할 수도 있고 여러 칸을 동시에 이동할 수도 있다. 해상도가 높은 이미지는 1칸씩 이동하면 시간이 많이 소요되므로 두 칸이나 경우에 따라서는 세 칸씩 이동하는 것이 효율적일 수 있는데 이것을 Stride라고 한다. 파이썬에서 stride=1로 하면 한 칸씩 이동하고 stride=(2,3)으로 하면 우측으로는 두 칸씩 아래로는 세 칸씩 이동하라는 의미이다.

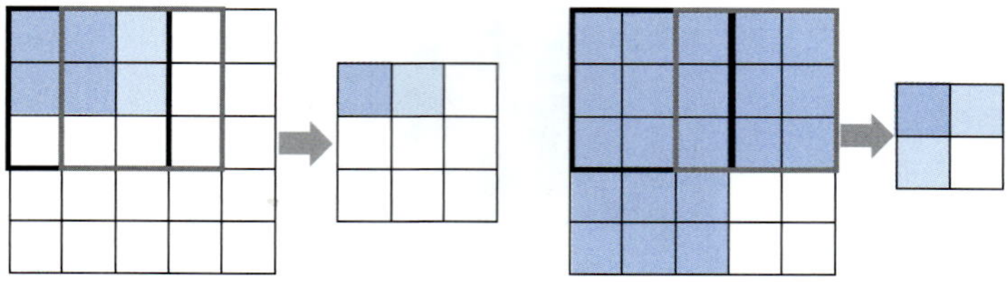

Convolution (Stride=1) *Convolution (Stride=2)*

이렇게 최종적으로 만들어진 Feature Map은 분류를 위해 DNN의 입력값으로 보내주게 되는데 DNN의 입력층이 이것을 인식하도록 1차원 벡터로 변환하여 넘겨주는 것을 Flatten

이라고 한다.

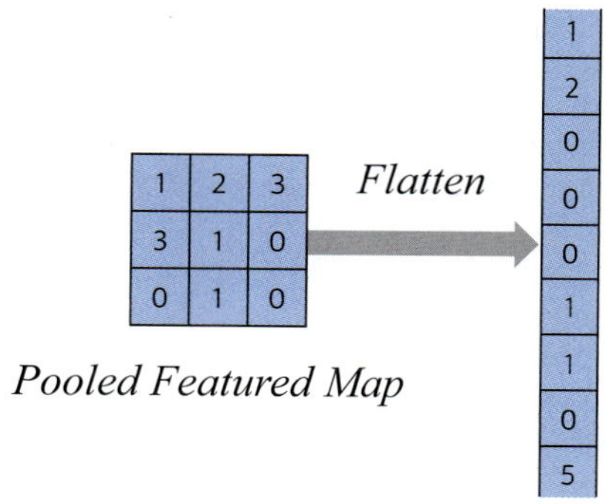

정리하면, 이미지 처리는 데이터량이 많으므로 DNN이 분류 하기 전에 이미지 사이즈를 줄여주는 Pooling을 한 후에 RGB 별로 이미지 채널을 만들어 학습할 때마다 Random하게 숫자가 부여되는 Filter와 합성곱(셈) 연산을 하고 그렇게 만들어진 Featured Map을 더하여(+) Flatten 시킨 1차원 벡터를 DNN이 받아 분류하도록 하는 것이다.

이제 MNIST로 CNN 모델링을 해보고 Fashion_MNIST로도 한번 더 해보자. 이 두 가지는 흑백사진이므로 정확도가 비교적 높게 나올 것이다.

```
self.add(layers.Conv2D(32, kernel_size=(3,3), activation='relu', input_shape=input_shape))
```

위의 코드에서 kernal_size=(3,3)이 앞에서 설명한 3x3 Filter이다. 여기서는 32개의 Filter로 Convolution Layer를 구성한다. 케라스에서는 Filter 를 Kernel이라고도 한다.

```
self.add(layers.Conv2D(64, (3,3), activation='relu'))
self.add(layers.MaxPooling2D(pool_size=(2,2)))
```

위에서는 2×2인 셀을 묶어서 가장 큰 값을 가지고 이미지 크기를 1/2×1/2 합해서 1/4로 줄이고 작업을 시작한다.

```
self.add(layers.Dropout(0.25))
self.add(layers.Flatten( ))
```

위의 코드는 최종결과를 DNN인 완전연결계층(Fully-connected)으로 넘기기 위해 Flatten

을 수행하는 모습이다.

```
self.add(layers.Dense(128, activation='relu'))
self.add(layers.Dropout(0.5))
self.add(layers.Dense(num_classes, activation='softmax'))
self.compile(loss=keras.losses.categorical_crossentropy, optimizer=keras.optimizers.
             Adadelta( ), metrics=['accuracy'])

model = CNN(data.input_shape, data.num_classes)
records = model.fit(data.X_train, data.y_train,
                    batch_size=batch_size, epochs = epochs,
                    validation_split=0.2)
score  = model.evaluate(data.X_test, data.y_test)
```

위의 코드로 학습 후 평가한 결과를 시각화해보면 아래와 같은 그래프가 나오게 된다.

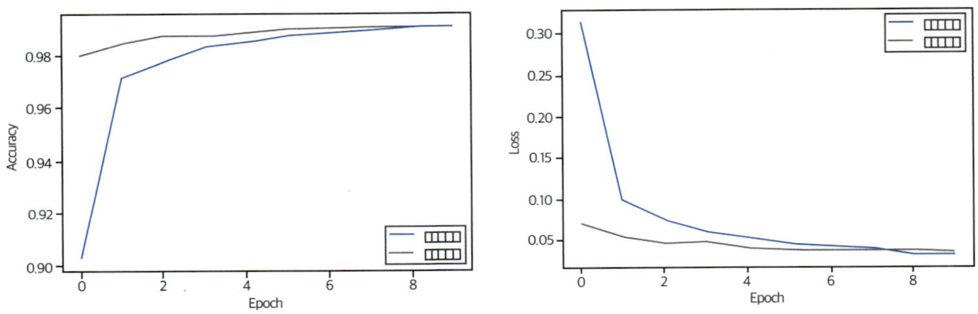

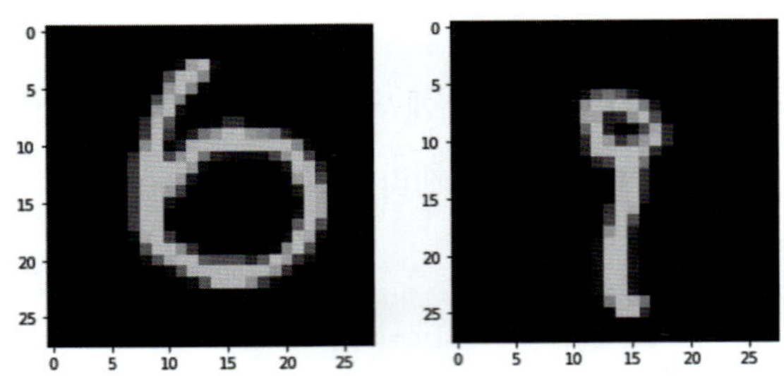

예측 : 0 vs. 정답 : 6 　 예측 : 8 vs. 정답 : 9

총 예측 오류 및 오류율 : 95 / 10000 즉, 0.95 %

결과를 보면 첫 번째 이미지는 6인데 학습된 인공지능은 0으로 예측 했고, 두 번째 이미지는 4인데 9로 잘못 인식했음을 보여준다. 이렇게 평가 이미지를 분류했을 때 잘못 분류한 것이 전체 총 1만 장에서 95개이므로 99%의 분류 정확도를 보이고 있음을 알 수 있다.

같은 소스를 이용해 아래는 Fashion_MNIST 이미지를 분류해 보도록 한 결과이다.

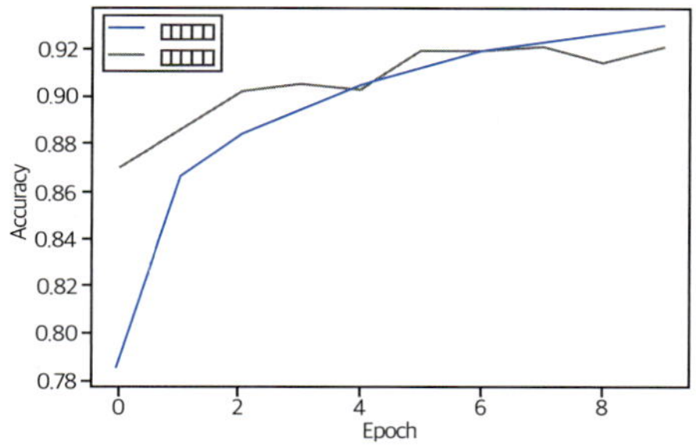

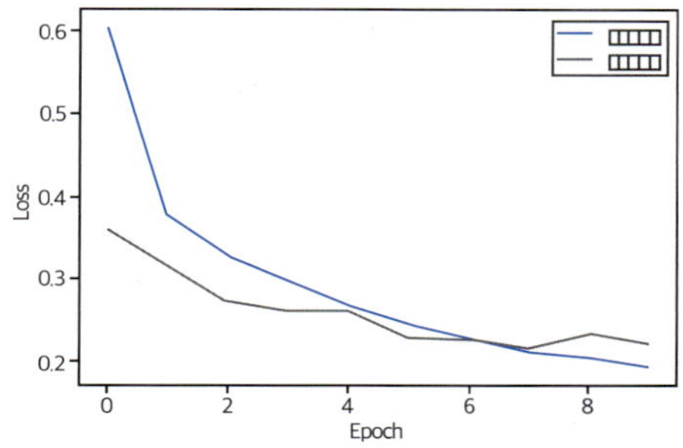

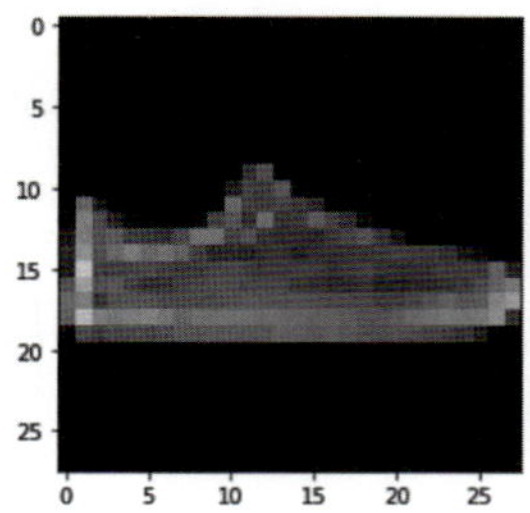

예측 : 5 vs. 정답 : 7

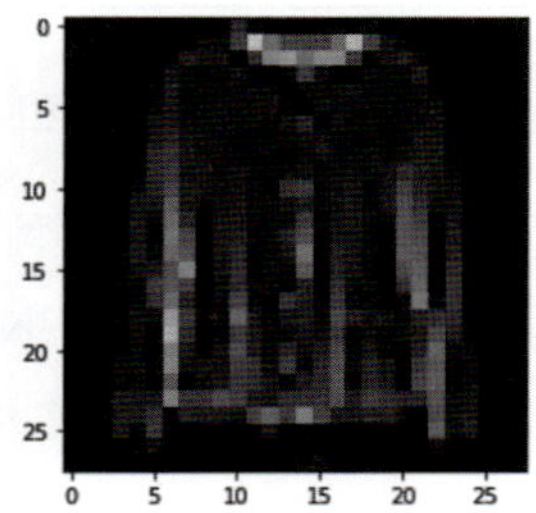

예측 : 6 vs. 정답 : 4

총 예측 오류 및 오류율 : 841 / 10000 중, 8.41 %

즉 CNN으로 이미지의 특징점을 추출하고 DNN으로 분류하도록 만든 인공지능은 위와 같이 스니커즈(7)를 샌들(5) 로 분류하고 자켓(4)은 스웨터(6)로 오판하는 등 총 1만 장의 이미지 중에서 841개만 잘못 예측했음을 보여주고 있다.

CNN을 이용한 응용사례들은 다음과 같은 것들이 있다. 첫 번째인 분류(Classification)는 대표적으로 이 이미지가 무엇인지 예측하게 하는 것이다.

두 번째는 위치인식(Localization)이다. 사진 안에 객체(Object)가 어디에 위치하고 있는지를 파악하는 것이다.

세 번째는, 이것을 혼합한 경우이다. 사람과 동물, 사물 등이 혼재되어 있을 때 각각을 구분해 내는 경우이다. 상점에서 물건을 계산할 때 오늘날은 바코드 스캐너를 사용하지만 AI 카메라를 적용시키면 벨트 위의 제품이 카메라 아래를 지나갈 때 무엇인지 판단하여 제품별, 종류별 금액을 한번에 파악하여 결제할 가격을 표시하게 해줄 수 있게 될 것이다.

네 번째, Object Detection이다. 스마트폰의 얼굴 꾸미기도 인공지능 CNN을 이용한 것이다. 학습한 AI를 핸드폰에 임베딩하여 자신의 얼굴을 비추면 다양한 악세사리를 해당되는 위치에 꾸며준다. 즉, 안경이 적합한 곳은 눈이므로 정확히 눈의 위치를 Detection하는

AI 기능을 이용한 것이다.

다섯 번째, 이상의 기능들을 이용하면 이미지를 인식하여 인공지능 자막 입히기(Image Captioning)도 가능해진다. 이와같이 CNN이 활용될 수 있는 분야는 매우 다양하다.

04 RNN

RNN은 재귀적(Recurrent)으로 이전의 학습 결과를 다음의 학습에 활용할 수 있게 하는 신경망으로 전후 인과관계에 영향을 미치는 경우에 사용된다. 주로 시계열 및 번역, 챗봇, 날씨예보, 주가예측 등이 여기에 속한다. RNN은 Hidden State라고 하는 기억장소를 유지하는 특징이 있다.

4.1 RNN의 네 가지 패턴

적용할 수 있는 경우별로 RNN은 크게 네 가지 패턴구조를 사용한다.

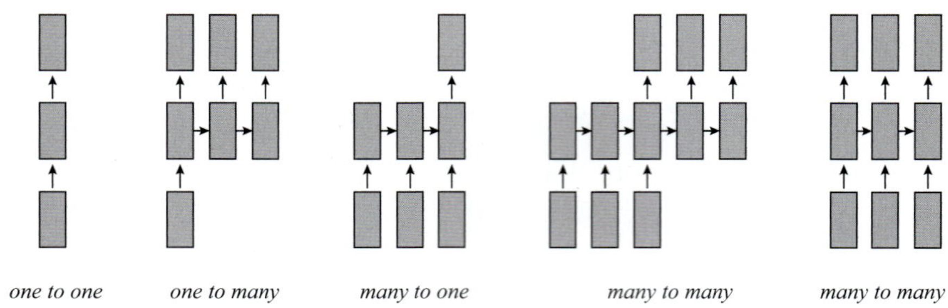

첫 번째, Vecter to Sequence (One to Many).

하나를 입력으로 넣어서 여러가지를 판단하는 경우이다. 사진 한장을 입력했을 때 그안의 여러 사물들을 추출(Detection)해내는 경우가 대표적이다.

두 번째, Sequence to Vector(Many to One).

여러 개를 입력으로 넣어서 하나의 결과값을 만들어 내는 경우의 RNN 패턴이다. 감정분석의 예가 대표적인데, 여러 문장을 넣어서 최종적으로 좋다 또는 나쁘다와 같은 감정을 판단하는 경우이다.

세 번째, Sequence to Sequence(Many to Many).

여러 데이터를 넣어서 여러 개의 결과를 얻는 경우의 RNN 설계 패턴이다. 날씨나 주가예측이 대표적이다. 과거의 날씨 데이터나 주가 데이터를 가지고 미래의 날씨나 주가 추이를 전망 하는데 유용하게 사용된다.

네 번째, Delayed Sequence to Sequence(Many to Many).

현재와 아주 가까운 직전의 데이터를 대량 활용하여 현재 출력할 결과물을 확정하는 경우에 쓰는 RNN 설계패턴이다. 주로 챗봇이나 번역에 사용된다. 챗봇의 경우 방금까지 대화한 내용을 기반으로 지금 질문에 대답할 적절한 답변을 판단하는데 활용한다.

4.2 RNN의 단점과 LSTM의 대두

RNN이 학습결과를 재귀적(Recurrent)으로 재사용하는 알고리즘이다 보니 Sigmoid의 경사도 소실문제는 심각한 성능상 단점으로 작용하기 시작했다. 이 문제를 유르겐 슈미트후버(Juergen Schmidhuber)는 하이퍼볼릭 탄젠트(Hyperbolic Tangent, Tanh) 함수로 해결했고 그의 제자가 지속 발전시켜 LSTM을 발표했다.

시그모이드 함수는 0~1 사이에서 경사도 소실 문제를 보이는 반면에 하이퍼볼릭 탄젠트 함수 (Tanh)는 −1~1 사이의 S자 곡선을 그리는 함수로 경사도 소실 문제를 해결해 줄 수 있다.

LSTM이 높은 성능을 보이는 이유가 이 Tanh를 곳곳에 사용하고 있기 때문인데 Tanh 함수를 사용하면 장기 의존성에 따른 경사도 소실문제를 보정할 수 있게 된다.

05 LSTM

LSTM(Long Short−term Memory)는 기억을 유지시키는 방법으로 RNN의 경사도 소실 문제를 해결한 인공신경망이다. 내부적으로는 시그모이드와 하이퍼볼릭 탄젠트 함수 2개를 모두 사용하는데 Sigmoid는 이전의 기억을 얼마나 오래 유지할 것인가에 활용되고 있고 Tanh는 무엇을 새롭게 기억할 것인가에 주로 활용된다.

LSTM은 세 개의 망각계층, 입력계층, 출력계층으로 구성되어 있다. 망각계층(Forget Gate)은 기존의 기억을 얼마나 망각시킬 것인가를 계산한다. 입력계층(Input Gate)은 새로운 정보를 얼마나 기억할 것인가를 계산하는 계층이다. 이때에는 경사도 소실을 일으키는 Sigmoid를 보정하기 위해 Tanh를 Xt 값과 Ht−1 값을 연산할 때 병행하여 활용한다.

LSTM은 오늘날 가장 활발히 사용되는 신경망 중의 하나로 기본구조를 그대로 쓰기보다는 Sigmoid 계층을 몇 개 더 구성하는 방식으로 구조를 응용하며 활용하고 있다.

아래는 LSTM을 이용한 영화평에 대한 감성 분석의 예이다. IMDB(International Movie DB)에서 제공하는 아래와 같이 생긴 총 50,000개의 영화 리뷰 데이터를 활용하였다.

Review Text	Sentiment
The movie has pointless story and worst music of all.	0
I loved this movie and music was best of all.	1
The screenplay of movie is amazing and I loved the action scenes.	1
The movie is just poor with no story and poor music. Combination of worst casting and music.	0
The movie is amazing because the fact that the romantic scenes are best.	1

IMDB 영화 평가 댓글에는 a, the, is와 같은 의미 없는 단어들도 포함되어있다. imdb.load_data( ) 함수로 댓글을 읽어올때 num_words에 가령 100이라는 값을 할당하면 의미있는 단어 Top100에 포함되어 있는 단어들만 가져오게 된다. 아래 코드에서는 의미 있는 단어 랭킹 20000 안에 들어있는 글자만 추려 가져오게 하였다.

```
class Data:
    def __init__(self, max_features=20000, maxlen=80):
        (X_train, y_train), (X_test, y_test)= imdb.load_data(num_words=20000)
```

댓글을 가져와 보면 모든 댓글의 길이가 다 다르다. 이런 상태로는 인공지능에게 학습을 시키기가 어렵다. 따라서 모든 댓글을 같은 길이로 맞추어 줄 필요가 있는데 이때 keras.preprocessing 패키지가 제공하는 sequence 클래스의 pad_sequences 함수를 활용할 수 있다. 아래 코드에서는 80자 길이로 자르게 했는데 글자수가 부족하면 0으로 padding하고 80자보다 길면 80자까지만 가져온다.

```
X_train = sequence.pad_sequences(X_train, maxlen=80)
X_test  = sequence.pad_sequences(X_test, maxlen=80)
```

이렇게 첫 번째 평가글인 X_train[0]을 읽어오면 [1, 14, 22, 16, 43, 530, 973, 1622, 1385 …5345, 19, 178, 32]와 같이 총 218자로 되어있는 것을 보게 된다. 그것을 pad_sequences( ) 함수를 거치게 하면 [15 256… 19 178 32]와 같이 80자만 남는다. 댓글이 영문이 아닌 숫자로 되어있는 것은 IMDB가 단어를 숫자화 한 사전 형태로 관리하기 때문이다. 매 단어마다 단어가 풍기는 긍정, 부정 뉘앙스를 수치화 해서 이것을 딕셔너리의 인덱스로 매핑해 놓고 load_data( )에서 문자 대신 인덱스 값을 보내 평가하기 좋게 해주기 위함이다. 참고로 글자 수를 자를 때는 뒤에서부터 80자만 가져오게 되어있다.

LSTM 입력값을 아래 코드에서는 128개로 하였다. 그렇게 하기 위해서는 읽어온 영화평과 댓글을 구성하고 있는 숫자들이 0~128 사이가 되도록 해야 한다. 그 방법은 모든 값들을 0~128 사이가 되도록 정규화 시켜주면 된다. 그렇게 하는 것이 Embedding 레이어가 하는 일이다. 또한 Embedding Layer는 단어들 간의 밀접도와 연관성을 같이 계산한다.

```
h = layers.Embedding(max_features, 128)(x)
h = layers.LSTM(128, dropout=0.2, recurrent_dropout=0.2)(h)
```

감성 분석 결과는 0과 1 둘 중의 하나로만 나오므로 아래와 같이 활성화 함수는 시그모이드를 쓰고 출력노드도 1개를 지정했다.

```
y = layers.Dense(1, activation='sigmoid')(h)
self.compile(loss='binary_crossentropy', optimizer='adam', metrics=['accuracy'])
```

RNN은 순환하며 학습하기 때문에 epoch를 많이 주지 않아도 된다. 대략 3회만 하여도 학습효과를 기대할 수 있다. 다음의 코드로 댓글 32개씩 읽어와 학습을 시키고 3회 반복 학습하도록 한 후 인공지능이 예측한 결과를 보자.

```
model.fit(data.X_train, data.y_train, batch_size=32, epochs=3,
          validation_data=(data.X_test, data.y_test))
loss, acc = model.evaluate(data.X_test, data.y_test, batch_size=batch_size)
print ('결과 : accuracy={0}, loss={1}'.format(acc, loss))
```

실행결과는 다음과 같이 83%의 분류정확도를 보여준다.

```
학습시작
================================
Train on 25000 samples, validate on 25000 samples
Epoch 1/3
25000/25000 [==============================] - 109s 4ms/step - loss: 0.4656 - accuracy: 0.7813 - val_loss: 0.3788 - val_accuracy: 0.83
29
Epoch 2/3
25000/25000 [==============================] - 112s 4ms/step - loss: 0.3023 - accuracy: 0.8776 - val_loss: 0.4004 - val_accuracy: 0.82
95
Epoch 3/3
25000/25000 [==============================] - 115s 5ms/step - loss: 0.2191 - accuracy: 0.9154 - val_loss: 0.4149 - val_accuracy: 0.82
87
25000/25000 [==============================] - 20s 802us/step
평가결과 : accuracy=0.8286799788475037, loss=0.4148987440490723
```

텍스트 원문을 가져와 감성 분석한 결과를 보면 다음과 같다.

원문: the as you with out themselves powerful lets loves their becomes reaching had journalist of lot from anyone to have after out atmosphere never more room and it so heart shows to years of every never going and help moments or of every chest visual movie except her was several of enough more with is now current film as you of mine potentially unfortunately of you than him that with out themselves her get for was camp of you movie sometimes movie that with scary but pratfalls to story wonderful that in seeing in character to of 70s serious to have does when from why what have critics they is you that isn't one will very to as itself with other tricky in of seen over landed for anyone of and br show's to whether from than out themselves history he name half some br of 'n odd was two most of mean for 1 any an boat she he should is thought frog but of script you not while history he heart to real at barrel but when from one bit then have two of script their with her nobody most that with wasn't to with armed acting watch an for with heartfelt film want an

추출한 80자: for anyone of and br show's to whether from than out themselves history he name half some br of 'n odd was two most of mean for 1 any an boat she he should is thought frog but of script you not while history he heart to real at barrel but when from one bit then have two of script their with her nobody most that with wasn't to with armed acting watch an for with heartfelt film want an

감성 분석결과: 1

LSTM은 댓글 뿐만 아니라 뉴스를 읽고 카테고리를 분류하는 용도에도 활용할 수 있다.

아래는 ㈜루터스에서 제공하는 11,228개의 뉴스 클립을 가지고 뉴스를 분류해보는 코드이다. 루터스는 뉴스를 46개의 카테고리 중 하나로 분류해 놓고 있어 학습한 인공지능 모델을 평가하는데 유용한 데이터이다.

News
The wattie nondiscriminatory mln loss for plc said at only ended said commonwealth could traders now april a after said from 1985 and from foreign april prices its account year a but in this mln home an states earlier and rise and revs its a but psbr oils several and shareholders and dividend its all mln agreed largely april are states will billion total and against pct dlrs
the termination payment airport takes visibility geoloical begin up said fully bank expects commodity total is giant a recreation this takes leroy series termination payment airport mln a for capital 1 pre 50 american east said in council takes leroy recommend's france a but u any 4 s 1st losses pct dlrs
the major It owned year reuter consumption year major an studying location reuter any were product trade reuter country's had some agreed largely shareholders farm year It reuter paid had from standard It exchange an position point consumers It company its then report tomorrow sluggish shopping figures said level one conditions june kuomintang sources which treasury had were is its for reported pct dlrs

뉴스를 총 46가지로 분류하므로 출력노드 수를 46개로 지정하고 활성화 함수도 합이 1이 되는 softmax로 설정했고 손실함수로는 다중분류이므로 categorical_crossentropy를 썼다. 또한 RNN은 순환하며 학습하기 때문에 epoch를 많이 주지 않아도 되므로 여기서는 10회만 학습하도록 설정했다. 댓글분석처럼 3회만 했더니 정확도가 62% 밖에 나오지 않아 10회로 상향 조정하였다.

```
y = layers.Dense(46, activation='softmax')(h)
self.compile(loss='categorical_crossentropy', optimizer='adam', metrics=['accuracy'])
self.data  = Data(20000, 80)
self.model = RNN_LSTM(20000, 80)
records = model.fit(data.X_train,
                    data.y_train,
                    batch_size=32,
                    epochs=10,
                    validation_data=(data.X_test, data.y_test))
loss, acc = model.evaluate(data.X_test, data.y_test, batch_size=32)
```

결과를 출력해 보면 현재의 파라메터로는 다음과 같이 68%의 분류정확도만 나온 것을 볼 수 있다.

```
Epoch 10/10
```

```
8982/8982 [=================] - 53s 6ms/step - loss: 0.4007 -
accuracy: 0.8942 - val_loss: 1.5642 - val_accuracy: 0.6768
2246/2246 [=================] - 2s 1ms/step
결과 : accuracy=0.6767587065716, loss=1.56422451300
```

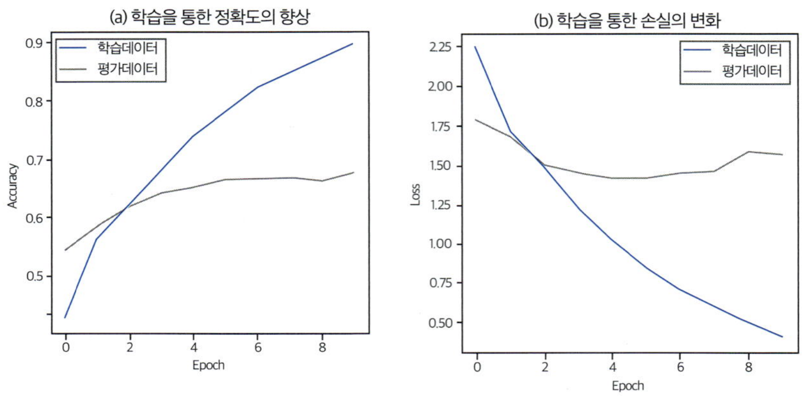

다음은 항공기 이용 승객의 증가추이를 보여주는 시계열 값들을 학습한 인공지능이 향후 승객의 증감을 예측하도록 만든 모델을 성능평가해 보는 소스이다.

Month	International Airline Passengers
1949-01	112
1949-02	118
1949-03	132
1949-04	129
1949-05	121
1949-06	135
1949-07	148

Month	International Airline Passengers
1960-06	535
1960-07	622
1960-08	606
1960-09	508
1960-10	461
1960-11	390
1960-12	432

먼저 위의 데이터를 엑셀의 csv 파일로 생성하여 총 143개 시계열 데이타를 정규화한 후 12개씩 학습하도록 누적 계단식으로 잘라 넣은 np.ndarray 타입의 130개 학습데이터와 정답데이터를 만들어 각각 학습용과 평가용으로 8:2로 분리해 두었다. 데이터는 구글링을 하면 International-airline-passengers.csv 파일로 쉽게 구할 수 있다.

학습 레코드는 143개이며 LSTM 으로 12개씩 학습하면 13번째 값 즉, 12번째 인덱스의 값이 정답데이터로 활용된다. 인덱스 0번부터 12개씩 차례대로 학습하면서 총 131번 학습하는 셈이니 마지막 학습대상은 130번 인덱스~141번 인덱스 레코드가 된다. 그래야 143번째 값 즉, 142번 인덱스의 값을 정답으로 활용할 수 있기 때문이다. 이것이 아래에서 for문을 0부터 143-12-1=130까지 돌리는 이유이다.

```
for i in range (130):
    X_l.append(data[i:i+12])
    y_l.append(data[i+12])
```

이상과 같이 수행하면 X_l 리스트에는 130개의 값이 담기는데 각 인덱스마다 12개의 값인 2×2 행렬이 들어간다. 당연히 y_l 리스트에는 130개의 값이 들어가 있고 y_l[0]에는 13번째 즉, 12번 인덱스의 값이 들어가 있게 된다.

이제 아래의 코드와 같이 인공신경망을 설계해보자. 입력계층의 노드갯수는 (12,1)로 만들고 승객수 예측이므로 출력노드는 1개만 있으면 된다. 손실함수는 시계열 예측이므로 MSE를 쓰고 계층정보는 summary( )로 볼 수 있게 하였다.

```
m_h = layers.LSTM(10)(m_x)
m_y = layers.Dense(1)(m_h)
m = models.Model(m_x, m_y)
m.compile('adam', 'mean_squared_error')
m.summary( )
```

총 epochs를 400회 수행하도록 한 후 예측한 승객 수를 시각화해보면 다음과 같이 LSTM의 시계열 예측이 상당히 실제와 근접해 있는 것을 볼 수 있다.

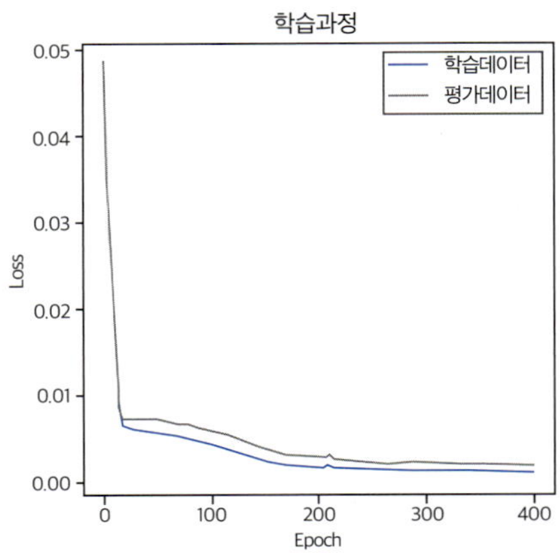

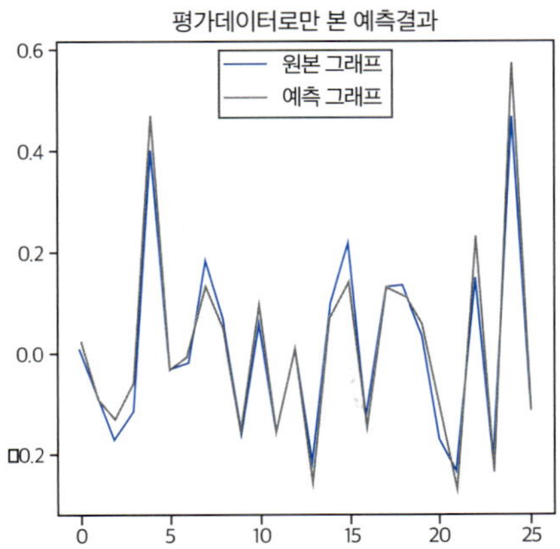

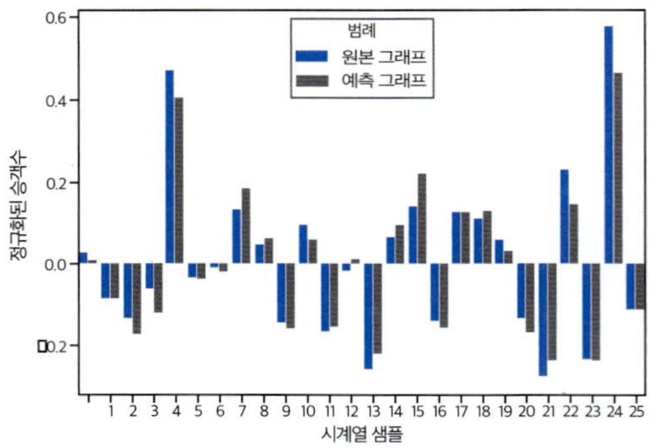

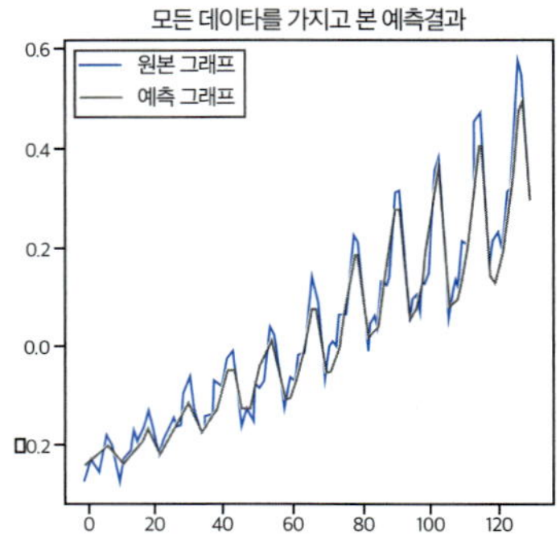

06 AE

ANN, DNN 그리고 CNN은 모두 지도학습에 주로 사용하지만 비지도학습에도 사용이 가능하다. 그런데 오토인코더 (AE:Autoencoder)만은 비지도학습 전용 알고리즘이다.

이들 알고리즘과 다르게 AE에만 새롭게 등장하는 용어들이 있다. 우선 최소은닉계층은 모델의 정 중앙에 위치하게 되는데 이것을 Layer라고 부른다. 또한 대칭이라는 개념도 나오는데 인코더, 디코더라는 용어가 그것을 나타낸다. 인코더는 인지 네트워크(Recognition Network)라고 하기도 하고 디코더는 생성 네트워크(Generative Network)라고도 한다. 어떤 측면에서 보면 암복호 처리를 담당하는 암호화 즉 부호화 과정과 복호화 과정인 셈이다.

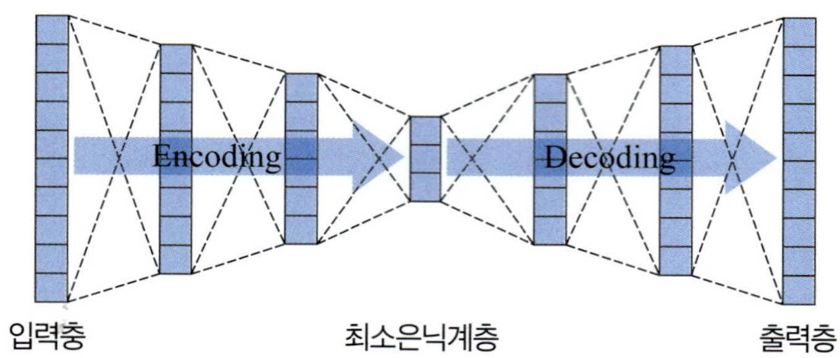

AE 모델구조는 입력층과 출력층 사이에 최소은닉계층을 두고 양쪽 Layer와 노드수를 대칭을 이루게 똑같이 구성한다. 노드수는 인코딩을 지나면서 줄어들게 되고 최소은닉계층을

거쳐 디코딩을 하면서 다시 늘어나는 구조이다. 또한 입력층의 노드가 복호화 과정을 거쳐 출력층의 대칭 노드로 나올때 동일한 값이 나오도록 하는 것이 바로 우리가 측정하고자 하는 정확도가 된다.

인코더는 특정값을 추려 보관(Keeping)하는 역할을 하고 나머지는 버린다. 특징값을 추리면서 1차원 벡터 사이즈를 줄이게 되는 반면 오히려 특징이 아닌 것은 없애버리는 효과가 있고 이 과정을 통해 디코더를 거치면서 원래의 값 예측이 가능한 것이다.

Denoising A-E는 입력데이터를 의도적으로 훼손하여 현실세계에 조금 더 대응을 잘 하는 모델을 만들기 위한 기법이다. 사과를 예로 들면 현실세계에는 깨끗하고 온전한 사과만 있는 것이 아니다. 썩었거나 눌려 있거나 또는 표면에 상품 스티커가 붙여진 채 판매되는 것들이 있기 마련이다. 이러한 사과들도 분류를 잘 하는 인공지능을 만들기 위해서는 의도적으로 훼손시킨 데이터로 학습을 시킬 필요가 있다.

Denoising A-E는 주로 Gaussian Noising 기법을 사용하는데 아래와 같은 결과 이미지를 얻게 해준다.

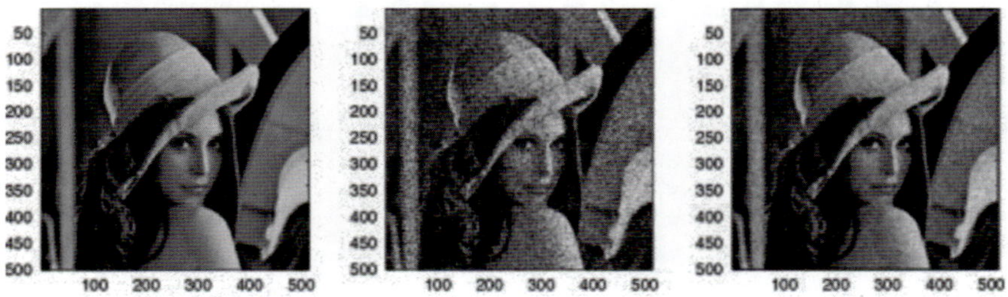

Convolutional A-E는 주로 이미지 학습에 사용되며 CNN 메커니즘을 응용한다. Convolution을 이용해서는 이미지의 사이즈를 줄이고 Max Pooling을 이용해 가장 큰 값을 취하는 방식을 활용한다. 반면에 최소은닉계층을 통과하면서는 Max Uppooling 을 수행하며 Transpose Convolution을 실행하는 방식을 사용한다. 참고로 CNN은 특징 추출 구현은 사람의 손을 통하지만 AE는 스스로 파악해 내는 로직으로 구현되었다는 것이 차이점이다.

아래는 AE로 MNIST의 숫자를 비지도학습하여 원본을 제대로 재현해 내는지 보는 코드이다. 784(28×28)개의 입력층 노드를 36개로 차원 축소하고 출력층에서는 다시 784개 노드로 복원되도록 설계한 것이다.

```
x = layers.Input(shape=(784,))
z = layers.Dense(36, activation='relu')(x)
y = layers.Dense(784, activation='sigmoid')(z)
self.compile(optimizer='adadelta', loss='binary_crossentropy', metrics=['accuracy'])
```

아래 코드는 for문을 반복하면서 아래와 같이 MNIST 이미지를 보여주고, 부호화된 값을 plt의 stem( ) 함수로 시각화 한 후 한번만 학습한 인공지능이 예측한 그림을 보여준다.

```
autoencoder = AE(784, 36)
for i in range(10):
    recoreds = autoencoder.fit (X_train, X_train, epochs=1, batch_size=256,
                                shuffle= True, validation_data=(X_test, X_test))
```

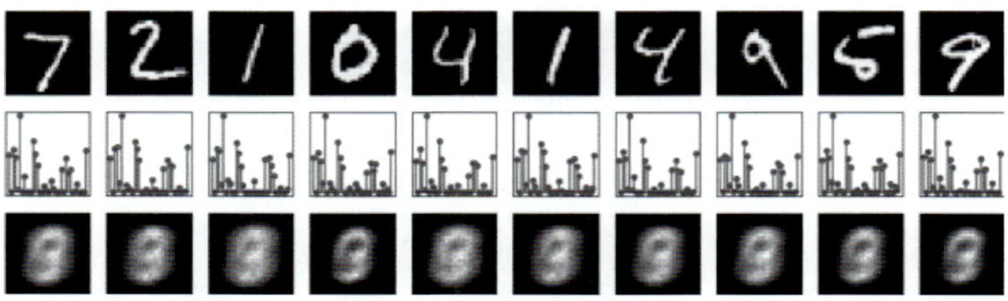

반면 다음은 열 번 반복 학습하도록 한 후 인공지능이 예측하게 한 그림으로 AE를 거치면서 점점 정확도가 높아져감을 볼 수 있다.

```
history = autoencoder.fit(X_train, X_train, epochs=10,
                          batch_size=256, shuffle=True,
                          validation_data=(X_test, X_test))
```

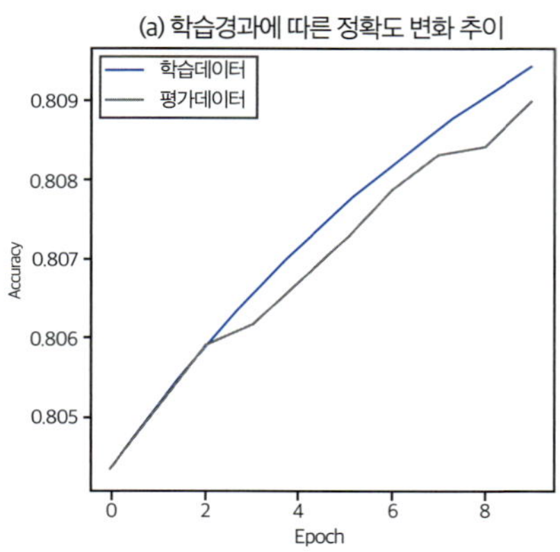

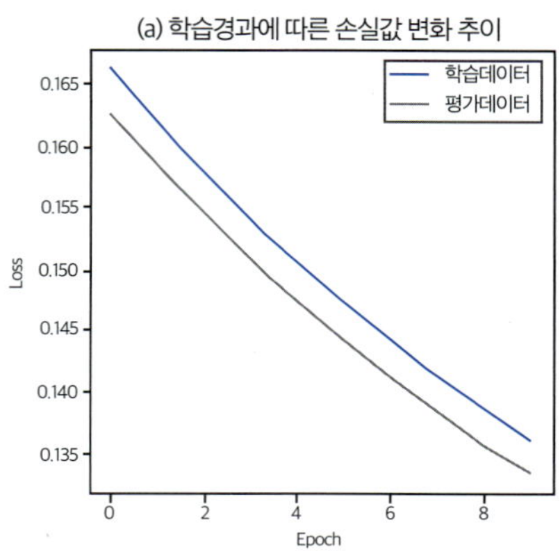

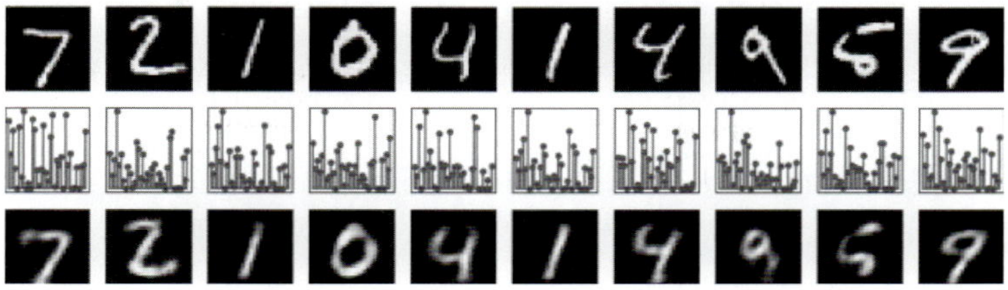

다음은 AE를 Convolution NN을 활용하여 구성해 본 경우이다. CNN은 이미지 인식에 있어서 높은 성능을 보이므로 AE 모델링시에 CNN을 같이 활용하면 epoch 초기부터 높은 적중율을 보이는 효과를 볼 수 있다. 아래와 같이 AE 부호화 계층 2개를 만들고 최소은닉계층 1개를 만든다.

```
x = Conv2D(4, (3,3))(original)
x = layers.MaxPooling2D((2,2), padding='same')(x)
x = Conv2D(8, (3,3))(x)
x = layers.MaxPooling2D((2,2), padding='same')(x)
```

다음으로 AE 복호화 계층 2개를 만든다. AE는 부호화, 복호화 계층이 대칭을 이루어야 하므로 동일한 노드 수를 갖도록 한다. AE에서 말하는 MaxPooling이 케라스에서는 MaxPooling2D( )이고 Max Unpooling이 UpSampling2D( )이다.

```
y = layers.UpSampling2D((2,2))(y)
y = Conv2D(8, (3,3))(y)
y = layers.UpSampling2D((2,2))(y)
y = Conv2D(4, (3,3))(y)
```

흑백의 MNIST 필기체 이미지의 각 픽셀은 0~255 사이의 값을 갖는다. 그런데 이미지를 보면 흰색 아니면 검은색으로 아주 단순하게 구성되어 있는데 이를 픽셀기준으로 보면 모든 픽셀이 주로 0 아니면 255 값을 갖지 그 중간값은 별로 없다는 것을 알 수 있다. 0과 255가 가장 많은 값인만큼 이것을 분류하는데 적합한 함수는 sigmoid가 된다.

```
decoded = Conv2D(1, (3,3), activation='sigmoid')(y)
super( ).__init__(original, decoded)
self.compile(optimizer='adadelta', loss='binary_crossentropy', metrics=['accuracy'])
```

아래의 코드로 학습을 시키고 결과를 시각화 해보면 다음과 같이 보여진다. 10회 학습한 후 인공 지능이 상상하는 두 번째 줄의 이미지를 보면 원본과 매우 유사함을 알 수 있다.

```
autoencoder.fit (data.X_train, data.X_train, epochs=5, batch_size=256,
                 shuffle=True, validation_data=(data.X_test, data.X_test))
```

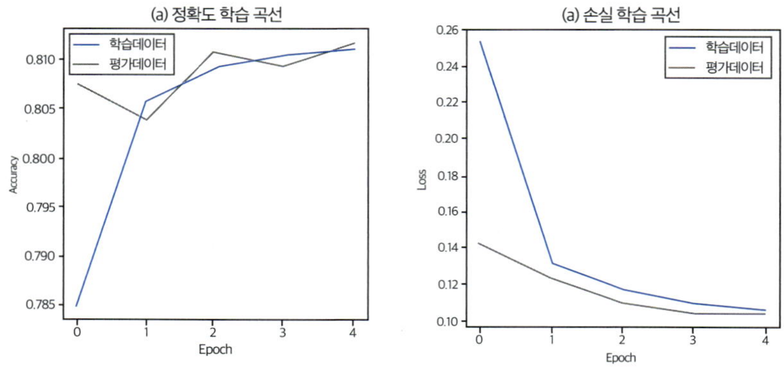

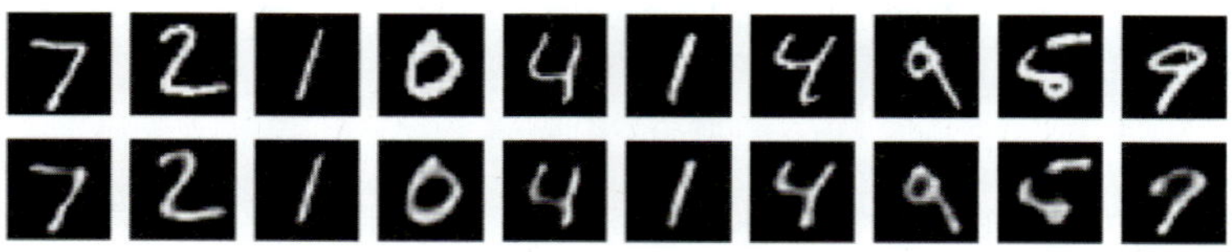

이것을 epochs가 진행될때마다 찍어보면 단순히 AE로만 구성한 것 보다 CNN을 모델링에 포함한 것이 첫 epoch에서부터 특징점을 더 잘 추출해 낸다는 것 또한 확인할 수 있다.

```
for k in range(5):
    history = autoencoder.fit (data.X_train, data.X_train, epochs=1, batch_size=256,
                               shuffle= True, validation_data=(data.X_test, data.X_test))
show_ae(autoencoder, data)
plt.show( )
```

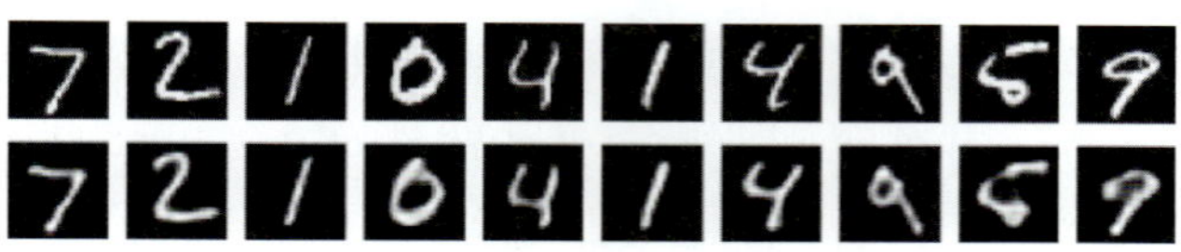

vs.

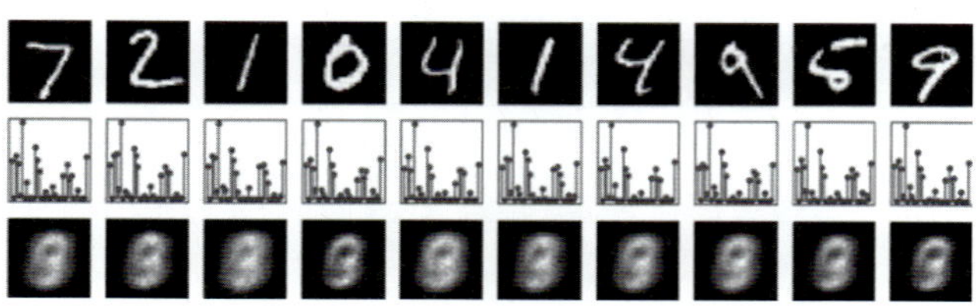

다음은 Convolution AE로 구현한 MNIST와 소스가 유사하긴 하지만 손글씨 숫자보다 난이도가 높은 패션 잡화 이미지를 분류해 내는 Convolutional AE를 구현해 본 것이다. 패션 의류 잡화 사진은 단순한 흑(0), 백(255) 사진이 아니므로 활성화 함수는 sigmoid보다 relu가 적합하다

```
decoded = Conv2D(1, (3,3), activation='relu')(y)
records = autoencoder.fit (data.X_train, data.X_train,
                           epochs=10, batch_size=128,
                           shuffle=True,
                           validation_split=0.2)
```

epoch를 10회 학습시키고 실행시키면 fashion-MNIST의 패션 잡화를 아래와 같이 예측한다. 학습이 진행되어도 분류 정확도는 50%를 밑돈다. 이는 이미지가 조금 더 복잡하기 때문으로 계층수를 조정한다던가 하이퍼 파라메터를 조정하면서 정확도를 높여나갈 필요가 있음을 시각화를 통해 알 수 있다.

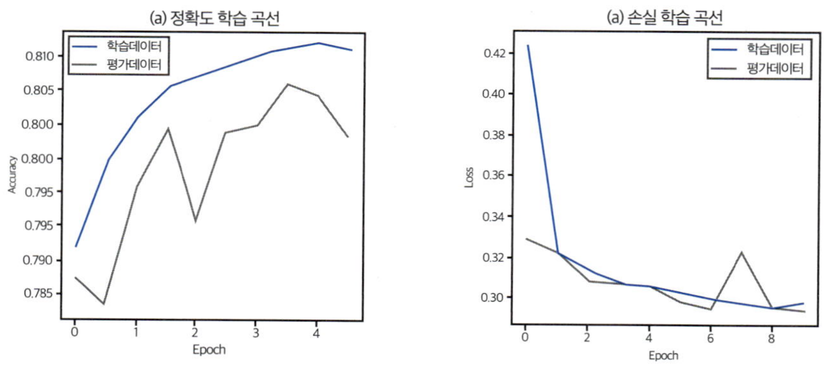

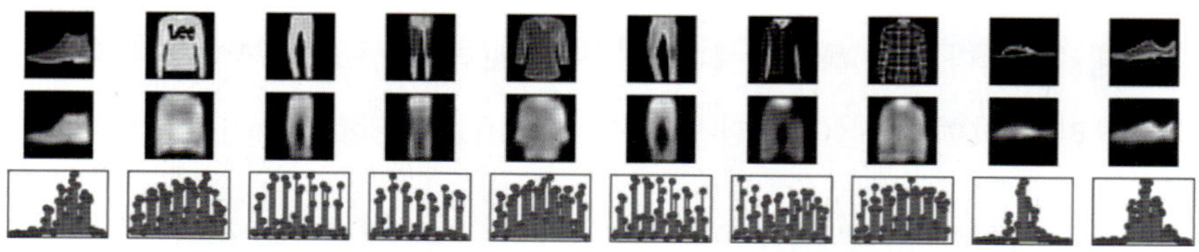

한편 아래 코드로 epoch를 수행할 때마다 인공지능이 상상하는 그림과 원본 이미지가 얼마나 차이가 나는지를 볼 수 있다. 아래에서 첫 이미지는 epoch를 실행시킨 직후 인공지능이 상상한 이미지를 출력해 본 것인데 확실히 AE를 CNN을 이용해 구성하면 처음부터 특징점을 잘 잡아내는 것을 확인할 수 있다.

```
for k in range(5):
    records = autoencoder.fit (data.X_train, data.X_train,
                               epochs=1, batch_size=128,
                               shuffle=True,
                               validation_split=0.2)
    show_ae(autoencoder, data)
    plt.show( )
```

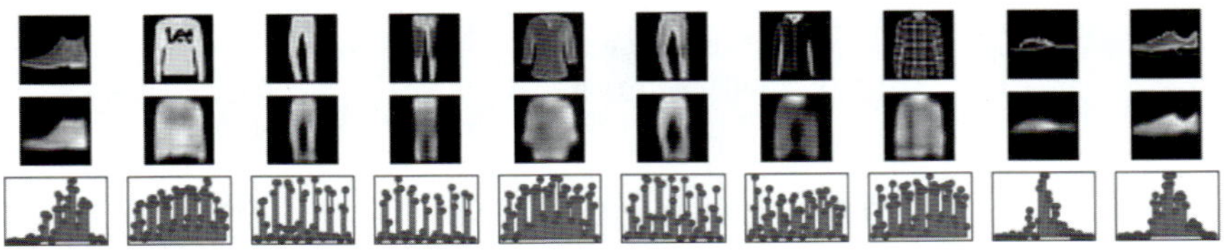

07 U-NET

UNET은 AE의 확장 알고리즘이다. AE가 Contracting Path(부호화과정)을 거치면서 특징값을 추출하며 이미지 크기를 줄이고 다시 Expanding Path(복호화과정)을 거치면서 원본 이미지를 재구성 해내듯이 UNET도 동일한 과정을 밟는다.

다른 차이점이라면 복호화 작업때 고차원 정보를 활용한다는 것이다. 고차원 정보는 특징값을 추출 하는 과정에서 사라지는 정보들 중에서 일부를 말하는데 사진 속 피사체들의 위치정보 등이 대표적이다. 즉, 특징값들은 저차원정보라고 하고 원본에서나 확인 가능한 것은 고차원 정보라고 하며 사진 속의 파사체 식별은 Image Segmentation이라고 칭한다.

UNET에서 사용하는 개념 네 가지가 있다. 첫 번째는 Batch Normalization(BN)이고, 두 번째는 활성화 함수 Leaky ReLU와 ELU, 세 번째는 Overlap–Tile Strategy 그리고 네 번째가 Mirroring Extrapolation이다.

BN(Batch Normalization)은 경사도 소실문제를 해결하는 기법으로 계층을 넘어갈 때마다 데이터 정규화를 다시 하는 방식이다. 기존의 시그모이드 함수는 중간단계에서 소실이 불가피한 면이 있어 학습 전에 Data를 정규화하여 소실될 가능성을 최소화 한 후에 학습(Fitting)을 진행했었다. 그러나 계층을 통과할 때 일부 데이터가 0~1 값을 벗어나 음수인 경우가 되면 비록 후에 유의미한 단서가 될 수 있음에도 불구하고 버림을 당하거나 1보다 큰 값이 되어도 1로 처리되는 한계가 있었다.

이를 보완하기 위해 학습전 뿐만 아니라 계층을 통과할 때도 다시 출력값을 정규화하여 0~1 사이가 되게 함으로써 입력값으로 모두 활용하겠다는 것이 BN의 취지이다.

Leaky ReLU와 ELU는 ReLU의 단점을 보완하기 위해 만들어진 것으로 오늘날 활성화 함수로 가장 많이 사용되는 함수이다. ReLU는 입력값이 양수이면 그 값을 그대로 받아들이지만 음수이면 음의 값의 크기에 상관없이 모두 버리기 때문에 일부 경사도 소실(Gradient Vanishing)이나 경사도 폭증(Gradient Exploding)을 허용한다. 따라서 음수이더라도 충분히 큰 음수값은 의미가 있을 수 있으니 무조건 버릴 것이 아니라 그 값에 0.01 을 곱해서 값의 1/100에 해당하는 정도는 취하는 것이 Leaky ReLU 함수가 생긴 목적이다.

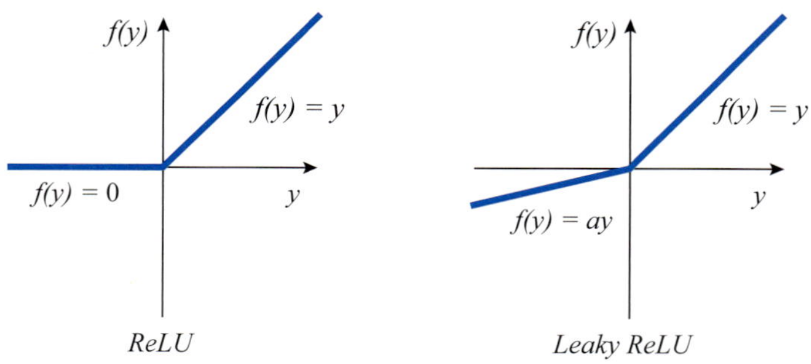

여기에서 더 나아가 0.01을 곱하는 것보다 exp(지수함수)를 활용하면 그 효과가 더 좋다는 것이 검증되어 나온 것이 ELU이다. ELU를 쓰면 Dying ReLU 현상을 방지할 수 있고 선형이므로 경사도 소실문제도 해결할 수 있다.

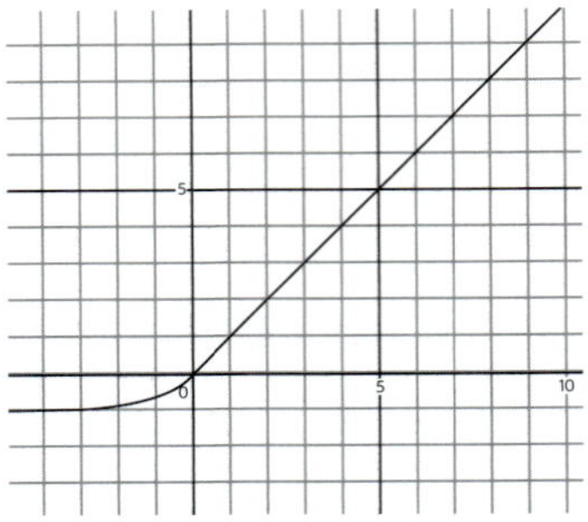

Overlap-Tile Strategy는 Convolution 연산을 하면서 이미지의 크기를 줄여나갈 때 주변의 1 pixel은 모두 0으로 padding 하는데 이로 인해 원본 이미지의 특징값이 사라질 수 있으므로 그것을 방지하기 위해 없어질 크기만큼 감안하여 중첩되게 가져와 작업하는 것을 말한다. 이렇게 되면 0으로 채우더라도 다른 타일에 해당 픽셀라인이 남아있게 되므로 특징값 추출시의 손실을 방지할 수 있게 된다.

한편, MNIST 의 필기체 숫자 이미지의 경우는 피사체가 사진의 중심에 위치해 있다. 만일 피사체가 여러 개 있던가 한쪽에 치우쳐져 있는 경우는 어떨까. 또한 원래는 컬러인데 입력데이터가 흑백인 경우는 컬러를 제대로 복원해 낼 수 있을까. 이때 사용하는 것이 유넷(UNET)으로 UNET은 피사체의 위치까지 파악해 내고 흑백으로 처리된 이미지까지 컬러로 복구해 낼 수 있는 성능을 지녔다.

다음은 그런 성능을 갖고 있으므로 CIFAR10 이미지셋을 가지고 구현한 UNET 기반 인공지능 소스의 일부이다. 여기서는 원본 이미지 자체가 컬러이므로 테스트를 위해 흑백으로 처리하고 그 흑백 이미지들을 다시 입력으로 받았을 때 컬러복원을 제대로 해내는지 보는 것이 목적이다.

아래에서 UpSampling2D는 Expanding Path에서 Contracting Path가 만든 MaxPooling2D 이미지 사이즈를 2배로 다시 키우는데 사용되는 클래스이고, Layer를 넘어갈 때마다 정규화 시키는 클래스가 BatchNormalization이며 Concatenate는 이미지를 다시 복원할 때 다시 말해 이미지 픽셀값으로 구성된 DataFrame을 재구성할 때 사용하는 클래스이다.

```
from keras.layers import Input, Conv2D, MaxPooling2D,
                         Dropout, UpSampling2D,
                         BatchNormalization,
                         Concatenate, Activation
```

아래는 UNET의 구조를 그대로 모델링 하는 클래스이다.

```
x = MaxPooling2D((2,2), padding='same')(x)
x = Conv2D(n_f, (3,3), padding='same')(x)
x = BatchNormalization( )(x)
x = Activation('tanh')(x)
x = Dropout(0.05)(x)

x = Conv2D(n_f, (3,3), padding='same')(x)
x = BatchNormalization( )(x)
x = Activation('tanh')(x)
```

아래는 32개 노드로 구성하는 첫 번째 복원 계층블록이다. 노드 갯수는 곧 UNET에서 사용하는 채널 갯수가 된다. 여기서 말하는 채널은 RGB 채널이 아니라 필터를 일컫는다. UNET은 Convolution 연산을 할 때마다 임의의 값으로 채워지는 필터를 사용하는데 이때 사용할 필터 갯수를 할당하는 것이다. 이 채널 갯수는 Contracting Path에서 DownSampling(MaxPooling2D) 할 때마다 2배로 늘어나며, 반대로 Expanding Path에서는 UpSampling(UpSampling2D)될 때마다 2배로 줄어든다.

```
x = deconv_unet(encoded, c2, 32)
```

다음은 16개의 노드로 구성하는 두 번째 복호계층 블록이다.

```
x = deconv_unet(x, c1, 16)
decoded = Conv2D(n_ch, (3,3), activation='sigmoid', padding='same')(x)
```

이제 UNET 이 흑백 이미지의 특징점을 얼마나 잘 찾아내는지 epoch를 진행할 때마다 맨 앞의 이미지 10장을 가져와 비교해 보자. 첫 줄에 흑백이미지, 두 번째 줄에는 현재 epoch 수행한 후의 예측 이미지 그리고 세 번째 줄에 원본 컬러 이미지를 나타내도록 하여 출력해 보았다. 상당히 잘 복원해 낸 것을 볼 수 있다.

```
Records = unet.fit (data.X_train_in, data.X_train_out,
                    epochs=10,
                    batch_size=512, shuffle=True,
                    validation_split=0.2)
```

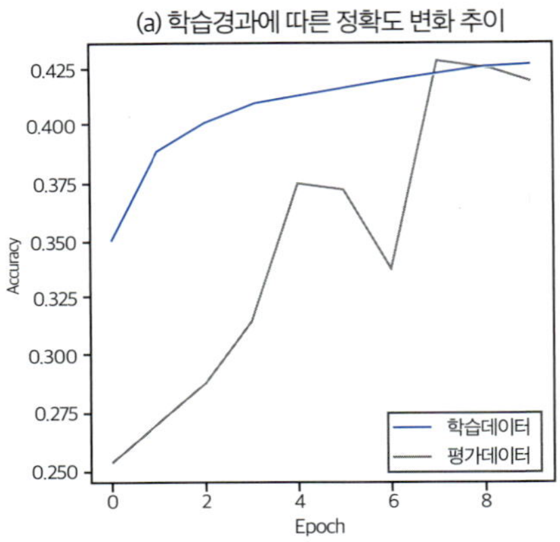

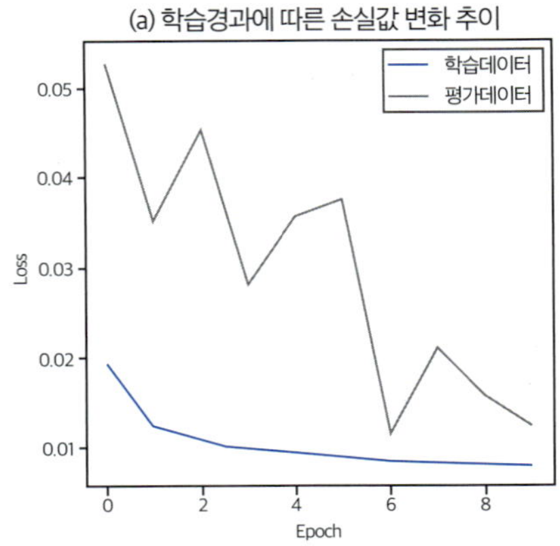

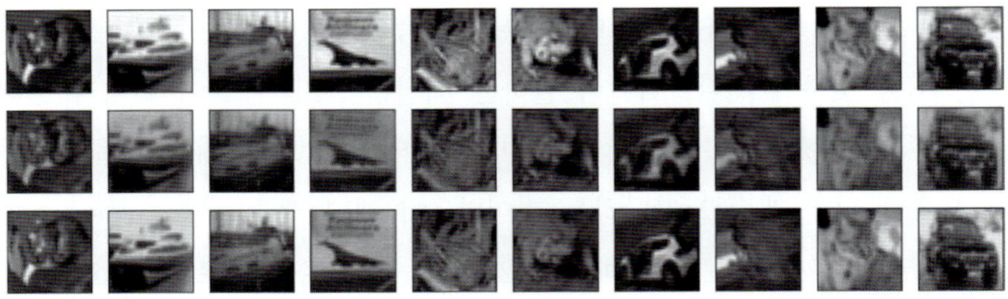

08 GAN

GAN은 생성적 적대적 신경망이라고 한다. 생성망과 판별망이 서로 속이기 위해 노력하면서 학습하는 방식으로 지능을 높이는 적대적 모형이기 때문에 생성적(Generative) 적대적(Adversarial) 신경망 (Neural Network)이라고 명명되었다. 오늘날 화두가 된 ChatGPT도 이 생성형 지능망을 기반으로 하고 있다.

잠시 이미테이션 시장을 생각해보자. 짝퉁 제작자는 지속적으로 짝퉁가방이 진짜인 것처럼 보이도록 노력하며 진짜 같은 위조품을 만들어내려 할 것이고 상인은 짝퉁을 감별해 내는 눈썰미를 지속적으로 발전시켜 나갈 것이다. 가짜뉴스 제작자들도 지속적으로 진짜처럼 믿을만한 가짜뉴스를 만들어 내려고 애쓰고 있으며 선량한 시민들은 팩트체크를 해가며 가짜뉴스를 필터링해 여론을 왜곡시키지 못하도록 노력을 기울이고 있다.

이것을 영상분야에 적용한 것이 GAN이다. 2014년에 발명된 알고리즘으로 오늘날에도 활발한 연구가 진행되고 있다. 즉, GAN 발표 이후에 DCGAN, SRGAN, Stack GAN, 3D GAN, Cycle GAN, Disco GAN 등이 지속적으로 소개되고 있는 활발히 연구가 진행중인 신경망이자 비지도학습 전용 모델이다.

뉴스를 예로 들면 우선 판별망에서는 진짜 뉴스들만을 가지고 이것이 참(1)이라는 결론을 낼 수 있는 함수를 생성하면서 학습을 한다. 여기까지 되면 이제부터는 가짜 뉴스를 가지고 이것인 거짓(0)이라는 결론을 낼 수 있는 함수를 만들면서 학습을 한다.

이것을 생성망에게 알려주면 생성망은 판별망(Discrimination)을 속일 수 있는 진짜 같은 가짜 뉴스를 만들어낸다.

이것을 영상분야에 활용하면서 6가지의 대표적인 GAN이 개발된다. 한편 흑백 이미지를 GAN으로 재구성할 때는 GAN만으로도 충분했지만 컬러로 넘어갔을 때는 성능이 그다지 높지 않기에 DC GAN(Deep Convolutional GAN)이 나오게 되었는데 이로 인해 컬러 이미지 복원력이 눈에 띄게 향상되었다.

오늘날 TV는 HD급 영상을 송출한다. 그러나 과거에 만들었던 영상은 해상도 자체가 그다지 높지가 않다. 그럼에도 불구하고 오늘날 오래된 영상들도 선명하게 감상할 수 있는 것은 인공지능을 이용해 그래픽의 선명도를 높여 송출할 수 있게 되었기 때문인데 이것을 SR GAN(Super Resolution GAN)이라고 한다. 흐린 영상을 선명한 영상이라고 생성하면 판별망이 가짜라고 거절(Reject)하면서 계속 진짜 같은 영상을 반복 생성해낸 결과물인 것이다.

한편 영상자료가 없는데도 불구하고 네러티브(Narrative)에 맞는 영상을 만들어낼 필요성이 점차 생기게 되었는데 예를 들어 '종달새가 노래를 부른다'라는 나레이션에 맞추어서 방송에 송출할 종달새 이미지를 생성하는 것과 같은 경우가 한 예이다.

처음에는 제대로 이미지를 생성해 내지 못하였지만 생성망이 판별망이 진짜로 오인할만

한 이미지를 결국 만들어내고 판별망은 이미지가 가짜라고 Reject 하면서 계속 지능을 고도화하는 가운데 결국 판별망이 가짜 이미지를 진짜로 판별하는 시점에 종료된 학습능력을 갖춘 인공지능이 진짜 같은 가짜 영상을 만들어내게 하는 것이다. 이러한 용도로 개발된 GAN을 Stack GAN이라고 한다.

마찬가지로 3D 영상에 쓸 소스가 많지 않은 가운데 2D를 3D로 만드는 GAN도 발표되었다. 아직은 완성도가 높지 않지만 AI가 가짜를 진짜 같은 영상으로 제작하여 판별망을 속일 수가 있다면 앞으로 다양한 곳에서 활용하는 기술이 될 것이고 이것을 3D GAN이라고 한다.

한편 사극에서 수많은 병사들과 말들이 나오는 장면이 있을 때 모든 자원을 다 동원할 필요가 없도록 해주는 것이 Cycle GAN이다. 말 영상을 인공지능이 조작하여 흰말, 얼룩말, 흑마 등으로 구성된 영상을 만들어 낼 수 있게 되었기 때문이다.

또한 패션쇼 예를 들면 모델이 명품가방을 메고 워킹을 하고 있을 때 그 가방에 맞는 구두는 AI가 영상에 덧입히게 할 수 있는데 이것을 Disco GAN 이라고 한다. 즉, 객체들 간의 관계를 파악해내는 GAN의 한 응용사례이다.

09 강화학습

강화학습은 어린아이가 어떤 일을 잘 했을때 칭찬을 해줌으로써 같은 행동을 반복하도록 하는 보상 시스템에 착안한 인공지능 학습기법이다. 강화학습의 배경은 실행에 따른 보상으로 쥐를 훈련시키는 B.Skinner 의 Skinner Box 이론이다.

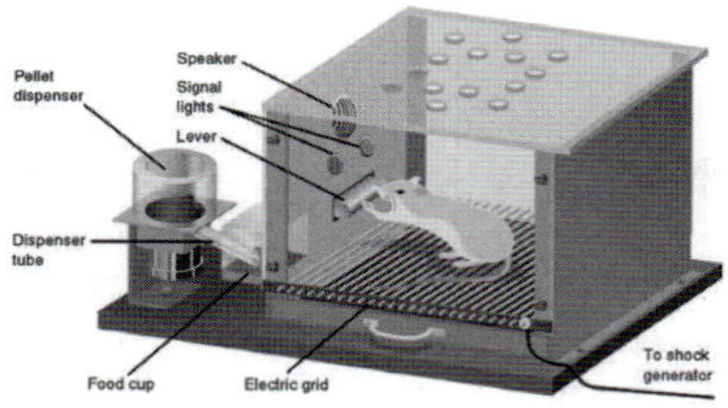

이러한 보상 시스템 개념은 MDP(Markov Decision Process) 절차에 따라 Situation → Action → Reward 순서를 따르며 AWS에서 만든 Deep Racer라는 RC Car가 이것을 이용한 제품이다.

강화학습에는 Q-Learning이라는 머신러닝 수준의 방법과 이를 보완한 Deep Q-Network 이라는 딥러닝 기법을 접목한 방법이 있다. Q-Learning은 모델링도 없고 지도학습도 하지 않고 오로지 행동에 적합한 Q-Value를 구하도록 하는 것이다. 그러다보니 State와 Value 쌍을 보관할 Q-Table이 무한히 커지면서 관리하기 어려운 문제에 봉착하게 되었다. Deep Q-Network은 머신러닝 수준에서 딥러닝 기법을 도입한 강화학습으로 Q-Table의 Value 값을 참조하지 않고 Deep Learning의 예측값을 이용해서 경로를 결정하면서 Q-Table의 한계를 극복하고 있다.

Deep Q-Network에는 두 가지 개념이 로직에 반영되는데 하나는 Experience Replay이고 다른 하나는 Target Network 개념이다. Experience Replay란 반복을 통해 보상을 얻는것을 테이블에 기록해두고 이것을 무작위 추출하여 Deep Learning에 반영하는 것이고, Target Network 기법이란 Network을 학습용 Q-Network과 Target Network으로 구분해 놓고 가중치는 Target Network에서 구하는 것이 아니라 학습용 Q-Network에서 복사해와 활용하는 기법이다.

기다란 나무 막대기를 손가락 중지 위에 올린 후 떨어뜨리지 않기 위해 손을 좌우로 이동해가며 균형을 유지하는 놀이를 해 본 경험이 독자들에게도 있을 것이다. 이것을 강화학습을 통해 구현한 것이 gym.openai.org에서 제공하는 CartPole-v1이다. 이것을 응용하여 가상의 막대가 넘어지지 않게 하는 최적경로(좌/우 즉 0, 1)를 강화학습 방법으로 구현해 보자.

학습은 총 3,000회까지 하게 하고 100회 때마다 그 중간과정을 출력하게 하였으며 상태에 따른 결과와 보상을 Q-Table에 쌓으면 그 양 자체가 거대하여 관리 자체가 불가능하기에 Q-Table을 대신할 강화학습을 이용하였다. 인공지능은 학습하는 과정에서 보상받은 이유를 추론하며 좌측(0)과 우측(1)중에 어느 곳으로 이동해야 균형이 유지될지를 추정하는 방식으로 학습의 강도를 높인다. 처음에는 몇 번 시도하지 않아 막대를 넘어뜨리지만 학습을 반복하면 할수록 인공지능의 예측 정확도도 같이 올라가기 때문에 결과적으로 막대를 절대 떨어뜨리지 않게 된다.

```
self.build_model(n_inputs, n_outputs)
self.q_model.compile(loss='mse', optimizer=Adam( ))
self.target_q_model = self.build_model(n_inputs, n_outputs)
self.update_weights( )
self.replay_counter = 0
```

아래는 q_model을 생성하고 입력노드수와 출력노드수를 지정받아 Q-Model 객체를 만드는 코드이다.

```
inputs = Input(shape=(n_inputs,), name='state')
x = Dense(256, activation='relu')(inputs)
x = Dense(256, activation='relu')(x)
x = Dense(256, activation='relu')(x)
x = Dense(n_outputs, activation='linear', name='action')(x)
```

아래의 코드로 인공지능 학습을 수행시킬 수 있다. 학습을 마치고 난 뒤에는 판단의 기준이 되는 epsilon 값을 조금 줄여주고 매 10회씩 학습할 때마다 q-model의 weight를 가져와서 target q-model에 적용시킨 후 총 학습 횟수에 1을 증가시키는 방식으로 진행한다.

```
self.q_model.fit(np.array(state_batch),
                 np.array(q_values_batch),
                 batch_size=batch_size,
                 epochs=1, verbose=0)
self.update_epsilon( )
if self.replay_counter % 10 == 0:
    self.update_weights( )
self.replay_counter += 1
```

다음은 수행결과를 출력해 본 것이다. 처음 100회까지 넘어지지 않고 버틴 횟수는 17.04회이고 다음 시도에서는 48.56회, 세 번째는 124.20회, 네 번째에는 161.42회이다. 다섯 번째 시도에서 버틴 평균 시도횟수가 드디어 195회를 넘었으므로 학습이 완료되었다고 판단하여 학습을 중단하였다. 이때 학습종료 판단의 근거로 삼은 epsilon은 0.11로 0.9에서부터 gamma를 곱하고 reward를 더하는 식으로 조금씩 값을 줄여주면서 여기까지 내려온 것이다.

```
Episode 100 : Mean survival = 17.04 in 100 episodes
Episode 200 : Mean survival = 48.56 in 100 episodes
Episode 300 : Mean survival = 124.20 in 100 episodes
Episode 400 : Mean survival = 161.42 in 100 episodes
Solved in episode 476: Mean servival = 195.02 in 100 episodes
Epsilon :  0.111612317403393315
```

이러한 강화학습은 오늘날 가장 활발히 연구되는 분야 중의 하나이다. 전동모바일에 적용하면 쓰러지지 않는 자전거를 만들 수도 있으며 다양한 산업현장의 위험방지 솔루션 개발에 강화학습 기반의 인공지능이 활용될 수 있다.

아래는 유튜브 채널(https://youtu.be/vmS8EdxgHoE)에서 볼 수 있는 이를 적용한 예이다.

별첨 1. 오차역전파

인공신경망은 인간의 뉴런체계를 모방하여 만든 것이다. 신경세포(뉴런:Neuron)는 수신된 데이터를 그 신호의 강도에 따라 축삭돌기로 보내어 또 다른 신경세포에게 전달하면서 정보를 생성하는 역할을 한다. 인간의 두뇌작용을 그대로 모사한 인공신경망도 뉴런의 역할을 노드가 하도록 구성하였으며 축삭돌기를 통한 정보전달은 Weight에 비중을 부여하며 전달하는 구조로 되어있다.

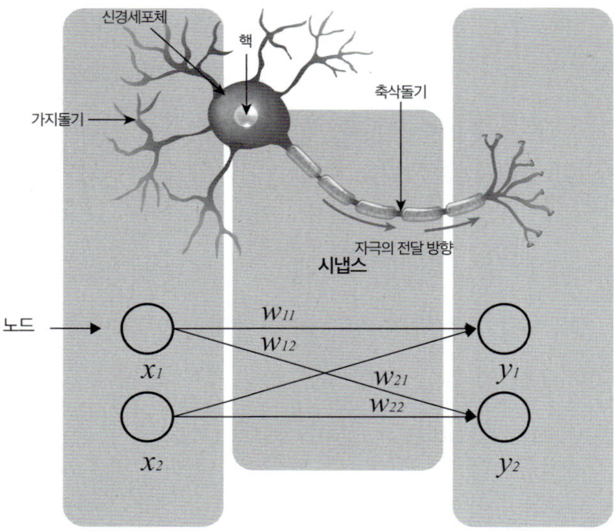

인공신경망은 데이터를 입력받으면 임의의 가중치(Weight)를 부여하여 행렬과 행벡터 연산을 통해 결과값을 생성하고 이것을 활성화 함수(Activation Function)를 통과시켜 출력시킨다. 이렇게 출력된 값을 y라고 했을 때 실제의 정답(Label)과 비교하여 차이가 나는 부분을 오차 e로 계산한다.

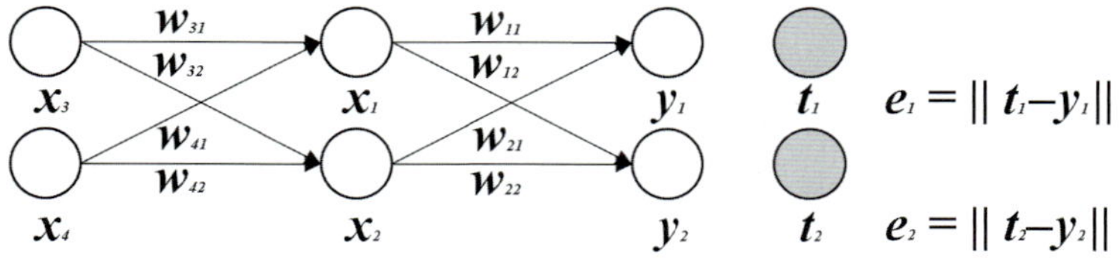

$$y_1 = w_{11} \cdot x_1 + w_{21} \cdot x_2 \qquad \begin{pmatrix} y_1 \\ y_2 \end{pmatrix} = \begin{pmatrix} w_{11} & w_{21} \\ w_{12} & w_{22} \end{pmatrix} \cdot \begin{pmatrix} x_1 \\ x_2 \end{pmatrix}$$
$$y_2 = w_{12} \cdot x_1 + w_{22} \cdot x_2$$

$$E = \frac{1}{2}(t_1 - y_1)^2 + (t_2 - y_2)^2$$

이렇게 확인된 오차의 합 E를 반대방향으로 전달하면서 가중치를 재조정하는 것을 오차역전파(Error Back Propagation)라고 한다. 인공지능은 오차 E를 줄이는 방향으로 재조정한 가중치에 의해 다시 행렬 벡터연산을 하면서 데이터를 넘기게 되고 행렬 벡터연산을 통해 출력된 값이 활성화 함수를 통과하게 하여 나온 값을 t와 재차 비교하여 e를 계산하면 E_{k+1}은 기존의 k회 업데이트한 E_k보다 작아진 것을 보게 된다.

이러한 오차 역전파를 반복하면서 E가 입실론 e(Epsilon) 즉, 최소허용오차 범위 안에 들어올 때 오차 역전파를 종료하고 최종적으로 업데이트된 가중치를 기울기로 가지는 도함수를 인공지능이 분류 기준으로 삼게 한다.

오차 E를 역전파하면서 기존의 Weight는 오차 E의 각 Weight에 대한 미분값을 Learning Rate만큼 줄여가면서 업데이트를 수행한다.

$$w_{ij}^{new} = w_{ij}^{old} - \alpha \frac{\partial E}{\partial w_{ij}}$$

위에서 α는 학습률(Learning Rate)이고 $\frac{\partial E}{\partial w_{ij}}$는 오차 E의 w_{ij}에 대한 편미분이다. 따라서 각각의 w_{11}, w_{12}, w_{21}, w_{22}는 다음과 같이 계산할 수 있다.

$$w_{11}^{new} = w_{11}^{old} - \alpha \cdot (-e_1 \cdot y_1 \cdot (1-y_1) \cdot x_1)$$
$$w_{12}^{new} = w_{12}^{old} - \alpha \cdot (-e_1 \cdot y_1 \cdot (1-y_1) \cdot x_2)$$
$$w_{21}^{new} = w_{21}^{old} - \alpha \cdot (-e_2 \cdot y_2 \cdot (1-y_2) \cdot x_1)$$
$$w_{22}^{new} = w_{22}^{old} - \alpha \cdot (-e_2 \cdot y_2 \cdot (1-y_2) \cdot x_2)$$

그런데 w_{11}, w_{12}, w_{21}, w_{22}는 e_1, e_2가 있으므로 위의 공식에 따라 Weight를 조절할 수가 있

는데 x_3, x_4에는 e_3, e_4가 없다. 따라서 이 경우는 각각의 e_3, e_4를 아래의 공식으로 계산하여 x_1, x_2 각각의 출력에 대한 오차로 만들어 이를 기반으로 w_{31}, w_{32}, w_{41}, w_{42}의 가중치를 업데이트 해줄 수 있는데 이것을 체인룰(Chain Rule)이라고 한다. 같은 방식으로 앞쪽의 Layer들에게도 e_n을 연쇄적으로 역전파해준다.

$$e_1^H = \frac{w_{11}}{w_{11} + w_{21}} \cdot e_1 + \frac{w_{12}}{w_{12} + w_{22}} \cdot e_2$$

$$e_2^H = \frac{w_{21}}{w_{11} + w_{21}} \cdot e_1 + \frac{w_{22}}{w_{12} + w_{22}} \cdot e_2$$

체인룰과 오차역전파를 사용하여 업데이트 할 때마다 오차의 크기는 점점 줄어들게 되고 어느 시점부터는 0에 수렴하면서 e 입실론 최소오차범위 안에 들어올 때 업데이트를 종료한다.

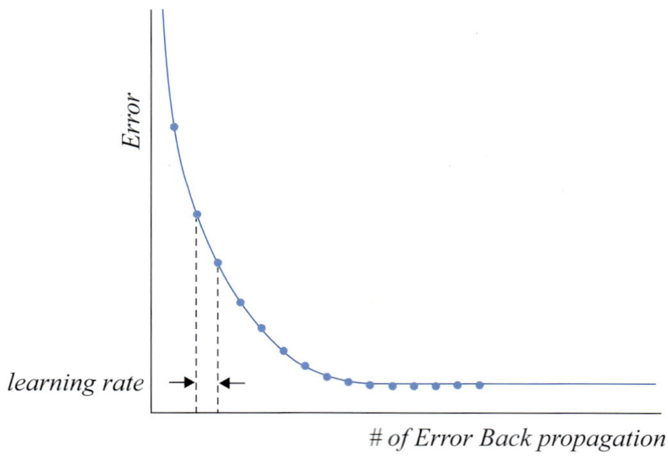

별첨 2. 경사하강법

오차역전파는 다중 퍼셉트론 신경망에서 오차를 감소시키는 방향으로 가중치를 반복 업데이트하며 최적의 도함수를 계산하는 방법이었다. 다시 말해 가중치 업데이트를 반복함에 따라 실제 오차가 점차 줄어들다가 0에 수렴하면서 업데이트를 완수하는 시점에 최종 도함수를 도출하는 것을 전 페이지의 그래프에서 확인할 수 있었다.

같은 방식으로 오차를 줄이는 또 다른 방법이 있는데 바로 경사하강법이다. 오차역전파가 층이 많은 신경망에서 모든 층을 대상으로 역전파를 진행해 나가듯이 경사하강법은 은닉층(Hidden Layer)이 없는 머신러닝(Machine Learning)에서 주로 사용한다.

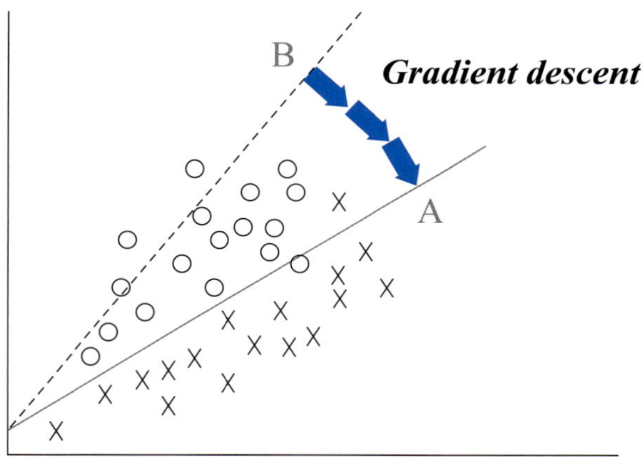

시각적으로 경사하강법은 벡터공간에 흩어져 있는 데이터들을 분류하기 위한 도함수 A를 찾기위해 임의의 B 함수식이 계속 기울기를 조정하면서 A에 근접하도록 하는 방법이다. K회 반복한 선분 B일 때의 오차 e를 y축에 두고 k+1회 때의 오차도 y축에 두면서 계속 반복하면 아래와 같은 오차 그래프를 얻을 수 있다.

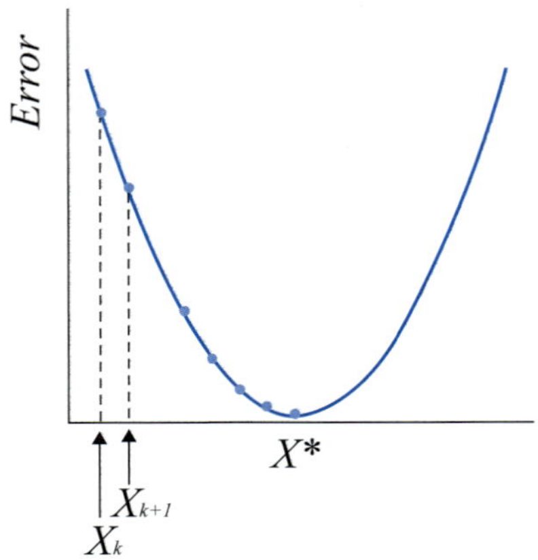

위에서처럼 기울기가 - 이면 $x_{k+1} > x_k$ 이므로 x^*를 향해 우측으로 좁혀가고, 기울기가 + 이면 $x_{k+1} < x_k$이므로 x^*를 향해 좌측으로 좁혀간다. 비로소 x값이 기울기 0을 갖는 x^*에 도달했을 때 인공지능이 찾고자 하는 도함수를 구할 수 있다. 여기서 x_k 지점에서의 접선의 기울기를 $f'(x_k)$라고 하며 g_k라고도 표현한다.

$$\begin{aligned} x_{k+1} &= x_k - \alpha \cdot f'(x_k) \\ &= x_k - \alpha \cdot g_k \end{aligned}$$

$$stop \;\; if \;\; |g_k| \le e$$

글을 맺으며

이상으로 총 7장에 걸쳐 빅데이터와 인공지능, 서비스의 기획, 서비스 기획자의 역할, 프로젝트 관리와 이해관계자들 사이에서의 협상기법 그리고 파이썬 기초와 머신러닝 이론 및 딥러닝 개요에 대해 살펴보았다.

특히 머신러닝과 딥러닝을 처음 접한 독자라면 충분히 이해하지 못하는 데에서 오는 아쉬움이 남아있을 것이다. 그러나 알고리즘 구현은 자동차로 말하면 엔진 설계영역에 해당한다라는 사실을 상기하자. 핸들과 클러치 그리고 브레이크 등을 잘 작동시키며 안전운전을 하는 것이 카레이서의 역할이듯 깊은 기술적 부분은 데이터 과학자와 인공지능 개발자의 몫으로 남겨두면 된다. 프로젝트를 리딩하는 서비스 기획자로서 인공지능의 개념과 원리를 이해함으로써 개발자 및 데이터 과학자들과 이 저서를 통해 원활하게 소통하며 업무를 하게 된 것만으로도 충분히 가치 있는 일이다.

빅데이터와 인공지능은 제4차 산업시대의 신재생자원이자 미래의 핵심기술이다. 요즈음 출시되는 서비스앱의 트렌드를 보면 AI로 기능을 보강하면서 꾸준히 버전업을 하고 있고 아예 처음부터 AI 기반으로 출시되는 앱들도 생겨나고 있다. 이러한 현상은 AI가 서비스를 차별화시키는 요소기술로써 받아들여지고 있을 뿐만 아니라 심지어 보편적인 기술로까지 확산되어져 가고 있음을 보여주는 것이다. 이것은 다양한 산업군 심지어 공공의 영역에서도 인공지능 지식을 갖춘 서비스 기획자에 대한 수요가 점차 증가할 것을 의미한다.

모쪼록 시대가 요구하는 인공지능 지식을 겸비한 서비스 기획자로 자신을 한층 업그레이드 시키고자하는 독자들에게 본 도서가 한 줄기 길잡이가 되기를 바라마지 않으며 독자들의 앞날에 무궁한 발전을 기원한다.

색인

ㅇ

ㅈ

ㅊ

ㅋ

ㅌ

ㅍ

ㅎ

A

B

C